FUNDAMENTALS OF CORPORATE FINANCE

Fundamentals of Corporate Finance

기업재무의 이해

이해영 김병기 김성우

도서출판 청람

■ 서문 Preface

경영학을 공부하려는 학생들이 많아지고 있다. 기업의 경영환경이 치열해지다 보니 기업경영에 대한 지식이 없으면 원하는 곳에서 일할 기회를 얻기 어렵고, 또 설사 기회를 얻는다 하더라도 경쟁력을 갖기 어려운 것이 현실이다. 또한 치열한 경쟁사회에서 합리적인 의사결덩을 위해서는 경영학적인 마인드가 있어야 한다. 재무관리는 경영학의 기둥이 되는 학문분야이며 재무관리를 제대로 공부하여야 올바른 경영학적 마인드를 가질 수 있다.

그러나 막상 재무관리를 공부하기 위해 책을 펴보면 복잡한 수식과 난해한 이론들이 앞을 가로막아 그 뜻을 이루지 못하는 것을 자주 보게 된다. 학생들이 재무관리를 공부하고자 하는 열망이 아무리 크더라도 책을 통해 그 내용이 효과적으로 전달되지 못한다면 목적을 달성하기 어렵다. 저자들은 이러한 안타까운 상황을 지켜보면서 체계적이고 이해하기 쉬운 강의교재가 필요하다는 데 공감하여 왔으며 이 책은 그 노력의 일환이라고 할 수 있다.

본서는 학생들이 재무관리를 공부하는데 어려움을 겪지 않도록 이해하기 쉬운 입문서로서의 역할을 하는 데 중점을 두고 있다. 이를 위해 다음과 같은 원칙에 따라 원고를 작성하였다.

첫째, 기본적인 개념을 보다 쉽고 체계적으로 습득할 수 있게 하기 위해서 꼭 필요한 수식만을 사용하였으며 사용된 수식들이 일관성을 유지하도록 하였다. 또 개념의 설명 과정에서 사용된 조금 복잡하게 느껴지는 수식들을 수정하고 보완하였다.

둘째, 학생들이 스스로 공부할 수 있도록 골격이 되는 핵심 이론들만 설명하였다. 새롭게 조명되고 있는 재무관리 분야를 소개할 필요가 있고 때로는 깊이 있는 이론들을 소개할 필요가 있다는 견해도 있을 수 있으나 입문서로의 역할에 충실하기 위해 기본이론들만을 중점적으로 다루었다.

셋째, 학습한 내용을 스스로 확인하고 점검할 수 있도록 다양한 연습문제를 제시하였다.

넷째, 한 학기 강의교재로서 역할을 충실히 할 수 있도록 분량을 조절하였다. 애초부터 한 학기에 다룰 수 없는 분량의 교재를 또 만들지 않기 위해 분량을 13장으로 조절하고 각 장의 분량도 적절히 조절하였다.

이 책은 오랫동안 강의를 하면서 준비해온 저자들의 강의노트를 기초로 하여 쓰여졌지만 주위의 도움이 없었다면 출간될 수 없었다. 원고작성에 성원을 보내주신 동료, 선후배 교수님들께 진심으로 감사드린다. 특히 책의 구상과 원고작성에 직접적으로 큰 도움을 주신 충북대 구본열 교수님께 감사드린다. 또한 항상 저자들의 제안을 흔쾌히 받아주시는 도서출판 청람의 이수영 대표님께도 감사드린다.

마지막으로 이 책을 읽는 모든 독자들이 재무관리를 이해하고 적절히 활용하는 데 조금이나마 도움이 되길 바라며, 아낌없는 조언과 충고를 부탁드린다.

2015년 6월
저자일동

■ 차례 Contents

Chapter 03 화폐의 시간적 가치와 가치평가

Chapter 04 자본예산 : 투자안의 평가방법

Chapter 05 포트폴리오이론과 자본자산가격결정모형

Chapter 06 불확실성하의 투자결정

Chapter 07 자본비용

Chapter 13 국제재무관리

Fundamentals of Corporate Finance

CHAPTER 1

재무관리란?

Chapter 1

재무관리란?

제1절 재무관리의 의의

재무관리(financial management)는 독립된 과학으로서의 역사는 짧으나 근대기업의 성장과 더불어 이론적으로나 실무적인 면에서 비약적인 발전을 거듭하여 왔다. 재무관리는 기업경영의 하부체계로서 인사관리, 생산관리, 마케팅관리, 국제경영관리 및 회계와 더불어 기업을 효율적으로 경영하기 위한 관리기능의 한 분야이다.

초기의 재무관리는 기업의 자금조달에 관련된 문제를 해결하는 데 연구의 초점을 두었다. 당시에는 기술혁신이 급속하게 이루어지고 신산업의 등장에 따라 기업은 투자규모를 대폭 확장하였으며, 이에 소요되는 시설 및 운영자금의 원활한 조달이 기업의 최대 관심사였다. 이에 따라 재무관리의 연구도 자연히 효율적인 자금조달에 중점을 두게 되었다. 그러나 기업환경이 복잡해지고 경쟁이 치열해짐에 따라 재무관리의 연구대상은 자본조달결정에만 한정하지 않고, 조달된 자본을 어떻게 효율적으로 운용할 것인가 하는 문제, 즉 투자결정의 문제로 확대되었다.

즉, 현대재무관리는 기업이 필요로 하는 자금을 합리적으로 조달하고, 조달된 자금을 효율적으로 운용하는 관리기능으로 발전하였다. 이러한 의미에서 재무관리는 경영활동에 필요한 자금의 운용과 조달에 관련된 의사결정을 수행하는 관리기능으로 정의할 수 있다. 그런데 기업의 모든 경영활동은 직 · 간접적으로 자금과 관련되어 있으므로 재무관리는 화폐를 매개로 하여 기업의 모든 경영활동을 전반적인 관점에서 계획, 조정, 통제하는 통합적인 관리기능이라 할 수 있다.

재무관리가 경제학의 한 분야인 기업금융이론으로부터 발전하여 하나의 독립된 학문분야로 연구되기 시작한 것은 1900년대 초기의 일이었다. 당시의 재무관리의 내용은 시대적 요청에 부응하여 기업의 합병과 자금조달에 관련된 제도적이고 기술적인 것이었다. 이후 구미에서는 기술혁신에 따라 새로운 산업이 다투어 탄생하였으며 기업은 거대화하기 시작하였다. 이에 따라 규모 확대를 위한 기업의 자금수요가 급격히 늘어나게 되어 소요자금의 원활한 조달이 기업의 최대 관심사가 되었다. 또한 기업에 자금을 공급한 금융기관들은 대부금의 안정적인 회수에 큰 관심을 가지게 되었으며, 이에 따라 기업에 대한 신용조사의 방법으로서 재무비율분석기법이 활발히 연구되었다.

그 후 세계적인 경제대공황의 여파로 많은 기업들이 파산하게 되었으며, 이로 말미암아 기업의 재조직과 파산방지를 위한 유동성의 확보가 재무관리의 주요 관심사가 되었다. 또한 대공황으로 인하여 종래의 성장일변도의 경영활동은 기업의 유지 · 존속을 위한 보수적인 경영활동으로 전환하게 되었다. 1950년대에 접어들면서, 재무관리는 자본의 조달에서 자본의 운용, 즉 투자로 그 범위가 확대되기 시작하였다. 더불어 제2차 세계대전 이후에 본격적으로 개발된 많은 계량적 분석방법이 투자의사결정에 널리 이용되었다. 이후 기술개발이 급격하게 이루어지고 기업이 대규모화함에 따라 기업 간의 경쟁이 심화되어 기업이익이 전반적으로 줄어들었다.

이에 따라 재무관리의 연구는 투자수익성의 평가와 자본조달정책을 종합적으로 다루는 방향으로 전환하였다. 따라서 1950년대 후반에 이르러 비로소 현대적인 의미에서의 재무관리의 기틀이 마련되기 시작하였다고 볼 수 있다. 또한 1950년대에는 현대재무관리의 기틀이 된 두 가지의 중요한 연구가 있었다. 그 중의 하나는 모디글리아니와 밀러(Modigliani & Miller : MM)의 자본구조와 배당정책에 관련된 이론이며, 또 다른 하나는 마코위츠(Markowitz)의 포트폴리오이론이다.

재무관리는 크게 두 가지 의미로 사용되고 있다. 넓은 의미로서의 재무관리란 재무에 관련된 모든 영역을 포함하는 광범위한 연구 분야를 나타낸다. 전통적으로 재무와 관련된 영역은 기업재무(corporate finance), 투자론(investments), 금융기관론(financial institutions), 국제재무(international finance) 등의 분야로 구분한다.

기업재무는 좁은 의미로서의 재무관리를 말하는데, 앞에서 설명한 바와 같이 기업을 효율적으로 경영하기 위하여 기업이 필요로 하는 자금을 합리적으로 조달하고, 조달된 자금을 투자하여 효율적으로 운용하는 관리기능을 말한다. 본서에서는 재무관리를 좁은 의미의 기업재무로 보아 재무관리자가 재무의사결정을 하는 데 필요한 분야를 집중적으로 설명하고자 한다.

한편, 투자론 영역에서는 대체로 주식이나 채권과 같은 금융자산을 다룬다. 구체적으로 투자론은 금융자산의 가격을 결정하는 모형과 금융자산에 투자하는 데 따른 잠재적 위험과 보상의 결정 그리고 보유하고자 하는 서로 다른 형태의 금융자산의 최적의 조합에 대하여 설명하고 있다.

금융기관론은 주로 금융과 관련된 사업을 하는 금융기관을 다룬다. 즉, 금융기관론은 은행과 보험회사와 같은 금융기관들이 다루는 여러 가지 다양한 금융업무를 설명한다. 예를 들어, 은행의 기업대출업무는 특정 회사의 재무구조가 대출을 늘려 줄만큼 건실한지를 평가하며, 보험회사는 피보험자의 특정 위험을 보험에 들어 주기에 적당한지 그리고 보험료의 크기를 결정한다.

국제재무는 앞에서 설명한 기업재무, 투자론 또는 금융기관론의 국제적 부문과 관련되어 있는 영역이다. 예를 들어, 많은 국내기업들은 활발하게 해외사업을 하며 환율이나 정치적 위험과 같은 국제적인 의사결정문제들을 다루고 있다. 또한 투자대상이 되는 금융자산도 국내기업뿐만 아니라 국외기업이 발행한 증권을 취급하기도 한다. 마찬가지로 은행들도 여러 국가를 넘나드는 대출업무를 수행해야 하는 경우가 있어 국제재무가 필요하다.

제2절 재무관리자의 역할

제1절에서 설명한 바와 같이 재무관리의 대상영역이 넓어짐에 따라 재무관리자(financial manager)의 기능과 책임 또한 더욱 확장되었다. 여기서 재무관리자는 보통 한 기업의 최고재무경영자(chief financial officer : CFO)나 재무담당부사장 등과 같은 고위직 임원이다.

기업의 활동은 재화와 용역을 생산하고 판매하는 일련의 순환과정으로 요약될 수 있다. 재화와 용역을 생산하기 위해서 기업은 많은 실물자산(real assets)을 필요로 한다. 여기서 실물자산은 기계설비, 공장, 사무실 등의 유형자산(tangible assets)과 전문적 기술, 상표권, 특허권 등의 무형자산(intangible assets)을 의미한다. 그리고 기업이 생산활동에 필요한 실물자산에 투자하려면 많은 자금이 소요되는데, 이와 같은 자금은 주식, 채권 등의 금융자산(financial assets)을 발행하여 조달된다. 또한 투자결과 얻어진 수익은 이자나 배당의 형태로 자본제공자에 배분된다.

이러한 재무활동과정에서 재무관리자가 수행하는 기능은, 첫째 기업이 어느 종류의 자산을 어느 정도로 보유하여야 할 것인가 하는 투자결정(investment decision)기능, 둘째 투자에 소요되는 자본을 어떻게 조달할 것인가 하는 자본조달결정(financing decision)기능, 셋째 영업활동의 결과 발생한 이익을 어떻게 배분할 것인가 하는 배당결정(dividend policy)기능, 넷째 기업의 단기자금 운영과 관련된 운전자본관리(working capital management)기능, 다섯째 기업의 회계 및 재무자료를 처리하고 분석하는 재무자료분석(financial statement analysis)기능으로 대별할 수 있다. 재무관리자의 이러한 기능을 구체적으로 설명하면 다음과 같다.

첫째, 투자결정기능은 기업이 필요로 하는 자산을 어떻게 구성할 것인가를 결정하는 기능으로서, 조달된 자본을 효율적으로 배분하는 자본운용을 의미한다. 투자결정에 의하여 자산의 규모와 구성상태가 결정되며 투자결정의 목표는 기업자산의 최적배합(optimal mix of assets)에 있다.

둘째, 자본조달결정기능은 투자에 소요되는 자본을 어떻게 효율적으로 조달할 것인가 하는 기능을 말한다. 자본조달결정에 의하여 자본의 규모와 자본구조가 결정되는데, 자본조달결정의 목표는 기업자본의 최적배합(optimal mix of financing)에 있다.

셋째, 배당결정기능은 기업의 경영활동으로부터 창출된 순이익 중 얼마를 주주에게 배당하고 얼마를 기업 내에 유보할 것인가에 관련된 의사결정기능으로서, 배당정책결정에 의하여 배당성향, 배당의 안정성, 배당형태 등이 결정된다.

넷째, 운전자본관리기능에서 운전자본이란 재고자산과 같은 단기자산과 기업의 물품공급자에게 진 빚과 같은 단기부채를 의미한다. 운전자본관리는 기업운영상 필요한 단기자본의 조달과 운영에 관한 일상적인 활동을 포함한다.

다섯째, 재무자료분석기능은 재무관리자의 투자, 자본조달, 배당결정 및 운전자본관리를 비롯한 기업의 제반 의사결정에 필요한 정보를 제공하기 위하여 기업의 회계 및 재무자료를 분석하는 기능을 의미하는데, 이는 재무관리자의 가장 기초적인 기능이라 하겠다.

이상의 다섯 가지 기능에서 가장 대표적인 것이 재무관리자의 투자결정과 자본조달결정이다. 재무관리의 기능을 [그림 1-1]의 대차대조표모형과 관련하여 설명해 보기로 한다. 이 그림에서 볼 수 있는 바와 같이 투자결정기능은 대차대조표의 왼쪽 차변에 나타나 있는 항목과 관련된 기능이며, 자본조달결정기능은 대차대조표의 오른쪽 대변과 관계되는 기능이다. 또한 운전자본관리기능은 유동자산과 유동부채에 관계되는 기능이다.

▬ 그림 1-1 | 대차대조표모형

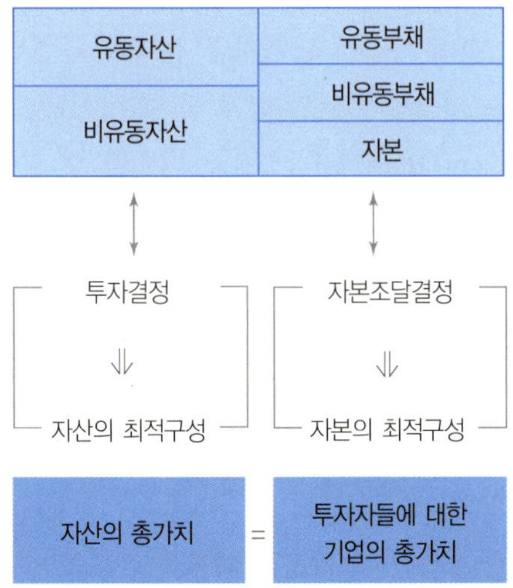

재무관리자의 다섯 가지 기능은 서로 독립적인 것이 아니라 상호 밀접한 관련을 가지고 있다. 이들 기능이 어떻게 상호관련을 가지고 있는가를 살펴보기 위하여 기업자금의 순환과정을 살펴보기로 하자. [그림 1-2]는 기업의 재무활동과정을 그림으로 나타낸 것이다.

이 그림에서 볼 수 있는 바와 같이 기업은 미래의 투자계획과 사업전망 등을 기초로 하여 장래의 일정기간 동안에 필요로 하는 자금의 규모를 결정하게 되며, 이에 따라 소요자금을 자본시장에서 투자자들로부터 조달하고자 할 것이다. [그림 1-2]에서 ①의 과정은 소요자금의 조달과정을 나타내는 것인데, 이 과정에서 재무관리자는 구체적으로 주식, 사채 및 금융차입 등으로부터 소요자금을 효율적으로 조달하는 기능을 수행한다. 기업은 조달된 자본을 생산에 필요한 유형자산과 무형자산 등에 투자하게 된다.

[그림 1-2]에서 ②의 과정은 기업의 투자과정을 나타내는 것인데, 이 과정에서 재무관리자는 기업자산의 최적배합을 결정하는 기능을 수행한다. 또한 기업은 ③, ④의 과정에서 볼 수 있는 바와 같이 투자된 생산요소를 결합하여 제품이나 서비스를 생산하고 판매하여 현금흐름인 수익을 창출하게 되는데, 기업은 창출된 수익 중 일부는 주주에게 배당으로 그리고 기업의 채권자에게는 이자로 지급하며 나머지는 기업내부에 유보한다. 그리고 유보된 수익은 새로운 이익을 창출하기 위하여 재투자된다.

이상과 같은 일련의 자금흐름과정은 기업이 존속하는 한 계속 반복되는데, 자금흐름이 순환되는 동안 [그림 1-2]의 ①, ②, ③, ④의 과정은 서로 영향을 주고받게 된다. 예를 들면, 투자결정은 자본조달계획에 의하여 영향을 받으며, 또한 자본조달계획은 투자결정에 따라 좌우된다. 따라서 자금흐름과 직접적인 관련을 가지고 있는 재무기능들 역시 상호 밀접한 관련을 갖게 된다.

그림 1-2 | 재무활동과정

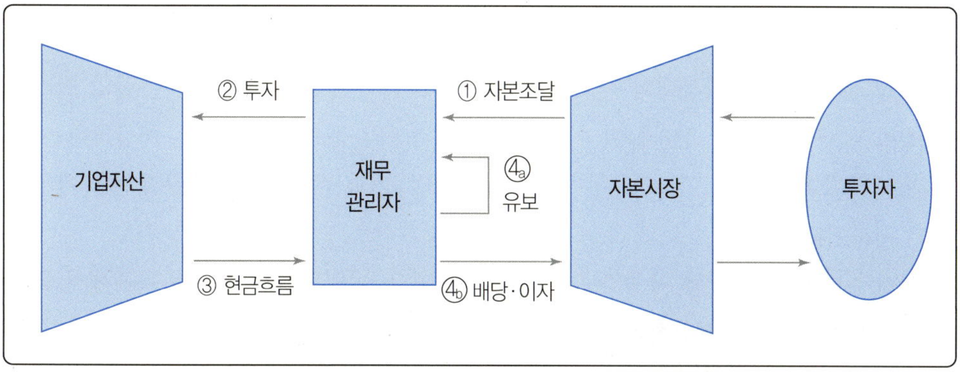

제3절 재무관리자의 목표

제2절에서는 재무관리자가 수행하는 투자결정기능, 자본조달기능 및 배당결정기능 등을 기업의 자금흐름과 관련하여 살펴보았다. 그러면 재무관리자가 재무기능을 수행할 때 지향하는 목표는 무엇일까? 다시 말하면 재무관리자가 구체적으로 투자를 결정하고, 자본조달계획을 수립하며, 배당정책을 결정할 때 궁극적으로 추구하는 목표는 무엇일까?

제1절에서 설명한 바와 같이 기업의 모든 경영활동은 직접 또는 간접적으로 자금과 관련되어 있으므로 자금의 조달과 운용의 의사결정에 관한 재무관리는 기업의 경영활동을 전반적인 관점에서 계획, 조정, 통제하는 통합적인 관리기능이다. 따라서 재무관리의 목표는 기업의 목표와 일치하게 된다.

3.1 이익의 극대화

일반적으로 과거에 널리 알려져 있는 기업의 목표는 이익의 극대화(maximization of profit)이다. 전통적으로 많은 학자들과 기업인들은 기업의 유일한 목표는 이익의 극대화라고 주장해 오고 있다. 이익의 극대화는 그 개념이 단순하여 이해하기 쉽고, 합리적인 사고를 할 수 있는 사람은 누구나 수긍하는 목표라는 점에서 널리 받아들여지고 있다.

그러나 이익의 극대화는 기업의 목표를 지나치게 단순화하였다는 이유로 많은 비판을 받고 있다. 즉, 이익극대화가 기업의 목표로서 타당한가에 대해서는 논란의 여지가 있으며, 현재 대부분의 학자들이 이익극대화를 기업의 목표로 보기에는 곤란하다는 데 의견을 같이 하고 있다. 그 이유는 이익극대화가 다음과 같은 세 가지 문제점을 가지고 있기 때문이다.

첫째, 이익이라는 개념 자체가 모호하다는 점이다. 이익의 극대화라는 목표에서 극대화의 대상이 되는 이익이 장기적인 이익인지 아니면 단기적인 이익인지가 분명하지 않으며, 회계상의 여러 가지 이익 중에 어느 것을 의미하는지 분명하지 않다. 또한 이익은 회계적 측정치로서 기업의 경제적 성과를 정확하게 나타내지 못한다. 그 이유는 이익은 일정한 회계절차에 따라 기록 · 정리된 장부상의 이익으로서 기업의 실제 현금흐름(cash flows)을 나타내는 것이 아니기 때문이다.

둘째, 이익의 시간성을 무시하였다는 점이다. 이익의 극대화라는 목표로는 미래 각기 다른 시점에서 발생하는 이익의 가치를 적절히 평가할 수 없다. 예를 들어, 1년 후의 이익 5,000만원과 2년 후의 이익 6,000만원 중 어느 것이 더 가치가 있는가를 판단하고자 할 때 이익의 극대화라는 목표는 단순히 6,000만원의 이익이 더 가치가 있다고 판단한다. 그러나 이 기준은 잘못된 판단이다. 왜냐하면 이익극대화라는 목표는 이익의 발생시기를 무시하고 있어 서로 다른 시점에서 발생하는 이익의 가치를 정확하게 평가할 수 없기 때문이다. 앞의 예에서 올바른 판단을 내리기 위해서는 화폐의 시간적 가치(time value of money)를 계산하여 두 이익 중 어느 것이 더 가치가 있는가를 검토하여야 할 것이다.

셋째, 미래이익의 불확실성(uncertainty)을 무시하고 있다는 점이다. 즉, 이익극대화라는 목표는 미래이익의 위험의 정도에 따른 이익의 질적 가치를 무시하고 있다. 예를 들어, 5,000만원을 투자하여 3년 후에 1,000만원씩의 이익을 얻을 가능성이 있는 두 가지의 투자기회가 있다고 가정하자. 한 투자기회는 위험이 거의 없는 정기예금이며, 다른 투자기회는 미래 이익이 불확실한 첨단제품개발이라고 하자. 이들 투자에 대하여 투자자가 느끼는 투자가치는 분명히 다를 것이다. 이성적인 투자자라면 당연히 정기예금을 선택할 것이다. 그러나 이 두 투자안의 기대이익이 동일하기 때문에 이익극대화라는 목표에 의해서는 우열을 가릴 수 없다. 따라서 투자를 올바르게 평가하자면 이익의 크기뿐만 아니라 위험을 고려하여야 한다.

이와 같은 비판 이외에도 기업이 이익의 극대화만을 추구하게 되면 기업이 사회적 책임(social responsibility)을 소홀히 하게 되고, 경우에 따라서는 비윤리적이고 불법적인 방법으로 이익을 획득하는 행위가 극대화라는 관점에서 정당화될 수 있으며, 실제로 기업이 이익을 극대화하려고 노력하여도 이를 실현할 수 없기 때문에 이익의 극대화는 유명무실한 목표라는 비판을 받기도 한다. 따라서 이익의 극대화는 어디까지나 기업의 행동을 이론적으로 설명하기 위하여 설정된 하나의 전제에 불과할 뿐이지, 기업이 매일매일의 경영활동에서 지침으로 삼을 수 있는 목표로서는 부적합하다 할 것이다.

3.2 기업가치의 극대화

전통적인 이익극대화라는 목표는 앞에서 지적한 여러 문제점들 때문에 기업목표로서 적절하지 못하다. 그렇다면 현대 재무관리에서는 기업의 목표를 어디에 두고 있을까? 현대 재무관리에서는 기업의 목표를 '기업가치의 극대화(maximization of firm value)' 에 두고 있다. 기업가치는 이론적으로는 기업의 미래 현금흐름을 그 시간성과 위험을 고려하여 현재시점의 가치로 평가한 것이다. 즉, 이론적인 기업가치는 다음과 같은 식으로 나타낼 수 있다.

$$\text{기업가치} = \Sigma\ (\text{미래현금흐름의 현재가치})$$

이 식에서 볼 수 있는 바와 같이 기업가치는 이익과는 달리 그 개념이 명확하고 시간성과 위험을 함께 고려하므로 이익보다는 훨씬 정확하고 포괄적인 개념이라 할 수 있다. 그런데 미래의 현금흐름을 정확히 추정하여 이를 시간성과 위험을 반영한 현재가치로 환산하기란 매우 어려운 일이다. 따라서 기업가치 극대화가 측정 가능한 기업의 목표가 되기 위해서는 이에 대한 정의가 명확히 내려져야 한다. 그런데 기업가치를 무엇으로 볼 것인가에 대해서는 두 가지 입장이 존재한다. 첫 번째 입장은 주주를 기업의 주인으로 보고 '주주 부의 극대화(maximization of shareholders' wealth)' 를 기업가치의 극대화와 동일시하는 것이다. 이와는 달리 기업에는 여러 이해관계자가 존재하기 때문에 주주뿐만 아니라 다른 이해관계자의 부도 극대화해야 한다는 입장도 있다. 이러한 입장을 취할 경우 기업가치의 극대화는 '이해관계자 부의 극대화(maximization of stakeholders' wealth)'와 같은 개념으로 볼 수 있다.

3.2.1 주주 부의 극대화

기업의 가치는 기업이 보유하고 있는 총자산가치를 의미하며, 총자산가치는 자기자본의 총시장가치와 부채의 총시장가치를 합한 것으로 볼 수 있다. 총자산가치에서 채권자의 지분을 제외한 나머지가 궁극적으로 주주에게 귀속된다. 채권자의 지분은 대체적으로 사전에 확정되는 것이 보통이며, 기업의 가치 중 주주에게 귀속되는 부분인 자기자본가치는 증권시장에서 주가의 형태로 투자자들에 의하여 평가된다. 즉, 자기자본의 실질적인 가치는 기업이 발행한 총주식수에 주가를 곱하여 구할 수 있게 된다.

채권자지분의 변동이 현실적으로 그리 심하지 않은 것을 감안하면 기업가치는 자기자본가치의 변동, 즉 주가의 변동에 의하여 주로 영향을 받는다고 할 수 있다. 따라서 기업의 가치는 주로 주가를 기초로 평가할 수 있을 것이다. 이와 같이 기업가치를 자본시장에서 형성된 주가로 평가하는 것이 현대재무이론을 전개하는 데 있어 기초적인 논리가 되고 있다. 또한 주주의 참여 없이는 애초에 기업설립이나 기업공개가 불가능하기 때문에 주주 부를 극대화한다는 전제가 반드시 필요하게 된다. 발행주식수가 정해져 있는 상태에서 주주의 부는 주가를 극대화함으로써 달성되기 때문에 기업가치 극대화는 주가의 극대화라는 측정 가능한 형태의 목표가 되는 것이다.

주가를 기초로 하여 기업의 가치를 평가할 수 있다면 기업가치의 극대화란 주가의 극대화를 뜻하는 것이 된다. 일반적으로 주가는 기업의 현재의 수익실현능력뿐만 아니라 미래의 수익력, 미래수익의 불확실성과 시간성, 사회적 책임의 이행 정도 등의 종합적인 요인을 반영하고 있다고 할 수 있다. 따라서 부의 극대화, 즉 기업가치의 극대화는 기업이 경영활동을 수행하는 데 있어 추구하여야 할 목표가 되는 것이다.

이와 같이 부의 극대화목표는 이익은 물론 그 이외에도 많은 요인을 고려하고 있기 때문에 이익의 극대화 목표보다 훨씬 포괄적인 목표로서, 현대기업이 추구하여야 할 목표이며 동시에 재무관리의 목표가 되는 것이다. 그러므로 본서에서는 기업가치 극대화라는 기업목표를 주주 부의 극대화와 동일시하고, 이를 다시 주가의 극대화라는 보다 구체적인 기업목표로 설정하여 이론을 전개해 나갈 것이다.

3.2.2 이해관계자 부의 극대화

기업의 설립을 가능하게 한 주주들의 부를 극대화하는 것이 기업가치를 극대화하는 데 중요한 것은 사실이다. 그런데 주주 외에도 기업에 이해가 걸려 있는 많은 이해관계자들이 존재한다. 투자자인 채권자를 포함해 종업원, 공급자 및 소비자, 정부, 경쟁기업, 지역사회 등이 이에 해당한다고 하겠다. 일부 국가에서는 이러한 이해관계자 부의 극대화를 기업가치의 극대화와 동일시하기도 한다.

그런데 이해관계자 전체의 부는 주주 부에 비해 상대적으로 측정하기가 어렵다는 단점이 있다. 또한 이해관계자에 대한 적절한 고려가 되지 않으면 주가의 극대화가 실현되기 어렵기 때문에 주주 부의 극대화는 이해관계자 부의 극대화를 포함한다는 입장도 있다. 그렇지만 단기적인 가치극대화와 장기적인 가치극대화는 다를 수 있고, 지속가능경영과 기업의 사회적 책임에 대한 요구가 점차 강해지면서 이해관계자 부의 극대화 관점이 최근 주목을 받고 있다. 이에 주주중심경영을 최우선시 하는 국가에서조차 이해관계자 부의 극대화 개념을 보완적으로 사용하는 기업이 증가하고 있다.

3.3 기업가치 극대화와 기업의 사회적 책임

3.3.1 기업의 사회적 책임

최근에는 기업의 적극적인 사회적 책임(corporate social responsibility : CSR) 수행이 강조되고 있다. 이전에는 기업이 이윤창출 등의 경제적 동기를 법적 테두리 안에서 수행하면 기업의 책임을 다하는 것으로 보았다. 즉, 기업이 양질의 상품과 서비스를 제공하게 되면 소비자가 만족하게 되고, 이에 따라 매출액과 순이익이 증가하게 되면 종업원의 고용이 보장되고 세금납부가 증가되어 공공복리 증진에도 기여하게 된다는 것이다. 그러나 이러한 경제적 및 법적 활동 이외에도 최근에는 기업이 윤리적 및 자선적 활동을 수행할 것을 추가적으로 요구받고 있다.

이렇게 기업의 CSR이 강조된 배경에는 환경문제와 국가경제에 미치는 기업의 영향이 날로 증가해 오고 있기 때문이다. 기업이 배출하는 공해와 오염물질이 환경에 미치는 악영향은 이미 오래 전부터 사회문제화되어 왔으며, 최근의 지구온난화와 탄소배출문제에도 기업이 가장 큰 주범으로 지목되고 있다. 또한 대기업의 분식회계는 해당 기업의 투자자는 물론 국가경제의 전반적인 위기까지 가져올 수 있다는 점이 인식되고 있다. 이제 기업의 잘못된 행동은 세계경제와 지구환경에까지 심각한 위협을 줄 수 있고, 그 결과 UN, OECD 등의 국제기구가 기업의 사회적 책임을 촉구하며 국제적인 기준(global standard)까지 제정하기에 이르렀다.

이러한 사회적 분위기에 맞추어 기업의 사회적 책임에 대한 태도에도 변화가 일어나고 있다. 과거에는 기업이 사회적 책임이행에 있어 소극적인 태도를 취하는 것이 일반적이었다면 최근에는 보다 적극적인 태도를 보이는 기업이 증가하고 있다. 윤리경영과 환경경영에 대한 강조도 기업의 적극적인 태도변화에 따른 결과이다. 기업투명성 제고, 기업윤리헌장의 제정과 준수, 내부고발의 강화 등은 윤리경영의 그리고 저탄소배출, 환경보호운동 동참, 환경인증 획득 등은 환경경영의 좋은 예라고 하겠다. 또한 기업은 상당한 비용과 시간을 들여 각종 사회봉사와 지역사회발전에 참여하고 있으며, 이러한 기업의 사회적 책임수행은 그 규모가 커지고 있을 뿐만 아니라 그 전문성도 날로 높아지고 있다.

기업의 사회적 책임 수행은 이미지 개선에 도움을 줄 뿐만 아니라 사회와 동반자적 관계를 형성하게 해 기업의 장기적인 성장을 가능케 하는 장점이 있다. 따라서 기업의 사회적 책임 수행을 비용측면에서만 볼 것이 아니라 기업의 지속가능성장을 가능하게 하는 장기투자로 볼 수 있을 것이다.

3.3.2 CSR이 기업가치에 미치는 영향

앞서 설명한 바와 같이 기업의 목표는 '기업가치극대화' 에 있다. 그런데 '기업가치극대화' 에서 기업가치를 무엇으로 볼 것인가에 대해서는 입장차이가 존재한다. 즉, 기업가치극대화를 '주주 부의 극대화' 로 보는 입장과 '이해관계자 부의 극대화' 로 보는 입장으로 대별된다. 미국, 영국 등 자본주의가 일찍 발달한 국가에서는 '기업가치극대화' 를 '주주 부(富)의 극대화' 와 동일시하는 입장이 우세하다. 기업의 주인을 주주로 보고 이들 주주의 부를 극대화하는 것이 기업의 목표라는 것이다. 주주의 부는 주가에 의해 결정되기 때문에 결국 '기업가치의 극대화' 는 '주가의 극대화' 로 표현할 수 있게 된다. 우리나라에서도 외환위기 이후 '주주중심의 경영' 이 강화되고 '주가의 극대화' 를 기업의 목적으로 표방하는 기업이 증가하고 있다.

그런데 '주가의 극대화' 란 기업의 목표가 장기적으로는 '기업가치극대화' 와 맞지 않는 경우도 생각해 볼 수 있다. 주주는 자신이 주식을 갖고 있는 동안의 주가에 신경을 쓰기 때문에 장기적이 아닌 단기적 성과를 중요시하는 경향이 있다. 이럴 경우에 기업의 장기적 가치극대화에 중점을 두는 지속가능경영과는 일치하지 않을 수가 있다. 또한 최근에는 기업의 적극적인 사회적 책임(CSR) 이행에 대한 사회적 요구가 그 어느 때보다 강하다.

주주를 기업의 주인으로 보고 주가에 초점을 맞추는 '주가의 극대화'와 기업의 적극적인 사회적 책임이행은 서로 상반될 수 있다. 왜냐하면 CSR을 수행하기 위해서는 실질적인 비용이 들어갈 뿐만 아니라 당장의 이익을 포기해야 할 경우도 발생하기 때문이다. 또한 적극적 CSR 수행은 한정된 경영자의 시간과 노력을 많이 필요로 하기 때문에 상당한 기회비용이 존재하게 된다.

그렇지만 지금 같이 개방화 및 글로벌화의 진전으로 그 어느 때보다 상호연결이 심화된 사회에서 사회적 책임을 다하지 않는 기업이 과연 주가를 극대화할 수 있겠느냐는 문제의식을 갖는 것이 필요하다. 물론 이익실현 또는 주가상승의 기대를 갖고 투자하는 주주들이 없이는 기업이 성립되기 어려운 것이 사실이다. 그러나 최근 분식회계, 환경오염, 노동자 착취 등 법적, 도덕적 기준을 위반한 많은 기업들이 주가하락 또는 도산까지 경험하는 반면에 적극적인 CSR 수행, 환경개선, 투명성 제고, 지배구조 개선 등에 우선순위를 둔 기업들은 상당한 주가상승을 누리고 있다.

따라서 '주가의 극대화'와 '적극적 CSR 수행'이 상호배타적인 것이 아니고 함께 조화롭게 수행되어 기업의 지속가능경영과 가치극대화를 동시에 실현하게 하는 것으로 인식할 필요가 있다. 기업가치극대화의 실현을 위해 주주의 부를 극대화할 것이냐 혹은 이해관계자의 부를 극대화할 것이냐는 문제 역시 상호배타적 관계가 아니라는 인식하에 지속가능경영을 위해 주주중심경영을 하되 사회와 동반자적인 입장에서 기업이 적극적인 사회적 책임을 다하는 자세를 갖추어야 바람직하게 해결될 수 있을 것이다.

3.4 기업의 목표와 경영자의 목표

기업의 경영목표, 즉 기업가치의 극대화라는 목표는 항상 달성 가능한 것인가? 기업의 목표와 관련하여 논란이 되고 있는 것은 기업의 목표와 경영자의 목표가 항상 일치할 것인가 하는 점이다. 여기서는 이들 양자가 어떻게 상호 관련되어 있는가를 살펴보기로 한다.

기업의 소유주 또는 대주주가 직접 경영하는 이른바 소유와 경영이 분리되지 않은 소유주경영에서는 기업의 부가 곧 경영자의 부이므로, 기업의 목표와 경영자의 목표는 일치하게 된다.

그러나 대규모 기업에서는 주주들이 필요한 모든 의사결정을 직접 할 수는 없다. 대신에 주주들은 그들의 대리인(agents)으로서 기업을 경영할 수 있는 경영자를 고용한다. 그래서 주주가 아닌 경영자가 일상적으로 기업을 통제하게 되며, 경영자는 주주의 부가 아닌 자신의 이익에 보다 관심을 가질 수 있다. 이와 같이 기업의 소유와 경영이 분리되면 경영자와 주주의 이해는 상충되기 쉬우므로 기업의 목표와 경영자의 목표 사이에는 괴리가 생기게 될 것이다.

주주가 대리인인 경영자에게 의사결정권을 위임함으로써 주주와 경영자 사이에 발생하는 갈등을 대리인 문제(agency problem)라고 한다. 이러한 갈등의 원천으로는, 첫째 경영자가 호화로운 사무실을 사용하거나 고급 승용차를 구입하는 등 경영자들 자신의 특권적 소비(perqusite consumption), 둘째 경영자들의 재임기간이 비교적 짧아 그들이 기업의 장기적이 수익보다는 단기적인 이익에 치중하는 경향, 셋째 경영자가 위험을 초래할 수 있는 투자안에 대해 과민할 정도로 회피하는 경향 등을 들 수 있다.

만약에 경영자가 자신의 위치를 유지하기 위하여 위험이 수반되는 적극적인 활동을 삼가고 안전위주로 기업을 경영하려고 한다면, 경영자의 이러한 태도는 궁극적으로 증권시장에서 기업의 주가를 하락시키는 요인이 되어 기존주주의 심한 반발을 불러일으키게 될 것이다. 따라서 주주들은 현재의 경영자를 불신임하게 되고 종국적으로는 새로운 경영자를 원하게 될 것이다. 이러한 이유 때문에 경영자는 자신의 생존을 지키기 위해서라도 주식의 시장가치를 높이고자 노력하게 될 것이다. 그런데 주가의 상승은 곧 주주부의 증가를 의미하므로 경영자는 결국 주주의 부를 극대화하고자 노력하는 결과가 될 것이다. 따라서 장기적인 관점에서 볼 때 경영자의 목표는 기업의 목표와 일치하게 된다. 결국 기업의 목표와 경영자의 목표가 일치할 것인가 하는 문제는 일차적으로 기업의 소유와 경영이 어느 정도 분리되어 있는가와 밀접한 관련을 맺고 있음을 알 수 있다.

한편 대리인 문제는 다음 몇 가지 제도적 장치에 의하여 사전에 상당히 완화시킬 수 있는 것으로 알려져 있다. 첫째, 주주들이 주주총회에서 이사회 구성원을 선출하는 것이다. 이사회는 경영자를 선출하는 권리를 가지므로 주주들은 이사회를 통하여 경영자를 간접적으로 통제할 수 있다. 둘째, 경영자들에게 주식옵션(stock option)을 부여하는 것과 같은 유인제도를 이용하는 것이다. 주식옵션은 주식가격이 상승할 때만 가치를 가지기 때문에 주식옵션을 소유한 경영자들은 주식가격을 높이는 의사결정을 수행하게 될 것이다. 셋째, 기업인수(takeover)시장을 이용하는 것이다. 기업이 인수되면 피인수기업의 경영자는 직위를 상실하기 때문에 경영자들은 기업인수에 불안을 느껴 주식가격을 높이려는 노력을 수행할 것이다. 넷째, 경영자 인력시장을 이용하는 것이다. 경영자가 인력시장을 통해 경영자교체에 대한 위험이 커진다면 주주의 수익을 위해 노력할 수밖에 없다.

그러나 현실적으로 주주와 경영자 사이에 존재하는 이해상충의 문제를 완전히 해결할 수는 없고, 이 문제를 적절하게 해결하는 데는 비용이 필요하게 되는데 이를 대리인비용(agency costs)라 한다. 대리인비용에는 구체적으로 경영자의 활동을 감시하는 데 따르는 비용과 경영자가 주주들을 위하여 행동하도록 유인하기 위하여 지급하는 보상 등이 포함된다.

««« 연 | 습 | 문 | 제

■ 객관식 문제

01 다음 중 재무관리 목표로 적절하지 못한 것은?

① 부의 극대화
② 기업가치의 극대화
③ 주가의 극대화
④ 이익의 극대화

02 다음 중 기업의 목표로서 이익극대화가 지니는 문제점을 올바르게 지적하고 있지 못한 것은?

① 화폐의 시간적 가치 무시
② 미래이익의 불확실성 무시
③ 회계이익의 모호성
④ 회계이익 측정상의 어려움

03 일반적으로 재무관리자의 기능으로 보기 어려운 것은?

① 회계처리방법결정
② 투자결정
③ 자본조달결정
④ 배당결정

04 주주와 경영자 사이의 이해관계의 마찰 때문에 발생하는 내용이라고 할 수 없는 것은?

① 투자가치의 평가를 확인하기 위하여 기획실을 설치하였다.
② 경영자가 증권시장에서 투자자들에게 사업설명회를 개최하였다.
③ 경영자에게 일정기간 후 일정한 가격으로 주식을 매입할 수 있는 권리를 주었다.
④ 경영자의 활동을 감시하기 위하여 주주총회에서 상임감사를 두기로 결정하였다.

05 주주와 경영자 간에 발생하는 대리인문제에 관한 설명과 관련이 없는 것은?

① 소유와 경영이 분리되어 있을 때 발생한다.
② 경영자가 파산가능성이 있을 때 위험이 높은 투자사업을 수행한다.
③ 소유가 분산될수록 주주와 경영자 간의 이해상충은 심화되는 경향이 있다.
④ 대주주인 경영자가 자신의 이익을 위해서 소수주주의 이해와 상충된 의사결정을 할 수 있다.

06 기업의 최적자산배합(optimal mix of assets)을 위한 재무관리의 기능은?

① 투자결정
② 자본조달결정
③ 배당정책
④ 재무분석

EXERCISE

07 기업의 최적자본배합(optima mix of financing)을 위한 재무관리의 기능은?

① 투자결정 ② 자본조달결정
③ 배당정책 ④ 재무분석

08 주주와 경영자 사이에 발생하는 갈등, 즉 대리인 문제를 완화하는 제도적 장치로 볼 수 있는 것은?

① 스톡옵션 ② 주주의 경영참가
③ 주주의 회계장부 열람 ④ 경영자의 특권적 소비 확장

09 회계적 이익의 극대화는 재무관리의 목표로 적절치 않다. 그 이유를 올바르게 설명하는 것은?

① 회계적 이익은 CEO의 이해를 반영한다.
② 회계적 이익은 기회비용을 고려하고 있다.
③ 회계적 이익은 화폐의 시간적 가치를 고려한다.
④ 회계적 이익은 회계처리 방법에 따라 그 크기가 달라 질 수 있다.

10 다음 중 재무관리의 운전자본관리 기능에 해당하는 것은?

① 기업이 어떠한 투자안을 선택하는 의사결정
② 투자안 실행에 필요한 자금의 조달 의사결정
③ 기업이 어느 정도 현금을 보유하느냐의 의사결정
④ 기업이 내부유보하고자 하는 금액의 크기에 대한 의사결정

Fundamentals of Corporate Finance

CHAPTER 2

재무제표와 재무분석

Chapter 2

재무제표와 재무분석

제1절 재무제표

재무제표(financial statements : F/S)란 기업이 경영활동을 수행한 결과로 나타난 재무상태와 경영성과 등 각종 재무정보를 표시하고 있는 회계보고서를 말한다. 기업과 관련된 이해관계자들은 이러한 재무제표를 통해서 기업의 경제적 실체를 파악하고 그 결과를 경영의사결정 또는 투자결정에 이용한다. 아직까지는 두 가지 기준이 함께 사용되고 있고, 회계DB를 제공하는 회사에서도 한국채택국제회계기준(K-IFRS)과 한국채택 현행 기업회계기준(K-GAAP)을 함께 제공하고 있다. 이에 제2장에서는 K-GAAP을 기준으로 설명하고, 부록에서는 K-IFRS를 K-GAAP과의 차이점을 중심으로 별도로 설명하기로 한다.

우리나라의 기업회계기준에서는 대차대조표, 손익계산서, 이익잉여금처분계산서(또는 결손금처리계산서), 그리고 현금흐름표 등 네 가지 보고서를 기본재무제표로 규정하고 있다. 이들 보고서가 담고 있는 내용을 간략하게 설명하면 다음과 같다.

① 대차대조표 : 결산일 현재 기업의 재무상태
② 손익계산서 : 일정기간 동안 기업의 영업성과
③ 이익잉여금처분계산서 : 회사가 벌어들인 이익의 처분내용
④ 현금흐름표 : 일정기간 동안의 현금유입과 현금유출 내역

1.1 대차대조표

대차대조표(balance sheet : B/S)란 일정한 시점을 기준으로 기업의 재무상태를 자산, 부채, 자본으로 나타낸 것이다([표 2-1] 참조). 기본적인 구조는 자산을 왼쪽 차변에 표시하고 부채와 자본을 오른쪽 대변에 표시하는데 차변은 자금운용내역을, 대변은 자금조달내역을 의미한다. 그리고 자산은 유동자산, 비유동자산으로 구분하기 때문에 차변합계를 총자산이라고 한다. 한편 대변은 부채와 자본으로 구분되는데 부채는 타인으로부터 조달한 자금을, 자본은 주주가 출자한 자금으로서 각각 타인자본, 자기자본이라고 부르기 때문에 대변합계를 총자본이라고 한다. 또한 부채는 유동부채와 비유동부채로, 자본은 자본금, 자본잉여금, 이익잉여금 등으로 각각 구분해서 표시한다. 각 계정과목을 좀 더 자세하게 설명하면 다음과 같다.

① 유동자산

유동자산은 큰 거래비용 없이 1년 이내에 현금화할 수 있는 자산으로서 당좌자산과 재고자산으로 분류된다. 당좌자산은 특히 현금화속도가 빠른 항목들로서 현금, 단기금융상품, 유가증권, 매출채권, 단기대여금 등이 이에 해당된다. 한편 재고자산은 정상적인 영업활동에서 판매과정을 거쳐서 현금화되는 것들인데 이에는 상품, 제품, 재공품, 원재료 등이 해당된다.

② 비유동자산

비유동자산은 주로 영업을 위해 투입되어 1년 이상의 기간에 걸쳐서 수익을 창출하는 데에 기여하는 자산으로서 투자자산, 유형자산, 무형자산으로 분류한다.

유형자산과 무형자산은 모두 영업활동을 위해서 보유하고 있는 자산을 말하는데 유형자산은 물리적 형체가 있는 토지, 건물, 기계장치, 차량운반구 등이 이에 해당된다. 한편, 물리적 형체가 없는 영업권, 산업재산권, 창업비, 개발비 등은 무형자산으로 분류한다. 이외에 투자자산은 영업활동 이외에 여유자금을 활용할 목적으로 보유한 자산으로서 장기금융상품, 투자유가증권, 장기대여금, 투자부동산 등이 포함된다.

③ 유동부채

유동부채는 대체로 만기가 1년 이내에 도래되는 채무를 말한다. 이에는 영업거래에서 발생하는 매입채무와 영업거래 이외에서 발생한 미지급금 등이 이에 해당된다. 예를 들어, 전자회사가 전자제품을 생산하는 데 필요한 원재료를 외상으로 구입하면 매입채무가 되고 업무용차량을 외상으로 구입하면 미지급금이 된다. 이외에도 은행 등 금융기관에서 빌린 차입금 중 1년 이내에 상환해야 하는 단기차입금도 유동부채의 중요한 항목이다.

④ 비유동부채

비유동부채는 만기가 1년 이후에 도래되는 채무로서 사채, 장기차입금, 장기성매입채무 등이 포함된다. 이들은 주로 장기적 관점에서 자금을 조달한 것인데, 특히 사채는 채무증서를 발행하여 일반대중에게서 대규모로 조달한 채무를 말한다. 비유동부채라고 해도 1년 이내에 상환하게 될 금액은 유동부채가 된다.

⑤ 자본

자본은 자본금, 자본잉여금, 이익잉여금 등으로 구성된다. 자본금은 회사가 발행한 주식의 액면총액을 말하는데, 보통주자본금과 우선주자본금으로 구분한다. 그리고 자본잉

❙ 표 2-1 ❙ 대차대조표의 예

대차대조표

한국주식회사 (단위 : 백만원)

과 목	자 산		과 목	부채와자본	
	20×1. 12. 31	20×2. 12 .31		20×1. 12. 31	20×2. 12. 31
Ⅰ. 유동자산	54,000	60,000	Ⅰ. 유동부채	50,000	55,000
(1) 당좌자산	40,000	41,000	1. 매입채무	21,000	21,200
1. 현금예금	12,000	12,600	2. 단기차입금	24,000	28,700
2. 유가증권	13,000	13,000	3. 미지급금	5,000	5,100
3. 매출채권	15,000	15,400			
(2) 재고자산	14,000	19,000	Ⅱ. 비유동부채	80,000	84,000
1. 제품	6,000	8,500	1. 사채	45,000	50,000
2. 재공품	5,000	6,500	2. 장기차입금	35,000	34,000
3. 원재료	3,000	4,000			
			Ⅲ. 자본	70,000	71,000
Ⅱ. 비유동자산	146,000	150,000	1. 자본금	7,500	7,500
(1) 투자자산	62,000	63,000	2. 자본잉여금	22,000	22,500
(2) 유형자산	74,000	75,400	3. 이익잉여금	40,500	41,000
(3) 무형자산	10,000	11,600			
자산총계	200,000	210,000	부채와자본총계	200,000	210,000

여금은 증자 또는 감자 등 자본거래에서 발생한 잉여금으로서 주식발행초과금, 감자차익 등이 대표적인 것들이다. 이와는 달리 이익잉여금은 영업거래에서 발생한 잉여금을 말하며 이익준비금, 기타적립금 등이 이에 해당된다.

1.2 손익계산서

손익계산서(income statement : I/S)는 일정기간 동안에 발생한 수익과 비용을 비교해서 그 기간의 경영성과를 나타내는 보고서이다. 기본적인 구조는 수익에서 비용을 차감하여 이익을 나타내는 방식으로 표현되는데, 수익과 비용을 그 발생원천에 따라서 분류하기 때문에 단계별로 손익을 제시한다([표 2-2] 참조). 따라서 매출총이익, 영업이익, 영업외이익, 법인세비용차감전순이익, 당기순이익의 순서로 손익계산서에 나타낸다. 이들 계정과목을 좀 더 자세하게 설명하면 다음과 같다.

| 표 2-2 | 손익계산서의 예

손익계산서

한국주식회사 (단위 : 백만원)

과 목	20×1년 1월 1일부터 20×1년 12월 31일까지		20×2년 1월 1일부터 20×2년 12월 31일까지	
Ⅰ. 매출액	190,000		201,000	
Ⅱ. 매출원가	150,000		140,000	
Ⅲ. 매출총이익	40,000		61,000	
Ⅳ. 판매비와 관리비				
1. 급여		10,000		11,200
2. 감가상각비		8,500		10,500
3. 광고선전비 등	25,500	7,000	30,000	8,300
Ⅴ. 영업이익	14,500		31,000	
Ⅵ. 영업외수익	10,200		18,300	
Ⅶ. 영업외비용	20,614		44,900	
Ⅷ. 법인세비용차감전순이익	4,086		4,400	
Ⅸ. 법인세비용	981		1,071	
Ⅹ. 당기순이익	3,105		3,329	

주) 영업외비용 44,900원 속에는 이자비용 17,200원이 포함되어 있음.

① 매출총이익

매출총이익은 다음과 같이 매출액에서 매출원가를 차감하여 산출한다. 매출총이익은 매출활동에 직접적으로 관련된 이익을 말한다. 만약 전자회사라면 매출액은 전자제품을 판매한 금액을 말하고 매출원가는 판매한 전자제품을 만드는 데 직접 들어간 원재료비, 노무비, 경비 등의 원가를 의미한다.

매출액 − 매출원가 = 매출총이익

② 영업이익

영업이익은 다음과 같이 매출총이익에서 판매비와 관리비를 차감하여 산출한다. 즉, 영업이익은 매출총이익에서 광고선전비 등 판매부대비용이나 급여, 감가상각비 등의 관리비를 차감한 것인데 회사가 수행하는 본래의 영업활동에서 벌어들인 이익이라고 보면 된다. 예를 들어, 전자회사라면 전자제품을 판매해서 벌어들인 이익이 영업이익이 되는 것이다.

매출총이익 − 판매비와 관리비 = 영업이익

③ 법인세비용차감전순이익

그런데 전자회사라고 해도 여유자금이 생기면 은행에 예금하여 이자수익이 생길 수도 있고 반대로 자금이 부족하여 은행에서 차입금을 사용하면 지급이자가 발생할 수도 있다. 이러한 항목은 전자회사 본래의 영업활동에 의한 것이 아니기 때문에 영업외수익 또는 영업외비용이라고 한다. 법인세비용차감전순이익은 영업이익에 영업외수익을 가산하고 영업외비용을 차감하여 산출한다.

영업이익 + 영업외수익 − 영업외비용 = 법인세비용차감전순이익

④ 당기순이익

법인세비용차감전순이익은 말 그대로 세금을 내기 직전의 이익이라는 뜻이다. 회계기간 동안 중단한 사업이 없을 경우 법인세비용차감전순이익에서 법인세를 차감하면 당기순이익이 된다. 이때에 세금이란 법인세는 물론이고 주민세처럼 법인세에 부가되는 관련세금까지 포함한 것이다.

법인세비용차감전순이익 − 법인세비용 = 당기순이익

⑤ 주당순이익

주당순이익(earnings per share : EPS)이란 보통주 1주에 귀속되는 당기순이익을 말한다. 따라서 다음과 같이 당기순이익을 보통주식수로 나누어 계산하면 된다. 우선주를 함께 발행한 회사라고 해도 우선주식수는 무시하고 보통주식수만을 고려해서 주당순이익을 산출한다. 특히 주당순이익은 기업의 성과를 평가하거나 증권투자를 하는 등 각종 분석에서 많이 이용되는 중요한 개념이다.

$$\text{주당순이익(EPS)} = \frac{\text{당기순이익}}{\text{보통주식수}}$$

[표 2−1]에 제시된 한국주식회사의 대차대조표에서 자본금이 7,500(백만원)이므로 1주당 액면금액이 5천원이라면 발행주식수가 150만주가 된다. 따라서 주당순이익은 다음과 같이 2,219원이 산출된다.

$$\frac{\text{3,329백만원}}{\text{150만주}} = \text{2,219원}$$

1.3 이익잉여금처분계산서

우리나라 기업회계기준에서 규정하고 있는 기본적 재무제표는 대차대조표, 손익계산서, 이익잉여금처분계산서, 현금흐름표 등 4가지라고 하였다. 이익잉여금처분계산서(statement of retained earnings)는 일정기간 동안에 이익잉여금의 변동내역을 나타내는 재무제표이다. 즉, 기업이 이익을 벌어들여서 어떻게 사용하였는가에 관한 정보를 알 수 있는 것이다. 만약 결손이 발생한 경우에는 이익잉여금처분계산서 대신 미처리결손금의 처리내역을 밝히는 결손금처리계산서를 작성하여야 한다.

이익잉여금처분계산서의 각 계정과목을 좀 더 자세하게 설명하면 다음과 같다([표 2−3] 참조).

| 표 2-3 | 이익잉여금처분계산서의 예

이익잉여금처분계산서

20×2년 1월 1일부터 20×2년 12월 31일까지

한국주식회사 (단위 : 백만원)

과 목	금 액	
Ⅰ. 미처분이익잉여금		28,800
1. 전기미처분이익잉여금	25,000	
2. 전기손익수정항목	600	
3. 당기순이익	3,200	
Ⅱ. 임의적립금 등의 이입액		4,200
합 계		33,000
Ⅲ. 이익잉여금처분액		9,000
1. 이익준비금	1,500	
2. 기타법정적립금	4,000	
3. 배당금	500	
4. 임의적립금	3,000	
Ⅳ. 처분후 미처분이익잉여금		24,000

① 미처분이익잉여금

이익잉여금처분계산서의 구조는 크게 이익잉여금의 발생항목과 처분항목 두 가지로 구분할 수 있다. 여기서 이익잉여금의 발생항목은 미처분이익잉여금과 임의적립금이입액의 합으로 구성된다.

미처분이익잉여금이란 당기말에 처분할 수 있는 이익잉여금을 말하는데, 전기에 사용되지 않고 당기로 넘어온 잉여금(전기미처분이익잉여금)에 전기손익수정항목이나 회계변경의 누적효과를 반영한 후 당기순이익을 합쳐서 산출된다.

② 임의적립금 등의 이입액

임의적립금이란 말 그대로 법적 강제성 없이 기업이 필요에 따라 임의로 적립한 잉여금을 말한다. 만약 종전에 적립하던 임의적립금의 필요성이 없어졌거나 아니면 현재의 처분전이익잉여금이 당기의 배당이나 적립 등을 고려할 때 부족하다고 하자. 이러한 경우에는 이전에 적립하였던 임의적립금을 가져다 사용할 수 있는데 이를 임의적립금이입액이라고 한다.

③ 이익잉여금처분액

미처분이익잉여금에 임의적립금 등의 이입액을 합치면 그 합계가 당기에 사용할 수 있는 이익잉여금이 된다. 처분할 수 있는 이익잉여금이 있다고 모두 주주에게 배당으로 지급할 수 있는 것은 아니다. 상법 등 관련규정에 의한 이익준비금, 기업합리화적립금, 재무구조개선적립금 등 법정적립금을 우선적으로 적립해야 한다. 그리고 주주들에게 배당금을 지급한 후 기업의 필요에 따른 임의적립금까지 적립하면 이익잉여금의 처분이 끝난 것이 된다.

④ 처분후 미처분이익잉여금

법정적립금, 배당, 임의적립금 등의 처분을 마친 후에도 남는 이익잉여금은 다음연도로 넘어가게 된다. 이렇게 다음연도로 넘어가는 이익잉여금을 처분후 미처분이익잉여금이라고 한다. 이와 같은 이익잉여금의 처분은 주주총회의 승인을 얻어야 하는데 처분이 확정된 후의 처분후 미처분이익잉여금은 기말의 대차대조표에 기록되어 이월된다.

1.4 현금흐름표

현금흐름표(statement of cash flow)는 일정기간 동안 기업의 현금흐름을 나타내는 재무제표이다. 손익계산서상으로는 순이익이 많은 기업들도 도산하는 사례가 발생하자 기업의 현금흐름에 관심이 높아지게 되었다. 왜냐하면 기업이 경영활동을 수행하는 과정에서 임금이나 물품대금을 지급하는 데에는 회계상의 순이익이 아니라 현금이 필요하기 때문이다. 그래서 흔히 현금흐름은 인체에서 혈액과 같다고 비유된다. 특히 재무관리에서는 현금흐름을 기업평가의 가장 중요한 요소로 평가하는데, 대차대조표와 손익계산서 등으로는 현금흐름을 파악하기 어렵기 때문에 현금흐름표가 유용하게 이용된다. 현금흐름표의 계정과목을 자세하게 설명하면 다음과 같다([표 2-4] 참조).

① 영업활동으로 인한 현금흐름

영업활동으로 인한 현금흐름이란 기업이 본래의 영업활동을 하면서 유입되는 현금내역과 유출되는 현금내역을 나타낸 것이다. 예를 들어 제과회사라면 과자나 빵을 판매하면서 현금이 들어올 것이다. 그리고 밀가루, 설탕 등 원재료 등 원자재를 구입하거나 과자나 빵을 생산하거나 판매하는 직원들에게 임금을 지급하면서 현금이 유출될 것이다.

| 표 2-4 | 현금흐름표의 예

현금흐름표

20×2년 1월 1일부터 20×2년 12월 31일까지

한국주식회사 (단위 : 백만원)

과 목	금 액	
Ⅰ. 영업활동으로 인한 현금흐름		
1. 당기순이익	3,200	
2. 현금유출이 없는 비용 가산		
가. 감가상각비	12,000	
3. 현금유입이 없는 수익 차감		
가. 토지평가이익	−300	
4. 영업활동으로 인한 자산부채의 변동		
가. 매출채권의 감소	700	
나. 재고자산의 증가	−1,600	
다. 매입채무의 감소	−400	13,600
Ⅱ. 투자활동으로 인한 현금흐름		
1. 토지의 처분	8,200	
2. 기계장치의 취득	−6,200	2,000
Ⅲ. 재무활동으로 인한 현금흐름		
1. 보통주의 발행	2,000	
2. 차입금의 상환	−11,500	
3. 배당금의 지급	−500	−10,000
Ⅳ. 현금의 증가(감소)		5,600
Ⅴ. 기초의 현금		7,000
Ⅵ. 기말의 현금		12,600

② 투자활동으로 인한 현금흐름

투자활동으로 인한 현금흐름에서 투자활동이란 생산설비를 구입하거나 공장을 증축하는 것을 말한다. 따라서 기업이 생산량을 증대시키기 위해서 새로운 기계를 도입하거나 공장건설을 위해 건물, 토지 등을 매입하면서 현금이 유출될 것이다. 이와는 반대로 기존 설비를 매각하거나 보유 부동산을 처분하는 것은 현금유입을 가져올 것인데 이러한 것들이 투자활동으로 인한 현금흐름에 해당된다.

③ 재무활동으로 인한 현금흐름

재무활동으로 인한 현금흐름에서 재무활동이란 증권시장이나 금융시장을 통해서 자금을 조달하거나 상환하는 활동을 말한다. 즉, 주식이나 회사채를 발행해서 자금을 조달하거나 은행에서 차입금을 조달하면 재무활동으로 인한 현금유입이 된다. 반면에 회사채나 차입금을 상환하거나 유상감자를 수행하면 현금이 유출되는데 이는 재무활동으로 인한 현금유출이 되는 것이다.

④ 현금의 증감

앞서 설명한 영업활동, 투자활동, 재무활동별로 현금유입과 현금유출을 비교한다. 그러면 기업전체의 차원에서 일정기간 동안의 현금이 증가되었는지 감소되었는지가 나타난다. 기초의 현금수준에 이 증감액을 가산 또는 차감하면 기말의 현금수준이 파악된다. 그리고 이 금액은 다시 다음 기의 기초현금수준이 될 것이다.

제2절 재무분석

기업과 관련된 자료를 일정한 기법에 따라서 분석하고 그 결과를 해석하는 것을 재무제표분석 또는 간단하게 줄여서 재무분석이라고 한다. 기업의 실체를 외부투자자에게 알려주는 자료로서 가장 대표적인 것이 재무제표이기 때문에 재무분석은 재무제표를 이용한 재무비율분석이 주된 내용을 이루게 된다. 분석 목적에 따라서 달라질 수 있지만 대개 안전성분석, 활동성분석, 수익성분석, 성장성분석, 주가관련비율 등을 살펴보는 것이 일반적이다.

한편, 개별기업의 재무비율이 구체적인 값으로 산출되면 이를 평가하기 위해서 비교기준이 되는 표준비율이 있어야 할 것이다. 대체로 표준비율로는 해당기업이 속한 산업의 평균재무비율, 경쟁기업의 재무비율, 해당기업의 과거비율, 이론적으로 설정된 표준비율 등을 이용할 수 있지만 대체로 산업평균비율을 가장 많이 이용한다. 산업평균비율은 한국은행에서 매년 발간되는 '기업경영분석'에서 구할 수 있다.

이제부터는 앞서 예로 제시된 한국주식회사의 재무제표로부터 여러 가지 재무비율을 산출하면서 해당비율의 의미를 살펴본다. 그리고 산출된 재무비율과 함께 제시된 산업평균비율과 비교해서 경제적 의미를 살펴보자.

2.1 안전성분석

안전성분석이란 회사가 단기채무를 변제할 능력이 어느 정도인가를 측정하고, 더 나아가 경기변동이나 시장여건의 변화에 대응력이 충분한가를 파악하는 것이다. 초보적인 단계에서 안전성을 측정하기 위한 비율로는 유동비율, 당좌비율, 부채비율 등을 들 수 있다.

① 유동비율

유동비율이란 유동자산을 유동부채로 나눈 비율을 말하는데, 기업의 단기부채상환능력을 측정하는 지표이다. 유동비율은 대체로 높을수록 좋다고 할 수 있는데 최소한 100% 이상을 유지하여야 하며 일반적으로 200% 이상이면 안전하다고 판단할 수 있다.

사례로 든 한국주식회사의 유동비율은 다음과 같이 109.1%로 산출되어 그 자체로서는 안전성이 높다고 하기 어렵다. 그러나 괄호 안에 제시된 산업평균비율 102.6%를 보면 산업 전체적으로 안전성이 좋지 않은 상황인 것을 알 수 있다. 따라서 한국주식회사는 그나마 좀 나은 편이라고 할 수 있겠다.

$$\text{유동비율}(\%) = \frac{\text{유동자산}}{\text{유동부채}} \times 100$$

$$= \frac{60{,}000}{55{,}000} \times 100 = 109.1\%$$

(산업평균 102.6%)

② 당좌비율

유동자산 중에서 재고자산은 정상적인 영업순환과정을 거쳐야 현금화되는 것이다. 따라서 채무상환에 즉각적으로 이용될 수 있는 자산만을 평가대상으로 안전성을 파악하기 위해서 당좌비율을 산출하여 이용한다. 당좌비율은 유동자산 중에서도 현금화가 빠른 현금, 예금, 유가증권, 매출채권 등 당좌자산을 유동부채로 나누어 산출한다. 당좌비율은 100%정도를 이상적인 기준으로 본다. 유동비율이나 당좌비율이 높으면 부채상환능력은 좋지만 기업전체의 수익성은 떨어지게 된다.

한국주식회사의 경우 유동비율과 마찬가지로 당좌비율도 산업평균비율보다 조금 높은 수준이므로 이 회사의 단기부채상환능력은 업종평균에 비해서 다소 양호하다고 할 수 있다.

$$\text{당좌비율}(\%) = \frac{\text{당좌자산}}{\text{유동부채}} \times 100$$

$$= \frac{41,000}{55,000} \times 100 = 74.5\%$$

(산업평균 72.6%)

③ 부채비율

부채비율이란 부채를 자기자본으로 나눈 비율을 말하는데 기업의 재무구조를 파악하는데 가장 많이 이용되는 지표이다. 경기가 활황일 때에는 기업이 부채의 이자비용보다 높은 수익률을 올릴 수 있어서 부채를 사용하는 것이 유리하다. 그러나 경기가 불황일 때에는 부채의 이자비용부담이 더 크기 때문에 자칫하면 파산할 가능성이 높다. 따라서 경기가 좋지 않을 때 부채비율이 높은 기업의 주식에 투자하는 것은 특히 주의해야 한다.

한국주식회사의 경우 부채비율은 다음과 같이 195.8%로 산출되었다. 이 값은 산업평균 281.9%보다 훨씬 낮은 수준이어서 자본구조의 안전성이 매우 좋다고 할 수 있다. 이것의 경제적 의미는 한국주식회사가 산업평균수준보다 불경기에 대한 대응력이 좋다는 뜻이다.

$$\text{부채비율}(\%) = \frac{\text{부채}}{\text{자기자본}} \times 100$$

$$= \frac{55,000 + 84,000}{71,000} \times 100 = 195.8\%$$

(산업평균 281.9%)

④ 고정비율

자본배분의 안전성을 파악하는 비율로 고정비율이 있다. 고정비율은 비유동자산을 자기자본으로 나눈 비율이다. 고정비율이 100% 미만이면 바람직하다고 보는데 이는 비유동자산은 자기자본으로 취득하는 것이 좋다는 의미이다. 따라서 이 비율이 100%를 넘으면 비유동자산의 취득에 부채가 일부 사용되었다는 뜻이 된다.

한국주식회사의 경우 고정비율은 다음과 같이 211.3%로 산출되었다. 이 값은 산업평균 250.4%보다는 낮은 수준이지만 비유동자산취득에 부채가 많이 사용된 상태라고 할 수 있다.

$$\text{고정비율}(\%) = \frac{\text{비유동자산}}{\text{자기자본}} \times 100$$

$$= \frac{150,000}{71,000} \times 100 = 211.3\%$$

(산업평균 250.4%)

⑤ **고정장기적합률**

거액의 설비투자가 소요되는 산업의 경우에는 자기자본으로만 비유동자산을 취득한다는 것은 매우 어려운 일이다. 따라서 불가피하게 부채를 사용할 수밖에 없는데 이러한 경우에도 장기성 자금이라고 할 수 있는 비유동부채를 사용하는 것이 좋다. 이와 같은 관점에서 다음과 같은 고정장기적합률이라는 비율을 이용한다.

$$\text{고정장기적합률}(\%) = \frac{\text{비유동자산}}{\text{비유동부채} + \text{자기자본}} \times 100$$

$$= \frac{150,000}{84,000 + 71,000} \times 100 = 96.8\%$$

한국주식회사의 고정장기적합률이 위와 같이 100% 미만인 것은 바람직하다고 볼 수 있다. 만약 이 비율이 100%를 넘으면 비유동자산을 취득하는 자금으로 단기성 자금까지 사용되었다는 것이고 이는 자본배분의 안정성에 문제가 있다는 뜻이 된다.

⑥ **이자보상비율**

이자보상비율은 영업이익을 이자비용으로 나누어 계산하며, 영업이익이 타인자본을 사용함으로써 발생하는 이자비용의 몇 배에 해당하는지를 나타내는 비율로서 기업의 이자지급능력을 파악하는 데 중요한 지표로 이용된다. 따라서 이 비율은 손익계산서를 이용하여 기업의 장기적인 채무상환능력을 분석하는 데 매우 중요한 비율이라 할 수 있다. 이자보상비율이 1보다 클 경우에는 기업은 자체 수익으로 금융비용을 능히 부담하고 추가이익도 낼 수 있다는 사실을 의미하며 1보다 작다는 것은 기업이 영업활동으로 창출한 이익으로는 금융비용을 감당할 수 없는 상태를 의미한다.

한국주식회사의 경우 이자보상비율은 다음과 같이 1.8배로 산출되었다. 이 값은 산업평균 1.46배보다 높은 수준이고, 통상 1.5배 이상이면 이자비용과 원금을 정상적으로 지급하는 것으로 알려져 있음을 볼 때 이 기업의 이자지급능력은 충분하다는 말할 수 있다.

$$\text{이자보상비율(배)} = \frac{\text{영업이익}}{\text{이자비용}} = \frac{31{,}000}{17{,}200} = 1.80\text{(배)}$$

(산업평균 1.46배)

2.2 활동성분석

활동성 분석이란 회사에 투자된 자본이 매출활동에 얼마나 활발하게 이용되었는가를 파악하는 것이다. 구체적으로는 매출액을 각 자산항목으로 나눈 값을 활동성비율로 산출해서 이를 분석하게 된다. 이렇게 매출액을 각 자산항목으로 나눈 활동성비율을 회전율이라고 부른다. 매출액을 총자산액으로 나누면 총자산회전율이 되고 매출액을 재고자산으로 나누면 재고자산회전율, 매출채권으로 나누면 매출채권회전율이 된다.

① 총자산회전율

총자산회전율은 총자본회전율이라고도 하는데, 이 비율은 회사의 총자산이 1년 동안 몇 번 회전하였는가를 나타내므로 회사가 얼마나 총자산을 능률적으로 활용했는가를 나타내는 지표이다. 이 비율이 낮으면 과다투자나 비효율적 투자를 하고 있다는 뜻이 된다.

한국주식회사의 경우 총자산회전율은 다음과 같이 0.96회로서 높은 편이 못된다. 그러나 산업평균은 이보다 더 낮은 0.87회이다. 이는 산업 전체적으로 경기가 좋지 않은 중에 그래도 한국주식회사가 좀 나은 편이라는 것이다. 즉, 자산규모를 고려해 볼 때에 산업평균에 비해서 매출액이 많은 편이므로 자산운용이 좀 더 효율적으로 이루어지고 있다고 볼 수 있다.

$$\text{총자산회전율(회)} = \frac{\text{매출액}}{\text{총자산}}$$

$$= \frac{201{,}000}{210{,}000} = 0.96\text{회}$$

(산업평균 0.87회)

② 재고자산회전율

재고자산회전율은 매출액을 재고자산으로 나눈 값으로서 재고자산이 얼마나 빨리 판매되는가를 나타낸다. 재고자산회전율이 낮다는 것은 매출액에 비해서 과다한 재고를 갖고 있다는 것이며 재고자산회전율이 높다는 것은 적은 재고자산으로 생산 및 판매활동을 효율적으로 수행하고 있다는 의미이다.

한국주식회사의 경우 다음과 같이 재고자산회전율이 산업평균에 비해서 높은 것을 확인할 수 있는데 이는 재고자산을 좀 더 효율적으로 관리하고 있다는 의미로 해석할 수 있다.

$$재고자산회전율(회) = \frac{매출액}{재고자산}$$

$$= \frac{201,000}{19,000} = 10.58회$$

(산업평균 7.99회)

③ 매출채권회전율

매출채권회전율은 매출액을 매출채권으로 나누어 산출하는데, 이는 매출채권이 얼마나 빨리 회수되는가를 나타내는 지표이다.

한국주식회사의 경우 매출채권회전율이 산업평균에 비해서 상당히 높은 편인데 이는 매출채권의 현금화속도가 빨라서 기업의 유동성이 양호하다는 것을 의미한다.

$$매출채권회전율(회) = \frac{매출액}{매출채권}$$

$$= \frac{201,000}{15,400} = 13.05회$$

(산업평균 7.74회)

2.3 수익성분석

수익성분석은 회사가 1년 동안 벌어들인 영업성과를 산출해서 매출액이나 투자자금의 단위당 얼마의 이익을 올리고 있는지를 파악하는 분석이다. 즉, 회사가 자금을 얼마나 효율적으로 운용하였는가와 이익창출능력은 어느 정도인지를 평가하는 것이 수익성 분석의 목표가 된다.

① 매출액이익률

매출액이익률은 이익을 매출액으로 나누어 산출하는데, 매출액 단위당 얼마의 이익을 올리고 있는지를 파악하기 위한 비율이다. 이때에 분자의 이익을 매출총이익으로 해서 매출액이익률을 산출하면 매출액총이익률, 영업이익을 기준으로 매출액이익률을 산출하면 매출액영업이익률, 당기순이익을 기준으로 산출하면 매출액순이익률이 되는데 이 중 매출액순이익률이 가장 많이 이용된다.

한국주식회사의 경우 매출액순이익률은 다음과 같이 1.66%로서 높은 수준은 아니지만 산업 전체적으로 매출액순이익률이 0.35%의 값을 기록하고 있는 점을 감안하면 괜찮은 편이라고 볼 수 있다.

$$\text{매출액순이익률}(\%) = \frac{\text{당기순이익}}{\text{매출액}} \times 100$$

$$= \frac{3,329}{201,000} \times 100 = 1.66\%$$

(산업평균 0.35%)

② 총자본이익률

자본이익률은 당기순이익을 자본으로 나누어 산출하는데, 투자자금 단위당 얼마의 이익을 올리고 있는지를 파악하기 위한 비율이다. 이때에는 분모의 투입자본을 총자본으로 해서 자본이익률을 산출하면 총자본이익률, 자기자본으로 해서 산출하면 자기자본이익률이라고 한다.

총자본이란 타인자본(부채)과 자기자본의 합계를 말하며 당기순이익을 총자본으로 나눈 값을 총자본이익률이라고 한다. 그런데 총자본은 자산총액과 일치하기 때문에 총자본이익률을 총자산이익률(return on asset : ROA) 또는 투자수익률(return on investment : ROI)이라고 부르기도 한다. 이 값은 회사에 투자된 총자본이 단위당 얼마의 순이익을 벌어들이는지를 파악하는 지표로서 다음 산식으로 산출된다.

$$\text{총자본이익률}(\%) = \frac{\text{당기순이익}}{\text{총자본}} \times 100$$

$$= \frac{3,329}{210,000} \times 100 = 1.59\%$$

(산업평균 0.31%)

그런데 이 비율의 변동요인을 좀 더 구체적으로 분석하기 위해서 활동성비율인 총자본회전율을 이용하면 위 식은 다음과 같이 바꿀 수 있다.

$$\frac{\text{당기순이익}}{\text{총자본}} = \frac{\text{당기순이익}}{\text{매출액}} \times \frac{\text{매출액}}{\text{총자본}}$$

$$= \text{매출액순이익률} \times \text{총자본회전율}$$

$$= 1.66\% \times 0.96 = 1.59\%$$

위와 같은 관계에서 총자본이익률이 상승하는 원인은 매출액순이익률이 상승하는 경우, 총자본회전율이 상승하는 경우, 두 가지가 함께 상승하는 경우 등으로 생각할 수 있다. 업종별 특징을 보면 소매업과 같은 경우는 매출액순이익률이 낮고 총자본회전율이 높은 반면, 조선업이나 화학제품제조업의 경우는 총자본회전율이 낮고 매출액순이익률은 높은 편이다.

③ 자기자본이익률

자기자본이익률(return on equity : ROE)이란 당기순이익을 자기자본으로 나누어 산출한 비율인데, 이는 회사의 주인인 주주의 입장에서 투자자금 단위당 얼마의 이익을 벌어들였는지를 파악할 수 있는 지표가 된다.

$$\text{자기자본이익률}(\%) = \frac{\text{당기순이익}}{\text{자기자본}} \times 100$$

$$= \frac{3{,}329}{71{,}000} \times 100 = 4.69\%$$

(산업평균 1.29%)

수익성과 관련된 산업평균비율들을 보면 전체적으로 낮은 값을 갖고 있는 것을 볼 수 있다. 이는 시장이 전반적으로 불경기상황이라는 의미인데 이런 중에서도 한국주식회사의 수익성관련 비율들은 높은 값은 아니지만 산업평균보다 큰 값을 갖고 있으므로 우수한 기업임을 알 수 있다.

2.4 성장성분석

성장성분석은 일정기간 중에 회사의 규모나 경영성과가 얼마나 증대되었는가를 분석하는 것이다. 성장성을 나타내는 비율로는 대개 재무제표의 각 항목을 기준으로 전년 대비 얼마나 증가하였는가를 분석하며 증가율을 사용한다.

① 매출액증가율

매출액증가율은 전년도 매출액에 대한 올해 매출액의 증가율로 표시된다. 매출액은 정상적인 영업활동에서 계속적으로 발생하는 수익이므로 이 지표는 기업의 신장세를 판단하는 데 유용하다. 또한 매출액증가율은 제품가격상승과 판매수량증가라는 두 가지 요인에 의해 영향을 받게 되므로 분석할 때에는 이 점을 고려해서 평가해야 한다. 한국주식회사의 전기매출액이 190,000백만원이라면 이 회사의 매출액증가율은 다음과 같이 5.79%가 된다.

$$\text{매출액증가율}(\%) = \frac{\text{당기매출액} - \text{전기매출액}}{\text{전기매출액}} \times 100$$

$$= \frac{201{,}000 - 190{,}000}{190{,}000} \times 100 = 5.79\%$$

(산업평균 4.25%)

② 총자산증가율

회사에 투하되어 운용되고 있는 총자산이 전기에 비해서 당기에는 얼마나 증가하였는지를 표시하는 비율이 총자산증가율이다. 회사 전체적인 성장규모를 측정하는 지표가 된다. 한국주식회사의 전기총자산이 200,000(백만원)이라면 이 회사의 총자산증가율은 다음과 같이 5%가 되며 이는 산업평균보다 높은 것이다.

$$\text{총자산증가율}(\%) = \frac{\text{당기총자산} - \text{전기총자산}}{\text{전기총자산}} \times 100$$

$$= \frac{210{,}000 - 200{,}000}{200{,}000} \times 100 = 5\%$$

(산업평균 3.15%)

③ 순이익증가율

순이익증가율은 성장성분석에서 가장 관심이 많은 부분이다. 순이익증가율은 주주에게 귀속되는 순이익의 변동을 파악할 수 있는 지표이다. 한국주식회사의 전기순이익이 3,105(백만원)이라면 이 회사의 순이익증가율은 다음과 같이 6.73%가 되며 이는 산업평균보다 상당히 양호한 것이다.

$$\text{순이익증가율}\,(\%) = \frac{\text{당기순이익} - \text{전기순이익}}{\text{전기순이익}} \times 100$$

$$= \frac{3{,}329 - 3{,}105}{3{,}105} \times 100 = 6.73\%$$

(산업평균 3.73%)

2.5 주가관련비율

증권시장에서 형성되어 있는 주가자료를 이용하면 좀 더 시장가치를 반영하여 기업을 평가할 수 있다. 이렇게 주가를 이용해서 분석할 수 있는 비율 중에서 자주 이용되는 것으로 주가수익비율, 주가순자산비율, 주가현금흐름비율 등이 있다.

① 주가수익비율

주가수익비율(price earnings ratio : PER)은 다음과 같이 분석대상기업의 현재주가를 그 기업의 1주당 순이익(EPS)으로 나누어 산출한다. 이는 주식가격이 1주당 순이익의 몇 배 수준으로 형성되어 있는가를 측정하는 값이다. 성장성이 높은 기업은 PER가 상대적으로 높게 나타나는데, 이는 현재 수익이 낮더라도 미래 성장 가능성 때문에 주가가 높게 형성되기 때문이다. 만약 다른 조건은 동일한데 PER가 낮은 주식이 있다면 이것은 저평가되어 있다는 것이므로 주가상승 가능성이 높은 것으로 판단할 수 있다. 한국주식회사의 1주당 가격이 40,000원이라면 이 회사의 PER는 다음과 같다.

$$PER = \frac{\text{현재 주가}}{\text{1주당 순이익}} = \frac{40{,}000}{2{,}219} = 18.03\text{배}$$

② 주가순자산비율

PER와 함께 자주 인용되는 분석지표로 주가순자산비율(price book-value ratio : PBR)이라는 지표가 있다. PER가 주가를 1주당 순이익으로 나눈 것인 데 비해서 PBR은 주식가격을 1주당 순자산으로 나누어 계산한 값이다. 여기서 1주당 순자산은 대차대조표상의 자기자본총계를 발행주식수로 나누어 구하는데 기업이 청산될 때 1주당 돌아갈 자산가치를 의미하는 것이다. 한국주식회사의 경우 자기자본총계 71,000(백만원)을 발행주식수 150만주로 나누면 1주당 순자산액이 47,333원이 된다. 따라서 이 회사의 PBR은 다음과 같다.

$$PBR = \frac{\text{현재 주가}}{\text{1주당 순자산}} = \frac{40,000}{47,333} = 0.85\text{배}$$

결국 PBR은 주식가격이 1주당 순자산의 몇 배 수준으로 형성되어 있는가를 측정하는 값이다. PBR은 장부가치에 잘 나타나지 않는 무형자산의 가치측정에 많이 사용되고 있다. PER와 마찬가지로 모든 조건이 동일할 경우에 PBR이 같은 업종의 다른 기업에 비해서 낮게 형성된 주식은 저평가되어 있다는 것이므로 주가상승 가능성이 높은 것으로 판단할 수 있다.

③ 주가현금흐름비율

주가와 현금흐름표에서 구할 수 있는 재무비율로서 주가현금흐름비율(price cash flow ratio : PCR)이라는 지표가 있다. 이는 주가가 1주당 현금흐름의 몇 배 수준으로 형성되어 있는가를 나타내는 비율이다. 여기서 1주당 현금흐름(cash flow per share : CPS)이란 1주에 귀속되는 영업활동으로 인한 현금흐름의 크기를 말하는 것이다. 한국주식회사의 1주당 현금흐름이 9,067원이라고 하면 이 회사의 PCR은 다음과 같다.

$$PCR = \frac{\text{현재 주가}}{\text{1주당 영업현금흐름}} = \frac{40,000}{9,067} = 4.4\text{배}$$

PCR도 유사기업에 비해서 현저히 낮게 형성되어 있다면 주가가 과소평가된 것이라고 할 수 있으므로 투자대상으로 고려할 필요가 있다.

지금까지 설명한 재무비율의 체계를 정리하면 [표 2-5]와 같다.

| 표 2-5 | 재무비율의 체계

분 류	대표적 재무비율
안전성분석	유동비율, 당좌비율, 부채비율, 고정비율
활동성분석	총자산회전율, 재고자산회전율, 매출채권회전율
수익성분석	매출액이익률, 총자본이익률, 자기자본이익률
성장성분석	매출액증가율, 총자산증가율, 이익증가율
주가관련분석	주가수익비율, 주가순자산비율, 주가현금흐름비율

부록 국제회계기준[1)]

1. 개요

상장회사는 2011년부터 국제회계기준(International Financial Reporting Standards : IFRS)에 따라 재무제표를 보고하도록 되어 있다. 2007년 말 도입이 결정된 한국채택국제회계기준(K-IFRS)은 2009년부터 선택적으로 적용되어 일부 대기업은 현행 기업회계기준(K-GAAP)에 따른 재무제표와 함께 보고하기도 하였다. 상장되지는 않았지만 외부회계감사를 요하는 비상장 외감법인은 별도의 비상장 회계처리의 기준을 따르도록 되어 있고, 공기업은 2013년부터 K-IFRS를 도입하도록 되어 있다.

미국의 경우 자국의 회계기준위원회(FASB)가 만든 US-GAAP을 기업회계기준으로 사용해 왔으며, 많은 나라가 GAAP을 원용해 자국의 실정에 맞게 회계기준으로 제정해 적용해 왔다. 그러나 엄청난 경제적 파장을 일으킨 2001년 12월 엔론(Enron)사의 회계부정을 비롯해 기업의 분식회계에 따른 폐해가 커지자 기업의 투명성 및 신뢰성 제고를 위해 새로운 회계기준을 마련할 필요성을 느끼게 되었다. 또한 세계경제의 글로벌화가 가속화됨에 따라 국제회계기준을 통일할 필요성이 높아지게 되었다. 국제회계기준이 마련되면 기업의 회계처리비용이 절감되고 투자자가 기업분석을 보다 용이하게 할 수 있게 된다. 이러한 필요성과 유용성을 바탕으로 민간단체인 국제회계기준위원회(International Accounting Standard Board : IASB)가 IFRS를 마련하게 되었고, 이를

1) 국제회계기준에 대한 내용은 금융감독원의 국제회계기준(http://ifrs.fss.or.kr) 소개 자료를 기초로 하여 정리하였다.

우리나라도 사용하게 된 것이다.

[표 2-6]에서는 현행 K-GAAP과 앞으로 도입될 K-IFRS의 주요 차이점이 정리되어 있는데 이를 자세히 설명하면 다음과 같다. 첫째, K-GAAP이 규정중심이며 구체적인 회계처리 방법을 정해준 것과 달리 K-IFRS는 원칙중심이기 때문에 경제적 실질에 따라 기업의 회계처리 방법에 대한 선택권이 넓어졌다고 할 수 있다. GAAP은 사안에 따라 상세한 회계처리 방법을 제시하고, 규정에 어긋날 경우에는 법적 제재를 강조한 회계처리기준이다. 이에 반해 IFRS는 지나친 규정중심이 오히려 회계처리의 왜곡을 가져올 수 있으며, 기업활동이 복잡해짐에 따라 모든 사안에 대한 회계처리방법을 규정하는 것이 어렵다는 입장이다.

두 번째 차이점은 공시체계에 있다. K-GAAP은 개별재무제표를 기본으로 하는 데 반해 K-IFRS는 모든 종속회사 및 관계회사를 포함하는 연결재무제표를 기본으로 한다. 셋째, 자산 및 부채를 평가하는 데 있어 K-GAAP은 취득원가를 중시하는 반면에 K-IFRS는 공정가치를 보다 중시한다. 이는 취득원가에 비해 현 시세에 보다 가까운 공정가치를 기준으로 회계처리를 하는 것이 기업외부 이해관계자에게 기업가치에 대한 보다 정확한 정보를 제공할 수 있다는 입장에 근거한다. 넷째, K-GAAP은 대차대조표, 손익계산서, 이익잉여금처분계산서, 현금흐름표가 재무제표를 구성하는 주요 보고서인 반면에 K-IFRS에서는 재무상태표, 포괄손익계산서, 자본변동표, 현금흐름표, 그리고 주석으로 구성되는 차이가 있다. K-IFRS에서는 대차대조표는 재무상태표로 이름이 달라졌고, 포괄손익계산서 역시 그 내용이 달라졌다. 특히 주석이 강조되는데 이는 앞서 언급한 바와 같이 회계처리에 대한 기업의 선택권이 넓어졌기 때문에 주석을 통해 개별 사안에 대한 보다 많은 정보를 제공하기 위함이다.

표 2-6 국제회계기준과 현행 회계기준의 주요 차이 발생원인

항목	국제회계기준	국내기준	관련항목
회계처리원칙	원칙중심, 회계처리 선택권 넓게 허용	규정중심, 구체적인 회계처리방법 제공	기업에 적합한 회계처리 선택가능
공시체계 차이	연결재무제표를 기본 재무제표로 함	개별재무제표를 원칙으로 함	연결재무제표 작성범위, 지분법 등
자산 · 부채의 평가 방법 차이	공정가치 평가를 강조함	객관적 평가가 어려운 항목은 취득원가 평가	투자부동산, 금융부채, 유형자산 등
정책적 목적에 따른 기준의 차이	거래의 실질에 맞는 회계처리방법을 규정	일부 항목에 대해 특정 회계처리를 규제	금융회사의 대손충당금, 상환우선주의 자본처리 등

출처 : 금융감독원의 국제회계기준 소개(http://ifrs.fss.or.kr)

❙ 표 2-7 ❙ 한국채택 국제회계기준의 주요 내용

	한국채택 국제회계기준	현행 회계기준
주 공시체계	연결재무제표	개별재무제표
재무제표 구성	① 재무상태표 ② 포괄손익계산서* ③ 자본변동표 ④ 현금흐름표 ⑤ 주석 회계정책을 소급하여 적용하거나 재무제표의 항목을 소급하여 재작성 또는 재분류하는 경우 가장 이른 비교기간의 기초 재무상태표 추가작성	① 대차대조표 ② 손익계산서 ③ 자본변동표 ④ 현금흐름표 ⑤ 주석 ⑥ 이익잉여금처분계산서

* 현행의 손익계산서에 당기손익으로 인식하지 않은 수익과 비용(재평가잉여금의 변동, 해외사업장의 외화환산손익 변동 등), 즉 기타포괄손익이 포함된 손익계산서

출처 : 금융감독원의 국제회계기준 소개(http://ifrs.fss.or.kr)

앞서 설명한 도입배경에도 불구하고 K-IFRS가 성공적으로 정착하기 위해서는 많은 노력이 필요하다. 우선 새로운 회계기준에 따른 혼란의 최소화가 요구된다. K-IFRS를 작성하기 위한 기업의 회계책임자와 공인회계사가 K-IFRS의 단점을 정확히 파악하고 이를 개선하기 위한 노력을 계속하여야 할 것이다. 또한 회계단체를 중심으로 기업의 회계책임자 및 투자자에 대한 K-IFRS 교육을 강화해야 할 것이며, 회계DB회사에서도 당분간 기존의 K-GAAP과 K-IFRS가 서로 비교가 용이하도록 재무제표를 제공해야 할 것이다. 둘째, 기업의 비교용이성을 높여야 할 것이다. 원칙중심이며 경제적 실질과 공정가치를 강조하는 K-IFRS는 투자자가 보다 정확하게 기업가치를 파악할 수 있다는 장점이 있는 반면에 상세한 회계기준이 마련되어 있지 않아 기업 간 비교가 쉽지 않을 가능성이 높기 때문이다. 셋째, 성문법 중심의 법체계를 갖춘 우리나라에서는 IFRS에 따른 회계처리 규정위반과 관련된 법 적용이 어려울 수가 있기 때문에 이에 대한 법적 보완도 함께 이루어져야 할 것이다.

2. K-IFRS 재무제표의 구성

2.1 재무상태표(Statement of Financial Position)

재무상태표는 종전의 대차대조표에 해당되는 것으로 특정 시점 현재의 기업의 재무

| 표 2-8 | 재무상태표 양식

유동자산	유동부채
현금및현금성자산	매입채무 및 기타채무
단기금융자산	단기금융부채
매출채권 및 기타채권	기타유동부채
재고자산	비유동부채
기타유동자산	장기금융부채
	퇴직급여부채
비유동자산	기타비유동부채
장기금융자산	부채총계
유형자산	지배주주지분
무형자산	자본금
기타비유동자산	자본잉여금
	기타포괄손익누계액
	기타자본구성요소
	자기주식
	이익잉여금
	비지배주주지분
자산총계	자본총계

| 표 2-9 | 한국주식회사의 재무상태표

한국주식회사 (단위 : 백만원)

과 목	자 산		과 목	부채와자본	
	20×1. 12. 31	20×2. 12. 31		20×1. 12. 31	20×2. 12. 31
유동자산	54,000	60,000	유동부채	50,000	55,000
당좌자산	40,000	41,000	매입채무	21,000	21,200
현금및현금성자산	12,000	12,600	단기차입금	24,000	28,700
단기금융자산	13,000	13,000	미지급금	5,000	5,100
매출채권	15,000	15,400			
재고자산	14,000	19,000	비유동부채	80,000	84,000
			사채	45,000	50,000
비유동자산	146,000	150,000	장기차입금	35,000	34,000
투자자산	62,000	63,000			
유형자산	74,000	75,400	자본	70,000	71,000
무형자산	10,000	11,600	자본금	7,500	7,500
			자본잉여금	22,000	22,500
			이익잉여금	40,500	41,000
자산총계	200,000	210,000	부채와자본총계	200,000	210,000

상태 정보를 제공한다. 일정시점에서의 기업의 자산구성과 자금조달을 일목요연하게 정리해 보고하고 있다. 구체적으로 차변에는 자산구성을 통해 기업이 어떻게 투자를 하고 있는지를 나타내고, 대변에는 투자를 위한 자금을 어떻게 조달하고 있는지를 나타낸다. [표 2-8]에는 재무상태표 양식이 그리고 [표 2-9]에는 본문의 K-GAAP 대차대조표를 K-IFRS로 전환한 것이 나타나 있다.

한편 재무상태표 대변에서 자본은 다음의 5가지를 포함한다.

① 자본금 : 보통주자본금, 우선주자본금

② 자본잉여금 : 주식발행초과금, 감자차익, 자기주식처분이익

③ 자본조정 : 주식할인발행차금, 자기주식, 감자차손, 자기주식처분손실, 배당건설이자

④ 기타포괄손익누계액 : 기타포괄손익인식금융자산평가손익, 파생상품평가손익

⑤ 이익잉여금(결손금) : 이익준비금(법정적립금), 사업확장적립금, 배당평균적립금, 미처분이익잉여금(미처리결손금)

2.2 포괄손익계산서(Comprehensive Income Statement)

포괄손익계산서는 종전의 손익계산서의 역할을 하며 일정기간 동안 기업의 재무성과 정보를 제공한다. 포괄손익계산서의 양식은 [표 2-10]에 정리되어 있다. 주주와의 자본거래 이외의 원천에서 발생한 순자산의 변화는 모두 포괄손익을 구성하고 있어 다음과 같이 나타낼 수 있다.

(총)포괄손익 = 당기손익(실현손익) + 기타포괄손익(미실현손익)

여기서 기타포괄손익은 다음을 포함한다.

① 손익이 실현되지 않아 미실현손익으로 인식하고 기말 잔액을 재무상태표에 기타포괄손익누계액으로 표시한다.

② 재무상태표의 자본에 별도항목으로 잠정적으로 표시되었다가, 차기 이후에 실현되어 당기손익으로 당기 이후에 이익잉여금에 직접 반영된다(재분류조정). 손익이 실현될 경우 해당연도의 당기 손익으로 재분류한다. 예를 들어 금융자산평가이익에서 금융자산처분이익 등이 이에 해당한다고 하겠다.

Ⅰ 표 2-10 Ⅰ 포괄손익계산서 양식

포괄손익계산서(20×2년 1월 1일부터 20×2년 12월 31일까지)

매출액
매출원가
매출총이익
판매비와 일반관리비
  인건비
  감가상각비
  연구개발관련비용
조정영업이익
발표영업이익
EBITDA
비영업손익
  금융손익
  외환손익
  관련기업투자등 관련손익
  기타손익
세전계속사업손익
법입세비용
계속사업손익
중단사업손익
법인세효과
당기순이익(순손실)

Ⅰ 표 2-11 Ⅰ 한국주식회사의 포괄손익계산서

한국주식회사 (단위 : 백만원)

과 목	금 액	
	20×1년 1월 1일부터 20×1년 12월 31일까지	20×2년 1월 1일부터 20×2년 12월 31일까지
매출액	190,000	201,000
매출원가	150,000	140,000
매출총이익	40,000	61,000
판매비와 관리비	25,500	30,000
급여	10,000	11,200
광고선전비 등	7,000	8,300
감가상각비	8,500	10500
영업이익	14,500	31,000
금융수익	10,200	18,300
금융비용	20,614	44,900
법인세비용차감전순이익	4,086	4,400
법인세비용	981	1,071
당기순이익	3,105	3,329

특정 사업(특정 지역)의 재무성과가 악화되는 경우 해당사업을 중단하게 된다. 기업이 영업을 중단하는 경우에 계속영업과 중단영업을 구분하여 보고하도록 하고 있다. 영업을 중단할 때 발생하는 중단영업손익은 계속영업이익에 가감하여 당기순이익을 산출한다. [표 2-10]에는 포괄손익계산서 양식이 그리고 [표 2-11]에는 앞서 본문의 K-GAAP 손익계산서를 K-IFRS로 전환한 것을 나타내고 있다.

2.3 자본변동표(Statement of Changes in Equity)

자본변동표는 종전의 이익잉여금처분계산서 대신 자본변동의 포괄적인 정보 제공을 위해 도입한 것이다. 보다 구체적으로 자본변동표는 발생한 자본(소유주지분)의 변동을 표시하며, 앞서 언급한 재무상태표의 다섯 가지 자본에 대해 항목별로 기초잔액과 기중의 변동사항, 기말잔액으로 표시하고 있다. 한편 상법은 현재 이익잉여금처분계산서를 재무제표에 포함시키고 있으나 K-IFRS는 포함시키지 않고 주석으로 그 내용을 공시하도록 하고 있다.

2.4 현금흐름표(Statement of Cash Flow)

현금흐름표는 일정기간 동안 기업의 현금흐름을 나타내는 재무제표로 종전의 현금흐름표와 유사한 정보를 제공하고 있다.

2.5 주석(Footnote)

주석은 재무제표에 표시되는 항목에 관한 설명이나 금액의 세부내역, 재무제표에 표시되지 않는 항목에 관한 추가적인 정보 등을 재무제표의 별지에 서술식 혹은 도표 형식으로 기술하게 되어 있다.

E X E R C I S E

객관식 문제

01 다음 중 일정시점에서 기업의 재무상태를 나타내는 재무제표는 어느 것인가?

① 대차대조표 ② 손익계산서
③ 이익잉여금처분계산서 ④ 현금흐름표

02 대차대조표의 자본잉여금에 대한 설명으로 올바르지 않은 것은?

① 유보이익이라고도 부른다.
② 배당이나 상여 등으로 처분할 수 없다.
③ 주식발행초과금, 감자차익 등이 이에 해당된다.
④ 통상적인 영업활동 이외의 자본거래에서 발생한 잉여금이다.

03 손익계산서의 영업외비용 중에서 가장 중요한 항목은 어느 것인가?

① 지급이자 ② 광고선전비
③ 법인세비용 ④ 감가상각비

04 이익잉여금처분계산서에서 성립하는 등식은 어느 것인가?

① 전기이월이익잉여금+임의적립금이입액=배당금+차기이월이익잉여금
② 임의적립금이입액+차기이월이익잉여금=미처분이익잉여금+이익잉여금처분액
③ 미처분이익잉여금+임의적립금이입액=이익잉여금처분액+차기이월이익잉여금
④ 미처분이익잉여금+차기이월이익잉여금=임의적립금이입액+이익잉여금처분액

05 다음 중 현금흐름표에서 확인할 수 있는 사항이 아닌 것은?

① 경영활동으로 인한 현금흐름 ② 영업활동으로 인한 현금흐름
③ 재무활동으로 인한 현금흐름 ④ 투자활동으로 인한 현금흐름

06 재무제표분석에서 가장 중요하게 이용되는 두 가지 재무제표는 어느 것인가?

① 대차대조표와 현금흐름표 ② 대차대조표와 손익계산서
③ 손익계산서와 현금흐름표 ④ 이익잉여금처분계산서와 결손금처리계산서

07 기업의 단기부채에 대한 지급능력을 가장 확실하게 확인할 수 있는 재무비율은 어느 것인가?

① 당좌비율 ② 유동비율
③ 부채비율 ④ 자기자본비율

연 | 습 | 문 | 제

08 다음 중 기업의 자본구조를 파악할 수 있는 재무비율은 어느 것인가?

① 총자본회전율 ② 유동비율
③ 매출액순이익률 ④ 부채비율

09 주주의 입장에서 중요하게 분석해야 할 재무비율은 다음 중 어느 것인가?

① EPS ② ROA
③ ROE ④ PER

10 어떤 기업의 유동성비율이 90%라고 한다. 이때 이 기업이 유동비율을 증가시킬 수 있는 상황은 어느 것인가?

① 재고자산을 외상으로 구입할 경우
② 현금으로 재고자산을 구입할 경우
③ 외상매출금을 현금으로 회수할 경우
④ 현금으로 단기차입금을 상환할 경우

11 어떤 기업이 자기자본의 시장가치와 수익력 사이의 관계를 분석하고자 할 때 사용하는 비율은?

① 주가수익비율 ② 매출액증가율
③ 매출액이익률 ④ 자기자본순이익률

12 다음 중 안전성분석에 사용되는 비율이 아닌 것은 무엇인가?

① 당좌비율 ② 유동비율
③ 총자본이익률 ④ 고정장기적합률

13 (주)가경컴은 100만주의 주식을 발행하였으며, 올해 50억원의 순이익을 예상하고 있다. 이 회사의 주가가 60,000원이라면 이 회사의 주가수익비율(PER)은 얼마인가?

① 4 ② 12
③ 20 ④ 24

14 일반적으로 유동성이 큰 것부터 작은 것의 순서로 올바르게 나열된 것은?

㉠ 투자자산	㉡ 매출채권	㉢ 유가증권	㉣ 재고자산

① ㉠-㉡-㉢-㉣ ② ㉢-㉡-㉣-㉠
③ ㉢-㉠-㉡-㉣ ④ ㉡-㉢-㉣-㉠

EXERCISE

15 남대문회사의 부채총액은 950만원이다. 그런데 매출액이 4,500만원이고 재고자산회전율이 5회전, 유동비율이 260%, 당좌비율이 110%이면 비유동부채는 얼마인가?

① 2,000,000원 ② 2,500,000원
③ 3,000,000원 ④ 3,500,000원

■ 주관식 문제

01 어떤 기업의 총자산 6,000, 자본금 1,500, 잉여금 1,500, 매출액 9,000, 당기순이익 900이라고 하고 다음 물음에 답하시오.

(1) 매출액순이익률은 ( )%이다.
(2) 총자산회전율은 ( )회이다.
(3) 부채비율은 ( )%이다.
(4) 자기자본이익률은 ( )%이다.

02 어떤 기업의 총자산 9,000, 자본금 500, 자본잉여금 2,000, 이익잉여금 1,500, 매출액 18,000, 당기순이익 800이라고 하면 총자산회전율은 ( )회, 자기자본이익률은 ( )%이다.

03 매출액 20,000, 총자산 12,000, 고정자산회전율 5회전, 자기자본 6,000, 고정장기적합률 50%일 때 다음의 물음에 답하시오.

(1) 고정비율은?
(2) 유동자산은?
(3) 비유동부채는?
(4) 유동비율은?

04 매출액이 2억 4천만원이고, 유동비율이 300%, 당좌비율이 100%이고 재고자산회전율이 30회전일 때 유동부채는 얼마인가?

05 다음의 자료를 이용해서 요구하는 재무비율을 산출하라.

총자산 : 5,000,000	자기자본 : 3,500,000
매출액 : 6,000,000	당기순이익 : 570,000

‹‹‹ 연 | 습 | 문 | 제

(1) 매출액이익률
(2) 총자산회전율
(3) 부채비율
(4) 자기자본이익률

06 (주)강남의 유동부채는 250만원이고, 유동비율은 80%이며, 당좌비율은 60%이다. (주)강남의 재고자산의 크기는?

07 (주)강북의 총자산이익률이 10%, 매출액이익률이 20%이고, 부채비율이 150%라면 총자산회전율의 크기는?

08 다음 재무자료들을 이용해서 대차대조표를 완성하고 매출액 및 부채비율을 산출하라.

안전성자료 : 당좌비율 70%
활동성자료 : 총자산회전율 2회전, 재고자산회전율 5회전, 고정자산회전율 8회전

대차대조표

당좌자산	((1))	매입채무	((4))
재고자산	((2))	자본금	((5))
비유동자산	((3))	잉여금	100,000
자산	1,000,000	부채와자본	1,000,000

매출액 ((6)), 부채비율 ((7))

09 한국기업은 100만주의 주식을 발행한 상태이다. 올해 50억원의 순이익이 예상되고 있다. 이 회사의 주가수익비율(PER)이 10배라면 이 회사의 주가는 얼마로 예측할 수 있는가?

10 매출액이 1억원이고, 재고자산회전율이 20회전, 유동비율이 260%, 당좌비율이 160%일 때 유동부채의 크기는?

EXERCISE

11 다음은 (주)하나의 대차대조표와 손익계산서이다.

대차대조표

20××년 12월 31일 현재 (단위 : 백만원)

과목	금액	과목	금액
Ⅰ. 유동자산	50,000	Ⅰ. 유동부채	40,000
(1) 당좌자산	30,000	Ⅱ. 비유동부채	80,000
(2) 재고자산	20,000	Ⅲ. 자본	80,000
Ⅱ. 비유동자산	150,000	(1) 자본금	8,000
		(2) 자본잉여금	25,000
		(3) 이익잉여금	47,000
		(당기순이익)	3,000
자산총계	200,000	부채와자본총계	200,000

손익계산서

20××년 1월 1일부터 20××년 12월 31일까지 (단위 : 백만원)

과목	금액
Ⅰ. 매출액	150,000
Ⅱ. 매출원가	100,000
Ⅲ. 매출총이익	50,000
Ⅳ. 판매비와 관리비	30,000
Ⅴ. 영업이익	20,000
Ⅵ. 영업외수익	10,000
Ⅶ. 영업외비용	25,000
Ⅷ. 법인세비용차감전순이익	5,000
Ⅸ. 법인세비용	2,000
Ⅹ. 당기순이익(1주당순이익 : 2,000원)	3,000

(1) 기업의 단기부채상환능력을 측정하는 비율을 계산하라?

(2) 채무상환에 즉각적으로 이용할 수 있는 자산만을 평가대상으로 안정성을 파악하기 위한 비율을 계산하라.

(3) 회사에 투자된 총자산이 매출활동에 얼마나 활발하게 이용되었는가를 파악하기 위한 비율을 계산하라.

(4) 주주의 입장에서 투자자금 단위당 얼마의 이익을 벌어들였는지를 파악하기 위한

연 | 습 | 문 | 제

비율을 계산하라.

(5) 이 회사의 주가가 50,000원일 때 주가수익비율을 계산하라.

12 (주)강남의 매출액은 200억원, 매출순이익률은 5%, 주가수익률(PER)은 10배, 1주당순자산은 5,000원, 발행주식수는 100만주일 때 (주)강남의 주가순자산비율을 계산하라.

13 다음은 공덕기업의 대차대조표이다.

대차대조표

(단위 : 백만원)

현 금	525	매입채무	3,017
매출채권	2,301	단기차입금	2,123
재고자산	2,685	장기차입금	1,141
비유동자산	4,270	자 본	3,500
자산총계	9,781	부채와자본총계	9,781

(1) 고정비율과 고정장기적합률을 구하시오.

(2) 이 비율들을 기초로 하여 자본배분의 적부를 판단하시오.

단, 고정비율의 산업표준비율은 115%이고 고정장기적합률의 산업표준비율은 98%이다.

Fundamentals of Corporate Finance

CHAPTER 3

화폐의 시간적 가치와 가치평가

Chapter 3

화폐의 시간적 가치와 가치평가

제1절 미래가치

1.1 기본개념

사람들은 현재의 소비를 미래의 소비보다 선호하며, 또한 가까운 장래의 소비를 먼 장래의 소비보다 선호하게 된다. 이와 같이 시간적으로 현재에 가까운 시점을 선호하는 현상에 의하여 시간에 가치가 부여되는 이자가 발생된다. 즉, 화폐의 시간적 가치(time value of money)란 화폐의 시간 경과에 따르는 가치를 말한다.

한편 미래가치(future value : FV)란 현재의 일정금액을 미래의 일정시점에서 계산한 가치를 말한다. 미래가치는 돈을 빌려주거나 빌려오는 관계에서 적용되는 용어이다. 타인의 돈을 일정한 기간 동안 사용한 대가로 지급하는 보상금액이 이자이다. 원금과 이자의 합을 원리합계라 하는데 원리합계를 구성하는 기본요소는 원금, 기간, 이자, 이자율 등이다. 이들의 개념을 정의하면 다음과 같다.

① 원금

돈을 빌려주거나 빌려오는 최초의 금액을 원금이라 한다.

② 기간

돈을 빌려주거나 빌려오는 시간간격을 기간이라 한다. 이자계산의 편의를 위해서 기본단위가 되는 기간을 정하는데 이것을 기본기간 또는 기라 한다. 기본기간은 이자계산의 기본적인 시간단위가 된다. 이때 시간상 최초의 기간을 제1기라 하고, 제n번째 기간을 제n기라 한다.

임의의 기의 최초의 시간을 기초라 하고, 최후의 시간을 기말이라 한다. 따라서 한 기의 기말은 그 다음 기의 기초가 된다.

③ 이자

일정한 기간 동안 사용한 원금에 대한 보상금액을 이자라 한다. 이자를 지급하지 않는 경우를 무이자라 한다. 기초에 지급하는 이자를 선이자라 하고, 기말에 지급하는 이자를 후이자라 한다. 이자의 지급은 특별히 정하는 경우를 제외하고는 통상 후이자를 의미하고 있다.

④ 이자율

일정한 기간 동안 원금에 대한 이자의 비율을 이자율이라 한다. 이자율은 이율이라고도 한다. 이자율은 보통 연간 이자율인 연이자율, 월간 이자율인 월이자율, 하루의 이자율인 일이자율로 나눈다.

원리합계의 계산에서 기간과 이자율은 밀접한 관계를 가지고 있다. 기본기간에 해당하는 이자율을 기간당 이자율 또는 기당 이자율이라 하고, 이자계산을 위해서는 반드시 기당 이자율로 환산하여 표시하여야 한다. 예를 들어 기본기간이 1년일 경우에는 1기간은 1년이 되고 연이자율이 12%이면 기당 이자율은 12%가 된다. 그러나 이 경우에 다시 1기간을 6개월로 정할 때의 기당 이자율은 단순계산에 의하여 연이율의 1/2인 6%가 되고, 1기간을 1개월로 정할 때의 기당 이자율은 단순계산에 의하여 연이율의 1/12인 1%가 된다.

⑤ 기수급, 기말급

금전의 주기적인 지급에서 매기 초에 지급하는 것을 기수급이라 하고, 매기 말에 지급하는 것을 기말급이라 한다. 예를 들어 은행 적금에 가입했을 경우에 예금자가 매월 월초 적금액을 적립해 가는 것은 기수급이 되고, 상품을 매입하고 그 대금지급을 할부로 할 때 매월 월말 할부금을 내는 것은 기말급이 된다. 금융관행상 원리합계의 계산은 조건이 없는 한 기말에 행한다.

⑥ 단리법과 복리법

단리법(simple interest method)은 기당 이자율을 원금에 곱하여 계산한 기당 이자에 기간의 수를 곱하여 총이자를 계산하는 방법이다. 이에 대하여 복리법(compound interest method)은 기당 이자율을 원금에 곱하여 계산한 이자를 매기 말에 원금에 산입하고 이 금액을 다음 기의 원금으로 이자를 계산하는 방법이다. 따라서 복리법에 의한 이자는 단리법에 의한 이자보다 기간이 증가할수록 더 커진다. 금융기관에서의 이자계산은 매월 이자를 계산하므로 복리법을 따르는 것이 일반적이다.

예제 3-1 **단리법과 복리법**

10,000원을 월이자 2%로 빌린 돈의 2개월 후의 원리합계를 다음 조건에 따라 구하여라.
(1) 단리법 (2) 복리법(단, 월복리)

| 풀이 |

n개월 후의 원리합계를 P_n이라 하면 기당 이자액=원금×이자율

(1) 단리법

1개월 후의 원리합계 $P_1 = 10{,}000 + (10{,}000 \times 0.02) = 10{,}200$(원)

2개월 후의 원리합계 $P_2 = 10{,}200 + (10{,}000 \times 0.02) = 10{,}200 + 200 = 10{,}400$(원)

(2) 복리법

1개월 후의 원리합계 $P_1 = 10{,}000 + (10{,}000 \times 0.02) = 10{,}200$(원)

2개월 후의 원리합계 $P_2 = 10{,}200 + (10{,}200 \times 0.02) = 10{,}200 + 204 = 10{,}404$(원)

[예제 3-1]에서 1개월 후의 이자는 단리법이나 복리법의 경우 모두 같고, 2개월 후의 이자는 단리법보다 복리법이 4원이 더 많음을 보여주고 있다.

1.2 일정금액의 미래가치계산

앞에서 설명한 바와 같이 미래가치란 현재의 일정금액을 미래의 일정시점에서 계산한 가치를 말하며, 미래가치를 구하는 것을 복리계산이라고 한다. 따라서 현재의 일정한 금액은 원금이 되며 미래가치는 원금에 이자를 더한 가치가 된다. 또한 미래가치는 종가라고도 한다.

현재의 일정한 금액에 대한 미래가치를 구하는 공식을 유도하여 보자. 현재의 일정금액(원금)을 P_0, 기간당 이자율을 i, 이자액을 I, n기간 후의 미래가치를 P_n이라고 하면, 1기간 후의 미래가치인 제1기말의 미래가치 P_1은 다음과 같다.

$$P_1 = P_0 + I = P_0 + P_0 \cdot i = P_0(1+i)$$

또한 2기간 후인 제2기간 말의 미래가치 P_2는 다음과 같다.

$$P_2 = P_1(1+i) = P_0(1+i)(1+i) = P_0(1+i)^2$$

그리고 제3기말 미래가치는

$$P_3 = P_2(1+i) = P_0(1+i)^2(1+i) = P_0(1+i)^3$$

같은 논리로 제n기말의 미래가치는 식(3.1)과 같다.

$$P_n = P_0(1+i)^n \tag{3.1}$$

식(3.1)에서 $(1+i)^n$을 복리이자요소(compound value interest factor : CVIF)라고 부르며, 각기 다른 i와 n에 상응하는 복리이자요소를 미리 계산해 둔 표를 복리표(부록의 [수표 1] 참조)라 한다. [표 3-1]은 부록의 [수표 1]의 복리표 중의 일부를 옮겨 놓은 것으로 이자율이 1%에서부터 10%까지, 기간이 1기간으로부터 10기간까지의 복리이자요소를 나타내고 있는 복리표이다.

복리표를 이용하여 미래가치를 구하는 예를 들어보기로 하자. 기간당 이자율이 10%

❙ 표 3-1 ❙ 복리표

이자율 / 기간	1%	2%	3%	4%	5%	6%	7%	8%	9%	10%
1	1.01000	1.02000	1.03000	1.04000	1.05000	1.06000	1.07000	1.08000	1.09000	1.10000
2	1.02010	1.04040	1.06090	1.08160	1.10250	1.12360	1.14490	1.16640	1.18810	1.21000
3	1.03030	1.06121	1.09273	1.12486	1.15762	1.19102	1.22504	1.25971	1.29503	1.33100
4	1.04060	1.08243	1.12551	1.16986	1.21551	1.26248	1.31080	1.36049	1.41158	1.46410
5	1.05101	1.10408	1.15927	1.21665	1.27628	1.33823	1.40255	1.46933	1.53862	1.61051
6	1.06152	1.12616	1.19405	1.26532	1.34010	1.41852	1.50073	1.58687	1.67710	1.77156
7	1.07214	1.14869	1.22987	1.31593	1.40710	1.50363	1.60578	1.71382	1.82804	1.94872
8	1.08286	1.17166	1.26677	1.36857	1.47746	1.59385	1.71819	1.85093	1.99256	2.14359
9	1.09369	1.19509	1.30477	1.42331	1.55133	1.68948	1.83846	1.99900	2.17189	2.35795
10	1.10462	1.21899	1.34392	1.48024	1.62889	1.79085	1.96715	2.15892	2.36736	2.59374

이고 기간이 5기간인 경우의 복리이자요소 *CVIF*(i=10%, n=5)는 복리표에서 맨 위쪽 행의 10%와 맨 왼쪽 열의 5와의 교차점의 값을 읽으면 되므로 1.61051이다. 따라서 현재의 1원은 기간당 이자율이 10%일 때 5기간 후에는 1×(1.61051), 즉 1.61051원이 되며, 이자율이 5%일 때 현재의 1원은 10기간이 경과한 후에는 복리표에서 맨 위쪽 행의 5%와 맨 왼쪽 열의 10과의 교차점의 값을 읽어 1.62889원이 된다. 또한 현재의 100,000원은 연간이자율이 10%일 때 5년 후에는 161,051원(=100,000×1.61051)이 되고, 연간이자율이 5%일 때 10년 후에는 162,889원(=100,000×1.62889)이 된다.

예제 3-2 미래가치의 계산

원금 1,000,000원을 연리 10%로 10년간 예금할 때, 10년 후의 미래가치를 복리표를 이용하여 계산하라.

| 풀이 |

P_{10}=1,000,000×*CVIF*(i=10%, n=10)

=1,000,000×2.59374=2,593,740(원)

■ 그림 3-1 | 미래가치의 변화

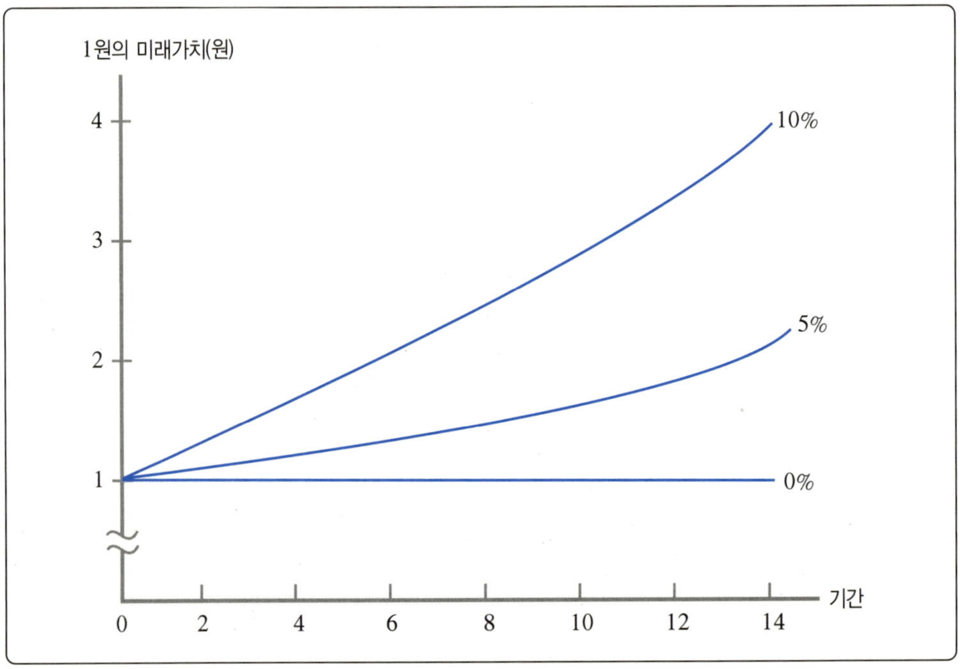

[그림 3-1]은 이자율(i)과 기간(n)에 따른 미래가치의 변화를 그림으로 나타낸 것이다. 이 그림에서 볼 수 있는 바와 같이 이자율이 0%에서 5%, 10%로 높아질수록, 또한 기간(n)이 증가할수록 미래가치는 증가한다(단, 이자율 0%는 제외).

1.3 연금의 미래가치계산

연금(annuity)이란 일정기간 동안 동일한 금액이 매기간마다 발생하는 현금흐름의 형태를 뜻한다. 연금의 미래가치(compound value of an annuity)는 매기간 발생하는 일정금액을 연금의 최종기말 시점의 미래가치로 계산한 금액의 합계를 말한다. 예를 들어, 3년 동안 매년 말에 1,000만원씩을 연간이자율 10%로 예금한 경우 3년 후의 연금의 미래가치는 [그림 3-2]에서 볼 수 있는 바와 같이 계산할 수 있다. 즉, 이 연금의 미래가치는 3년 동안 매년 말에 예금한 1,000만원의 미래가치의 합계인 3,310만원이 된다.

그림 3-2 | 연금의 미래가치

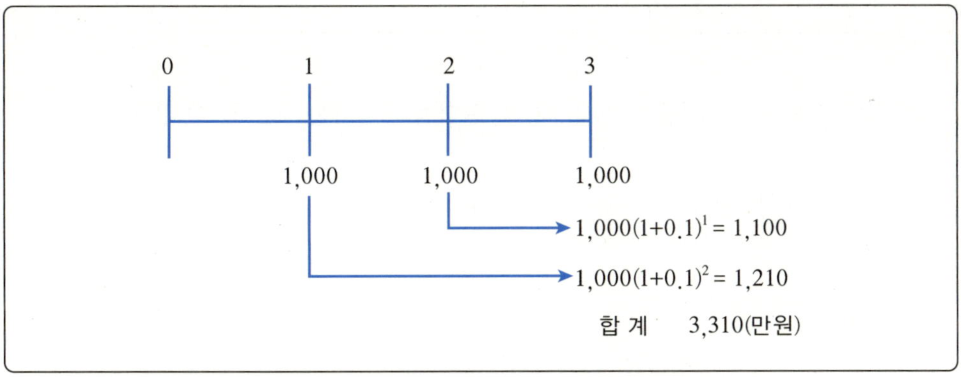

연금의 미래가치를 보다 간편하게 계산할 수 있는 공식을 유도해 보기로 하자. n기간 후의 연금의 미래가치를 A_n, 기간당 이자율을 i, 매기간 발생하는 일정금액을 R, 연금의 기간을 n이라 하면 A_n은 [그림 3-3]과 같이 나타낼 수 있다.

[그림 3-3]에서 볼 수 있는 바와 같이 기말급 연금의 미래가치의 계산은 기간별 연금에 대한 미래가치를 각각 구하여 더하면 된다. 이때 미래가치 평가의 기준시점은 마지막 기의 말이 된다. 그러므로 마지막 기에 발생한 연금에는 이자가 붙지 않는다.

연금이 n회 지급되는 기말급 연금의 이자 계산기간은 다음과 같다.

제1기 연금　　　;　$n-1$기간
제2기 연금　　　;　$n-2$기간
⋮
제 $n-1$기 연금　;　1기간
제 n기 연금　　;　0기간

그림 3-3 | 연금의 미래가치

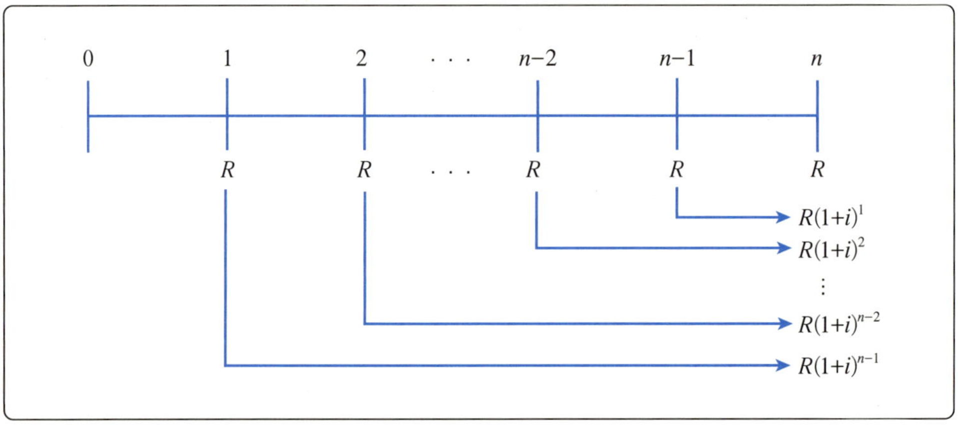

[그림 3-3]으로부터 연금의 미래가치 A_n은 다음과 같다는 것을 알 수 있다.

$$A_n = R(1+i)^{n-1} + R(1+i)^{n-2} + \cdots + R(1+i)^1 + R$$

이 식을 간단히 정리하면 다음과 같다.

$$\therefore A_n = R\left[\frac{(1+i)^n - 1}{i}\right] \quad (3.2)$$

식(3.2)에서 $[(1+i)^n-1]/i$를 연금의 복리이자요소(compound value interest factor for an annuity : $CVIF_a$)라고 부르며, 각기 다른 이자율과 기간에 상응하는 $CVIF_a$를 미리 계산해 둔 표를 연금의 복리표(부록의 [수표 2] 참조)라 한다. 연금의 복리표는 일정금액이 매기간 말에 발생한다는 가정하에 계산된 것이다. [표 3-2]는 부록의 [수표 2]의 복리표 중의 일부를 옮겨 놓은 것으로 이자율이 1%에서부터 10%까지, 기간이 1기간으로부터 10기간까지의 연금의 복리이자요소를 나타내고 있는 연금의 복리표이다.

연금의 복리표를 이용하여 연금의 미래가치를 계산하는 예를 들어보기로 하자. 기간당 이자율이 10%이고 기간의 수가 3기간인 경우 연금의 복리이자요소 $CVIF_a(i=10\%, n=3)$는 연금의 복리표에서 맨 위쪽 행의 10%와 맨 왼쪽 열의 3과의 교차점의 값을 읽으면 3.3100이므로, 연간이자율이 10%일 때 3년 동안 매년 말에 1,000만원씩 예금하면 3년 후 예금총액은 3,310만원(=1,000×3.3100)이 된다.

❙ 표 3-2 ❙ 연금의 복리표

기간＼이자율	1%	2%	3%	4%	5%	6%	7%	8%	9%	10%
1	1.00000	1.00000	1.00000	1.00000	1.00000	1.00000	1.00000	1.00000	1.00000	1.00000
2	2.01000	2.02000	2.03000	2.04000	2.05000	2.06000	2.07000	2.08000	2.09000	2.10000
3	3.03010	3.06040	3.09090	3.12160	3.15250	3.18360	3.21490	3.24640	3.27810	3.31000
4	4.06040	4.12161	4.18363	4.24646	4.31012	4.37462	4.43994	4.50611	4.57313	4.64100
5	5.10100	5.20404	5.30914	5.41632	5.52563	5.63709	5.75074	5.86660	5.98471	6.10510
6	6.15201	6.30812	6.46841	6.63398	6.80191	6.97532	7.15329	7.33593	7.52333	7.71561
7	7.21353	7.43428	7.66246	7.89829	8.14201	8.39384	8.65402	8.92280	9.20043	9.48717
8	8.28567	8.58297	8.89234	9.21423	9.54911	9.89747	10.25980	10.63663	11.02847	11.43589
9	9.36853	9.75463	10.15911	10.58279	11.02656	11.49132	11.97799	12.47856	13.02104	13.57948
10	10.46221	10.94972	11.46388	12.00611	12.57789	13.18079	13.81645	14.48656	15.19293	15.93742

예제 3-3 연금의 미래가치계산

매년 600,000원씩 납입하는 저축보험에 가입하여, 사고가 없을 경우 9년 후에 원금과 연리 6%의 이자를 지급받는다면, 이때 받을 금액은 얼마인가?

❙ 풀이 ❙

$A_9 = 600,000 \times CVIF_a(i=6\%, n=9)$

$= 600,000 \times 11.49132 = 6,894,792$(원)

위에서 언급한 바와 같이 [표 3-2]나 부록의 [수표 2]에 나타나 있는 연금의 복리이자요소는 일정금액이 매기간 말에 발생한다는 가정하에, 즉 기말급에 의하여 계산된 것이다. 따라서 일정금액이 매기간 초에 발생하는 기수급에서 연금의 미래가치를 구할 때에는 상기 연금의 복리표에 나타나 있는 $CVIF_a$를 그대로 사용할 수 없다.

예를 들어, [그림 3-2]와는 달리 3년 동안 매년 초에 1,000만원씩을 연간이자율 10%

로 예금한 경우 3년 후의 연금의 미래가치는 [그림 3-4]에서 볼 수 있는 바와 같이 3,641만원이 된다.

그림 3-4 | 연금의 미래가치(기초기준)

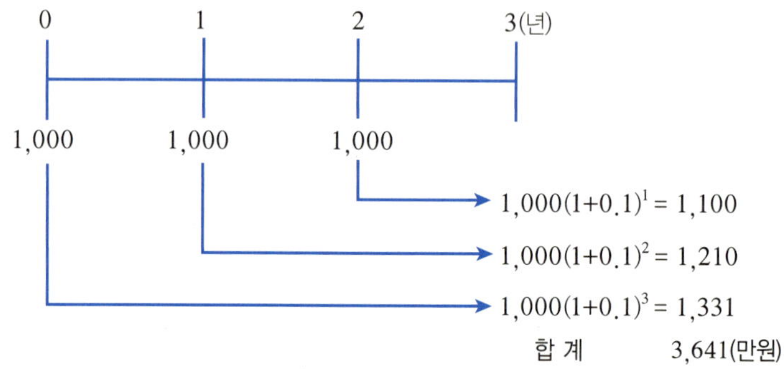

앞의 [그림 3-2]에서 계산한 연금의 미래가치 3,310만원과 [그림 3-4]에서 계산한 연금의 미래가치 3,641만원을 비교해 보자. 이들 두 그림에서의 연금은 n, i, R값이 동일한데 예금액을 매기간 말에 예금할 경우 연금의 미래가치는 3,310만원이 되고, 매기간 초에 예금할 경우에는 3,641만원이 된다. 이 두 금액 간에는 다음 관계가 성립한다.

$$
\begin{aligned}
3{,}641 &= 3{,}310(1+0.1) \\
&= [1{,}000+1{,}000(1+0.1)+1{,}000(1+0.1)^2](1+0.1) \\
&= 1{,}000(1+0.1)+1{,}000(1+0.1)^2+1{,}000(1+0.1)^3
\end{aligned}
$$

위의 관계로부터 우리는 일정금액 R을 매기간 초에 불입하는 경우 연금의 미래가치는 R을 매기간 말에 불입하는 경우의 미래가치에 $(1+i)$를 곱한 값과 같다는 것을 알 수 있다. 즉, 매기간 초에 R을 불입하는 경우의 연금의 복리이자요소는 매기간 말에 R을 불입하는 경우의 $CVIF_a(i, n)$에 $(1+i)$를 곱한 값과 같다.

예제 3-4 **기수급 적금의 미래가치**

투자자 알뜰은 동네 은행에서 연리 10%로 매년 100,000원씩 기초에 적금을 부을 계획을 하고 있다. 알뜰이 10년 후에 받을 적금의 미래가치는?

| 풀이 |

$$\begin{aligned}\text{적금의 미래가치} &= 100{,}000 \times CVIF_a(i=10\%,\ n=10) \times (1+i) \\ &= 100{,}000 \times 15.93742 \times (1+0.1) \\ &= 1{,}753{,}116.2(\text{원})\end{aligned}$$

제2절 현재가치

2.1 일정금액의 현재가치계산

현재가치(present value : PV)란 미래에 발생할 일정금액을 현재의 시점에서 평가한 가치이다. 현재가치를 줄여서 현가라고도 한다.

예를 들어, 오늘 100,000원을 연간 10%의 이자율로 은행에 예금하면 1년 후에는 110,000원이 된다. 현재의 100,000원이 1년 후에는 110,000원이 되므로, 1년 후의 110,000원은 현재의 100,000원의 가치에 상당할 것이다. 이때 현재의 100,000원을 1년 후의 미래금액 110,000원의 현재가치라고 한다. 현재가치는 항상 미래금액보다 작아지기 때문에 현재가치를 구하는 것을 할인(discount)한다고 하며, 할인할 때 사용하는 이자율을 할인율(discount rate)이라고 한다.

현재가치를 계산하는 공식은 식(3.1)로부터 쉽게 유도할 수 있다. 즉, $P_n = P_0(1+i)^n$은 현재시점의 금액 P_0가 n기간이 경과한 후에 얼마가 될 것인가를 나타내는 식이므로, n기간 후의 미래가치인 일정한 금액(P_n)의 현재가치(P_0)는 다음과 같다.

$$P_0 = P_n \frac{1}{(1+i)^n} \tag{3.3}$$

식(3.3)에서 $\left[\frac{1}{(1+i)^n}\right]$을 현가이자요소(present value interest factor : PVIF)라고 부

| 표 3-3 | 현가표

할인율 / 기간	1%	2%	3%	4%	5%	6%	7%	8%	9%	10%
1	0.99010	0.98039	0.97087	0.96154	0.95238	0.94340	0.93458	0.92593	0.91743	0.90909
2	0.98030	0.96117	0.94260	0.92456	0.90703	0.89000	0.87344	0.85734	0.84168	0.82645
3	0.97059	0.94232	0.91514	0.88900	0.86384	0.83962	0.81630	0.79383	0.77218	0.75131
4	0.96098	0.92385	0.88849	0.85480	0.82270	0.79209	0.76290	0.73503	0.70843	0.68301
5	0.95147	0.90573	0.86261	0.82193	0.78353	0.74726	0.71299	0.68058	0.64993	0.62092
6	0.94205	0.88897	0.83748	0.79031	0.74622	0.70496	0.66634	0.63017	0.59627	0.56447
7	0.93272	0.87056	0.81309	0.75992	0.71068	0.66506	0.62275	0.58349	0.54703	0.51316
8	0.92348	0.85349	0.78941	0.73069	0.67684	0.62741	0.58201	0.54027	0.50187	0.46651
9	0.91434	0.83676	0.76642	0.70259	0.64461	0.59190	0.54393	0.50025	0.46043	0.42410
10	0.90529	0.82035	0.74409	0.67556	0.61391	0.55839	0.50835	0.46319	0.42241	0.38554

르며, 각기 다른 할인율(i)과 기간(n)에 상응하는 현가이자요소를 미리 계산해 둔 표를 현가표(부록의 [수표 3] 참조)라 한다. [표 3-3]은 부록의 [수표 3]의 현가표 중의 일부를 옮겨 놓은 것으로 할인율이 1%에서부터 10%까지, 기간이 1기간으로부터 10기간까지의 현가이자요소를 나타내고 있는 현가표이다.

현가표를 이용하여 현재가치를 계산하는 예를 들어보기로 하자. 할인율이 10%이고 기간이 5기간인 경우의 현가이자요소 $PVIF(i=10\%, n=5)$는 현가표에서 맨 위쪽 행의 10%와 맨 왼쪽 열의 5와의 교차점의 값을 읽으면 0.62092이므로, 할인율이 10%일 때 5년 후의 100,000원의 현재가치는 62,092원(=100,000×0.62092)이 된다. 즉 5년 후의 100,000원은 현재시점에서의 62,092원과 가치가 같다는 의미이다,

예제 3-5 현재가치의 계산

5년 후에 500만원을 받을 수 있는 산업금융채권의 현재가치는 얼마인가? 기간 중 이자의 지급은 없으며 연간 적용되는 할인율은 10%이다.

| 풀이 |

$$P_0 = 5,000,000 \times PVIF(i=10\%, n=5)$$
$$= 5,000,000 \times 0.62092 = 3,104,600(\text{원})$$

[그림 3-5]는 할인율(i)과 기간(n)에 따른 현재가치의 변화를 그림으로 나타낸 것이

다. 이 그림에서 볼 수 있는 바와 같이 기간(n)이 늘어나거나 할인율이 커짐에 따라 미래 어느 시점에서 받게 될 일정금액의 현재가치는 감소한다(단, 할인율 0%는 제외).

앞에서 설명한 복리이자요소($CVIF$)와 현가이자요소($PVIF$)의 관계는 역관계이다. 즉,

$$PVIF = \frac{1}{CVIF}, \qquad CVIF = \frac{1}{PVIF}$$

예를 들어, 기간당 이자율이 10%일 경우 5기간 후의 $CVIF$는 [표 3-1]에서 볼 수 있는 바와 같이 1.61051이다. 그러므로 $PVIF$는 1.61051의 역수인 0.62092가 된다. 즉, $PVIF=1/CVIF=1/1.61051=0.62092$이다.

그림 3-5 | 현재가치의 변화

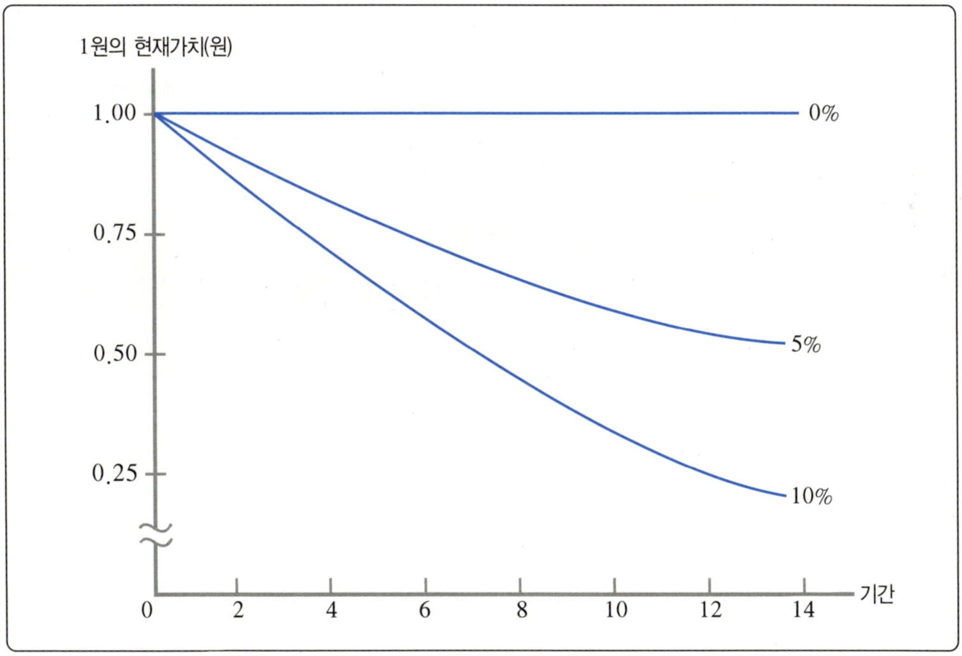

2.2 연금의 현재가치계산

연금의 현재가치(present value of an annuity)는 매기간 발생하는 일정금액을 현재시점의 가치로 환산한 금액의 합계이다. 예를 들어, 매년 말 1,000만원씩 3년간 받을 금액

■ 그림 3-6 | 연금의 현재가치계산

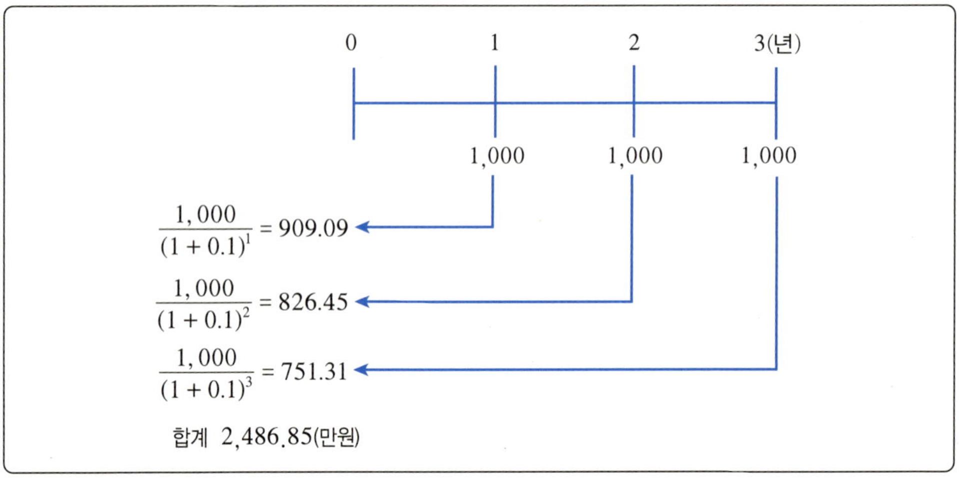

을 연간 할인율 10%로 할인하여 현재시점에서 일시불로 받을 경우, 이 연금의 현재가치는 [그림 3-6]에서 볼 수 있는 바와 같이 계산할 수 있다. 즉, 이 연금의 현재가치는 매년 말에 받을 1,000만원 각각의 현재가치의 합계인 2,486.85만원이 된다.

연금의 현재가치를 보다 간편하게 계산할 수 있는 공식을 유도해 보기로 하자. 연금의 현재가치를 A_0이라 하면, A_0는 [그림 3-7]과 같이 나타낼 수 있다.

[그림 3-7]에서 기말급 연금의 현재가치의 계산은 각 기말에 발생한 연금의 현재가치를 각각 구하여 더하면 된다. 이때의 현재시점은 제1기의 초가 된다.

■ 그림 3-7 | 연금의 현재가치

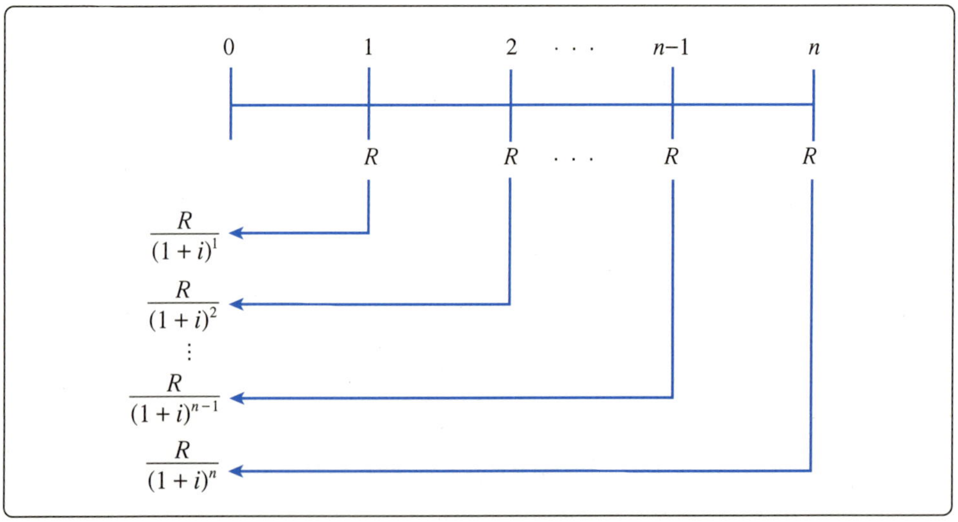

연금이 n회 발생하는 기말급 연금의 할인기간은 다음과 같다.

제1기 연금 ; 1기간
제2기 연금 ; 2기간
⋮
제 $n-1$기 연금 ; $n-1$기간
제 n기 연금 ; n기간

[그림 3-7]로부터 연금의 현재가치 A_0은 다음과 같다는 것을 알 수 있다.

$$A_0 = \frac{R}{(1+i)^1} + \frac{R}{(1+i)^2} + \cdots + \frac{R}{(1+i)^{n-1}} + \frac{R}{(1+i)^n}$$

이 식을 간단히 정리하면 다음과 같다.

$$\therefore A_0 = R\left[\frac{1 - \dfrac{1}{(1+i)^n}}{i}\right] \qquad (3.4)$$

식(3.4)에서 $\left[1 - \dfrac{1}{(1+i)^n}\right] / i$를 연금의 현가이자요소(present value interest factor for an annuity : $PVIF_a$)라고 하며, 각기 다른 할인율과 기간에 상응하는 $PVIF_a$를 미리 계산해 둔 표를 연금의 현가표(부록의 [수표 4] 참조)라 한다. 연금의 현가표는 일정금액이 매 기간 말에 발생한다는 가정하에 계산된 것이다. [표 3-4]는 부록의 [수표 4]의 현가표 중의 일부를 옮겨 놓은 것으로 할인율이 1%에서부터 10%까지, 기간이 1기간으로부터 10기간까지의 연금의 현가이자요소를 나타내고 있는 연금의 현가표이다.

연금의 현가표를 이용하여 연금의 현재가치를 계산하는 예를 들어 보기로 하자. 기간당 할인율이 10%이고 기간의 수가 3기간인 경우 연금의 현가이자요소 $PVIF_a(i=10\%, n=3)$는 연금의 현가표에서 맨 위쪽 행의 10%와 맨 왼쪽 열의 3과의 교차점의 값을 읽으면 2.48685이므로, 연간할인율이 10%일 때 매년 말에 1,000만원씩 3년간 지급되는 연금의 현재가치는 2,486.85만원(=1,000×2.48685)이 된다.

| 표 3-4 | 연금의 현가표

할인율 / 기간	1%	2%	3%	4%	5%	6%	7%	8%	9%	10%
1	0.99010	0.98039	0.97087	0.96154	0.95238	0.94340	0.93458	0.92593	0.91743	0.90909
2	1.97039	1.94156	1.91347	1.88609	1.85941	1.83339	1.80802	1.78326	1.75911	1.73554
3	2.94098	2.88388	2.82861	2.77509	2.72325	2.67301	2.62432	2.57710	2.53129	2.48685
4	3.90197	3.80773	3.71710	3.62990	3.54595	3.46511	3.38721	3.31213	3.23972	3.16987
5	4.85343	4.71346	4.57971	4.45182	4.32948	4.21236	4.10020	3.99271	3.88965	3.79079
6	5.79548	5.60143	5.41719	5.24214	5.07569	4.91732	4.76654	4.62288	4.48592	4.35526
7	6.72819	6.47199	6.23028	6.00206	5.78637	5.58238	5.38929	5.20637	5.03295	4.86842
8	7.65168	7.32548	7.01969	6.73275	6.46321	6.20979	5.97130	5.74664	5.53482	5.33493
9	8.56602	8.16224	7.78611	7.43533	7.10782	6.80169	6.51523	6.24689	5.99525	5.75902
10	9.47130	8.98259	8.53020	8.11090	7.72174	7.36009	7.02358	6.71008	6.41766	6.14457

예제 3-6 연금의 현재가치계산

매년 말 600,000원씩 10년간 지급되는 연금을 일시불로 받으려고 한다. 얼마를 받을 수 있는가? 단, 할인율은 연 8%이다.

| 풀이 |

$A_0 = 600{,}000 \times PVIF_a(i=8\%,\ n=10)$

$\quad = 600{,}000 \times 6.71008 = 4{,}026{,}048$(원)

위에서 언급한 바와 같이 [표 3-4]나 부록의 [수표 4]에 나타나 있는 연금의 현가이자요소는 일정금액이 매기간 말에 발생한다는 가정하에, 즉 기말급에서 계산된 것이다. 따라서 일정금액이 매기간 초에 발생하는 기수급에서 연금의 현재가치를 구할 때에는 상기 연금의 현가표에 나타나 있는 $PVIF_a$를 그대로 사용할 수 없다.

예를 들어, [그림 3-6]과는 달리 매년 초 1,000만원씩 3년간 받을 금액을 연간할인율 10%로 할인하여 일시불로 받을 경우 이 연금의 현재가치는 [그림 3-8]에서 볼 수 있는 바와 같이 2,735.54만원이 된다.

이제 [그림 3-6]에서 계산한 연금의 현재가치 2,486.85만원과 [그림 3-8]에서 계산한 연금의 현재가치 2,735.54만원을 비교해 보자. 이들 두 그림에서의 연금은 n, i, R값이 동일한데 수령액을 매기간 말에 받을 경우 연금의 현재가치는 2,486.85만원이 되고, 매기간 초에 받을 경우에는 2,735.54만원이 된다. 이들 두 금액 간에는 다음 관계가 성

■ 그림 3-8 | 연금의 현재가치(기초기준)

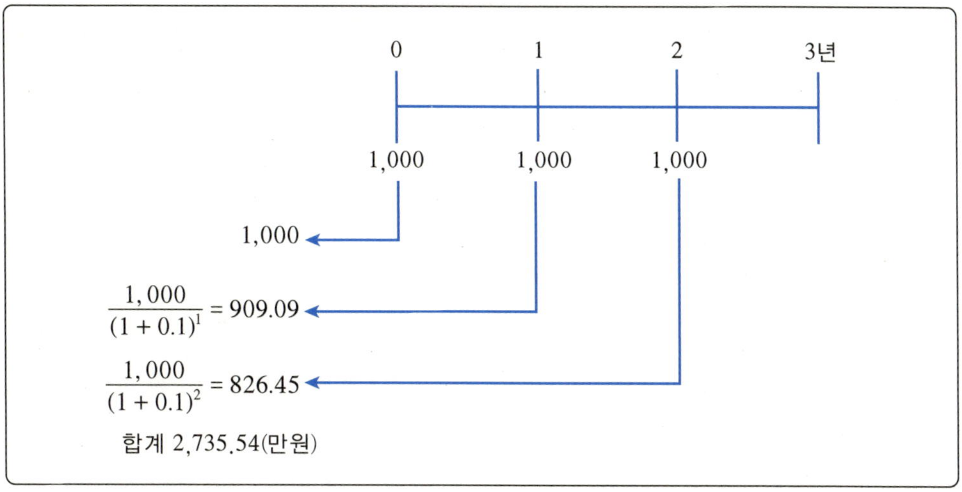

립한다.

$$
\begin{aligned}
2,735.54 &= 2,486.85(1+0.1) \\
&= \left[\frac{1,000}{(1+0.1)} + \frac{1,000}{(1+0.1)^2} + \frac{1,000}{(1+0.1)^3}\right](1+0.1) \\
&= \frac{1,000}{(1+0.1)^0} + \frac{1,000}{(1+0.1)} + \frac{1,000}{(1+0.1)^2}
\end{aligned}
$$

위의 관계로부터 우리는 일정금액 R을 매기간 초에 수령하는 경우 연금의 현재가치는 R을 매기간 말에 수령하는 경우의 현재가치에 $(1+i)$를 곱한 값과 같다는 것을 알 수 있다. 즉 매기간 초에 R을 수령하는 경우의 연금의 현가이자요소는 매기간 말에 R을 수령하는 경우의 $PVIF_a(i, n)$에 $(1+i)$를 곱한 값과 같다.

예제 3-7 기수급 연금의 현재가치

매년 초 500,000원씩 5년간 지급되는 연금을 일시불로 받으려고 한다. 얼마를 받을 수 있는가? 단, 할인율은 연 10%이다.

| 풀이 |

연금의 현재가치 = $500,000 \times PVIF_a(i=10\%,\ n=5) \times (1+i)$

$$= 500{,}000 \times 3.79079 \times (1+0.1)$$
$$= 2{,}084{,}935(\text{원})$$

2.3 영구채권의 가치평가

이제는 연금의 특수한 형태인 영구채권(perpetuity)의 현재가치를 구해 보자. 영국 정부가 발행한 국채 중에는 원금을 상환하지 않고 일정금액의 이자만 영구히 지불하는 채권이 있는데, 이를 영구채권이라고 부른다.

원금은 영원히 상환하지 않고 일정금액의 이자 R만 지급하는 영구채권의 현재가치 PV는 다음과 같다. 단, i는 할인율이다.

$$PV = \frac{R}{(1+i)^1} + \frac{R}{(1+i)^2} + \cdots + \frac{R}{(1+i)^\infty}$$

이 식을 간단히 정리하면 다음과 같다.

$$PV = \frac{R}{i} \tag{3.5}$$

따라서 영구채권의 현재가치는 매기간 지급되는 일정금액을 이자율로 나눈 값과 같다는 것을 알 수 있다.

예제 3-8 영구채권의 평가

매년 20,000원의 이자를 영구히 지급하는 영구채권의 현재가치는? 단, 할인율이 10%이다.

| 풀이 |

$$PV = \frac{R}{i} = \frac{20{,}000}{0.10} = 200{,}000(\text{원})$$

제3절 이자계산의 횟수

지금까지는 이자계산이 1년에 한 번 있는 경우만 살펴보았다. 여기서는 이자계산이 1년에 두 번 이상 있는 경우의 미래가치와 현재가치를 계산하는 방법을 설명하기로 한다.

3.1 미래가치계산

연간이자율이 12%이고 이자가 6개월마다 계산되는 경우, 현재시점에서 1,000만원을 예금하면 6개월 후의 미래가치 $P_{\frac{1}{2}}$은 다음과 같다.

$$P_{\frac{1}{2}} = 1{,}000 \times \left(1 + \frac{0.12}{2}\right) = 1{,}060(\text{만원})$$

그리고 1년 후의 미래가치 P_1은 다음과 같다.

$$P_1 = 1{,}060 \times \left(1 + \frac{0.12}{2}\right) = 1{,}000 \times \left(1 + \frac{0.12}{2}\right)^2 = 1{,}123.6(\text{만원})$$

그러나 만약 이자계산이 1년에 한 번 이루어진다면 1년 후의 미래가치는 다음과 같다.

$$P_1 = 1{,}000 \times (1+0.12)^1 = 1{,}120(\text{만원})$$

위에서 볼 수 있는 바와 같이 이자계산이 6개월마다 이루어지는 경우의 미래가치와 1년에 한 번 이루어지는 경우의 1년 후 미래가치 사이에는 36,000원의 차이가 있음을 알 수 있다. 이 차이는 첫 6개월 말에 계산된 이자 600,000원이 두 번째 6개월 동안에 36,000원의 이자를 발생시켰기 때문이다. 따라서 1년 동안에 이자계산이 이루어지는 횟수가 많아질수록 미래가치가 커짐을 알 수 있다.

이자지급횟수에 따라 원리금이 어떻게 달라지는가를 좀 더 자세히 살펴보자. 1,000만원을 연리 12%로 1년간 정기예금할 경우에 1년 후에 찾을 수 있는 원리금은 다음과 같다.

이자지급회수가 1회인 경우 : $P_1 = P_0(1+i)^1 = 1{,}000(1+0.12)^1 = 1{,}120$(만원)

이자지급횟수가 2회인 경우 : $P_1 = P_0\left(1+\frac{i}{2}\right)^2 = 1{,}000(1+0.12/2)^2 = 1{,}123.6$(만원)

이자지급횟수가 4회인 경우 : $P_1 = P_0\left(1+\frac{i}{4}\right)^4 = 1{,}000(1+0.12/4)^4 = 1{,}125.5$(만원)

이자지급횟수가 12회인 경우 : $P_1 = P_0\left(1+\frac{i}{12}\right)^{12} = 1{,}000(1+0.12/12)^{12} = 1{,}126.8$(만원)

이자지급횟수가 m회인 경우 : $P_1 = P_0\left(1+\frac{i}{m}\right)^m$

이와 같이 이자지급횟수가 증가하면 복리계산에 의하여 원리금이 증가한다는 것을 알 수 있다. 명목이자율(nominal interest rate)은 12%로 이자지급횟수와 관계없이 모두 동일하다. 하지만 월별로 이자가 지급될 경우에 실질이자율(effective interest rate)은 12.68%로 명목이자율 12%보다 훨씬 높고, 또한 분기별로 지급될 경우의 실질이자율 12.55%보다도 높은 것을 알 수 있다. 현금흐름을 중요시 하는 재무관리에서는 차입과 대출이자율을 계산할 때 명목이자율이 아닌 실질이자율을 사용한다는 것을 명심해야 한다.

이자계산이 1년 동안에 m번 행해지고 연간이사율이 i일 때 n년 후의 미래가치를 계산하는 일반적인 공식은 다음과 같다.

$$P_n = P_0\left(1+\frac{i}{m}\right)^{m \cdot n} \tag{3.6}$$

한편 위의 식을 대신하여 미래가치를 계산하기 위해 복리표에서 복리이자요소인 $CVIF$를 찾을 때 이자율을 $\frac{i}{m}$로, 그리고 기간을 $m \cdot n$으로 찾아 사용한다.

예제 3-9 이자횟수와 미래가치

앞의 예에서 이자가 1년에 네 번 지급된다면 1년 후의 미래가치와 3년 후의 미래가치를 계산하라. 복리표는 권말부록을 이용하라.

| 풀이 |

$$P_1 = 1{,}000\left(1+\frac{0.10}{4}\right)^{(4)(1)}$$
$$= 1{,}000 \times CVIF(i=2.5\%,\ n=4)$$
$$= 1{,}000 \times 1.10381 = 1{,}103.81(\text{만원})$$

$$P_3 = 1{,}000\left(1 + \frac{0.10}{4}\right)^{(4)(3)}$$
$$=1{,}000 \times CVIF(i=2.5\%,\ n=12)$$
$$=1{,}000 \times 1.34489 = 1{,}344.89(\text{만원})$$

3.2 현재가치계산

이번에는 이자계산이 1년에 두 번 이상 이루어지는 경우 현재가치를 계산하는 방법을 살펴보기로 하자. 이자계산이 1년에 m번 이루어질 경우 현재가치는 식(3.6)으로부터 다음과 같다는 것을 알 수 있다.

$$P_0 = \frac{P_n}{\left(1 + \frac{i}{m}\right)^{m \cdot n}} \tag{3.7}$$

예제 3-10 이자횟수와 현재가치

연간할인율이 10%이며, 이자가 1년에 네 번 계산된다면, 3년 후에 받을 1,000만원의 현재가치를 계산하라. 이를 이자계산이 1년에 한 번만 행해질 경우의 현재가치와 비교하라.

| 풀이 |

이자가 1년에 네 번 계산 :

$$P_0 = \frac{1{,}000}{\left(1 + \frac{0.10}{4}\right)^{(4)(3)}}$$
$$=1{,}000 \times PVIF(i=2.5\%,\ n=12)$$
$$=1{,}000 \times 0.74356 = 743.56(\text{만원})$$

이자가 1년에 한 번 계산 :

$$P_0 = \frac{1{,}000}{(1.10)^3} = 751.315(\text{만원})$$

따라서 이자계산횟수가 적을수록 현재가치는 더욱 커진다. 이 관계는 미래가치계산의 경우와 정반대이다.

제4절 자산의 가치와 현금흐름의 현재가치

모든 자산은 자산을 보유함으로써 현금흐름이 발생하기 때문에 가치를 지닌다. 토지를 보유하면 주차장 등으로 활용하거나 처분하여 현금흐름이 발생할 수 있다. 또 영업점(회사)을 보유하면 영업활동을 열심히 하여 현금흐름이 발생할 수 있다. 금융자산 역시 마찬가지이다. 주식을 보유하면 배당을 받거나 처분하여 현금흐름이 발생할 수 있으며 채권을 보유하면 이자를 받거나 처분하여 현금흐름이 발생한다.

그런데 자산을 보유하여 발생하는 현금흐름은 보통 한 시점에서 한 번만 발생하는 것이 아니라 여러 시점에서 여러 번 발생한다. 예를 들어 채권을 3년 동안 보유하면 매년 이자를 받고, 처분했을 때 그 대금을 받게 된다. 이때 현금흐름의 총합을 계산하려면 화폐의 시간적 가치를 고려하여 시점을 맞추어 합하여야 한다. 모든 현금흐름을 현재시점으로 할인하여 합하면 해당 자산의 현재가치를 계산할 수 있는데 이것이 바로 해당 자산의 가치가 된다.

투자안 A의 가치를 생각해 보자. 어떤 투자자가 지금으로부터 1년 후에 300,000원, 2년 후에 100,000원, 3년 후에 200,000원의 현금흐름이 발생하는 투자안에 대한 투자를

그림 3-9 | 투자안의 가치

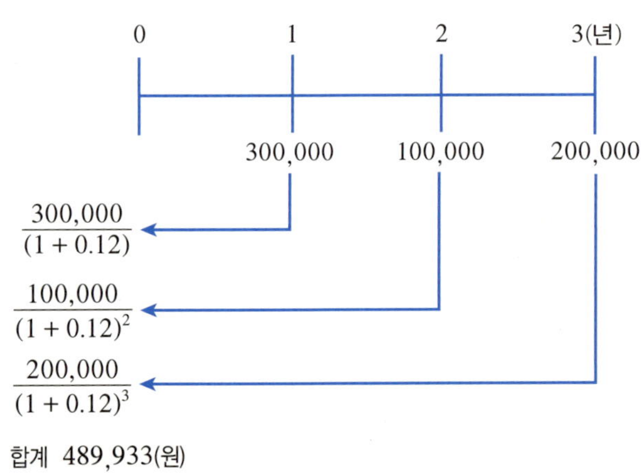

고려하고 있다. 할인율이 12%라면 이 투자안의 가치는 얼마인가?

[그림 3-9]에서 알 수 있는 바와 같이 각 현금흐름을 현재가치로 할인하여 더한 489,933원이 이 투자안의 가치다.

이번에는 기업의 가치를 생각해보자. (주)하나는 첫 해에 3,000만원의 순현금흐름을 창출할 수 있고, 그 후 5년간은 매년 5,000만원의 순현금흐름을 얻을 수 있을 것으로 기대된다. 그리고 지금으로부터 7년 후에 (주)하나를 20,000만원에 매각할 예정이다. (주)하나의 현금흐름에 대한 할인율이 연 12%라면 이 기업의 가치는 얼마인가?

먼저 위의 현금흐름을 그림으로 표시하면 다음과 같다.

1	2	3	4	5	6	7
3,000	5,000	5,000	5,000	5,000	5,000	20,000

따라서 위의 현금흐름의 현재가치는 다음과 같이 나타낼 수 있다.

$$PV = \frac{3,000}{1+0.12} + \frac{5,000}{(1+0.12)^2} + \frac{5,000}{(1+0.12)^3} + \cdots + \frac{5,000}{(1+0.12)^6} + \frac{20,000}{(1+0.12)^7}$$

$$= 2,678.58 + \frac{5,000}{(1+0.12)^2} + \frac{5,000}{(1+0.12)^3} + \cdots + \frac{5,000}{(1+0.12)^6} + 9,046.98$$

연금의 현재가치 공식에 의해 2~6년의 현금흐름의 $t = 1$시점의 가치를 구하면 다음과 같다.

$$P_1 = 5,000\left[\frac{1 - \frac{1}{(1+0.12)^5}}{0.12}\right]$$

P_1의 현재가치는 P_1을 $\frac{1}{1+0.12}$로 할인한 것이므로 위의 식은 다음과 같이 쓸 수 있다.

$$PV = 2,678.58 + \frac{1}{(1+0.12)} \times 5,000\left[\frac{1 - \frac{1}{(1+0.12)^5}}{0.12}\right] + 9,046.98\text{만원}$$

$$= 2,678.58 + 16,092.82 + 9,046.98 = 27,818.38\text{만원}$$

이와 같이 (주)하나의 가치가 27,818.38만원임을 알 수 있다.

가치평가의 과정(valuation process)이란 자산의 가치를 구하는 과정을 말한다. 가치평가기본모형의 3가지 요소 중에서 현금흐름의 크기와 발생시기는 생산 · 판매 · 관리 등 경영의 전반적인 과정을 통해서 결정된다. 따라서 가치평가에 있어서 재무관리자의 중심적 역할은 적절한 할인율을 찾는 것이다.

가치평가의 과정은 개인적 가치평가과정, 기업차원의 가치평가과정, 그리고 시장가치평가과정으로 분류할 수 있다. 개인적인 가치평가는 의사결정을 하는 개인의 주관적인 현금흐름의 크기와 시기 및 할인율에 의해 결정되는데, 이 과정을 개인적 가치평가과정이라고 한다. 개인적 가치평가는 3가지 요소에 대한 각 개인의 주관적 판단에 따라 동일한 자산에 대해서도 서로 다르게 평가될 수 있다. 기업차원의 가치평가는 경영의 전반적인 과정을 통해 현금흐름의 크기와 시기는 적절하게 추정할 수 있지만 모든 주주들의 의견을 반영한 적절한 할인율을 추정하기는 매우 어렵다. 이와 같이 개인적 가치평가과정이나 기업차원의 가치평가과정에서 적절한 할인율을 찾기는 매우 어렵다.

시장가치평가과정은 시장에서 결정된 할인율을 사용하는 것을 의미한다. 이 할인율은 제5장에서 설명할 시장에서의 자산가치에 대한 이론 중의 하나인 자본자산가격결정이론(capital asset pricing model : CAPM)을 이용하여 구할 수 있다. 결과적으로 재무관리자는 시장가치평가과정에서 사용되는 할인율을 가치평가에 있어서 적절한 할인율로 사용한다. 여기서 사용되는 시장에서 결정된 할인율은 무위험이자율과 자산의 위험에 대한 시장의 평가를 반영하는 것이다. 시장가치평가과정을 그림으로 나타내면 [그림 3-10]과 같다.

그림 3-10 | 시장가치평가과정

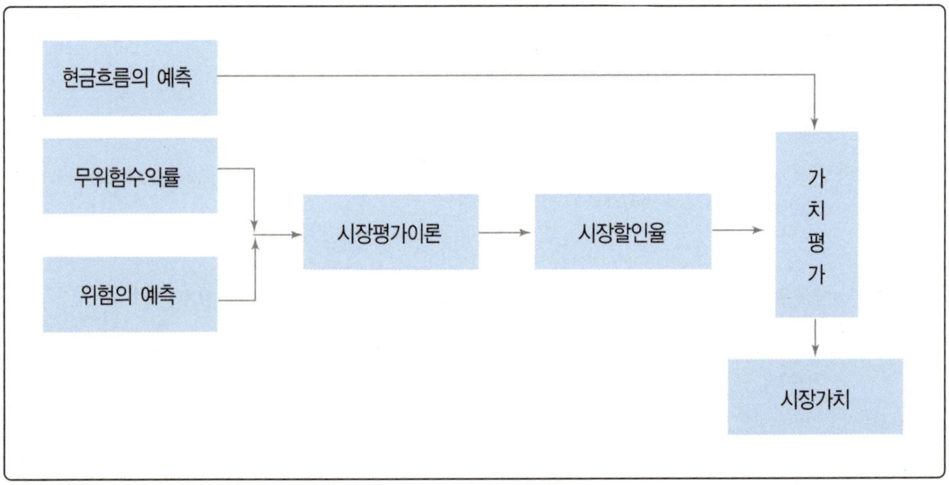

4.1 채권의 가치

채권(bond)은 기업이나 정부가 다양한 투자자들로부터 필요한 자금을 모집하는 장기 부채의 전형적인 형태이다. 채권은 일정한 기간 동안 이자를 지급하고 만기일에 원금(채권의 액면가)을 상환할 것을 약속한 증서로서 고정소득증권(fixed income security)의 성격을 갖는다. 채권을 발행할 때에는 채권의 액면가(face value par value), 액면이자율(coupon rate) 그리고 만기(maturity)가 반드시 표시되어야 한다.

액면가는 채권의 권면에 기재된 명목가치이다. 액면가는 일반적으로 기업의 차입액을 나타내며, 미래의 어떤 시점에서 상환하기로 약속한 금액을 가리킨다. 만기는 채권이 발행된 후 액면가가 상환되는 시점까지의 기간을 말한다. 대부분의 채권에는 발행주체가 만기까지 매 6개월 또는 매 3개월마다 일정한 이자금액을 지불하기로 약속한 이표(coupon)가 부착되어 있다. 약정이자를 액면가로 나눈 것을 액면이자율 또는 표면이자율이라고 하며, 액면이자율은 채권이 발행될 때 고정되어 만기까지 변경될 수 없다. 따라서 채권은 이자와 원금으로 구성되는 현금흐름이 고정되어 있는데, 채권의 종류에 의해 현금흐름의 크기와 시기가 결정된다. 채권의 종류에 대해서는 제10장 장기자본조달에서 설명할 것이다.

예를 들어 (주)하나가 이자를 6개월마다 지급하는 액면가 100만원, 액면이자율 연 10% 그리고 만기 3년인 회사채를 발행하였다면, 이 채권을 매입한 투자자는 3년 동안 매 6개월마다 100만원의 5%(=10%/2)에 해당하는 5만원의 액면이자를 6번 지급받고 그리고 3년 후에는 액면가인 100만원을 지급받게 된다.

한편 채권은 이자지급방법에 따라서 순수할인채권(pure discount bond or zero-coupon bond)과 확정이자부채권(level-coupon bond)으로 구분될 수 있다. 순수할인채권은 이자를 지급하지 않고 만기일에 원금만을 상환하는 채권이며, 확정이자부채권은 만기까지 확정된 액면이자(coupon)를 매기간 말에 지급하고 만기일에 원금을 상환하는

그림 3-11 | 채권의 현금흐름 유형

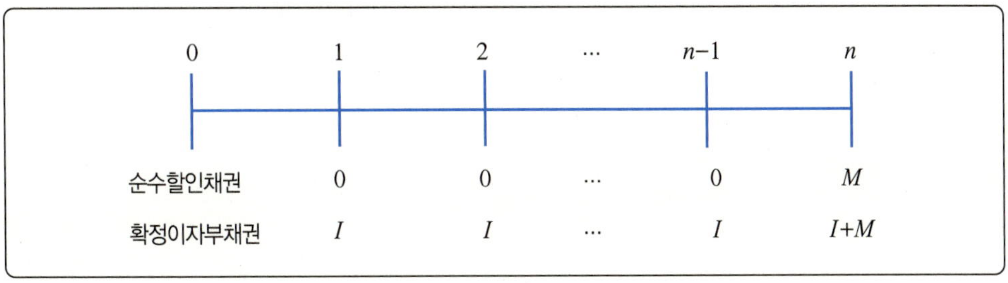

채권이다. n기간 말에 액면가 M만을 상환하는 순수할인채권과 n기간 말까지 매기간 말에 액면이자(액면가×액면이자율) I를 지급하고 만기일인 n기간 말에 원금 M을 상환하는 확정이자부채권의 현금흐름 유형을 각각 나타내면 [그림 3-11]과 같다.

채권의 가치는 그 채권을 보유함으로써 얻을 수 있는 미래현금흐름을 적절한 할인율로 할인하여 현재가치로 환산한 값이다. 따라서 [그림 3-11]에서 보는 바와 같이 만기일인 n기간 말에 액면가 M만을 상환하는 순수할인채권의 가치는 다음과 같다.

$$B_0(\text{순수할인채권}) = \frac{M}{(1+k_d)^n} \tag{3.8}$$

M : 만기 시 지급되는 원금

k_d : 채권의 요구수익률

예제 3-11 순수할인채권의 가치

만기는 10년 후이며, 액면가가 100만원인 순수할인채권의 현재가치는 얼마인가? (단, 요구수익률은 연 5%이다)

| 풀이 |

$$B_0 = \frac{1{,}000{,}000}{(1+0.05)^{10}}$$

$$= 1{,}000{,}000 \times PVIF(i=5\%,\ n=10) = 1{,}000{,}000 \times (0.61391)$$

$$= 613{,}910(\text{원})$$

한편 [그림 3-11]에서 보는 바와 같이 n기간 말까지 매기간 말에 액면이자를 지급하고 만기일인 n기간 말에 원금 M을 상환하는 확정이자부채권의 현재가치는 다음과 같다.

$$B_0(\text{확정이자부채권}) = \frac{I}{(1+k_d)} + \frac{I}{(1+k_d)^2} + \cdots + \frac{I+M}{(1+k_d)^n} \tag{3.9}$$

I : 액면이자에 의한 이자지급액

M : 만기 시 지급되는 원금

k_d : 채권의 요구수익률

예제 3-12 채권의 요구수익률과 채권가치

(1) 투자자 A는 (주)세나가 발행한 액면가 1,000,000원, 만기 5년, 액면이자율 12%인 채권에 투자하려고 한다. 투자자 A가 이 채권투자로부터 요구하는 수익률이 연 14%라면, 이 채권의 현재가치를 이자가 연 1회 지급되는 경우와 연 4회 지급되는 경우로 나누어서 계산하라.

(2) 투자자 B는 이 채권투자로부터 요구하는 수익률이 연 8%라고 한다. 이 채권의 가치를 계산하라(단, 이자는 연 4회 지급됨).

(3) 투자자 C는 이 채권투자로부터 요구하는 수익률이 연 12%라고 한다. 이 채권의 가치를 계산하라(단, 이자는 연 4회 지급됨).

| 풀이 |

(1) 투자자 A는 앞으로 5년간 매년 120,000원의 이자를 지급받고 만기인 5년 후에 1,000,000원을 상환받게 된다. 따라서 이 채권의 가치는 다음과 같다.

① 이자지급액의 현가(PV_I) :

$$PV_I = \frac{120{,}000}{(1+0.14)} + \frac{120{,}000}{(1+0.14)^2} + \cdots + \frac{120{,}000}{(1+0.14)^5}$$
$$= 120{,}000 \times PVIF_a(i=14\%, n=5)$$
$$= 120{,}000 \times 3.43308$$
$$= 411{,}970(\text{원})$$

② 상환가액의 현가(PV_M) :

$$PV_M = \frac{1{,}000{,}000}{(1+0.14)^5} = 519{,}369$$
$$= 1{,}000{,}000 \times PVIF(i=14\%, n=5)$$
$$= 1{,}000{,}000 \times 0.51937$$
$$= 519{,}370(\text{원})$$

따라서 (주)세나가 발행한 채권의 현재가치는 $B_0 = PV_I + PV_M = 931{,}340$원이 된다.

이제 액면이자가 연 4회 지급된다고 하자. 투자자 A가 이 채권을 매입하면 앞으로 5년간 매 3개월마다 30,000원의 이자를 지급받고 만기인 5년 후에는 상환가액 1,000,000원을 상환받게 된다. 따라서 이 채권의 가치는 이자지급액(연금의 형태임)의 현가와 상환가액의 현가를 합한 값이고, 투자자 A가 이 채권투자로부터 요구하는 수익률이 분기당 3.5%이므로 이 채권의 가치는 다음과 같이 계산될 수 있다.

① 이자지급액의 현가(PV_I) :

$$PV_I = \frac{30{,}000}{\left[1+\frac{0.14}{4}\right]^1} + \frac{30{,}000}{\left[1+\frac{0.14}{4}\right]^2} + \cdots + \frac{30{,}000}{\left[1+\frac{0.14}{4}\right]^{20}}$$

$$= 30{,}000 \times PVIF_a(i=3.5\%,\ n=20) = 30{,}000 \times 14.21241$$
$$= 426{,}372(\text{원})$$

② 상환가액의 현가(PV_M) :

$$PV_M = \frac{1{,}000{,}000}{\left[1+\frac{0.14}{4}\right]^{20}}$$
$$= 1{,}000{,}000 \times PVIF(i=3.5\%,\ n=20) = 1{,}000{,}000 \times 0.50257$$
$$= 502{,}570(\text{원})$$

따라서 (주)세나가 발행한 사채의 현재가치는 $B_0=PV_I+PV_M=928{,}942$원이 된다.

(2) 투자자 B가 지불하려는 채권의 가치는 같은 방법으로 다음과 같다.

$$B_0 = PV_I + PV_M$$
$$= 30{,}000 \times PVIF_a(i=2\%,\ n=20) + 1{,}000{,}000 \times PVIF(i=2\%,\ n=20)$$
$$= 30{,}000 \times 16.35143 + 1{,}000{,}000 \times 0.67297$$
$$= 1{,}163{,}513(\text{원})$$

(3) 투자자 C가 평가한 채권의 가치는 다음과 같다.

$$B_0 = PV_I + PV_M$$
$$= 30{,}000 \times PVIF_a(i=3\%,\ n=20) + 1{,}00{,}000 \times PVIF(i=3\%,\ n=20)$$
$$= 30{,}000 \times 14.87747 + 1{,}000{,}000 \times 0.55368$$
$$= 1{,}000{,}000(\text{원})$$

4.2 주식의 가치

주식의 가치 역시 주식의 보유로부터 얻게 되는 현금흐름인 보유기간 동안의 배당현금흐름과 주식을 매도할 때 받게 되는 현금흐름의 현재가치의 합이다.

먼저 주식을 1년 동안만 투자한다고 가정하면 주식의 현재가치는 다음과 같이 구할 수 있다.

$$P_0 = \frac{D_1}{1+k_e} + \frac{P_1}{1+k_e}$$

P_0 : 주식의 주당현재가치

P_1 : 1년도 말의 주당주식가격

D_1 : 1년도 말의 주당배당금(= DPS_1)
K_e : 주식의 할인율

이 경우 1년도 말의 주식가격 P_1은 그 시점에서 주식을 매입하려는 투자자가 기꺼이 지불하려고 하는 가격으로서 2년도 말의 배당금 D_2와 주식가격 P_2에 의해서 결정된다고 할 수 있다.

$$P_1 = \frac{D_2}{1+k_e} + \frac{P_2}{1+k_e}$$

이상의 두 식으로부터 다음과 같은 식을 도출할 수 있다.

$$\begin{aligned} P_0 &= \frac{D_1}{1+k_e} + \frac{1}{1+k_e}\left(\frac{D_2}{1+k_e} + \frac{P_2}{1+k_e}\right) \\ &= \frac{D_1}{1+k_e} + \frac{D_2}{(1+k_e)^2} + \frac{P_2}{(1+k_e)^2} \end{aligned}$$

위 식에서 P_2는 2년도 말의 주식가격으로 3년도 말의 배당금 D_3와 주식가격 P_3를 얻기 위하여 2년도 말에 투자자가 지불하려는 가격이다.

이러한 방식으로 기간을 연장하면 다음과 같은 기본적인 배당평가모형을 얻을 수 있다.

$$P_0 = \frac{D_1}{1+k_e} + \frac{D_2}{(1+k_e)^2} + \frac{D_3}{(1+k_e)^3} + \cdots \tag{3.10}$$

위의 식에서 볼 수 있는 바와 같이 주식가치는 주식보유로부터 얻게 되는 현금흐름인 미래 배당금에 의해 결정된다. 기본적인 주식평가모형인 배당평가모형은 주식가치를 평가하는 기본 틀을 제공한다. 배당평가모형을 사용하기 위해서는 미래의 배당금을 추정해야 하며, 이 모형은 배당금이란 미래현금흐름을 근거로 주식의 이론적 현재가치, 즉 내재가치를 평가한다는 데 의미가 있다.

4.2.1 제로성장모형

주식가치평가에 배당평가모형을 적용하기 위해서는 미래배당금에 대해 추정이 필요하다. 이와 같은 미래배당금의 추정은 매우 어렵기 때문에 이를 단순화하기 위하여 매기 배당금이 일정하다고 가정하는 제로성장주식(zero growth stock)을 상정해 볼 수 있다. 매년 배당이 동일하다는 것을 가정하는 것은 $D_1 = D_2 = D_3 = \cdots$ 를 의미한다. 이 경우 주식의 가치는 배당으로 구성되는 영구연금의 현재가치와 동일하다.

따라서 배당금이 매년 동일할 것으로, 즉 성장이 없다고 기대되는 제로성장주식의 가치는 다음과 같이 결정될 수 있다.

$$P_0 = \frac{D_1}{1+k_e} + \frac{D_1}{(1+k_e)^2} + \frac{D_1}{(1+k_e)^3} + \cdots$$

$$= \frac{D_1}{k_e} \qquad (3.11)$$

이와 같이 매년 배당이 동일하다는 가정하에 도출된 주식의 가치평가모형을 제로성장모형(zero growth model)이라고 한다.

예제 3-13 **제로성장모형의 평가**

투자자들은 강서주식회사가 매년말 주당 1,000원씩의 배당금을 영구적으로 지급할 것으로 기대하고 있다. 만약 투자자들이 이 주식에 대하여 10%의 수익률을 요구한다면 이 주식의 주당가격은 얼마인가?

| 풀이 |

$$P_0 = \frac{D_1}{k_e} = \frac{1,000}{0.1} = 10,000(\text{원})$$

4.2.2 항상성장모형

대부분의 기업들은 성장을 통해서 유지 · 존속되고 있으므로 매년 수익흐름을 증대시키고 이에 따라 배당금도 함께 증가시킬 수 있다. 따라서 성장이 없는 기업을 가정하고 있는 제로성장모형을 이러한 기업들의 주식가치를 평가하기 위해 사용하는 데에는 현실적으로 한계가 있다.

만약 어떤 기업이 주식에 대한 배당금을 매년 일정한 비율 g만큼 증가시킨다고 가정한다면, 이 주식에 대한 각 연도 말의 기대배당금은 매년 $(1+g)$만큼 복리로 증가하게 되는데 [그림 3-12]와 같은 현금흐름으로 나타낼 수 있다.

그림 3-12 | 항상성장주식의 배당

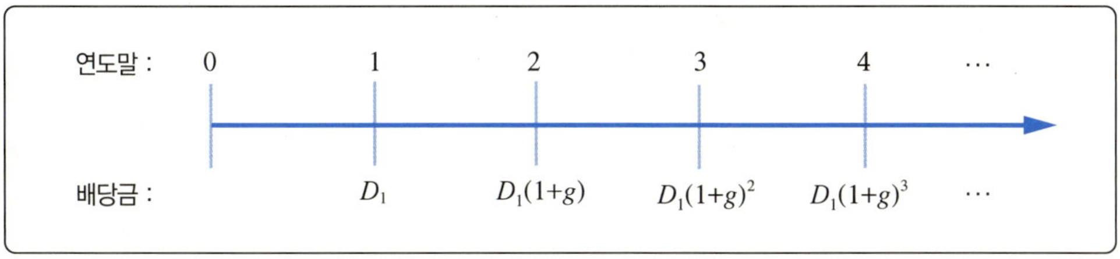

따라서 배당금이 매년 일정한 비율 g로 성장하는 주식, 즉 항상성장주식(constant growth stock)의 가치는 다음과 같이 결정될 수 있다.

$$P_0 = \frac{D_1}{1+k_e} + \frac{D_1(1+g)}{(1+k_e)^2} + \frac{D_1(1+g)^2}{(1+k_e)^3} + \cdots$$

$$= \frac{D_1}{k_e - g} \quad (\text{단, } k_e > g) \qquad (3.12)$$

이와 같이 매년 일정한 배당성장률을 고려한 주식의 가치평가모형을 항상성장모형(constant growth model)이라고 하며, 통상 고든모형(Gordon model)으로 불리고 있다. 이 항상성장모형은 주주의 요구수익률이 배당성장률보다 큰 경우에만 유효하다.

예제 3-14 항상성장모형의 평가

강동주식회사는 금년도에 주당 1,000원씩 배당하였다. 이 회사의 배당금은 매년 5%씩 증가해 오고 있으며 이러한 증가율은 앞으로도 계속될 전망이다. 이 주식에 대한 요구수익률이 10%일 경우, 이 주식의 현재가치는 얼마인가?

| 풀이 |

$$D_1 = D_0(1+g) = 1{,}000(1+0.05) = 1{,}050(\text{원})$$

그러므로

$$P_0 = \frac{D_1}{k_e - g} = \frac{1{,}050}{0.10 - 0.05} = 21{,}000(\text{원})$$

항상성장모형은 배당금이 매년 일정비율로 증가한다고 가정하고 있다. 만약 기업이 순투자(총투자－감가상각비)를 하지 않아 다음 년도의 순이익이 당기의 순이익과 동일하다면 배당금을 매년 증가시킬 여력이 없어지게 된다. 따라서 배당금을 매년 증가시키기 위해서는 순투자를 통해 순이익이 꾸준히 증가하여야 한다. 기업이 채권이나 주식발행을 통해 투자자금을 마련하지 않는다면 순이익을 모두 배당하지 않고 그 중 일부를 유보하여 투자하여야 한다. 이 경우 다음 년도, 즉 차기의 순이익은 다음과 같이 나타낼 수 있다.

$$
\begin{aligned}
\text{차기순이익} &= \text{당기순이익} + \text{순이익의 증분액} \\
&= \text{당기순이익} + \text{당기유보액} \times \text{재투자수익률}
\end{aligned}
$$

위 식의 양변을 당기순이익으로 나누어 정리하면 다음과 같다.

$$\frac{\text{순이익의 증분액}}{\text{당기순이익}} = \frac{\text{당기유보액}}{\text{당기순이익}} \times \text{재투자수익률}$$

위의 식을 정리하면 다음과 같다.

$$\text{순이익성장률} = \text{유보비율} \times \text{재투자수익률}$$

유보비율이 일정하게 유지된다면, 즉 배당성향(1－유보비율)이 일정하게 유지된다면 기업은 순이익성장률만큼 배당을 증가시킬 수 있을 것이므로 결국 배당성장률 g는 다음과 같이 나타날 수 있다.

$$g = \text{유보비율} \times \text{재투자수익률}$$

예제 3-15　배당성장률

(주)하나의 당기순이익은 1억원이다. 이 기업은 당기순이익 중 5,000만원을 유보하려고 하며 유보이익을 재투자할 경우 수익률이 15%일 것으로 예상된다. 이 회사의 배당성장률은 얼마인가?

| 풀이 |

$$g = \text{유보비율} \times \text{재투자수익률} = \frac{5{,}000\text{만원}}{1\text{억원}} \times 0.15 = 0.075$$

EXERCISE

■ 객관식 문제

01 미래가치 계산에 대한 설명 중 틀린 것은?

① 미래가치는 종가라고도 한다.
② 미래가치란 미래에 발생할 일정금액을 현재의 시점에서 평가한 가치이다.
③ 미래가치란 현재의 일정금액을 미래의 일정시점에서 계산한 가치를 말한다.
④ 현재의 일정한 금액은 원금이 되며 미래가치는 원금에 이자를 더한 가치가 된다.

02 (　　)이란 일정기간 동안 동일한 금액이 매기간마다 발생하는 현금흐름의 형태를 뜻한다. (　　)는 매기간 발생하는 일정금액을 연금의 최종기말 시점의 미래가치로 계산한 금액의 합계를 말한다.

① 연금, 연금의 현재가치　　② 연금, 연금의 미래가치
③ 연금의 현재가치, 연금　　④ 연금의 미래가치, 연금

03 이자가 연 5%로 매년 복리로 계산될 때 1년 후 시점의 1만원의 3년 후 미래가치는 얼마인가?

① 10,825원　　② 10,925원
③ 11,025원　　④ 11,125원

04 연간이자율이 10%이고 1년에 1회 이자를 계산하는 정기적금에 매년 초 10,000원씩 3년 동안 납입하면 3년 후 찾을 수 있는 금액은 얼마가 되는가?

① 36,410원　　② 36,420원
③ 36,430원　　④ 36,440원

05 어느 회사의 연간 기대현금수익이 1년 말에 3,000만원, 2년 말 2,000만원, 3년 말 1,000만원이 기대될 때 현재가치의 합은 얼마인가?(단, 연할인율은 10%)

① 5,129.48만원　　② 5,130.48만원
③ 5,131.48만원　　④ 5,132.48만원

06 2년 후 자녀의 대학등록금 500만원을 확보하기 위해 정기예금을 고려하고 있다. 등록금을 마련하기 위하여 현재 연이자율 10%로 2년 만기 정기예금에 얼마의 금액을 예금하여야 하는가? 단, 정기예금의 이자는 1년에 2번 지급한다고 가정한다.

① 411.35만원　　② 412.35만원
③ 413.35만원　　④ 414.35만원

‹‹‹ 연 | 습 | 문 | 제

07 다음 대안의 현재가치가 큰 순서대로 배열한 것은? 연할인율은 5%이다.

대안 1 : 6년도 말에 6,000만원을 일시에 받는 대안
대안 2 : 매 2년 말마다 2,000만원씩 3번 받는 제안
대안 3 : 매년도 말에 1,000만원씩 6번 받는 제안

① 대안 1 대안 2 대안 3 ② 대안 3 대안 2 대안 1
③ 대안 2 대안 1 대안 3 ④ 대안 2 대안 3 대안 1

08 1년 후 1,000만원이 발생하고 3년 후부터는 매년 100만원씩 영구히 발생하는 현금흐름의 현재가치는 얼마인가? 연할인율은 5%이다.

① 2,766.44만원 ② 2,866.44만원
③ 2,966.44만원 ④ 3,066.44만원

09 연이자율이 5%일 때 3년 후부터 매년 1,000만원이 지급되는 영구연금의 6개월 후 가치는 얼마인가?

① 18,578.57만원 ② 18,588.57만원
③ 18,598.57만원 ④ 18,599.57만원

10 매 분기마다 지급받는 보너스 100만원을 20년 후 은퇴할 때까지 연이자율 4%에 저축하려고 한다. 첫 번째 보너스 지급이 앞으로 6개월 후라면 이 저축의 현재가치는 얼마인가?

① 5,369.81만원 ② 5,379.81만원
③ 5,389.81만원 ④ 5,399.81만원

11 10년 후 아파트 구입자금 5억원을 마련하기 위해 3개월마다 붇는 정기적금에 가입하고자 한다. 연이자율이 6%인 정기적금에 가입한다면 10년 동안 매 3개월마다 얼마의 금액을 불입해야 하는가? 단 적금은 매 3개월 말에 불입한다고 가정한다.

① 911.4만원 ② 921.4만원
③ 931.4만원 ④ 941.4만원

12 3년 후 1,000만원이 필요하다. 연이자율이 12%일 때 1년에 이자가 2번 지급되는 경우와 4번 지급되는 경우 현재 정기적금하여야 하는 액수의 차이는 얼마인가?

① 71.84만원 ② 72.94만원
③ 73.68만원 ④ 73.78만원

EXERCISE

13 홍길동은 매월 50만원씩 납입하는 10년 만기 정기예금에 가입하려고 한다. 연이자율이 3%일 때 10년 후 홍길동은 얼마를 받게 되는가?

① 6,987만원 ② 7,187만원
③ 7,387만원 ④ 7,587만원

14 김철수는 3년 후에 받을 금액이 1억원이 있고 4년 후에 갚아야 할 부채가 1억원이 있다. 2년 후 시점에서 김철수의 순자산 가치는 얼마인가? 이자율은 5%이다.

① 433.5만원 ② 453.5만원
③ 4,335만원 ④ 4,535만원

15 매월 말 월급에서 50만원씩 10년간 저축하고 3개월 후를 시작으로 매 분기별로 지급되는 보너스 100만원도 10년간 저축한다고 할 때 이 저축의 11년도 말의 미래가치는 얼마인가? 연이자율은 5%이다.

① 1억 558만원 ② 1억 1,558만원
③ 1억 2,558만원 ④ 1억 3,558만원

16 1년 후에 5,000만원, 3년 후에 6,000만원, 5년 후에 7,000만원의 현금흐름이 발생하는 투자안이 있다. 할인율이 10%라면 이 투자안의 현재가치는 얼마인가?

① 13,400만원 ② 13,500만원
③ 13,600만원 ④ 13,700만원

17 2년 후 1,000만원, 4년 후부터 매년 2,000만원의 현금흐름이 영구히 발생하는 경우 할인율이 5%일 때 현금흐름의 현재가치는 얼마인가?

① 35,260만원 ② 35,360만원
③ 35,460만원 ④ 35,560만원

18 만기 2년 6개월, 액면가 100만원인 순수할인채권의 현재가치는 얼마인가? 단, 요구수익률은 5%이다.

① 88.82만원 ② 88.72만원
③ 88.62만원 ④ 88.52만원

19 액면가 10,000원, 만기 2년, 액면이자율 9%인 회사채의 요구수익률이 6%라면 이 회사채의 가격은 얼마인가?

《《 연 | 습 | 문 | 제

① 8,550만원　② 9,550만원
③ 10,550만원　④ 20,550만원

20 만기 3년, 액면가 100만원인 회사채가 있다. 액면이자율이 9%이고 액면이자는 1년에 두 번 지급된다. 이 회사채의 요구수익률이 9%라면 이 회사채의 현재가격은 얼마인가?

① 99.75만원　② 100만원
③ 104.67만원　④ 105.67만원

21 매 3개월마다 2,000원의 이자를 지불하는 만기 2년, 액면가 10만원인 채권을 1년 후 시점에서 매입하고자 한다. 요구수익률이 연 12%라면 1년 후 이 회사채 매입을 위해 얼마를 지불하겠는가?

① 95,283만원　② 96,283만원
③ 97,283만원　④ 98,283만원

22 우송주식회사는 매년 1,000원씩의 배당금을 영구적으로 지급할 것으로 기대되고 있다. 만약 이 회사의 주식가격이 20,000원이라면 요구수익률은 얼마인가?

① 4%　② 5%
③ 6%　④ 7%

23 현대주식회사는 주당 3,000원의 배당금을 지급하였는데 향후 연 10%의 성장률을 기대하고 있다. 만일 투자자들이 16%의 수익률을 요구한다면 이 주식을 구입하기 위해 최대 얼마까지 지불하겠는가?

① 49,000원　② 50,000원
③ 55,000원　④ 61,000원

EXERCISE

주관식 문제

01 연이자율이 4%이며 연간 4회 이자를 계산할 때 2년 후 10,000원의 현재가치는 얼마인가?

02 연이자율이 8%이며 연간 4회 이자를 계산할 때 2년 6개월 후 10,000원의 금액을 마련하기 위해 현재 얼마를 저축하여야 하는가?

03 갑순이는 2년도 말에 은퇴할 예정인데 2년도 말 기준으로 1천만원이 필요하다. 갑순이가 매년도 초에 저축하여야 하는 금액은 얼마인가? 연이자율은 5%이다.

04 연이자율이 5%일 때 3년도 말부터 매년 말 5,000만원을 지급하는 영구연금의 현재가치는 얼마인가?

05 다음 세 가지 대안 중 현재가치가 가장 큰 것은? 단, 할인율은 10%이다.

대안 1 : 2년 후부터 10만원을 매년 영구히 받는다.
대안 2 : 2년 후 121만원을 받는다.
대안 3 : 1년 후에 10만원, 2년 후에 100만원을 받는다.

---

06 홍길동은 주거용 아파트 임대 계약을 하려고 한다. 다음 두 가지 제안 중 어떤 것이 유리한가? 계약기간은 1년이며 월이자율을 1%이다.

A제안 : 전세계약 시 전세금 1억원을 지급
B제안 : 월세계약 시 보증금 1,000만원을 지급하고 월세를 매월 말에 700만원을 지급

---

07 지금 퇴직을 하는 김철수 씨는 퇴직금 수령에 대한 다음과 같은 두 가지 옵션 중 하나를 선택할 수 있다. 어떤 제안을 선택하여야 하는가? 단, 연이자율은 6%이다.

옵션 1 : 퇴직 시 일시불로 1억원 수령
옵션 2 : 퇴직 후 매월 말 60만원을 영구히 수령

연 | 습 | 문 | 제

08 다음과 같은 세 가지 피아노 구입조건이 제사되었다. A, B, C음악사 중 어느 음악사에서 구입하는 것이 유리한가? 피아노 가격은 5백만원으로 동일하며 월이자율은 1%이다.

---

① A음악사 조건 : 구입 시 50만원을 지급하고 20개월 할부로 매월 말 22.5만원씩 지급
② B음악사 조건 : 현금구입 조건으로 30만원의 할인혜택 부여
③ C음악사 조건 : 5백만원 중 250만원에 대해 20만원을 할인받아 구입 시 230만원을 지급하고 나머지 250만원은 매월 말 50만원씩 5개월 동안 할부로 지급하는 조건

---

09 2년도 말부터 매년도 말에 50만원씩 영구히 받고 3년도 말에 100만원을 추가로 받는 현금흐름의 현재가치는 얼마인가? 연이자율은 5%이다.

10 현재로부터 4개월 후부터 매 2개월마다 100만원씩 30회(5년) 적금을 납입한다고 할 때 만기 시 이 적금의 미래가치는 얼마인가? 연이자율은 6%이다.

11 3년도 말부터 5년 동안 매년 1억원씩 갚아야 하는 부채와 4년도 말부터 6년 동안 매년 1억원씩 수익이 발생하는 회사의 현재시점에서의 순자산 가치는 얼마인가? 연 이자율은 5%이다.

12 11년도 말부터 매년 1,000만원씩 영구히 지급하여야 하는 부채가 있다. 이 부채를 갚기 위해 1년도 말부터 매년도 말에 10년 동안 얼마를 저축하여야 하는가? 연이자율은 5%이다.

13 2년도 말부터 5년도 말까지 매년 100만원의 현금유입이 기대되는 자산과 4년도 말부터 8년도 말까지 매년 200만원의 현금유입이 기대되는 자산을 보유하고 있다. 연이자율이 5%일 때 총자산의 현재가치는 얼마인가?

14 요구수익률이 8%일 때 만기 3년, 액면가 100만원, 액면이자율 5%(매년 말 이자지급)인 채권의 가격은 얼마인가?

15 액면가 100만원, 만기 2년, 액면이자율 4%인 채권이 있다. 액면이자가 1년에 4번 지급되고 이 채권의 요구수익률이 10%일 때 이 채권의 가격은 얼마인가?

EXERCISE

16 향후 4년간 연이자율이 10%일 것으로 예상된다. 액면가가 10만원인 다음 채권 중 투자하기에 가장 유리한 채권은 무엇인가?

	만기	액면이자율	시장가격
채권 A	1	0	90,909
채권 B	2	0	82,500
채권 C	3	0	76,500
채권 D	4	8%	101,888

17 ㈜서울은 올해 배당금을 2,000원 지급하였다. 이 회사의 배당금은 매년 영구적으로 3%씩 증가할 것으로 기대된다. 이 회사의 요구수익률이 8%일 때 이 회사 주식의 가치는 얼마인가?

Fundamentals of Corporate Finance

CHAPTER 4

자본예산 : 투자안의 평가방법

Chapter 4

자본예산 : 투자안의 평가방법

제1절 자본예산의 의의

투자결정은 얼마만큼의 자금을 어느 자산에 투자할 것인가에 관한 결정으로서 기업의 기본적 재무의사결정이라 할 수 있다. 자산에 대한 투자결정 중 특히 1년 이상 그 효과가 지속되는 투자, 즉 고정자산에 대한 투자결정을 자본예산(capital budgeting)이라 한다. 예를 들어 새로운 설비의 도입, 교체, 확장 등에 대한 투자가 자본예산의 대상이 된다.

자본예산은 재무관리분야뿐만 아니라 경영관리의 모든 분야에 있어서 공통적으로 중요한 관심사가 되고 있다. 자본예산의 중요성은 자본예산이 갖는 다음과 같은 특성에 의하여 분명해진다.

① 자본예산은 그 효과가 장기간에 걸쳐 기업활동에 영향을 미치므로 미래의 투자환경을 정확히 예측하여 신중하게 이루어져야 한다.
② 자본예산에 소요되는 투자금액은 상당히 크다는 특징을 지니고 있다.
③ 현대 기업사회는 치열한 경쟁사회이므로 자본예산이 잘못 수립되면 기업의 성장은 물론 생존까지 위협받을 가능성이 높아지게 된다.
④ 현대는 기술혁신의 진보가 빠르기 때문에 기업은 과거에 비하여 자본예산에 대한 의사결정을 더욱 자주 하여야만 하게 되었다.

일반적으로 자본예산은 다음과 같은 절차를 거쳐 이루어진다.

첫째, 투자의 대상이 되는 투자기회를 탐색한다. 이 경우 투자안은 어느 한 투자안의 선택 여부가 다른 투자안의 선택 여부에 의해서 영향을 받지 않는 독립적 투자안(independent investments)과 특정 투자안이 선택되면 다른 투자안들은 자동적으로 기각되는 상호배타적 투자안(mutually exclusive investments)으로 구분될 수 있다.

둘째, 투자안의 현금흐름을 추정한다.

셋째, 합리적인 투자안 평가방법에 의해 투자안의 경제성을 평가하여 투자안을 선택한다.

넷째, 경제성 평가에 의해 선택된 투자안을 실행한 후, 그 성과를 재평가한다.

이와 같은 자본예산의 절차를 그림으로 나타내면 [그림 4-1]과 같다. 재무관리자는 자본예산의 네 절차 중에서 현금흐름을 추정하고, 투자안의 경제성을 평가하는 역할을 담당한다. 따라서 본장에서는 현금흐름의 추정과 투자안의 경제성 평가방법에 대해서 차례로 설명할 것이다.

그림 4-1 | 자본예산의 절차

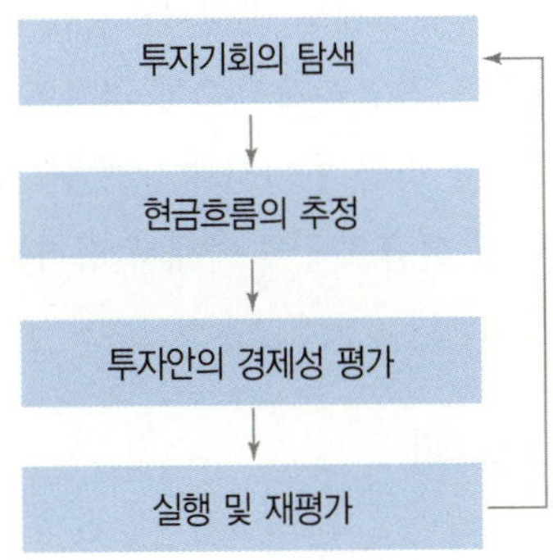

제2절 현금흐름의 추정

현금흐름(cash flows)은 투자의 결과로서 발생하는 모든 현금을 의미하며, 이것은 투자에 의해 들어오는 현금인 현금유입(cash inflows)과 투자에 의해 나가는 현금인 현금유출(cash outflows)로 구분된다. 그리고 투자안을 분석할 때 고려되는 현금흐름은 현금유입에서 현금유출을 차감한 순현금흐름(net cash flows)이다. 예를 들어, 어떤 회사가 신제품을 개발 · 판매하려고 하는데, 신제품생산에 필요한 생산설비의 투자비용은 180억원이다. 이 설비의 수명은 5년이며 매출로 인한 각 연도별 현금유입은 [표 4-1]의 첫 번째 행과 같이 추정되었다. 현금유출에는 생산설비의 투자비용과 노무비, 유지비, 재료

❙ 표 4-1 ❙ 현금흐름표

연	0	1	2	3	4	5
현금유입 −현금유출	 180	70 40	130 70	190 100	150 70	110 70
순현금흐름	−180*	30**	60	90	80	40

* −180억원을 순현금유출이라 하기도 한다.
** 30억원을 순현금유입이라 하기도 한다.

비, 기타 생산에 관련된 비용들이 포함된다. 재무관리담당자가 추정한 현금유출은 [표 4−1]의 두 번째 행과 같다. 따라서 이 투자안으로부터 기대되는 순현금흐름은 [표 4−1]의 세 번째 행과 같다.

[표 4−1]의 현금흐름은 회계적 이익과 다르다. 왜냐하면 회계적 이익은 현금의 수입과 지출에 관계없이 수익과 비용이 실제로 발생하였다는 구체적인 사실에 의해서 측정되기 때문이다. 즉, 회계적 이익은 기업회계기준에 의하여 추정되는 인위적 수치이므로 투자에 의해 발생하는 현금흐름을 정확히 나타내지 못한다. 그러므로 투자안 또는 자산을 평가할 때 회계적 이익이 아닌 현금흐름에 의해서 평가하여야 한다.

2.1 현금흐름 추정 시 유의사항

현금흐름을 추정할 때는 다음과 같은 사항에 유의하여야 한다.

① 감가상각비 등 비현금지출비용을 제외하여야 한다

감가상각비 등 비현금지출비용(non-cash expense)은 회계적 이익을 계산할 때 비용으로 차감된다. 그러나 감가상각비는 인위적으로 배분된 회계적 비용으로서 기업이 실제로 지출하는 것은 아니기 때문에 현금유출에 포함시키지 않아야 한다. 예를 들어, 기업이 현재 2억원의 현금을 지급하여 내용연수가 10년인 새로운 기계를 구입한다고 하자. 이 경우 현재시점에서 2억원의 현금유출이 발생한다. 그러나 회계적으로는 실제로 현금이 지출되는 현재시점에서 비용으로 인식하지 않고 기계의 구입비용, 즉 취득원가 2억원을 그 기계의 내용연수 10년에 걸쳐 일정한 방법으로 배분하여 각 기간의 비용으로 처리하게 된다. 기계를 정액법에 의해서 완전상각한다면, 10년 동안 매년 말에 2,000만원(=2억원/10년)의 회계적 비용이 발생하게 된다.

② 이자비용과 배당금 등 금융비용을 제외하여야 한다

이자비용과 배당금은 기업의 입장에서 보면 명백한 현금유출이다. 그러나 기업이 투자자금을 사용하는 대가로서 그 자금을 제공한 채권자와 주주에게 지급하는 이자비용과 배당금은 투자안을 평가하기 위하여 미래 현금흐름을 할인하는 과정에서 할인율(자본비용)에 적절하게 반영되어 차감되기 때문에 이들을 또다시 현금유출에 포함시켜서는 안 된다. 즉, 미래 현금흐름을 할인한다는 것은 투자자에게 지급해야 하는 이자비용과 배당금을 공제한다는 것을 의미한다. 따라서 이자비용과 배당금을 현금유출에 포함시켜 할인하는 경우에는 이중계산이 된다.

③ 운전자본과 자본적 지출을 현금흐름에 포함하여야 한다

새로운 투자안에 의해서 재고자산, 매출채권 등이 증가하여 기업의 순운전자본(=유동자산−유동부채)이 증가할 수 있다. 그리고 순운전자본의 증가로 인하여 추가적인 자금이 더 필요하게 된다. 이와 같은 순운전자본의 증가로 인하여 추가적으로 소요되는 자금은 투자안의 내용연수 내에 동일 금액이 회수되므로 회계적 비용은 아니다. 그러나 투자안의 평가 시 소모성 비용이 아닌 순운전자본을 현금흐름에 포함시켜야 하는 이유는 화폐의 시간적 가치를 고려해야 하기 때문이다. 예를 들어, 현재 새로운 투자로 인하여 재고자산이 100만원 증가하여 현재시점에 100만원의 추가적인 현금유출이 발생한다고 하자. 만약 이러한 재고자산이 다음 기에 모두 판매되어 감소한다면 100만원의 현금이 들어올 것이다. 결과적으로 현재시점에 100만원이 지출되고 다음기에 100만원이 회수된다. 그러나 현재의 100만원과 다음 기의 100만원은 화폐의 시간적 가치로 인하여 그 가치가 서로 다를 것이다. 그러므로 현금흐름을 측정할 때 반드시 순운전자본을 포함시켜야 한다.

기업회계기준에 의하면 자본적 지출은 현재의 비용이 아니라 투자자산의 원가에 가산하고 감가상각하여 미래의 수익에 대응된다. 그러나 현금흐름기준에 의하면 자본적 지출은 현금유출을 수반하므로 자본적 지출이 발생하는 시점의 현금유출에 포함시켜야 한다. 물론 앞에서 설명한 바와 같이 자본적 지출로 인하여 증가하게 되는 감가상각비는 현금유출에 포함시켜서는 안 된다.

④ 매몰원가는 현금흐름에서 제외시켜야 한다

매몰원가(sunk costs)는 이미 발생한 과거의 원가로서 현재의 투자안의 채택 여부와 상관이 없는 비용을 말한다. 그러므로 현재 투자안의 현금흐름을 추정할 때 매몰원가는 제외되어야 한다. 예를 들어 어떤 음료회사가 지난해에 3천만원의 시장조사비용을 들여서 새로운 건강음료의 시장성을 조사한 결과, 충분한 시장성이 있다고 생각하여 현재 건강음료의 생산설비에 관한 투자안을 고려하고 있다고 하자. 이 경우 지난해에 지출된 3천만원의 시장조사비용은 현재의 생산설비에 관한 투자안의 채택 여부와 관련이 없는 이미 발생된 과거의 원가, 즉 매몰원가이다. 그러므로 현재의 생산설비에 관한 투자안을 평가할 때 매몰원가인 시장조사비용을 투자지출액(현금유출)에 포함시키지 않아야 한다.

⑤ 기회비용은 현금흐름에 포함시켜야 한다

기업은 판매 임대 또는 다른 사업에 사용할 수 있는 자산을 보유할 수 있다. 만약 기업이 이러한 자산을 새로운 투자에 사용한다면, 자산의 대체적인 사용으로부터 발생될 수 있는 잠재적인 수입을 잃게 된다. 이와 같이 새로운 투자안을 채택할 때 자산사용의 다른 기회를 포기함으로써 잃게 되는 수입, 즉 손실을 기회비용(opportunity costs)이라 한다. 기회비용은 새로운 투자안에 의해 발생되는 비용이므로 투자안의 증분현금흐름을 추정할 때 현금유출에 포함시켜야 한다. 예를 들어, 기업이 현재 보유하고 있는 임대가 가능한 창고를 새로운 투자안에 이용하려고 하는 경우에 이 창고의 임대수입은 새로운 투자안의 기회비용이 된다. 즉, 새로운 투자안의 채택으로 인하여 포기하여야 하는 창고의 임대수입은 기회비용으로서 증분현금흐름을 추정할 때 현금유출에 포함시켜야 한다.

⑥ 부수적 효과도 현금흐름에 포함시켜야 한다

고려 중인 새로운 투자안은 기업의 다른 부분들에게 영향을 줄 수 있다. 그 결과 발생하는 효과를 투자안의 부수적 효과(side effects)라 한다. 이와 같은 부수적 효과는 현금흐름을 추정할 때 고려해 주어야 한다. 가장 대표적인 부수적 효과는 잠식비용(erosion costs)이다. 잠식비용은 새로운 투자안에 의해서 생산된 제품 때문에 그 기업의 기존 제품시장이 잠식되는 경우(예를 들어, 기존제품의 매출이 감소되는 경우) 발생하는 손실을 말한다. 예를 들어, 어떤 자동차회사가 새로운 레저용 자동차를 생산하려는 투자안을 고려하고 있다. 만약 이 회사가 새로운 레저용 자동차를 생산한다면 그 회사 기존 자동차의 고객 중 일부는 새로운 레저용 자동차를 구입하려 할 것이다. 그러므로 새로운 레저용 자동차의 생산으로 인하여 그 회사 기존 자동차의 판매가 감소될 수 있다. 이 경우 기존 자동차의 매출감소에 따른 손실이 잠식비용이다. 이와 같은 잠식비용은 새로운 투자안의 현금흐름을 추정할 때 현금유출에 포함시켜야 한다.

⑦ 법인세 효과를 고려하여야 한다

앞에서 이미 설명한 바와 같이 감가상각비와 이자비용 등은 현금유출에 포함되지 않는다. 그러나 이들은 기업의 과세대상이익을 줄여 기업이 납부해야 하는 세금(현금유출)을 감소시켜 준다. 그러므로 현금흐름을 추정할 때 이와 같은 세금절감효과(tax shield effects)를 현금유입에 포함시켜야 한다. 세금절감효과를 고려하는 방법에는 다음과 같은 두 가지 방법이 있다. 하나는 현금흐름을 증가시켜 주는 직접적인 방법이 있다. 감가상각비의 경우에는 이 방법에 의해서 현금흐름을 추정할 때 그 세금절감효과를 현금유입에 포함시켜 준다. 다른 하나는 현금흐름을 증가시켜 주는 대신에 할인율을 줄임으로써 세금절감효과를 간접적으로 고려하는 방법이 있다. 일반적으로 이자비용의 경우에는 그 세금절감효과를 현금흐름에 직접적으로 고려하지 않고 할인율을 줄임으로써 간접적으로 고려해 준다. 즉, 할인율을 줄임으로써 간접적인 현금유입의 효과를 얻을 수 있다. 이와 같은 이유 때문에 일반적으로 이자비용의 경우에는 현금흐름을 측정할 때 감가상각비와는 달리 그 세금절감효과를 현금유입에 포함시키지 않는다는 것에 유의하여야 한다.

2.2 현금흐름의 추정

① 현금흐름

현금흐름을 추정하는 방법을 설명하기 위하여 다음 예제를 고려하여 보자.

예제 4-1 현금흐름의 추정

(주)강남은 1억원을 투자하여 공구세트를 생산하는 기계를 설치하려고 한다. 필요한 자금 1억원은 전액 자기자본으로 조달되며, 이 기계를 설치할 경우 앞으로 5년간 매년 4,000개의 공구세트를 팔 수 있다. 공구세트 한 개의 판매가격은 5만원이며 감가상각비를 제외한 영업비용은 3만5천원이다. 이 기계의 수명은 5년이며, 5년 후에는 잔존가치가 없다고 한다. 감가상각은 정액법에 의하며 법인세율은 40%이다. 이 투자안의 현금흐름을 추정하라.

| 풀이 |

먼저 투자에 소요되는 현금유출액은 현재 1억원이다. 이는 [표 4-2]의 현금흐름표에 나타나 있다. 그리고 투자로부터 기대되는 현금유입을 추정하기 위하여 관련된 추정손익계산서(pro-forma income statement)상의 항목을 나열하면 다음과 같다.

매출액	S	: 20,000만원(5만원×4,000)
영업비용	OC	: 14,000만원(3.5만원×4,000)
감가상각비	Dep	: 2,000만원
이자및법인세비용차감전순이익	$EBIT$	: 4,000만원
법인세비용	T	: 1,600만원(4,000만원×0.4)
법인세비용차감후순이익	EAT	: 2,400만원

추정손익계산서에서 실제 기업에 유입되는 현금은 납세후순이익(EAT)과 감가상각비(Dep)이다. 따라서 매년 기대되는 현금유입(CF)은 식(4.1)로 나타나게 된다.

$$CF = EAT + Dep \quad (4.1)$$
$$= 2,400 + 2,000 = 4,400$$

따라서 현금흐름표를 정리하면 [표 4-2]와 같다.

❙ 표 4-2 ❙ 현금흐름표 (단위 : 만원)

연	0	1	2	3	4	5
순현금흐름	−10,000	4,400	4,400	4,400	4,400	4,400

식(4.1)의 납세후순이익(EAT)은 이자 및 법인세비용차감전순이익($EBIT$)에서 법인세비용(T)을 차감한 것이다. 기업에 적용되는 법인세율을 t라 하면 법인세비용 $T=EBIT\times t_c$로 표시된다. 따라서 현금흐름은 다음과 같다.

$$CF = EAT + Dep = EBIT - T + Dep$$
$$= EBIT(1 - t_c) + Dep \quad (4.2)$$

그런데 이자 및 법인세비용차감전순이익($EBIT$)은 매출액(S)에서 영업비용(OC)과 감가상각비(Dep)를 차감한 것이므로 다음과 같이 나타낼 수 있다.

$$EBIT = (S - OC - Dep) \quad (4.3)$$

식(4.2)와 식(4.3)을 결합하면 현금흐름은 다음 식으로 나타낼 수 있다.

$$\begin{aligned} CF &= EBIT(1-t_c) + Dep \\ &= (S - OC - Dep)(1-t_c) + Dep \end{aligned} \tag{4.4}$$

식(4.1)은 현금흐름을 납세후순이익과 감가상각비만으로 표시한 것이나 식(4.4)는 매출액, 영업비용과 감가상각비로 현금흐름을 계산할 수 있게 변형된 것이다.

앞의 [예제 4-1]에서는 필요한 자금을 전액 자기자본으로 조달한다고 가정하였다. 그러나 자본조달 시 타인자본을 사용하게 되면 이자비용이 발생한다. 그러나 앞의 현금흐름추정상의 유의사항에서 설명한 바와 같이 이자비용이 존재하는 경우 이자비용은 현금유출에 포함시켜서는 안 된다.

이자비용이 발생하는 경우 사용할 수 있는 현금흐름 추정식을 유도하여 보자. 먼저 이자비용은 현금유출에 포함시켜서는 아니되므로 이자비용을 현금유입으로 간주하여 식(4.1)의 현금흐름에 I를 더하여 주면 다음 식이 성립한다.

$$\begin{aligned} CF &= EAT + Dep + I \\ &= EBIT - I - T + Dep + I \\ &= EBIT - (EBIT - I)\,t_c + Dep \\ &= EBIT(1-t_c) + I \cdot t_c + Dep \end{aligned} \tag{4.5}$$

식(4.5)에서 $I \cdot t_c$를 감세효과라고 하는데 이자비용으로 인한 감세효과는 투자안의 경제성을 평가할 때 현금흐름에서 제외시켜야 한다. 그 이유는 $I \cdot t_c$는 투자안의 경제성을 평가할 때 할인율로 사용하는 자본비용계산시에 반영되어 자본비용을 줄여주므로 $I \cdot t_c$를 현금흐름에 포함시키면 이중계산이 되기 때문이다. 따라서 이자비용이 존재하는 경우의 현금흐름은 식(4.5)에서 $I \cdot t_c$를 차감한 다음 식으로 추정할 수 있다.

$$CF = EBIT(1-t_c) + Dep \tag{4.6}$$

결국 이자비용은 현금유입에 포함시켜야 하지만, 실제 현금유입에 포함되어야 할 부분은 이자비용에서 감세효과를 차감한 $I(1-t_c)$이다. 식(4.6)과 식(4.2)는 같은 식이므로 결국 이자비용의 존재 여부에 관계없이 현금흐름을 추정할 때에는 식(4.2)나 (4.4)를 사용할 수 있다.

② 증분현금흐름

[예제 4-1]은 신규투자안의 경우였으나 이번에는 대체투자안의 현금흐름을 추정해 보자. 대체투자안의 현금흐름은 증분기준으로 추정한다. 현재 사용하고 있는 선반이 현금흐름을 발생시키므로 대체투자안의 평가는 대체하는 설비의 현금흐름(CF_2)에서 현재 사용하고 있는 설비의 현금흐름(CF_1)을 차감한 증분현금흐름(ΔCF)을 사용한다.

$$\Delta CF = CF_2 - CF_1 \tag{4.7}$$

일반적으로 모든 현금흐름은 증분현금흐름이다. [예제 4-1]의 현금흐름도 현재 사용하고 있는 설비가 존재하지 않는 증분현금흐름으로 이해할 수 있다. 대체투자안의 현금흐름을 추정하는 방법을 설명하기 위하여 다음 예제를 고려하여 보자.

예제 4-2 증분현금흐름의 측정

(주)강북은 현재 가동 중인 선반을 처분하고 내용연수 5년인 새 선반으로 대체할 것을 고려하고 있다. 새 선반의 구입가격은 20억원이다. 그리고 대체투자에 소요되는 자금은 전액 자기자본으로 조달할 계획이다. 현재 가동 중인 선반은 앞으로 5년 더 사용할 수 있고 현재 장부가격은 2억원이며 새 기계 구입 시 장부가치대로 처분할 수 있다. 새 선반을 사용하면 앞으로 5년간 매년 매출액이 7억원 증가하고 비용이 6천만원 감소한다. 두 선반의 잔존가치는 없으며 감가상각은 정액법에 의한다. (주)강북에 적용되는 법인세율은 40%이다.

| 풀이 |

먼저 선반대체투자에 소요되는 현금유출 증분액은 다음과 같이 계산된다.

새 기계 구입가격	200,000만원
헌 기계 매각대금	−20,000
증분현금유출액	180,000만원

그리고 이 투자로부터 기대되는 연간 현금유입액의 증분은 다음과 같다.

매출액의 증가	: ΔS	+70,000만원
영업비용의 감소	: ΔOC	+6,000
감가상각비의 증분	: ΔDep	−36,000

새 기계 감가상각비	: Dep_2	40,000	
헌 기계 감가상각비	: Dep_1	4,000	
이자및법인세비용차감전순이익의 증분	: $\Delta EBIT$		+40,000
법인세비용	: ΔT		−16,000
납세후순이익의 증분	: ΔEAT		+24,000
현금흐름의 증분	: ΔCF		+60,000만원
			(60,000 = 24,000 + 36,000)

따라서 이 투자로부터 기대되는 순현금흐름은 다음과 같다.

❙ 표 4-3 ❙ 현금흐름표 (단위 : 만원)

연	0	1	2	3	4	5
순현금흐름	−180,000	60,000	60,000	60,000	60,000	60,000

증분현금흐름을 추정하기 위해서는 앞에서 설명한 식(4.2)와 식(4.4)를 그대로 사용할 수 있다.

투자안에 대한 추정손익계산서가 [표 4-4]와 같이 주어져 있다고 가정하여 정상적인 영업활동의 결과 발생하는 영업현금흐름(operating cash flow)을 추정해 보자. 이 경우 추정손익계산서의 각 항목은 증분개념으로서 투자안을 채택할 경우 기업의 손익계산서와 투자안을 채택하지 않을 경우 기업의 손익계산서를 각각 작성한 후 전자에서 후자를 차감하여 구해진 것이다.

❙ 표 4-4 ❙ 추정손익계산서 (단위 : 천원)

매출액의 증분	ΔS	145,000
영업비용의 증분	ΔOC	100,000
감가상각비의 증분	ΔDep	15,000
이자및법인세비용차감전순이익의 증분	$\Delta EBIT$	30,000
이자비용의 증분	ΔI	5,000
법인세비용차감전순이익의 증분	ΔEBT	25,000
법인세비용(세율, t_C=40%)의 증분	ΔT	10,000
순이익의 증분	ΔEAT	15,000

영업현금흐름은 매출액의 증분에서 현금지출비용의 증분(변동영업비용의 증분과 고정현금지출비용의 증분)과 법인세비용의 증분을 차감하여 다음과 같이 구할 수 있다.

영업현금흐름

$$=\Delta EBIT(1-t_c)+\Delta Dep \quad (4.8)$$

=(145,000−100,000−15,000)(1−0.4)+15,000

=33,000천원

그리고 앞의 식을 유심히 살펴보면, 부채사용으로 인하여 지급하여야 하는 이자비용 등이 포함되지 않고 있음을 알 수 있다. 이것은 투자안의 영업현금흐름이 부채사용 여부, 즉 자본조달방법과 관계없이 투자안 자체의 수익력에 의해서 결정된다는 것을 의미한다. 그러므로 투자안의 영업현금흐름을 측정할 때 부채사용에 관련된 정보(이자비용과 원금상환)를 무시할 수 있다.

③ 운전자본과 자본적 지출

투자안을 평가할 때 목적에 적합한 현금흐름은 실제로 처분가능한 현금흐름이다. 그러므로 현금흐름을 계산할 때 투자안으로 인하여 소요될 수 있는 운전자본과 자본적 지출 등의 소요자본(capital requirements)을 포함시켜야 한다. 이와 같이 투자안의 평가에 적합한 현금흐름(증분현금흐름)은 투자의 소요자본을 모두 포함시켜야 하며 이것을 구하는 일반식은 다음과 같다.

$$\Delta CF=\Delta EBIT(1-t_c)+\Delta Dep-\Delta WC-\Delta CI \quad (4.9)$$

ΔWC : 순운전자본의 증분

ΔCI : 자본적 지출의 증분

이제 순운전자본의 증분에 대하여 좀 더 구체적으로 살펴보기로 하자. 앞에서는 영업현금흐름을 계산할 때 매출액과 영업비용은 전액 현금 매출과 현금 지출인 것을 가정하였으나 현실적인 면을 고려하면 매출액 중의 일부는 외상일 수 있으며 또한 영업비용도 전액 현금으로 지급하지 않을 수도 있다. 예를 들어 투자안 수행기간 중의 어느 해에서 매출액은 5,000만원이고 영업비용은 3,100만원이라고 하자. 그리고 감가상각비와 세금 및 자본적 지출은 없으며 순운전자본의 구성요소는 매출채권과 매입채무뿐이라고 가정하자. 매출채권과 매입채무 계정의 기초와 기말 잔액은 다음과 같다.

(단위 : 만원)

	기초	기말	변화
매출채권	8,800	9,100	300
매입채무	5,500	6,050	550
순운전자본	3,300	3,050	−250

이 예에서 한 해 동안의 매출액은 5,000만원이다. 그러나 동일기간에 매출채권은 300만원 증가하였다. 이 사실은 매출이 현금으로 회수된 것보다 300만원 만큼 더 많음을 의미한다. 즉 매출액 5,000만원 중 300만원은 아직 현금으로 받지 못했다는 것이다. 결과적으로 매출로 인한 현금유입은 5,000만원−300만원=4,700만원이다.

현금유출도 같은 방법으로 계산할 수 있다. 손익계산서에서 한 해 동안의 영업비용은 3,100만원이지만 매입채무는 550만원 증가하였다. 이는 3,100만원 중에서 550만원은 아직 현금으로 지급하지 않은 것을 의미한다. 따라서 이 기간 동안의 현금유출은 3,100만원−550만원=2,550만원이다.

이상에서 설명한 내용을 정리하여 현금흐름을 추정하면 다음과 같다.

$$
\begin{aligned}
\text{증분현금흐름} &= \text{현금유입} - \text{현금유출} \\
&= (5{,}000 - 300) - (3{,}100 - 550) \\
&= (5{,}000 - 3{,}100) - (300 - 550) \\
&= \text{영업현금흐름} - \text{순운전자본의 변동} \\
&= 1{,}900 - (-250) \\
&= 2{,}150(\text{만원})
\end{aligned}
$$

이제는 자본적 지출의 증분에 대하여 살펴보자. 먼저 [예제 4−1]과 [예제 4−2]에서 0시점의 순현금흐름, (−10,000만원)과 (−180,000만원)은 자본적 지출에 해당한다. 한편 앞의 [예제 4−2]에서는 새 기계 구입 시에 헌 기계를 장부가치대로 처분할 수 있다고 가정하였는데, 이는 현금흐름추정을 단순화하기 위해서였다. 그러나 현실적으로는 자산을 장부가치대로 처분하는 경우는 드물 것이다. 자산의 처분가치가 장부가치보다 작으면 특별손실이 발생하고, 처분가치가 장부가치보다 크면 특별이익이 발생한다. 이때 특별손실과 특별이익으로 말미암아 세금이 달라지며, 이로 인하여 현금흐름이 다르게 나타난다.

앞의 [예제 4-2]에서 헌 기계가 장부가치 2억원보다 작은 8,000만원에 매각된다면 장부가치와 처분가치의 차액 1억 2,000만원은 특별손실이 된다. 이 특별손실은 (주)강북이 영업활동으로부터 이익을 창출하였을 때 과세대상이익을 1억 2,000만원 감소시키기 때문에 특별손실×세율, 즉 12,000만원×0.4=4,800만원의 법인세절약액이 발생한다. 여기서 법인세절약액은 명백한 현금유입이므로 대체투자에 소요되는 순현금유출액은 (200,000만원-8,000만원-4,800만원)=187,200만원이 된다. 즉 0시점의 순현금흐름은 (-187,200만원)이 된다.

한편, 헌 기계가 장부가치 2억원보다 큰 3억원에 매각된다면 장부가치와 처분가치의 차액 1억원은 특별이익이 된다. 이 특별이익으로 인하여 특별이익×세율, 즉 10,000만원×0.4=4,000만원의 추가적 세금지출이 따르게 되므로 대체투자에 소요되는 순현금유출액은 (200,000만원-30,000만원+4,000만원)=174,000만원이 된다. 즉 0시점의 순현금흐름은 (-174,000만원)이 된다.

또한 앞의 [예제 4-1]과 [예제 4-2]에서 투자수명 말에는 장비의 잔존가치가 없다고 가정하고 있다. 그러나 장부상의 잔존가치가 존재하지 않더라도 현실적으로 장비의 처분가치가 예상된다고 하면 이를 자본적 지출로 보아 현금흐름에 반영하여야 한다. 예를 들어 앞의 [예제 4-1]에서 5년도 말에 기계의 처분가치가 2,000만원이 된다고 예상하면, 이 처분가치는 특별이익이 되어 세금을 납부하여야만 하므로 2,000만원×(1-0.4)=1,200만원의 현금유입이 발생한다. 즉 5년도 말에 (+1,200만원)의 순현금흐름이 발생한다. 이 금액도 자본적 지출에서 고려하여야 한다.

투자안에 따라서는 현금흐름에 영향을 미치는 투자세액공제(investment tas credit)가 존재할 수도 있다. 투자세액공제란 정부에서 투자를 촉진시키기 위하여 설비투자에 대해 투자액의 일부 또는 일정비율을 세액에서 직접 공제해 주는 것을 의미한다. 투자세액공제는 법인세에서 직접 공제되어 세금을 줄여 주기 때문에 당연히 현금유입에 포함시켜야 한다. 예를 들어 투자세액공제율이 10%인 경우 어떤 투자안에 대하여 200억원의 투자비용을 지출한 기업은 당해 연도에 20억원의 법인세를 공제받을 수 있어 실제 투자액은 180억원이 된다.

제3절 투자안의 평가방법

투자안의 경제성을 평가하는 데 사용되는 방법들을 자본예산기법(capital budgeting techniques)이라 하며, 자본예산기법으로는 ① 회수기간법(payback period method), ② 평균회계이익률법(average accounting rate of return method), ③ 순현가법(net present value method), ④ 내부수익률법(internal rate of return method), ⑤ 수익성지수법(profitability index method) 등의 방법이 널리 사용되고 있다.

회수기간법과 평균회계이익률법은 화폐의 시간적 가치를 고려하지 않는 투자가치평가 방법이고 순현가법, 내부수익률법과 수익성지수법은 화폐의 시간적 가치를 고려하고 있다. 여기에서는 먼저 화폐의 시간적 가치를 고려하지 않은 2가지 방법에 대해 각 장·단점을 살펴본 후에 화폐의 시간적 가치를 고려한 3가지 방법에 대해서 살펴본다. 그리고 합리적 투자안의 평가기준이라고 할 수 있는 순현가법을 중심으로 이와 대비되는 내부수익률법과 수익성지수법의 문제점에 대하여 설명하고자 한다.

3.1 회수기간법

3.1.1 회수기간의 의의와 투자평가기준

회수기간(payback period)은 투자에 소요된 모든 비용을 회수하는 데 걸리는 기간을 의미한다. 예를 들어 현재 5,000만원의 투자비용이 소요되는 투자안을 고려해 보자. 그리고 이 투자안으로 인하여 앞으로 3년에 걸쳐서 각 연도말에 순서대로 각각 3,000만원, 2,000만원 그리고 1,000만원의 현금유입이 기대되는 경우, 그 현금흐름을 나타내면 [그림 4-2]와 같다.

그림 4-2 | 투자안의 현금흐름

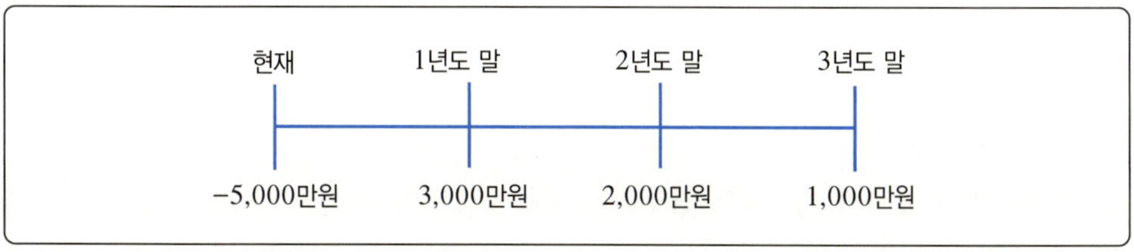

이 투자안의 경우 투자비용 5,000만원을 모두 회수하는 데 걸리는 기간, 즉 회수기간은 2년이 된다.

회수기간을 이용한 투자안의 평가기준을 어느 한 투자안의 선택 여부가 다른 투자안의 선택 여부에 의해서 영향을 받지 않는 독립적 투자안(independent investments)과 특정 투자안이 선택되면 다른 투자안들은 자동적으로 기각되는 상호배타적 투자안(mutually exclusive investments)으로 구분하여 살펴보면 다음과 같다.

① 독립적인 투자안

투자안의 회수기간이 기업 자체에서 설정한 목표 회수기간보다 짧을 경우 투자안을 채택하고, 투자안의 회수기간이 목표 회수기간보다 길 경우 투자안을 기각한다.

- 투자안의 회수기간 < 목표 회수기간 ⇒ 투자안 채택
- 투자안의 회수기간 > 목표 회수기간 ⇒ 투자안 기각

앞의 예에서 투자안의 회수기간이 2년이다. 그러므로 기업이 설정한 목표 회수기간이 2년 이상인 경우에 투자안을 선택할 수 있으나, 목표 회수기간이 2년 이내인 경우에는 투자안을 기각하여야 한다.

② 상호배타적인 투자안

투자안의 회수기간이 목표 회수기간보다 짧은 투자안들 중에서 회수기간이 가장 짧은 투자안을 선택한다.

3.1.2 회수기간법의 문제점

회수기간법은 최소한 다음과 같은 문제점을 가지고 있다.

첫째, 회수기간 내 현금흐름에 대한 화폐의 시간적 가치를 무시한다.

둘째, 회수기간 이후의 현금흐름을 무시한다.

셋째, 적절한 목표 회수기간의 선정이 자의적이다. 어떤 회수기간을 기준으로 하여 투자안을 평가하여야 하는지에 대한 합리적인 근거를 찾기가 어렵다.

그러나 이와 같은 문제점에도 불구하고 실무에서 회수기간법이 가끔 사용되고 있는데, 그 이유는 회수기간법이 다음과 같은 몇 가지 장점을 가지고 있기 때문이다.

첫째, 회수기간의 계산이 간편하므로 쉽게 사용할 수 있다.

둘째, 위험지표(risk indicator)로서의 정보를 제공할 수 있다. 회수기간이 짧은 투자안을 선택함으로써 미래의 불확실성을 어느 정도 감소시킬 수 있다.

셋째, 회수기간이 짧은 투자안을 선택하게 함으로써 기업의 유동성을 향상시켜 준다.

회수기간법을 다른 합리적인 투자안의 평가방법과 병행하여 사용하면 투자안에 대해서 보완적인 정보를 제공할 수는 있을 것이다. 그러나 회수기간법은 순현가법과 달리 앞에서 설명한 여러 가지 문제점들을 가지고 있기 때문에, 전적으로 회수기간법을 이용하여 투자안을 평가하는 것은 타당하지 못하다.

예제 4-3 회수기간의 계산

다음 [표 4-5]의 상호배타적인 세 투자안을 회수기간법에 의해서 평가하고, 그 결과 나타난 회수기간법의 문제점을 지적하라.

| 풀이 |

| 표 4-5 | 투자안의 현금흐름 (단위 : 만원)

연도말	현금흐름		
	투자안 *A*	*B*	*C*
0	−5,000	−5,000	−5,000
1	3,000	1,000	3,000
2	1,000	1,000	1,000
3	1,000	3,000	1,000
4	2,000	2,000	0

단, 기업의 목표 회수기간은 4년이다.

투자안의 회수기간은 모두 목표 회수기간 4년보다 짧은 3년으로 동일하므로 회수기간법에 의하면 세 투자안 중 어느 투자안을 선택하여도 상관이 없다. 그러나 회수기간 내 현금흐름의 시간적 가치를 고려하면, 투자안 *A*가 투자안 *B*보다 더 좋은 투자안이다. 또한 투자안 *A*와 투자안 *C*는 비록 회수기간 내 현금흐름의 시간적 가치가 동일할지라도 투자안 *A*는 회수기간 이후, 즉 4년도 말에 2,000만원의 현금흐름이 있으나 투자안 *C*는 없기 때문에 투자안 *A*가 투자안 *C*보다 더 좋은 투자안이다. 결론적으로 회수기간 내 현금흐름의 시간적 가치와 회수기간 이후의 현금흐름을 모두 고려하면, 투자안 *A*가 가장 좋은 투자안이다.

3.2 평균회계이익률법

3.2.1 평균회계이익률의 의의와 투자평가기준

평균회계이익률(average accounting return : AAR)은 투자안의 내용연수 동안의 세후 평균순이익을 투자의 평균장부가치, 즉 평균투자액으로 나눈 것이다. 즉, 평균회계이익률은 다음과 같이 정의된다.

$$AAR = \frac{\text{세후 평균순이익}}{\text{평균투자액}} \tag{4.10}$$

AAR을 이용한 투자안 평가기준은 다음과 같다.

① 독립적인 투자안

투자안의 평균회계이익률이 기업의 목표 평균회계이익률보다 클 경우 투자안을 채택하고, 투자안의 평균회계이익률이 목표 평균회계이익률보다 작을 경우 투자안을 기각한다.

- 투자안의 AAR > 목표 AAR ⇒ 투자안 채택
- 투자안의 AAR < 목표 AAR ⇒ 투자안 기각

② 상호배타적인 투자안

투자안의 AAR이 목표 AAR보다 높은 투자안들 중에서 AAR이 가장 높은 투자안을 선택한다.

3.2.2 평균회계이익률법의 문제점

평균회계이익률법은 다음과 같은 문제점을 가지고 있다.

첫째, 현금흐름이 아닌 회계적 이익을 이용한다. 회계이익은 단지 장부상의 이익을 나타내는 인위적인 수치로서 현금흐름을 나타내는 것이 아니다. 그러므로 회계이익을 사용하는 평가방법은 합리적인 평가방법이라 할 수 없다.

둘째, 화폐의 시간적 가치를 무시한다. 예를 들어, 평균회계이익률법에서는 1년 후의 순이익 1원과 2년 후의 순이익 1원이 동일한 가치를 가지는 것으로 평가된다.

셋째, 적절한 목표 평균회계이익률의 설정이 어렵다. 기업에 따라서는 기존 투자안의 이익률 또는 동업계 타사의 이익률을 목표 평균회계이익률로 선정하는 경우가 있으나 어느 경우도 그 정당성을 입증하기는 어렵다.

평균회계이익률법은 간단하고 이해하기 쉬우며, 예산편성 때 작성될 회계자료를 바로 이용할 수 있다는 점에서 실무에서는 많이 사용되고 있다. 그러나 평균회계이익률법은 순현가법과 달리 앞에서 설명한 여러 가지 문제점들을 가지고 있기 때문에 합리적인 투자안 평가방법이라고는 볼 수 없다.

예제 4-4 평균회계이익률의 계산

현재의 투자액이 2억원으로 모두 동일한 상호배타적인 세 투자안의 각 연도별 세후 순이익은 다음 [표 4-6]과 같다.

표 4-6 투자안의 세후순이익 (단위 : 만원)

연도말	세후순이익		
	투자안 A	B	C
1	5,000	3,000	1,000
2	3,000	3,000	3,000
3	1,000	3,000	5,000

위 투자안을 평균회계이익률법에 의해서 평가하고, 그 결과 나타난 평균회계이익률법의 문제점을 지적하라(단, 투자액은 정액법으로 투자안의 내용연수 3년 동안 전액상각되며, 목표 평균회계이익률은 20%이다).

풀이

각 투자안의 평균회계이익률은 다음과 같은 세 단계를 거쳐서 계산된다.

① 제1단계 : 연간 세후 평균순이익의 계산

$$\text{세후 평균순이익} = \frac{\text{순이익의 합계}}{\text{연수}}$$

- 투자안 $A \Rightarrow \dfrac{5,000+3,000+1,000}{3} = 3,000$만원
- 투자안 $B \Rightarrow \dfrac{3,000+3,000+3,000}{3} = 3,000$만원
- 투자안 $C \Rightarrow \dfrac{1,000+3,000+5,000}{3} = 3,000$만원

② **제2단계 : 연간 평균투자액의 계산**

정액법에 의해서 완전상각되기 때문에 평균투자액은 다음과 같이 계산할 수도 있다.

$$\text{평균투자액} = \frac{\text{투자의 총장부가치}\left(1 + \frac{2}{3} + \frac{1}{3} + 0\right)}{4}$$

- 투자안 $A \Rightarrow \frac{20,000 + 13,333 + 6,666 + 0}{4} = 10,000$만원
- 투자안 $B \Rightarrow \frac{20,000 + 13,333 + 6,666 + 0}{4} = 10,000$만원
- 투자안 $C \Rightarrow \frac{20,000 + 13,333 + 6,666 + 0}{4} = 10,000$만원

③ **제3단계 : 평균회계이익률의 계산**

$$AAR = \frac{\text{세후 평균순이익}}{\text{평균투자액}}$$

- 투자안 $A \Rightarrow 3,000/10,000 = 0.3$ 또는 30%
- 투자안 $B \Rightarrow 3,000/10,000 = 0.3$ 또는 30%
- 투자안 $C \Rightarrow 3,000/10,000 = 0.3$ 또는 30%

위의 계산결과에 의하면 세 투자안의 평균회계이익률은 모두 동일한 30%로 목표 평균회계이익률 20%보다 높기 때문에 평균회계이익률법에 의하면 세 투자안 중 어느 투자안을 선택하더라도 무차별할 것이다. 그러나 투자안 *A*의 경우 초기의 세후 순이익이 다른 투자안에 비해 더 많기 때문에 화폐의 시간적 가치를 고려하면 투자안 *A*가 가장 좋은 투자안이라 할 수 있다.

그러므로 화폐의 시간적 가치를 고려하지 않는 평균회계이익률법의 평가결과는 잘못된 것이다. 또한 평균회계이익률법에서는 현금흐름이 아닌 장부상의 인위적인 수치인 순이익을 사용한다는 문제점과 목표 *ARR*의 설정이 어렵다는 문제점을 동시에 가지고 있다.

3.3 순현가법

3.3.1 순현가의 의의와 투자평가기준

순현가법은 기업의 목표인 주주 부의 극대화와 일치하는 투자안 평가방법이다. 그러므로 순현가법은 다른 대체적인 투자안 평가방법들의 타당성 여부를 가늠할 수 있는 판단기준(benchmark)으로 이용될 수 있다.

순현가(net present value : NPV)는 투자의 결과 발생하는 현금유입의 현가(present

value of cash inflows)에서 현금유출의 현가(present value of cash outflows)를 차감한 것을 의미한다. 순현가를 수식으로 표현하기 위하여 다음의 [그림 4-3]과 같은 현금흐름이 예상되는 투자안을 고려해 보자.

그림 4-3 | 투자안의 현금흐름

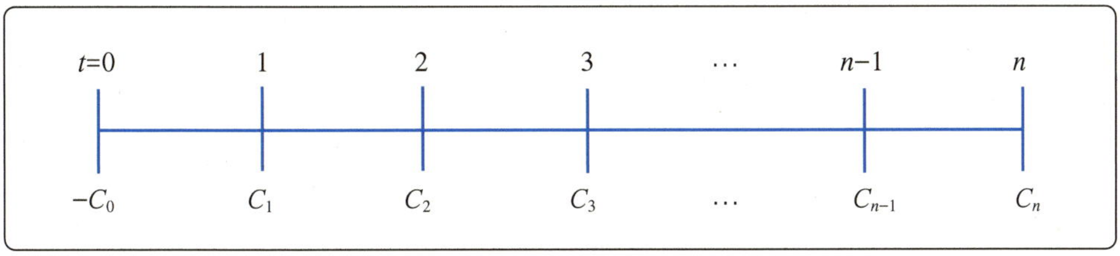

[그림 4-3]과 같은 현금흐름을 가지는 투자안의 순현가를 구하면 다음과 같다.

$$
\begin{aligned}
NPV &= \text{현금유입의 현가} - \text{현금유출의 현가} \\
&= \frac{C_1}{(1+r)} + \frac{C_2}{(1+r)^2} + \cdots + \frac{C_n}{(1+r)^n} - C_0 \\
&= \sum_{t=1}^{n} \frac{C_t}{(1+r)^t} - C_0 \qquad (4.11)
\end{aligned}
$$

여기서, r : 할인율

식(4.11)에서 적절한 할인율 r은 제6장에서 자세히 설명하겠지만 투자안을 채택하기 위하여 그 투자안이 벌어들여야 하는 최소한의 수익률로서 소요자본의 기회비용(opportunity cost)을 의미한다. 그리고 이것을 요구수익률(required rate of return) 또는 자본비용(cost of capital)이라고도 한다.

식(4.11)에 의해 계산되는 순현가는 투자로 인해 얻게 되는 기업가치의 증가분(투자비용을 모두 회수한 후, 새로이 창출된 가치)을 나타내며, 순현가가 높은 투자안을 선택함으로써 기업가치를 보다 증가시킬 수 있다. 따라서 순현가를 극대화하는 방향으로 자본예산을 실시함으로써 기업의 목표인 기업가치의 극대화를 달성할 수 있을 것이다.

NPV를 이용한 투자안의 평가기준은 다음과 같다.

① 독립적인 투자안

순현가가 0보다 큰 투자안을 채택하고, 순현가가 0보다 작은 투자안을 기각한다.

- $NPV > 0 \Rightarrow$ 투자안 채택
- $NPV < 0 \Rightarrow$ 투자안 기각

② 상호배타적인 투자안

$NPV > 0$인 투자안들 중에서 NPV가 가장 높은 투자안을 선택한다.

3.3.2 순현가법의 특성

순현가법은 주주 부의 극대화라는 기업의 목표에 부합되는 가장 합리적인 투자안 평가방법으로서 다음과 같은 특성을 가지고 있다.

첫째, 순현가법은 수익과 비용에 의한 회계이익을 사용하기 보다는 현금유입과 현금유출에 의해서 평가한다.

둘째, 순현가법은 투자안 분석기간의 모든 현금흐름을 반영한다.

셋째, 순현가법은 현금흐름을 적절한 할인율로 할인한다. 즉, 순현가법은 화폐의 시간적 가치를 고려한다.

넷째, 각 투자안의 NPV는 모두 동일시점, 즉 현재시점의 가치를 의미하므로 그것들을 합할 수 있다. 즉, NPV는 가치의 가산원칙(value additivity principle)이 성립한다. 예를 들어, A와 B의 두 투자안에 모두 투자할 경우의 순현가는 각 투자안의 순현가를 합한 것과 동일하다.

$$NPV(A+B) = NPV(A) + NPV(B) \tag{4.12}$$

식(4.12)와 같이 가산원칙이 성립하는 경우, 모든 개별 투자안을 독립적으로 평가할 수 있게 된다.

이상과 같은 순현가법의 특성은 다음에 설명할 대체적인 투자안 평가방법들의 합리성 여부를 판단하는 기준으로서 사용될 수 있다.

예제 4-5 순현가의 계산

바다주식회사는 현재 1,000만원의 투자자금이 소요되는 새로운 투자안을 고려하고 있다. 그리고 새로운 투자로 인해 기대되는 현금흐름은 다음 [표 4-7]과 같다(단, 이 투자안의 할인율은 10%이다).

| 표 4-7 | 투자안의 현금흐름 (단위 : 만원)

연도말	0	1	2	3	4
현금흐름	−1,000	300	200	300	400

순현가법에 의해서 이 투자안을 평가하라.

| 풀이 |

NPV = 현금유입의 현가 − 현금유출의 현가

$$= \frac{300}{(1+0.1)} + \frac{200}{(1+0.1)^2} + \frac{300}{(1+0.1)^3} + \frac{400}{(1+0.1)^4} - 1,000$$

$= -63.4$(만원)

$NPV < 0$이므로 이 투자안은 기각되어야 한다.

3.4 내부수익률법

3.4.1 내부수익률의 의의와 투자평가기준

내부수익률(internal rate of return : IRR)은 투자의 결과 발생하는 현금유입의 현가와 현금유출의 현가를 같아지게 하는 할인율로서 평균투자수익률의 의미를 가진다. 앞의 [그림 4-3]과 같은 현금흐름을 가지는 투자안의 내부수익률은 다음의 식에 의해서 구할 수 있다.

$$NPV = \sum_{t=1}^{n} \frac{C_t}{(1+IRR)^t} - C_0 = 0 \qquad (4.13)$$

내부수익률은 투자안의 특성을 요약하는 단일의 수치(평균투자수익률)로서 자본비용과 관계없이 계산된다. 내부수익률은 단지 투자안의 내부적 특성, 즉 그 투자안의 현금흐름에 의해서 결정된다.

현재 200만원을 투자하면, 다음 3년 동안 매년 말 100만원씩을 얻을 수 있는 투자안의 내부수익률을 계산해 보자. 이 투자안의 현금흐름을 나타내면 다음 [그림 4-4]와 같다.

그림 4-4 | 투자안의 현금흐름

이와 같은 투자안의 내부수익률은 다음의 식에 의해서 구할 수 있다.

$$\frac{100}{(1+IRR)}+\frac{100}{(1+IRR)^2}+\frac{100}{(1+IRR)^3}-200=0$$

위의 식을 *IRR*에 대해 풀면 *IRR*을 구할 수 있다. 그러나 고차방정식을 푸는 대신에 보다 쉬운 방법인 시행착오법을 이용할 수 있다. 이 방법은 위의 식이 만족될 때까지, 즉 *NPV*=0이 될 때까지 계속해서 임의의 할인율을 대입하여 내부수익률을 구하는 방법이다. 이 방법에 의해서 *IRR*을 구하는 과정은 다음 [그림 4-5]와 같다.

그림 4-5 | IRR의 계산

할인율	*NPV*
20%	10.65만원
⋮	⋮
23.37%	0원
⋮	⋮
30%	−18.39만원

즉, 순현가를 0으로 만드는 할인율인 내부수익률은 23.37%이다. 할인율에 따른 순현가의 변화를 나타내면 [그림 4-6]과 같다.

[그림 4-6]에서 볼 수 있듯이 투자안의 순현가는 할인율이 증가할수록 감소한다. 그러므로 할인율 r이 내부수익률보다 작은 영역에서는 NPV가 0보다 크며, 할인율 r이 내부수익률 r보다 큰 영역에서는 NPV는 0보다 작아진다.

- $IRR > r \rightarrow NPV > 0$
- $IRR < r \rightarrow NPV < 0$

그림 4-6 | 할인율에 따른 순현가의 변화

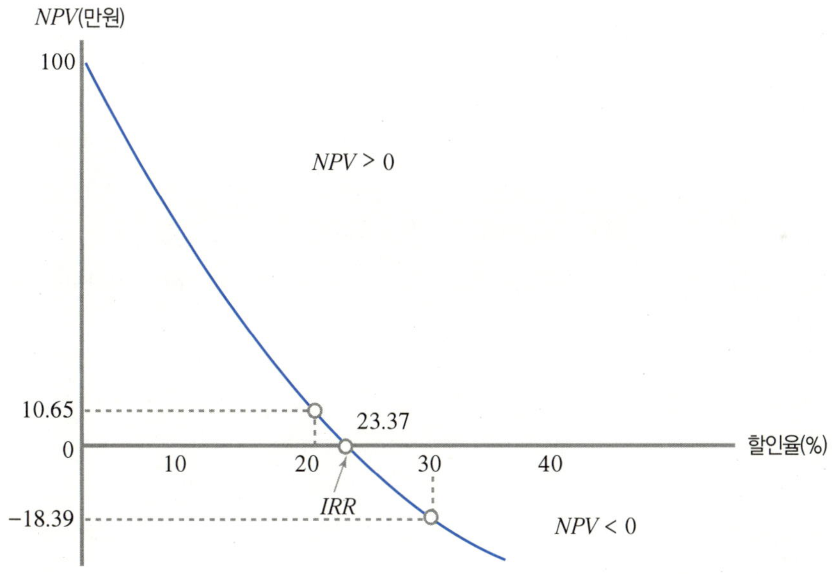

내부수익률을 이용한 투자안 평가기준은 다음과 같다.

① 독립적인 투자안

내부수익률이 자본비용 r보다 높을 경우 투자안을 채택하고, 내부수익률이 자본비용 r보다 낮을 경우 투자안을 기각한다.

- $IRR > r$ $(NPV > 0)$ ⇒ 투자안 채택

• $IRR < r$ ($NPV < 0$) ⇒ 투자안 기각

앞의 예에서 자본비용이 20%라고 가정한다면, 투자안의 내부수익률이 23.37%로서 투자자금의 기회비용인 자본비용 20%보다 높기 때문에 이 투자안을 채택하여야 한다. 이와 같은 평가결과는 순현가법(NPV = 10.65만원 : 투자안 채택)과 동일하다.

② 상호배타적인 투자안

$IRR > r$인 투자안들 중에서 IRR이 가장 높은 투자안을 선택한다.

예제 4-6　내부수익률의 계산

앞의 [예제 4-5]를 내부수익률법에 의해서 평가하라.

| 풀이 |

NPV = 0이 되게 하는 할인율, 즉 내부수익률은 다음의 식에 의해서 구할 수 있다.

$$\frac{300}{(1+IRR)}+\frac{200}{(1+IRR)^2}+\frac{300}{(1+IRR)^3}+\frac{400}{(1+IRR)^4}-1{,}000=0$$

시행착오법에 의해 임의의 할인율을 계속 대입하여 내부수익률 IRR을 계산하면 IRR이 7.2%라는 것을 알 수 있다.

그러므로 내부수익률 IRR(7.2%)이 자본비용 r(10%)보다 작기 때문에 이 투자안을 기각하여야 한다. 이 결과는 순현가법의 결과와 일치한다.

3.4.2 내부수익률법의 문제점

투자기간 내 현금흐름과 투자규모의 차이에 대한 묵시적인 재투자수익률(reinvestment rate)의 가정이 순현가법과 내부수익률법에 있어서 서로 다르다. 그러므로 내부수익률법의 평가결과는 순현가법과 상반될 수 있다.

① 현금흐름의 발생시점

투자기간 내 현금흐름에 대해서 순현가법은 자본비용으로 재투자할 수 있다고 가정하는 반면에, 내부수익률법은 내부수익률로 재투자할 수 있다고 가정한다. 그러므로 현금흐름의 발생시점이 서로 상이한 상호배타적인 투자안의 경우 내부수익률법에 의한 투

자안의 평가결과는 순현가법과 상반될 수 있다. 예를 들어 [표 4-8]과 같은 상호배타적인 투자안 *D*와 투자안 *E*를 생각해 보자. 자본비용이 10%일 때 투자안 *D*와 투자안 *E*를 순현가법과 내부수익률법에 의해서 평가하면 다음과 같다.

- 순현가법에 의한 평가 :
  투자안 *D*의 순현가(669만원) < 투자안 *E*의 순현가(751만원)
  ⇒ 투자안 *E* 선택
- 내부수익률법에 의한 평가 :
  투자안 *D*의 내부수익률(16.04%) > 투자안 *E*의 내부수익률(12.94%)
  ⇒ 투자안 *D* 선택

표 4-8 상이한 현금흐름의 발생시점 – 상호배타적인 투자안 *D*와 *E* (단위 : 만원)

시점	현금흐름	
	투자안 *D*	*E*
0	−10,000	−10,000
1	10,000	1,000
2	1,000	1,000
3	1,000	12,000
IRR	16.04%	12.94%
NPV(*r*=10%)	669	751

이와 같은 상반된 평가는 항상 발생하는 것이 아니라 자본비용의 크기에 따라 나타난다. 이를 살펴보기 위하여 각 투자안에 대해서 할인율과 순현가의 관계를 나타내면 [그림 4-7]과 같다.

투자안 *E*는 투자안 *D*에 비해 상대적으로 투자기간의 후기에 현금유입이 많으므로 투자안 *E*의 순현가는 투자안 *D*의 순현가보다 할인율의 영향을 더 많이 받을 것이다. 그러므로 [그림 4-7]에서 볼 수 있는 바와 같이, 할인율의 증가에 따라 투자안 *E*의 순현가는 투자안 *D*의 순현가보다 더 빨리 감소하는 양상을 띤다. 여기에서 할인율이 10.55%일 때는 두 투자안의 순현가는 604만원으로서 동일하다. 이와 같이 두 투자안의 순현가를 같게 하는 할인율을 피셔의 수익률(Fisher's rate of return) 또는 교차율(crossover rate)이라고 한다.

■ 그림 4-7 | 할인율과 순현가의 관계 – 상호배타적인 투자안 *D*와 *E*

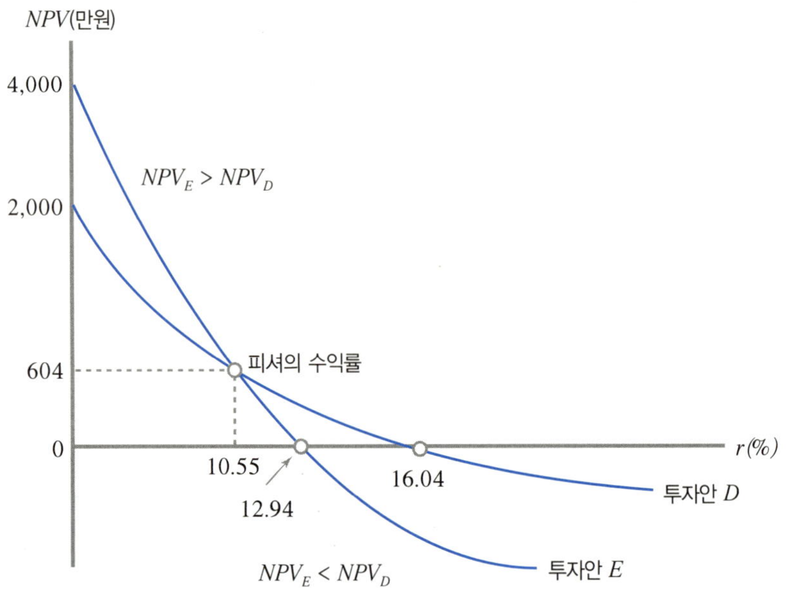

자본비용이 피셔의 수익률보다 작을 경우 순현가법과 내부수익률법의 평가는 서로 상반된다. 즉, 순현가법에 의하면 투자안 *E*를 선택하나 내부수익률법에 의하면 투자안 *D*를 선택하게 된다. 그러나 자본비용이 피셔의 수익률보다 클 경우 순현가법과 내부수익률법의 평가는 동일하다. 즉, 모두 투자안 *D*를 선택한다. 자본비용이 피셔의 수익률보다 작을 경우 순현가법과 내부수익률법의 평가가 서로 상이한 이유는 각 방법의 재투자수익률의 가정이 서로 다르기 때문이다. 자본비용이 피셔의 수익률보다 작을 경우 순현가법에서는 내부수익률법에 비해 투자안의 후기 현금유입을 훨씬 높게 평가한다.

결론적으로 투자기간 내 현금흐름에 대해서 내부수익률, 즉 현재의 투자안과 동일한 투자수익률로 재투자할 수 있다는 내부수익률법의 재투자수익률 가정은 투자의 한계수익률이 체감하는 현실에 비추어 볼 때 비현실적이다. 그러므로 상반된 결과가 나타날 때, 순현가법에 의해서 평가하는 것이 합리적이다.

② 투자규모

투자안의 투자규모가 상이한 경우에도 상호배타적인 투자안에 대한 순현가법과 내부수익률법의 평가가 서로 다를 수 있다. 이것은 투자규모 차이에 대한 묵시적인 투자수익률의 가정이 서로 다르기 때문이다.

이와 같은 경우를 살펴보기 위하여 다음의 [표 4-9]와 같은 상호배타적인 투자안 *F*와 투자안 *G*를 생각해 보자.

| 표 4-9 | 상이한 투자규모 – 상호배타적인 투자안 *F*와 *G* (단위 : 만원)

시점	현금흐름	
	투자안 *F*	*G*
0	−100	−10,000
1	200	15,000
IRR	100%	50%
NPV(*r* = 10%)	82	3,636

자본비용이 10%일 때 투자안 *F*와 투자안 *G*를 순현가법과 내부수익률법에 의해서 평가하면 다음과 같다.

- 순현가법에 의한 평가 :
  투자안 *F*의 순현가(82만원) < 투자안 *G*의 순현가(3,636만원)
  ⇒ 투자안 *G* 선택
- 내부수익률법에 의한 평가 :
  투자안 *F*의 내부수익률(100%) > 투자안 *G*의 내부수익률(50%)
  ⇒ 투자안 *F* 선택

이와 같은 상반된 결과는 투자규모의 차이, 즉 9,900만원(=10,000만원 − 100만원)에 대한 투자수익률의 가정이 서로 다르기 때문이다.

내부수익률법에서는 투자안 *F*를 선택하는 경우 규모의 차이에 대해서 역시 동일한 내부수익률(100%)로 투자할 수 있다고 묵시적으로 가정하고 있다. 다시 말하면 내부수익률법에서는 언제든지 현재에 선택한 투자안과 동일한 투자수익률을 주는 투자안에 투자할 수 있다는 비현실적인 가정을 하고 있는데, 이는 한계투자수익률이 체감하는 현실에 비추어 볼 때 비현실적인 가정이라 할 수 있다.

결론적으로 내부수익률법은 투자안의 투자규모를 무시하는(합리적으로 고려하지 않는) 투자안 평가방법이다. 이와는 달리 순현가법은 투자안의 투자규모를 합리적으로 고려하는 평가방법이라 할 수 있다.

3.5 수익성지수법

3.5.1 수익성지수의 의의와 투자평가기준

수익성지수(profitability index : PI)는 투자로 인하여 발생하는 현금유입의 현가를 현금유출의 현가로 나눈 비율이다.

$$PI = \frac{\text{현금유입의 현가}}{\text{현금유출의 현가}} \tag{4.14}$$

수익성지수는 순현가와 유사한 정보를 제공한다. 순현가는 투자안의 경제적 공헌을 금액으로 나타내고 있으니, 수익성지수는 투자안의 상대적인 수익성을 비율로서 나타내고 있다는 점에 유의하여야 한다.

수익성지수법에 의해서 투자안을 평가하는 문제를 설명하기 위하여 [표 4-10]과 같은 예를 생각해 보자.

| 표 4-10 | 수익성지수법의 예 (단위 : 만원)

시점	현금흐름	
	투자안 K	L
0	−100	−10,000
1	200	15,000
NPV	82	3,636
$PI(r=10\%)$	1.82	1.36

[표 4-10]에서 투자안 K와 투자안 L의 수익성지수는 각각 다음과 같이 구할 수 있다.

- $PI(K) = \dfrac{200(1+0.1)^{-1}}{100} = 1.82$

- $PI(L) = \dfrac{15,000(1+0.1)^{-1}}{10,000} = 1.36$

수익성지수를 이용한 투자안 평가기준은 다음과 같다.

① 독립적인 투자안

수익성지수가 1보다 큰 투자안은 채택하고, 수익성지수가 1보다 작은 투자안은 기각한다.

- $PI > 1$ ($NPV > 0$) ⇒ 투자안 채택
- $PI < 1$ ($NPV < 0$) ⇒ 투자안 기각

독립적인 투자안을 평가하는 경우에는 투자안의 현금흐름 유형에 관계없이 수익성지수법과 순현가법에 의한 평가결과는 항상 일치한다.

앞의 예에서 투자안 K와 투자안 L을 각각 평가하면 다음과 같다.

- $PI(K) = 1.82 > 1$: $NPV(K) =$ 82만원 > 0 ⇒ 투자안 K 채택
- $PI(L) = 1.36 > 1$: $NPV(L) =$ 3,636만원 > 0 ⇒ 투자안 L 채택

그러므로 독립적인 투자안을 평가하는 경우, 수익성지수법과 순현가법에 의한 평가결과는 항상 일치함을 알 수 있다.

② 상호배타적인 투자안

$PI > 1$인 투자안 중에서 PI가 가장 높은 투자안을 선택한다.

3.5.2 수익성지수법의 문제점

투자규모가 상이한 상호배타적인 투자안들을 평가할 때 수익성지수법과 순현가법에 의한 평가결과는 서로 다를 수 있다. 앞의 예에서 만약 투자안 K와 투자안 L이 상호배타적인 투자안이라면, 수익성지수법과 순현가법에 의한 평가결과는 각각 다음과 같다.

- 수익성지수법 : $PI(K)$ (1.82) $>$ $PI(L)$ (1.36)
  ⇒ 투자안 K 선택
- 순현가법 : $NPV(K)$ (82만원) $<$ $NPV(L)$ (3,636만원)

⇒ 투자안 L 선택

이상의 예에서 볼 수 있는 바와 같이 상호배타적인 투자안들을 평가할 경우에는 수익성지수법과 순현가법에 의한 평가결과가 서로 다를 수 있다. 그 이유는 투자규모의 차이에 대한 묵시적인 투자수익률의 가정이 서로 다르기 때문이다. PI법은 상대적으로 투자규모가 작은 투자안에 투자하고 남은 여유자금(투자규모의 차이)을 그 투자안과 동일한 투자수익률을 얻을 수 있는 투자안에 투자할 수 있다고 가정한다. 앞의 예에서 투자안 K에 투자하고 남는 여유자금 9,900만원(=10,000만원−100만원)을 투자하는 경우 기존의 투자안 K와 동일한 수익성지수 1.82를 얻을 수 있는 투자안에 투자할 수 있다고 가정하고 있다. 이는 한계투자수익률이 체감하는 현실에 비추어 볼 때 비현실적인 가정이라 할 수 있다. 즉, 내부수익률법과 같이 수익성지수법은 투자안의 투자규모를 합리적으로 고려하지 않는 투자안 평가방법이라 할 수 있다.

이에 반해 NPV법은 여유자금을 자본비용과 동일한 투자수익률을 주는 투자안, 즉 NPV=0 (PI=1)인 투자안에 투자한다고 가정한다. 앞의 예에서 투자안 K에 투자하고 남는 여유자금 9,900만원(=10,000만원−100만원)을 자본비용과 동일한 투자수익률 10%에 투자, 즉 NPV=0인 투자안에 투자한다고 가정하고 있다.

결론적으로 수익성지수법의 묵시적인 가정이 비현실적이기 때문에 순현가법이 수익성지수법보다 우수한 방법이라고 할 수 있다.

EXERCISE

객관식 문제

01 다음 중 현금흐름 추정시 유의사항과 거리가 먼 것은?

① 감가상각비 등 비현금비용은 현금유출에 포함시키지 않아야 한다.
② 운전자본의 변동과 자본적 지출은 현금흐름 추정 시 고려해 주어야 한다.
③ 이자비용은 현금유출에 포함시키지 않으나, 배당은 현금유출에 포함시켜야 한다.
④ 현금흐름 추정 시 투자안의 매몰원가는 제외시키나, 기회비용 또는 잠식비용 등의 부수적 효과는 고려해 주어야 한다.

02 다음 중 현금흐름에 영향을 미치지 않는 것은?

① 감가상각비의 법인세 절감액
② 재고자산, 매출채권의 증가
③ 이미 지출한 시장조사비용
④ 새로운 투자로 인한 기존제품의 매출감소액

03 강남기업은 대체투자를 고려 중이다. 신 기계 구입가격은 5,000만원, 설치비 500만원이다. 구 기계의 장부가는 500만원이며, 지금 1,000만원에 매각할 수 있다. 법인세율이 40%일 때 대체투자의 최초현금흐름은 얼마인가?

① -4,000만원 ② -4,500만원
③ -4,700만원 ④ -5,000만원

04 투자안의 평가방법 중 현금흐름을 할인하는 방법에 의한 모형은?

① 회수기간법, 평균이익률법 ② 순현재가치법, 회수기간법
③ 내부수익률법, 순현재가치법 ④ 내부수익률법, 평균이익률법

05 회수기간법의 설명으로 옳지 않은 것은?

① 회수기간법은 계산방법이 간단하고 이해가 쉽다.
② 현금흐름과 화폐의 시간가치를 고려한 방법이다.
③ 상호배타적인 투자안들을 평가할 때는 회수기간이 가장 짧은 것을 선택한다.
④ 회수기간은 투자시점에서 발생한 비용을 회수하는데 걸리는 기간이다.

06 순현가법에 대한 다음의 설명 중 잘못된 것은?

① 독립적인 투자안의 경우 $NPV > 0$이면 채택하고, $NPV < 0$이면 기각한다.

‹‹‹ 연 | 습 | 문 | 제

② *NPV*는 투자안의 현금유입의 현재가치에서 현금유출의 현재가치를 차감하여 구한다.

③ 2개의 투자안에 모두 투자할 경우의 순현가는 각 투자안의 순현가를 합한 것과 다르다.

④ 상호배타적인 투자안을 평가할 때, $NPV > 0$인 투자안들 중에서 *NPV*가 가장 높은 투자안을 선택한다.

07 평균회계이익률법에 대한 다음의 설명 중 잘못된 것은?

① 합리적인 근거에 의해 목표 평균회계이익률을 선정할 수 있다.

② 현금흐름이 아닌 회계적 이익을 사용하며, 화폐의 시간적 가치를 무시한다.

③ 평균회계이익률은 투자안의 세후 평균순이익을 평균투자액으로 나누어 구한다.

④ 독립적인 투자안 평가 시 투자안의 평균회계이익률이 목표 평균회계이익률보다 높을 경우 투자안을 채택한다.

08 내부수익률법(IRR법)에 대한 다음의 설명 중 잘못된 것은?

① 투자안의 평가 시 내부수익률을 자본비용과 비교하여야 한다.

② 상호배타적 투자안의 평가 시 *NPV*법과 *IRR*법에 의한 평가결과는 항상 일치한다.

③ 내부수익률은 투자안의 특성을 요약하는 단일의 수치로서 자본비용과 관계없이 계산된다.

④ 내부수익률(IRR)은 투자의 결과 발생하는 현금유입의 현가와 현금유출의 현가를 같아지게 하는 할인율로서 평균투자수익률의 의미를 가진다.

09 수익성지수법(PI법)에 관한 다음의 설명 중 적절하지 못한 것은?

① $PI > 1$인 경우 항상 $NPV > 0$이다.

② 상호배타적인 투자안의 평가 시 $PI > 1$인 투자안들 중에서 항상 *PI*가 가장 높은 투자안을 선택한다.

③ 수익성지수는 투자로 인하여 미래에 기대되는 현금흐름의 현가를 현재의 투자지출액으로 나눈 비율을 의미한다.

④ 상호배타적인 투자안의 평가 시 *PI*법과 *NPV*법의 평가결과가 서로 상이할 경우 어떤 경우에서도 *NPV*법이 항상 타당하다.

10 다음의 설명 중 잘못된 것은?

① 내부수익률법의 경우 가치의 가산원칙(value additivity principle)이 성립한다.

② 투자기간 내 현금흐름과 투자규모의 차이에 대해 순현가법은 자본비용, 내부수익

EXERCISE

률법은 내부수익률로 재투자된다고 가정한다.

③ 투자기간 내 현금흐름과 투자규모의 차이에 대한 묵시적인 재투자수익률의 가정이 순현가법과 내부수익률법에 있어서 서로 다르다.

④ 상호배타적인 투자안의 평가 시 내부수익률법과 순현가법의 평가결과가 서로 상이할 때 순현가법으로 평가하는 것이 보다 타당하다.

11 다음 중 현금흐름을 일체 고려하지 않은 투자안 평가방법은 무엇인가?

① 순현가법 ② 회계적이익률법
③ 내부수익률법 ④ 회수기간법

12 다음 중 순현가를 산출할 때 적정할인율과 동일한 개념이 아닌 것은?

① 자본회전율 ② 요구수익률
③ 최저필수수익률 ④ 자본비용

13 현금유입의 현재가치와 현금유출의 현재가치를 일치시켜 얻는 할인율은 무엇인가?

① 최저필수수익률 ② 자본비용
③ 내부수익률 ④ 장애율

14 다음과 같은 현금흐름을 갖는 투자안이 있다. 이 투자안의 순현가(NPV)는 얼마인가? 단, 적정할인율은 9.5%라고 가정한다.

연도	Year 0	Year 1	Year 2
금액	(75억원)	50억원	40억원

① 3억원 ② 4억원
③ 5억원 ④ 6억원

15 감가상각에 대한 설명으로 적절치 못한 것은?

① 감가상각방법에 따라 현금흐름의 크기는 달라진다.

② 감가상각방법에 따라 법인세 절약효과도 달라진다.

③ 가능한 투자초기에 감가상각을 크게 계상하는 경우 투자안의 가치가 감소한다.

④ 법인세가 존재하지 않는다면 감가상각 방법에 따라 투자안의 가치는 영향을 받지 않는다.

16 내부수익률법과 순현가법의 근본적인 차이점은 무엇인가?

① 현금흐름의 고려
② 회계적 이익의 고려
③ 재투자수익률에 대한 가정
④ 화폐의 시간적 가치의 고려

17 어떤 투자안의 최초투자액이 1억원이고 자본비용은 10%이며 순현가의 크기는 1천1백만원이다. 이 투자안의 수익성계수 PI는?

① 0.1 ② 0.11
③ 1.1 ④ 1.11

■ 주관식 문제

01 ㈜하나는 배달용 오토바이를 새로 매입하려고 한다. 매입을 하면 매출이 연간 5천만원 증가하고 비용은 연간 1천만원씩 감소할 것으로 예상된다. 오토바이는 매년 500만원씩 감가상각을 할 예정이며 법인세율은 20%이다. 투자 1년 후 현금흐름을 추정하라.

02 ㈜두나는 1천만원을 들여 시장조사를 실시한 후 새로운 제품을 생산할 장비를 구입하기로 하였다. 장비를 구입하면 매년 매출이 1억원씩 발생하고 비용은 추가로 매년 6천만원씩 발생할 것으로 예상된다. 새로운 장비는 매년 2천5백만원씩 감가상각을 할 예정이며 설비구입으로 인한 부채사용으로 연간 1,000만원의 이자비용이 발생할 것으로 예상된다. 투자 1년 후의 현금흐름을 추정하라. 단, 법인세율은 20%이다.

03 ㈜세나는 시가 1억원 가치의 회사가 소유하고 있는 공터에 건물을 지어 임대를 하려고 한다. 건물임대로 연간 2억원의 수입을 기대하고 있으며 연간 8,000만원의 비용과 연간 운전자본이 3,000만원 더 필요할 것으로 예상된다. 매년 6,000만원씩 건물에 대해 감가상각을 할 때 1년 후 현금흐름을 추정하라. 단, 법인세율은 20%이다.

04 ㈜네나는 주차장으로 사용하고 있는 회사 소유의 땅에 건물을 지어 임대하려고 한다. 주차장 운영으로 인해 연간 6,000만원의 수입이 없어지지만 건물임대로 연간 2억원의 수입을 기대하고 있다. 또 연간 8,000만원의 비용이 발생하고 5,000만원의 건물에 대한 감가상각이 매년 발생할 것으로 예상하고 있다. 주차장을 운영할 때에 비해 첫해에 3천만원의 운전자본이 더 필요할 것으로 예상된다. 이 회사의 1년 후 현금흐름을 추정하라. 단, 법인세율은 20%이다.

EXERCISE

05 ㈜오나는 노트북컴퓨터 생산 여부를 파악하기 위해 2,000만원의 비용을 들여 시장 조사를 실시하였다. 그 결과 성공가능성이 클 것으로 판단되어 현재가격이 15억원인 설비를 구입하려고 한다. 생산공장은 이 회사 소유의 건물을 이용할 수 있으며 이 건물은 현재 연간 1,000만원에 임대되고 있다. 운전자본은 1억원이 현재시점에서 필요하며 마지막 해에 회수된다. 기계의 잔존가치는 없고 5년간 정액법으로 완전 상각할 예정이다. 노트북컴퓨터의 매출은 연간 20억원, 영업비용은 10억원이 될 것으로 추정된다. 또한 노트북컴퓨터의 판매로 기존 컴퓨터의 판매가 연간 2,000만원 감소할 것으로 예상된다. 법인세율이 20%일 때 이 투자안의 현금흐름을 추정하라.

06 다음과 같은 상호배타적인 2개의 투자안이 있다. 투자안의 자본비용이 10%라고 할 때 다음 물음에 답하라.

(단위 : 만원)

연도말	현금흐름	
	투자안 1	투자안 2
0	−100	−300
1	300	850

(1) 순현가법에 의해 투자안을 평가하라.
(2) 내부수익률법에 의해 투자안을 평가하라.
(3) 수익성지수법에 의해 투자안을 평가하라.
(4) 물음(1)과 (2), (3)의 결과가 다르다면 그 이유를 설명하고 가장 합리적인 평가방법을 제시하라.

07 ㈜유나는 새로운 기계의 매입을 고려하고 있다. 이 기계의 매입가격은 9천만원이며 수명은 3년이다. 이 기계를 이용하여 생산된 신제품의 매출로 인한 감가상각전 이익은 1, 2, 3년도에 각각 4천만원, 5천만원, 6천만원이 발생할 것으로 예상된다. 이 기계의 잔존가치는 없으며 정액법으로 감가상각을 할 예정이다. 법인세율이 20%이고 자본비용은 10%이다.

(1) 투자안의 순현재가치를 구하라.
(2) 투자안의 수익성지수를 구하라.
(3) 투자안의 내부수익률을 계산하라.

08 ㈜치나는 기계설비의 대체를 고려하고 있다. 현재 사용하고 있는 기계의 장부가치는 400만원인데 4년 후에 완전 상각되며 중고시장에서 이 기계는 500만원에 처분할 수

연 | 습 | 문 | 제

있다. 새 기계의 구입비용은 2,000만원이고 운전자금 200만원이 현재시점에서 필요하며, 이 운전자금은 마지막 해에 회수된다. 새 기계를 구입하면 향후 4년간 매출액은 매년 200만원 늘어나고 영업비용은 매년 300만원 줄어들 것이며 새 기계의 잔존가치는 4년 후 400만원으로 예상된다. 감가상각은 정액법에 의해 이루어지며 법인세율은 20%이다.

(1) 현금흐름을 추정하라.

(2) 자본비용 10%일 때 순현가법에 의해 투자안을 평가하라.

Fundamentals of
Corporate Finance

CHAPTER 5

포트폴리오이론과 자본자산가격결정모형

Chapter 5

포트폴리오이론과 자본자산가격결정모형

제 1 절 포트폴리오이론

1.1 개별자산의 기대수익률과 위험

과거의 투자위험분석은 전통적으로 개별자산(individual asset)에 국한되어 왔다. 개별자산의 수익성과 위험도를 분석하기 위하여 먼저 수익률의 개념을 파악하여 보자. 수익률(rate of return)은 최초 투자금액에 대해 일정기간의 성과를 나타내는 지표를 의미한다. 투자자가 투자안, 즉 위험자산에 단일기간(1기간) 동안 투자했을 때 투자수익률은 그 기간의 투자수익(투자안의 기말가치−기초투자액+투자로부터 발생하는 현금흐름)을 기초투자액으로 나눈 것이다. 예를 들어, 개인이 주식투자를 할 경우 투자수익률은 다음 식(5.1)로 나타낼 수 있다.

$$R_t = \frac{P_{t+1} - P_t + D_t}{P_t} \tag{5.1}$$

R_t : 수익률

P_t : t시점의 주가

P_{t+1} : $(t+1)$시점의 주가

D_t : t와 $(t+1)$ 사이의 배당

식(5.1)의 t기간 수익률 R_t를 일반적으로 보유기간수익률(holding period rate of return)이라 한다.

투자수익률의 개념을 설명하기 위하여 다음의 예를 들어 보자. 예를 들어, 한중기업이

1년 전에 어떤 투자안에 1,000만원을 투자하여 1년 후 100만원의 현금유입이 있었으며 지금 투자안의 가치가 1,200만원이 된다면, 즉 이 투자안을 지금 처분하면 1,200만원을 받을 수 있다면, 한중기업의 1년간 투자수익률(R)은 다음과 같이 계산된다.

$$R = \frac{(\text{투자안의 기말가치} - \text{기초투자액} + \text{투자로부터 발생하는 현금흐름})}{\text{기초투자액}}$$

$$= \frac{1{,}200 - 1{,}000 + 100}{1{,}000} = 0.30 = 30\%$$

이 예에서 수익률은 과거(ex-post)의 지나간 수익률이다. 그러나 투자의사결정을 위해서는 미래(ex-ante)의 수익률을 계산하여야 한다. 투자수익률의 정의에서 현재 투자시점(기초)에서의 투자지출액(기초투자액)은 확실하게 알 수 있으나, 투자안의 기말가치와 투자로부터 발생하는 현금흐름은 미래의 상황에 따라 변할 수 있는 불확실한 것이다.

예제 5-1 투자수익률의 계산

(주)한중은 투자안 X와 투자안 Y에 1년간 투자할 것을 고려하고 있다. 투자안 X와 Y는 현재 1,000만원을 투자할 때 앞으로 1년 후 투자안의 기말가치가 경기상황에 따라 호황일 때는 1,500만원, 준호황일 때는 1,300만원, 보통일 때는 1,000만원, 불황일 때는 800만원이며, 투자안 Y는 각각 1,250만원, 1,200만원, 1,100만원, 1,050만원이다. 투자기간 동안 발생하는 현금흐름은 없으며, 경기가 호황일 가능성은 20%, 준호황일 가능성은 30%, 보통일 가능성은 30%, 불황일 가능성은 20%라고 하자. 각 상황에 따라 미래수익률을 표로 나타내어 보자.

| 풀이 |

X와 Y 두 투자안에 대하여 각 상황별 투자수익률을 계산하면 [표 5-1]과 같다.

| 표 5-1 | 투자안 X와 Y의 미래수익률

경기수준	확률	투자수익률	
		투자안 X	투자안 Y
호 황	0.2	(1,500−1,000)/1,000=0.50	(1,250−1,000)/1,000=0.25
준호황	0.3	(1,300−1,000)/1,000=0.30	(1,200−1,000)/1,000=0.20
보 통	0.3	(1,000−1,000)/1,000=0	(1,100−1,000)/1,000=0.10
불 황	0.2	(800−1,000)/1,000=−0.20	(1,050−1,000)/1,000=0.05

즉 식(5.1)에서 P_t는 이미 알고 있는 현재의 주가이나 P_{t+1}은 불확실한 미래의 주가이다. 따라서 미래의 수익률은 과거의 수익률과 같이 하나의 값으로 주어지는 것이 아니라 여러 개의 가능한 값을 갖는 하나의 확률분포(probability distribution)를 이루게 된다. 미래의 예상되는 수익률의 확률분포로부터 개별자산의 수익성과 위험도를 측정할 수 있다. 이를 설명하기 위하여 앞의 예제를 고려하여 보자.

[표 5-1]과 같이 투자수익률(확률변수)이 취할 수 있는 모든 값들과 그것들의 발생가능성(확률)을 나타낸 표를 확률분포표라 한다. [표 5-1]에서 볼 수 있는 바와 같이 미래 수익률은 상황에 따라 각기 다른 값을 가지므로 투자수익률을 나타낼 때는 이들을 대표할 대표값, 즉 평균값이 필요하다. 이를 기대수익률이라 한다.

개별자산의 기대수익률(expected rate of return : $E(R)$)은 미래의 가능한 수익률을 각각의 수익률이 발생할 확률로 가중하여 계산할 수 있으며, 이를 식으로 나타내면 다음과 같다.

$$E(R) = \sum_{s=1}^{n} R_s P_s \tag{5.2}$$

R_s : s상황의 수익률

P_s : R_s가 발생한 확률 ($\sum_{s=1}^{n} P_s = 1$)

n : 상황의 수

식(5.2)의 기대수익률은 미래에 평균적으로 예상되는 수익률로서, 각 상황별로 발생가능한 수익률에 그 상황이 발생할 확률을 곱한 다음 이를 모두 합하여 계산한다는 것을 의미한다.

식(5.2)를 이용하여 [예제 5-1]의 투자안 X와 Y의 기대수익률을 계산하면 다음과 같다.

투자안 X의 기대수익률 $E(R_X)$:

$$E(R_X) = \sum_{s=1}^{4} R_s P_s = R_1 P_1 + R_2 P_2 + R_3 P_3 + R_4 P_4$$

$$= 0.50(0.2) + 0.30(0.3) + 0(0.3) + (-0.20)(0.2) = 0.15 = 15\%$$

투자안 Y의 기대수익률 $E(R_Y)$:

$$E(R_Y) = \sum_{s=1}^{4} R_s P_s$$

$$= 0.25(0.2) + 0.20(0.3) + 0.10(0.3) + 0.05(0.2) = 0.15 = 15\%$$

투자안 X와 Y의 기대수익률이 15%로 동일하기 때문에 두 투자가치가 같다고 생각할 투자자는 거의 없을 것이다. 왜냐하면 미래가 불확실한 상황에서는 실제수익률이 기대수익률과 차이가 생기게 되므로 투자자들은 기대수익률만으로 투자결정을 하지 않고 미래수익의 변동가능성도 함께 고려할 것이기 때문이다. 재무관리에서는 위험을 "가능한 미래수익의 변동가능성(variability of possible future returns)"으로 정의하고 있다. 그리고 수익의 변동가능성은 확률분포로 나타낼 수 있다. 수익의 변동가능성이 크면, 즉 위험이 크면 수익의 확률분포가 넓게 퍼져 있을 것이며, 위험이 작으면 수익의 확률분포가 좁게 퍼져 있을 것이다. 따라서 위험은 수익의 확률분포로부터 계량적으로 측정할 수 있다.

개별자산의 위험을 측정하기 위하여 투자안 X와 Y의 수익률 분포를 막대그래프로 나타내면 [그림 5-1]과 같다. 이 그림에서는 높이가 확률로 표시되고 있다. 그러나 미래에 나타날 수 있는 상황을 보다 세분하여 투자안 X와 Y의 미래수익률의 수를 늘리면 수익률의 분포는 [그림 5-1]의 실선으로 나타난 연속적인 곡선으로 나타낼 수 있을 것이다. 즉, 미래에 예상되는 수익률이 수없이 많은 다른 값을 가질 때의 확률을 면적으로 나타내는 확률분포를 생각할 수 있다.

[그림 5-1]에서 볼 수 있는 바와 같이 투자안 X와 Y의 기대수익률은 15%로 같으나, 수익률의 확률분포는 서로 다르다. 즉 투자안 X의 수익률의 확률분포는 기대수익률을 중심으로 넓게 퍼져 있고, 투자안 Y의 수익률의 확률분포는 좁게 퍼져 있다. 이는 투자안

그림 5-1 | 투자안 X와 Y의 확률분포

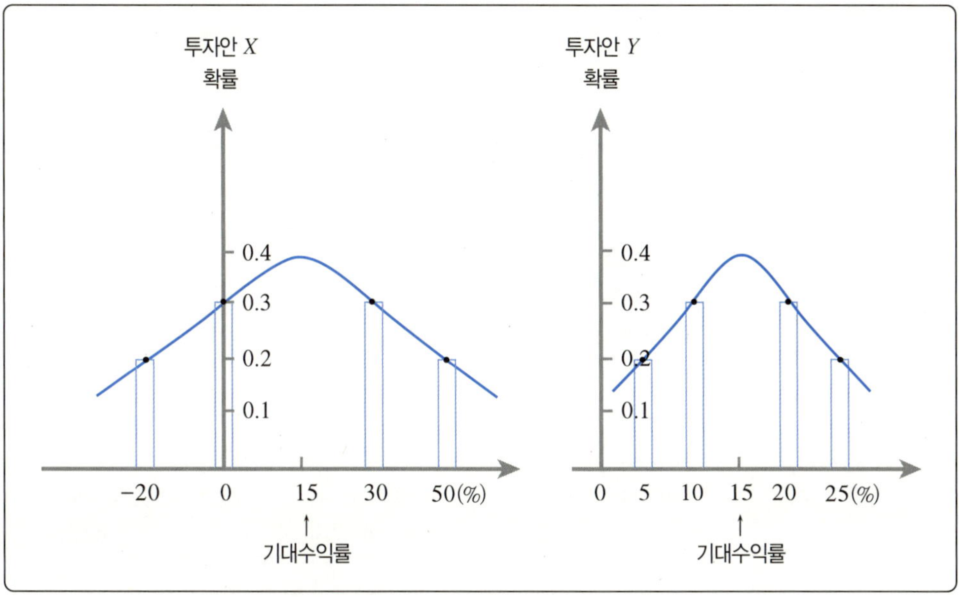

X의 수익률의 변동가능성이 Y의 수익률의 변동가능성보다 크다는 것을 나타낸다. 앞에서 설명한 바와 같이 위험은 수익률의 변동가능성으로 정의되므로 우리는 투자안 X의 위험이 Y의 위험보다 크다는 것을 알 수 있다.

[그림 5-1]에서 볼 수 있는 바와 같이 식(5.2)에 의해 측정된 기대수익률은 미래에 예상되는 평균적인 수익률로서 미래의 실제수익률과 다를 수 있다. 이는 미래의 투자수익이 확정되지 못함으로써 나타나는 것으로 미래에 발생할 실제수익률과 기대수익률의 차이(이를 편차라 함)가 크면 클수록 기대수익률을 달성하지 못할 가능성, 즉 위험이 커지게 된다.

위험은 확률분포의 분산(variance : VAR) 또는 표준편차(standard deviation : σ)로 측정된다. 분산과 표준편차는 다음과 같이 정의된다.

$$VAR(R) = \sum_{s=1}^{n} \{R_s - E(R)\}^2 P_s \qquad (5.3)$$

$$= E[R - E(R)]^2$$

$$\sigma = \sqrt{VAR(R)} \qquad (5.4)$$

$$= \sqrt{\sum_{s=1}^{n} \{R_s - E(R)\}^2 P_s}$$

식(5.3)인 분산은 기대수익률이 실현되지 않을 가능성, 즉 위험을 나타내는 척도로서, 발생가능한 수익률과 기대수익률의 차이인 편차를 제곱한 후 그것의 기대치를 구한 것이며, 식(5.4)인 표준편차는 분산의 제곱근이다.

표 5-2 투자안 X와 Y의 위험

	R_S	$R_S-E(R)$	$\{R_S-E(R)\}^2$	P_S	$P_s\{R_s-E(R)\}^2$
투자안 X	0.50	0.50−0.15 = 0.35	0.1225	0.2	0.0245
	0.30	0.30−0.15 = 0.15	0.0225	0.3	0.00675
	0	0−0.15 = −0.15	0.0225	0.3	0.00675
	−0.20	−0.20−0.15= −0.35	0.1225	0.2	0.0245
					0.0625
투자안 Y	0.25	0.25−0.15 = 0.10	0.0100	0.2	0.0020
	0.20	0.20−0.15 = 0.05	0.0025	0.3	0.00075
	0.10	0.10−0.15 = −0.05	0.0025	0.3	0.00075
	0.05	0.05−0.15 = −0.10	0.0100	0.2	0.0020
					0.0055

투자안 X와 Y의 수익률 확률분포의 분산과 표준편차를 계산하면 [표 5-2]와 같다. [표 5-2]에서 투자안 X와 Y에 대한 수익률 확률분포의 분산은 각각 $VAR(R_X)$=0.0625와 $VAR(R_Y)$=0.0055이며 표준편차는 $\sigma_X = 0.250$과 $\sigma_Y = 0.074$이다. 즉 투자안 X의 표준편차는 25.0%이고, 투자안 Y의 표준편차는 7.4%로 투자안 X의 표준편차는 Y의 표준편차보다 크기 때문에 투자안 X의 위험이 Y의 위험보다 크다는 것을 알 수 있다.

1.2 포트폴리오의 기대수익률과 위험

앞에서는 개별자산의 위험을 수익률 확률분포의 표준편차로 측정하였다. 그런데 실제 투자자들은 한 종류의 자산에만 투자하는 것이 아니고 여러 자산에 투자함으로써 자산의 조합(combination of assets)인 포트폴리오(portfolio)를 소유하게 된다. 따라서 포트폴리오는 하나의 자산에만 투자하지 않고 둘 이상의 자산에 분산투자할 경우의 투자대상을 지칭하는 개념이다. 넓은 의미에서의 포트폴리오는 자산의 조합을 말하나, 좁은 의미에서의 포트폴리오는 증권시장에서 거래되는 주식, 회사채 등 금융자산(financial assets)의 조합을 뜻한다.

투자자들이 포트폴리오에 투자하는 이유는 여러 자산에 분산투자함으로써 투자수익을 희생시키지 않으면서 위험을 줄일 수 있기 때문이다. 투자자들이 개별자산에 분산투자하여 포트폴리오를 구성하면 투자로부터 발생하는 기대수익률을 감소시키지 않으면서 투자위험을 줄일 수 있는데 이를 포트폴리오효과(portfolio effect)라 한다. 포트폴리오효과를 설명하는 포트폴리오이론은 마코위츠(Markowitz)에 의하여 처음으로 제시되었다.

포트폴리오의 기대수익률과 위험을 측정하기 위하여 먼저 포트폴리오 수익률의 개념을 이해하여야 한다. 설명의 단순화를 위해서 A와 B 두 개의 자산으로 구성된 포트폴리오를 생각해 보자. 이 경우 포트폴리오의 수익률은 다음과 같이 구할 수 있다.

$$R_P = w_A R_A + w_B R_B \tag{5.5}$$

R_p : 포트폴리오 수익률
R_A : 자산 A의 수익률
R_B : 자산 B의 수익률
w_A : 자산 A의 투자비율
w_B : 자산 B의 투자비율

식(5.5)에서 볼 수 있는 바와 같이 포트폴리오의 수익률은 포트폴리오를 구성하고 있는 개별자산의 수익률을 각 자산의 투자비율로 가중평균하여 측정한다. 그리고 투자비율의 합계는 항상 1과 같다. 즉, $w_A + w_B = 1$.

예제 5-2 포트폴리오의 기대수익률과 위험계산

어머니는 두 아들에게 각각 사업을 할 수 있도록 자금을 주어, 큰 아들은 우산기업(U)을 그리고 작은 아들은 짚신기업(J)을 하고 있다. 두 사업은 모두 날씨의 영향을 크게 받는데, 금년 여름 기상청의 예보에 따른 각 사업의 수익률은 다음 표와 같이 예상되고 있다.

(1) 이번 여름동안 짚신기업과 우산기업의 기대수익률과 위험은 각각 얼마인가?

(2) 어머니가 큰 아들에게 가지고 있는 자금 중 50%를 투자하고 나머지 50%를 작은 아들에게 투자하는 포트폴리오(P)를 구성하는 경우 포트폴리오 수익률의 확률분포를 작성하라.

(3) 어머니가 만든 포트폴리오 P의 기대수익률과 위험을 측정하라.

표 5-3 우산기업과 짚신기업의 수익률

상황	확률	수익률	
		우산기업(U)	짚신기업(J)
비	0.4	0.30	0.10
맑음	0.6	0.05	0.15

풀이

(1) 우산기업과 짚신기업의 기대수익률과 위험을 측정하면 다음과 같다.

우산기업의 기대수익률 $E(R_U)$, 분산 $VAR(R_U)$, 표준편차 $\sigma(R_U)$:

$$E(R_U) = 0.30(0.4) + 0.05(0.6) = 0.15 = 15\%$$

$$VAR(R_U) = (0.30 - 0.15)^2(0.4) + (0.05 - 0.15)^2(0.6) = 0.015$$

$$\sigma(R_U) = \sqrt{0.015} = 0.1225 = 12.25\%$$

짚신기업의 기대수익률 $E(R_J)$, 분산 $VAR(R_J)$, 표준편차 $\sigma(R_J)$:

$$E(R_J) = 0.10(0.4) + 0.15(0.6) = 0.13 = 13\%$$

$$VAR(R_J) = (0.10 - 0.13)^2(0.4) + (0.15 - 0.13)^2(0.6) = 0.0006$$

$$\sigma(R_J) = \sqrt{0.0006} = 0.0245 = 2.45\%$$

(2) 식(5.5)에 의해 포트폴리오 P의 수익률 R_p의 확률분포를 구하면 다음 [표 5-4]와 같다.

(3) [표 5-4]와 같은 확률분포표에 의해서 포트폴리오 P의 기대수익률과 위험을 구하면 다음과 같다.

포트폴리오의 기대수익률 $E(R_P)$, 분산 $VAR(R_P)$, 표준편차 σ_P :

$E(R_P)=0.20(0.4)+0.10(0.6)=0.14=14\%$

$VAR(R_P)=(0.20-0.14)^2(0.4)+(0.10-0.14)^2(0.6)=0.0024$

$\sigma_P=\sqrt{0.0024}=0.04899=4.899\%$

❙ 표 5-4 ❙ 포트폴리오 P의 수익률 확률분포

상황	확률	포트폴리오 P의 수익률
비	0.4	$0.5\times0.30+0.5\times0.10=0.20$
맑음	0.6	$0.5\times0.05+0.5\times0.15=0.10$

그런데 [표 5-4]에서와 같이 포트폴리오 수익률의 확률분포에 의하여 포트폴리오 기대수익률과 위험을 측정하는 것은 일반적이지 못하다. 일반적으로 A, B 두 자산으로 구성된 포트폴리오의 기대수익률은 다음 식(5.6)으로 측정된다. 이에 대한 증명과 n개의 자산으로 구성된 포트폴리오의 기대수익률을 측정하는 방법에 대하여는 [부록 1]을 참고하면 된다.

$$\begin{aligned} E(R_P) &= E(w_A R_A + w_B R_B) \\ &= w_A E(R_A) + w_B E(R_B) \end{aligned} \tag{5.6}$$

즉, 식(5.6)에서 볼 수 있는 바와 같이 포트폴리오의 기대수익률은 포트폴리오를 구성하고 있는 개별자산의 기대수익률을 각각의 투자비율에 따라 가중평균한 값이다. 따라서 [예제 5-2]에서 포트폴리오의 기대수익률은 다음과 같이 계산하는 것이 일반적이다.

$$\begin{aligned} E(R_P) &= w_U E(R_U) + w_J E(R_J) \\ &= 0.5(0.15) + 0.5(0.13) = 0.14 = 14\% \end{aligned}$$

한편 A, B 두 자산으로 구성된 포트폴리오의 위험은 다음 식(5.7)로 측정된다. 이에 대한 증명과 n개의 자산으로 구성된 포트폴리오의 위험을 측정하는 방법에 대하여도 부록을 참고하면 된다.

$$\begin{aligned} VAR(R_P) = \sigma_P^2 &= VAR(w_A R_A + w_B R_B) \\ &= w_A^2 VAR(R_A) + w_B^2 VAR(R_B) + 2w_A w_B COV(R_A, R_B) \\ &= w_A^2 \sigma_A^2 + w_B^2 \sigma_B^2 + 2w_A w_B \sigma_{AB} \end{aligned} \tag{5.7}$$

식(5.7)에서 $COV(R_A, R_B)$, 즉 σ_{AB}는 두 자산수익률이 함께 변화하는 정도를 나타내는 통계치로서 공분산(covariance)이라고 하며 다음과 같이 정의된다.

$$\begin{aligned} COV(R_A, R_B) &= \sigma_{AB} \\ &= \sum_{s=1}^{n} \{R_{As} - E(R_A)\}\{R_{Bs} - E(R_B)\} P_s \\ &= E[\{R_A - E(R_A)\}\{R_B - E(R_B)\}] \end{aligned} \tag{5.8}$$

P_s : R_{As}와 R_{Bs}가 동시에 일어날 확률

식(5.8)에서 볼 수 있는 바와 같이 공분산은 두 자산수익률의 편차(수익률−기대수익률)를 서로 곱한 값의 기대치(평균)로서 양(+) 또는 음(−)의 값을 가질 수 있다. 만약 공분산이 양(+)의 값을 가진다면, 이는 평균적으로 두 자산수익률이 서로 같은 방향으로 움직이고 있음을 의미한다. 그러나 만약 공분산이 음(−)의 값을 가진다면, 이는 평균적으로 두 자산수익률이 서로 다른 방향으로 움직이고 있음을 의미한다.

두 자산수익률 간의 관계를 나타내는 공분산은 자산수익률의 크기에 따라 영향을 받기 때문에 공분산에 의해서 두 자산수익률 간의 관계를 정확히 설명할 수 없다. 그러므로 두 자산수익률 간의 관계를 정확히 설명하기 위해서는 자산수익률의 크기에 따라 발생할 수 있는 영향을 제거하여야 한다. 이와 같은 목적을 위하여 공분산을 각 자산수익률의 표준편차로 나누어 표준화시킨 것을 상관계수(correlation coefficient : ρ)라 하며, 이는 다음과 같이 정의된다.

$$\rho_{AB} = \frac{\sigma_{AB}}{\sigma_A \sigma_B} \tag{5.9}$$

ρ_{AB} : A, B 자산수익률 간의 상관계수

상관계수는 −1.0부터 +1.0까지의 값을 갖는다. A, B 자산수익률 간의 상관계수 ρ_{AB}가 +1.0일 때, 두 자산의 수익률은 완전 정의 상관관계에 있다고 한다. 이는 [그림 5-2(a)]와 같이 한 자산의 수익률이 상승하면 다른 자산의 수익률도 예외없이 상승하고, 한 자산의 수익률이 하락하면 다른 자산의 수익률도 예외없이 하락하는 관계를 말한다. 상관계수 ρ_{AB}가 −1.0이면 두 수익률은 완전 부의 상관관계에 있다고 한다. 이때 두 수익률의 움직이는 양상은 [그림 5-2(f)]와 같다. 상관계수 ρ_{AB}가 0이면 [그림 5-2(c)(d)]와 같이 두 수익률이 서로 독립적으로 변화한다. 또한 ρ_{AB}가 0과 +1.0 사이의 값을 취할 때

에는 두 수익률은 정의 상관관계에 있다고 하고[그림 5–2(b)], 0과 –1.0 사이의 값을 가질 때에는 부의 상관관계에 있다고 한다[그림 5–2(e)].

■ 그림 5–2 | 자산 A와 B의 상관계수

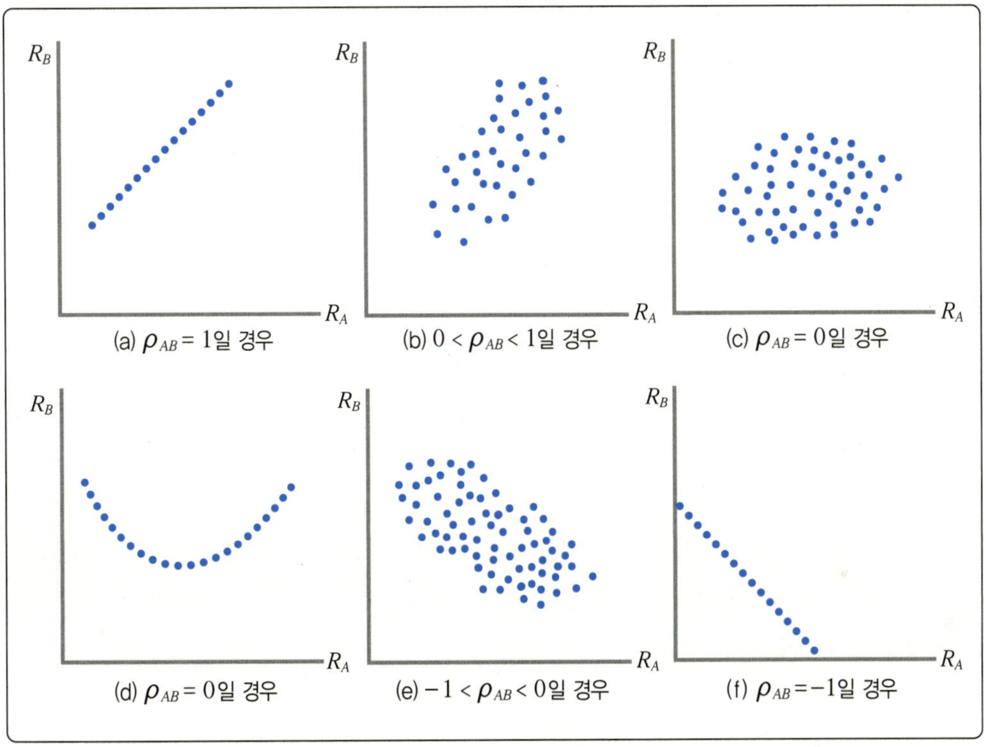

[예제 5–2]의 우산기업과 짚신기업의 수익률의 공분산과 상관계수를 계산하면 다음과 같다.

$$COV(R_U, R_J) = (0.30-0.15)(0.10-0.13)(0.4)+(0.05-0.15)(0.15-0.13)(0.6)$$
$$=-0.003$$
$$\rho_{UJ} = \frac{-0.003}{(0.1225)(0.0245)} = -1$$

이제 우산기업과 짚신기업의 공분산 자료를 이용하여 식(5.7)로 [예제 5–2] (3)의 포트폴리오의 위험을 계산하면 다음과 같다. 이 결과는 [예제 5–2] (3)의 확률분포표에 의해서 구해진 결과와 정확히 일치함을 알 수 있다.

$$VAR(R_P) = (0.5)^2(0.015) + (0.5)^2(0.0006) + 2(0.5)(0.5)(-0.003) = 0.0024$$

1.3 포트폴리오효과

식(5.7)과 식(5.9)로부터 A, B 두 자산으로 구성된 포트폴리오의 위험을 측정하는 식은 다음과 같이 나타낼 수 있다.

$$\begin{aligned} VAR(R_P) &= w_A^2\sigma_A^2 + w_B^2\sigma_B^2 + 2w_A w_B \sigma_{AB} \\ &= w_A^2\sigma_A^2 + w_B^2\sigma_B^2 + 2w_A w_B \sigma_A \sigma_B \rho_{AB} \end{aligned} \tag{5.10}$$

식(5.10)에서 볼 수 있는 바와 같이 다른 조건이 일정하다면 두 자산수익률 간의 상관계수가 작을수록 포트폴리오의 위험이 감소된다. 투자자가 포트폴리오를 구성하려는 이유는 일정한 기대수익률 수준하에서 투자위험을 최소화시킬 수 있는 포트폴리오효과에 의해서 설명될 수 있다. 일반적으로 구성자산들 간의 관계를 나타내는 상관계수가 작을수록 포트폴리오의 효과가 크게 나타난다. 투자자들이 포트폴리오를 구성하여 기대수익률을 감소시키지 않으면서 투자위험을 줄이는 포트폴리오효과를 설명하기 위하여 다음 예제를 고려하여 보자.

예제 5-3 상관계수와 포트폴리오의 위험

[표 5-5]와 같은 특성을 가진 자산 A와 B로 포트폴리오를 구성하여 보자. 자산 A, B의 투자비율이 각각 50%라고 하자. 두 자산수익률 간의 상관계수가 각각 +1.0, 0.5, 0, −1.0일 때 이 포트폴리오의 기대수익률과 위험(표준편차)을 측정하라.

❙ 표 5-5 ❙ 자산 A와 B의 기대수익률과 위험

	자산 A	자산 B
기대수익률	$E(R_A) = 16\%$	$E(R_B) = 20\%$
표준편차	$\sigma_A = 15\%$	$\sigma_B = 25\%$

❙ 풀이 ❙

먼저 자산 A, B로 구성된 포트폴리오의 기대수익률은 상관계수의 크기에 관계없이 항상 다음과 같다.

$$E(R_P)=w_A E(R_A)+w_B E(R_B)$$
$$=0.5(0.16)+0.5(0.20)=0.18=18\%$$

한편 포트폴리오의 위험(표준편차)은 다음과 같다.

$$Var(R_P)=\omega_A^2\sigma_A^2+\omega_B^2\sigma_B^2+2\omega_A\omega_B\sigma_A\sigma_B\rho_{AB}$$
$$=(0.5)^2(0.15)^2+(0.5)^2(0.25)^2+2(0.5)(0.5)(0.15)(0.25)\rho_{AB}$$
$$=0.02125+0.01875\rho_{AB}$$
$$\sigma_P=\sqrt{0.02125+0.01875\rho_{AB}}$$

따라서 상관계수가 각각 +1.0, 0.5, 0, −1.0일 때 포트폴리오의 위험을 구하면 다음과 같다.

$\rho_{AB}=+1.0$일때: $\sigma_P=\sqrt{0.02125+0.01875(+1.0)}=\sqrt{0.04}=0.200$

$\rho_{AB}=0.5$일때: $\sigma_P=\sqrt{0.02125+0.01875\rho_{AB}}=\sqrt{0.030625}=0.175$

$\rho_{AB}=0$일때: $\sigma_P=\sqrt{0.02125+0.01875\rho_{AB}}=\sqrt{0.02125}=0.146$

$\rho_{AB}=-1.0$일때: $\sigma_P=\sqrt{0.02125+0.01875\rho_{AB}}=\sqrt{0.0025}=0.050$

[예제 5-3]의 결과에서 볼 수 있는 바와 같이 다른 조건이 일정할 경우 자산수익률 간의 상관계수가 작을수록 포트폴리오위험이 감소되는 것을 알 수 있다. [예제 5-3]과 같은 방법으로 자산 A, B의 투자비율이 각각 (1.0, 0.0)에서 (0.0, 1.0) 범위 사이에서 0.1 단위로 감소하거나 증가할 때 각 포트폴리오의 기대수익률과 위험을 측정하여 보자. 여러 가지 다른 w_A와 w_B의 값에 따라 계산된 $E(R_P)$ 값은 [표 5-6]의 (3)열에 그리고 σ_P의 값은 상관계수의 크기에 따라 [표 5-6]의 (4)열 부터 (7)열에 나타나 있다.

표 5-6 | w_A와 w_B 변화에 따른 $E(R_P)$와 σ_P

(1) w_A	(2) w_B	(3) $E(R_P)$	σ_P (4) $\rho_{AB}=+1.0$	(5) $\rho_{AB}=0.5$	(6) $\rho_{AB}=0$	(7) $\rho_{AB}=-1.0$
1.0	0.0	0.160	0.150	0.150	0.150	0.150
0.9	0.1	0.164	0.160	0.149	0.137	0.110
0.8	0.2	0.168	0.170	0.151	0.130	0.070
0.7	0.3	0.172	0.180	0.157	0.129	0.030
0.6	0.4	0.176	0.190	0.165	0.135	0.010
0.5	0.5	0.180	0.200	0.175	0.146	0.050
0.4	0.6	0.184	0.210	0.187	0.162	0.090
0.3	0.7	0.188	0.220	0.201	0.181	0.130
0.2	0.8	0.192	0.230	0.217	0.202	0.170
0.1	0.9	0.196	0.240	0.233	0.225	0.210
0.0	1.0	0.200	0.250	0.250	0.250	0.250

[표 5-6]의 결과를 위험-수익 평면에 그림으로 나타내면 [그림 5-3]과 같다. [표 5-6]과 [그림 5-3]에서 볼 수 있는 바와 같이, 어떤 주어진 투자비율에 있어 (w_A=1.0과 w_B=1.0인 경우는 제외) A, B 두 자산의 수익률 간의 상관계수가 작아질수록 기대수익률의 변화없이 포트폴리오위험은 줄어든다. [예제 5-3]에서 w_A가 0.5, w_B가 0.5으로 주어졌을 경우 $E(R_P)$는 상관계수에 관계없이 18.0%로 동일하나 σ_P는 상관계수가 1.0, 0.5, 0, −1.0일 때 각각 20.0%, 15.5%, 14.6%, 5%가 되어 ρ_{AB}가 −1.0일 때 포트폴리오위험이 가장 작다. 이와 같이 수익률 간의 상관계수가 +1.0보다 작은 자산을 결합함으로써 기대수익률을 희생시키지 않고 위험을 줄일 수 있는 효과를 포트폴리오효과 또는 분산투자효과라 한다.

그림 5-3 | 포트폴리오효과

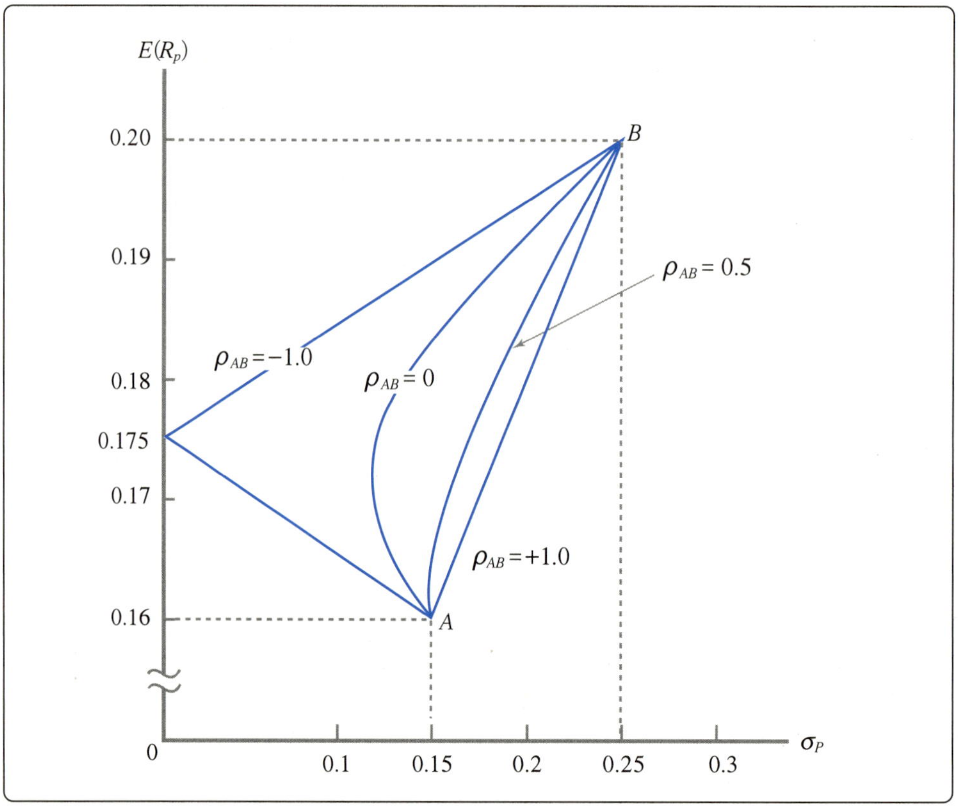

1.4 체계적 위험과 비체계적 위험

이론적으로는 [그림 5-3]에서 볼 수 있는 바와 같이 두 자산수익률 사이의 상관계수가 -1.0인 자산을 결합하면 포트폴리오의 위험을 완전히 제거할 수 있다. 그러나 현실적으로는 자산수익률들이 대부분 같은 방향으로 움직이기 때문에, 즉 자산수익률 간의 상관계수는 0보다는 크고 +1.0보다는 작기 때문에 포트폴리오위험을 완전히 제거할 수는 없다. 그렇다고 포트폴리오 효과가 존재하지 않는 것은 아니다. 앞에서 설명한 바와 같이 자산수익률 간의 상관계수가 +1.0보다 작은 자산들이 존재하는 한 이들을 결합시켜 포트폴리오 위험을 감소시킬 수 있다.

이번에는 포트폴리오를 구성하는 자산의 수를 증가시키면 포트폴리오위험에 어떠한 영향을 미칠 것인가를 알아보자. 포트폴리오를 구성하는 구성자산수를 계속 증가시킬 때 포트폴리오의 위험이 변화하는 양상을 그림으로 나타내면 [그림 5-4]와 같다.

[그림 5-4]에서 볼 수 있는 바와 같이 구성자산수가 증가할수록 포트폴리오의 위험은 감소한다. 그러나 구성자산의 수가 어느 수준에 이르게 되면 자산수가 더욱 증가하더라도 포트폴리오의 위험은 더 이상 감소하지 않는다. 그러므로 포트폴리오의 위험은 분산투자로 제거시킬 수 있는 위험과 제거시킬 수 없는 위험으로 나눌 수 있다. 포트폴리오를 구성함으로써 제거되는 위험을 비체계적 위험(unsystematic risk), 분산가능위험(diversifiable risk) 또는 기업의 특수위험(firm specific risk)이라고 하며, 아무리 많은 자산으로 포트폴리오를 구성해도 제거되지 않고 남아 있는 위험을 체계적 위험(systematic risk), 분산불가능위험(undiversifiable risk) 또는 시장위험(market risk)이라고 한다.

비체계적 위험은 특정 기업이나 산업에 국한된 요인, 즉 경영성적, 노동쟁의, 소송사건, 신제품개발, 광고활동 등으로 인하여 발생하는 위험이다. 이러한 요인들은 모든 기업에 공통적으로 발생하는 것이 아니므로 여러 자산에 분산투자함으로써 비체계적 위험을 제거할 수 있다. 왜냐하면 어느 한 회사에 불리한 영향을 미치는 요인은 다른 회사에 유리한 영향을 미치는 요인으로 상쇄될 수 있기 때문이다.

한편, 체계적 위험은 전쟁, 인플레이션, 이자율의 변동, 경기상황 등과 같은 요인으로 인하여 발생하는 위험이다. 이러한 요인들은 거의 모든 자산에 공통적으로 영향을 미치기 때문에 분산투자를 해도 체계적 위험은 제거할 수 없다. 그리고 체계적 위험이 높다는 것은 자산의 수익률이 시장 전체의 변화에 민감하게 반응한다는 것을 의미한다.

만약 투자자들이 많은 자산으로 구성된 포트폴리오에 투자하면, 포트폴리오에 포함된 개별자산의 비체계적 위험은 완전히 사라지고 체계적 위험만이 남게 된다. 이 포트폴리오를 소유하고 있는 투자자가 특정 자산을 추가로 매입하면 이 자산이 포트폴리오위험에 공헌하는 부분은 이 자산의 체계적 위험뿐이다. 왜냐하면 개별자산의 비체계적 위험이 아무리 크더라도 이 비체계적 위험은 투자자가 가지고 있는 포트폴리오에 추가될 때 제거되기 때문이다. 결국 개별자산의 위험 중에서 포트폴리오위험에 공헌하는 부분은 체계적 위험이다.

[그림 5-4]에서 볼 수 있는 바와 같이 개별자산의 위험은 체계적 위험과 비체계적 위험으로 나누어진다. 즉, 다음 관계가 성립한다.

$$\text{총위험} = \text{체계적 위험} + \text{비체계적 위험} \tag{5.11}$$

그림 5-4 | 체계적 위험과 비체계적 위험

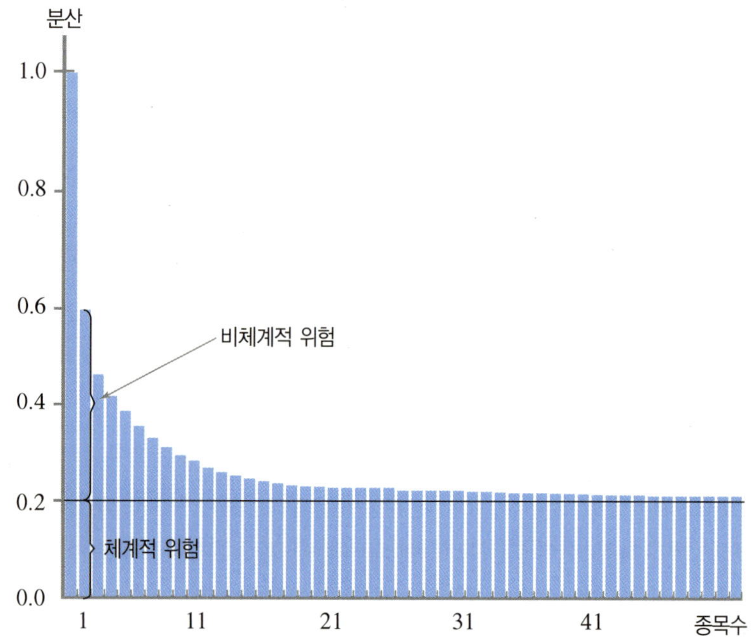

제2절 자본자산가격결정모형

자본시장이론의 주축이 되는 자본자산가격결정모형(capital asset pricing model : CAPM)이란 시장이 균형상태에 있을 때 투자자들이 마코위츠(Markowitz)의 포트폴리오 이론에 따라 행동한다면 자산의 가격이 어떻게 결정되는가를 설명하는 모형이다. 여기서 가격이 결정된다는 것은 실제가격이 결정된다는 것이 아니라 할인율(자본비용)이 결정된다는 것을 의미한다. 자산의 가격은 그 자산으로부터 기대되는 미래의 현금흐름을 적절한 할인율로 할인한 것이기 때문에 할인율이 결정되면 이에 따라 자산의 가격이 결정된다.

2.1 효용이론과 포트폴리오선택

효용(utility)이란 인간이 어떤 목적물로부터 얻는 심리적 만족감 또는 정신적 행복감의 크기를 나타낸다. 동일한 물이라고 할지라도 사막에서 목이 마른 사람에게 물은 거의 무한대에 가까운 효용이 있겠지만, 물에 빠져 허우적거리는 사람에게는 음(−)의 효용이 있을 것이다. 또한 투자로부터 1,000만원의 수익을 얻는다고 할지라도 억만장자와 가난한 월급쟁이의 효용의 크기는 다를 것이다. 이와 같이 효용의 크기는 투자자에 따라 다르지만, 일반적인 경제분석에서와 마찬가지로 투자로부터 얻을 수 있는 수익이 크면 클수록 투자자들의 효용도 커질 것이며, 수익이 증가함에 따라 효용의 증가율인 한계효용은 체감한다.

투자는 미래에 현금흐름을 창출하기 위한 것이므로 필연적으로 불확실성이 존재한다. 불확실한 대안의 미래 발생 가능한 성과에 대한 효용의 기대치를 기대효용이라고 한다. 불확실성하에서 합리적인 투자자는 자신의 기대효용을 극대화하려고 한다. 기대효용의 극대화기준에 의해 투자를 하기 위해서는 투자자의 효용함수와 투자로부터 예상되는 수익의 확률분포를 알아야 한다. 그러나 개별 투자자의 구체적인 효용함수를 안다는 것은 거의 불가능하므로 현실적으로 적용할 수 있는 기준이 필요하다.

투자자의 구체적인 효용함수의 형태나 수익의 확률분포를 이용하지 않고 미래수익의 평균과 분산의 두 통계치만으로 투자자의 기대효용을 나타내는 모형을 평균–분산모형(mean−variance model)이라 한다. 평균–분산모형에 의하면 기대효용은 기대수익률과 분산(혹은 표준편차)에 의해 결정된다. 한편 투자자에게 동일한 크기의 효용을 가져다주는 기대수익률과 위험의 조합을 구할 수 있는데, 이를 효용의 무차별곡선(indifference curve)이라고 한다. 따라서 무차별곡선상의 어느 점에서나 투자자가 느끼는 효용의 크기는 동일하다.

효용함수의 형태는 여러 가지로 나타낼 수 있지만 일반적으로 투자자의 위험에 대한 태도에 따라 위험회피형, 위험추구형 그리고 위험중립형으로 구분된다. 그러나 합리적인 투자자의 유형은 위험회피형으로 알려져 있다. 위험추구형과 위험중립형의 투자자는 합리적인 투자자의 행동이라고 볼 수 없다.

위험회피형(risk averse)은 위험을 기피하는 합리적인 인간의 행동으로, 위험을 부담하는 경우에는 반드시 이에 상응하는 보상을 바라는 형이다. 위험회피형의 효용함수는 [그림 5-5]의 (a)에서와 같이 수익률이 증가함에 따라 효용은 증가하나 한계효용(marginal utility)은 체감하는 특징을 가지고 있다. 이와 같이 한계효용이 체감하는 이유는 일반적으로 수익률이 높을수록 위험이 증가하여 위험회피형의 효용이 한계적으로 작아지기 때문이다.

위험회피형의 위험과 수익률에 대한 태도, 즉 위험선호함수(risk preference function)를 위험-수익 평면(risk-return space)에 그림으로 나타내면 [그림 5-5]의 (b)와 같다. 이 그림에서 곡선 I는 같은 기대효용을 제공하는 투자기회들의 기대수익률과 위험(표준편차)의 조합들을 나타내며 이를 무차별곡선이라 한다. 예를 들어 무차별곡선 I상의 투자기회 A, B, C, D의 기대수익률과 표준편차는 각각 다르지만 기대효용은 같으므로 위

그림 5-5 | 위험회피형의 효용함수와 무차별곡선

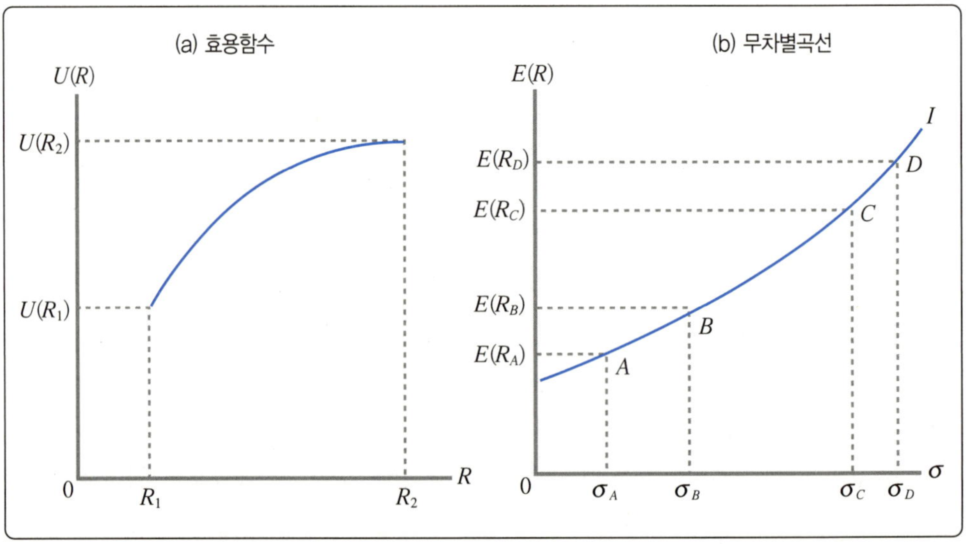

■ 그림 5-6 | 위험회피형의 무차별곡선

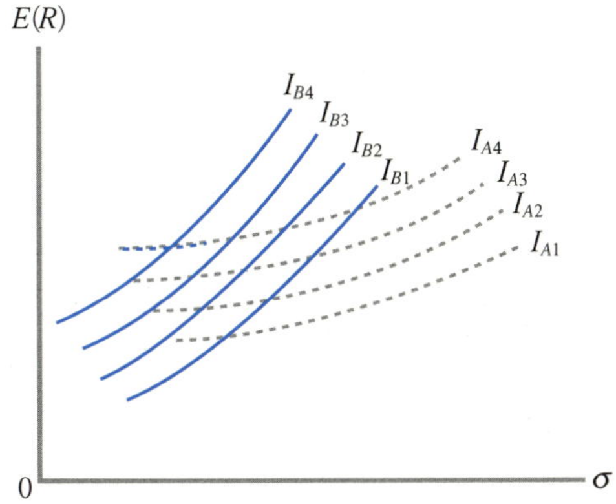

험회피형의 투자자는 이들 4개의 투자기회에 대하여 선호의 차이를 두지 않는다. 무차별곡선 I에서 볼 수 있는 바와 같이 위험회피형은 위험이 커질수록 이에 대한 보상으로 더욱 높은 기대수익률을 요구한다. 재무관리에서는 투자자들은 모두 합리적인 행동을 하는 위험회피형이라고 가정한다.

위험회피형이라도 개별 투자자의 구체적인 무차별곡선의 형태는 다르게 나타난다. 투자자들마다 위험에 대한 회피 정도가 다르기 때문이다. 위험의 증가에 따른 기대수익률의 보상 정도에 따라 무차별곡선은 [그림 5-6]과 같이 나타날 수 있다. [그림 5-6]의 무차별곡선이 위로 올라갈수록 효용은 증가한다. [그림 5-6]의 I_B와 같은 무차별곡선을 가지고 있는 투자자는 I_A와 같은 무차별곡선을 가지고 있는 투자자보다 위험에 대한 보상을 더욱 많이 요구하기 때문에 보수적이라 할 수 있다.

앞에서는 합리적인 투자자의 효용이론에 대하여 설명하였다. 이제는 투자자들이 어떤 포트폴리오를 선택할 것인가 하는 문제에 대하여 살펴보기로 하자. 두 개 이상의 개별자산으로 구성된 포트폴리오의 기대수익률과 위험을 측정하여 위험-수익 평면에 표시하면 [그림 5-7]과 같은 투자가능한 투자기회집합(investment opportunity set)을 얻을 수 있다. 투자기회집합 내에 포함된 포트폴리오는 어떤 자산을 어떤 비율로 투자하는가에 따라 수없이 많게 된다. [그림 5-7]에서 볼 수 있는 바와 같이 투자기회집합의 EF선이 곡선을 이루는 이유는 현실적으로 자산수익률 사이의 상관계수가 0보다 크고 +1.0보다 작기 때문이다(앞의 [그림 5-3] 참조).

■ 그림 5-7 | 투자기회집합

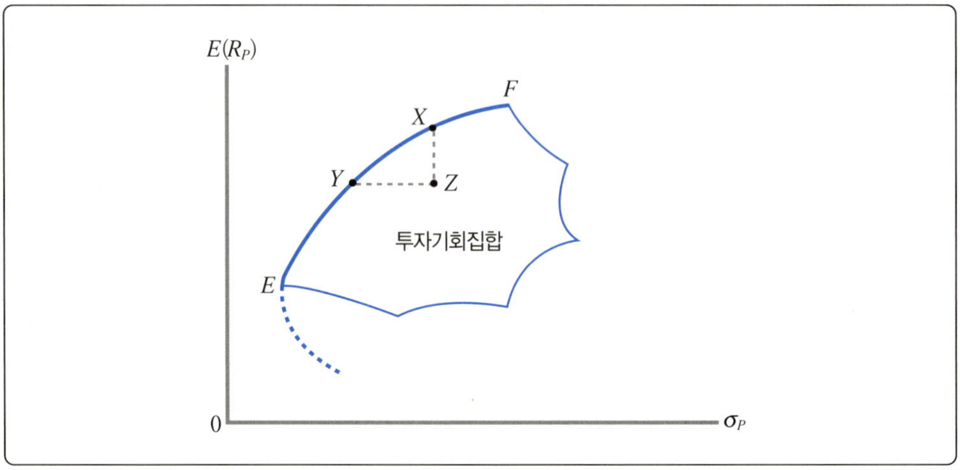

그런데 투자기회집합 내의 수많은 포트폴리오 모두가 투자대상이 되는 것은 아니다. 합리적인 투자자라면 위험수준이 같은 투자대상 중에서는 수익률이 가장 높은 투자대상에 투자하고, 수익률이 같은 투자대상 중에서는 위험이 가장 작은 투자대상을 찾으려 할 것이다. 이와 같은 투자원칙을 지배원리(dominance principle)라고 한다. 지배원리를 [그림 5-7]의 투자기회집합에 적용하면, *EF*선상의 포트폴리오들이 다른 모든 포트폴리오를 지배한다. 예를 들어, [그림 5-7]의 포트폴리오 *X*와 *Z*는 위험수준은 같으나 포트폴리오 *X*의 기대수익률이 포트폴리오 *Z*보다 더 높고, 포트폴리오 *Y*와 *Z*는 기대수익률은 동일하나 포트폴리오 *Y*의 위험수준이 포트폴리오 *Z*보다 작으므로 포트폴리오 *X*, *Y*는 포트폴리오 *Z*를 지배하게 된다. 이와 같이 *EF*선상의 포트폴리오는 주어진 위험수준이나 기대수익률 하에서 다른 모든 포트폴리오를 지배하므로 투자자들은 *EF*선상에 있는 포트폴리오 중 하나를 선택하게 된다. 이와 같은 *EF*선상의 포트폴리오를 효율적 포트폴리오(efficient portfolio)라 하고 *EF*선상을 효율적 투자선(efficient frontier)이라 한다.

[그림 5-7]의 효율적 투자선에 놓여 있는 포트폴리오들은 위험이 커지게 됨에 따라 기대수익률도 커지게 되므로 이들 중에 어떤 포트폴리오를 선택할 것인가 하는 것은 투자자의 효용함수에 달려 있다. 즉, 투자자들은 효율적 프론티어에 놓여 있는 수많은 포트폴리오 중에서 그들의 효용을 극대화시키는 포트폴리오를 선택한다. 이때 선택된 포트폴리오를 최적포트폴리오(optimal portfolio)라고 한다. 예를 들어, 투자자 *A*와 *B*의 무차별곡선이 [그림 5-8]과 같다고 할 때, 투자자 *A*는 포트폴리오 P_1을 택하고 투자자 *B*는 포트폴리오 P_2를 택함으로써 그들의 효용을 극대화할 수 있다. 투자자 *B*가 포트폴리오

■ 그림 5-8 | 최적 포트폴리오선택

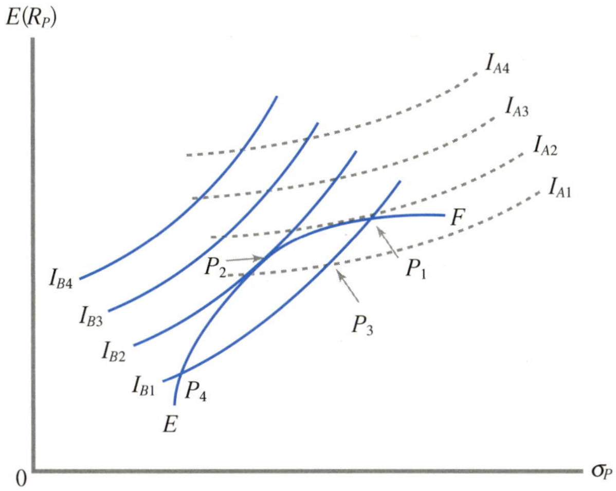

P_3, P_4 대신에 포트폴리오 P_2를 택하는 이유는, I_{B2}의 효용이 I_{B1}보다 크기 때문이다. 이와 같이 최적포트폴리오는 효율적 투자선과 투자자의 무차별곡선과의 접점에서 결정된다.

이상에서 살펴본 바와 같이 포트폴리오에 대한 투자결정은, 첫째 지배원리에 의해 투자가능한 효율적 포트폴리오를 찾아내는 단계와, 둘째 투자자의 효용을 나타내는 무차별곡선에 의하여 최적포트폴리오를 찾아내는 단계로 구분되어 있다. 이와 같이 분리된 포트폴리오 투자결정과정을 토빈(Tobin)의 분리정리(separation theorem)라 한다.

2.2 자본시장선

앞에서 살펴본 마코위츠의 포트폴리오이론은 투자자가 효용을 극대화하기 위하여 위험자산만으로 구성된 포트폴리오 중 어떤 포트폴리오에 투자해야 하는가를 설명하고 있다. 이후 자본시장에 관한 연구는 샤프(Sharpe), 린트너(Lintner), 모신(Mossin) 등에 의하여 확장되었는데, 그들의 연구는 CAPM으로 발전하였다.

CAPM을 도출하는 데 설정한 가정을 소개하면 다음과 같다.

① 투자자들은 마코위츠의 평균-분산기준에 따라 자산을 선택한다. 합리적인 투자자들은 위험이 같은 자산들 중에서는 기대수익률이 가장 큰 자산을 선호하고 기대수익률이 같은 자산들 중에서는 위험이 가장 작은 자산을 선호한다. 따라서 투자자들

은 위험자산에 투자할 경우 마코위츠의 효율적 투자선상에 있는 최적포트폴리오를 선택한다.

② 무위험자산(risk-free asset)이 존재하며 투자자들은 무위험이자율로 투자자금을 얼마든지 빌려 쓰거나 빌려 줄 수 있다. 무위험자산은 투자로부터의 미래 현금흐름을 확실히 예측할 수 있는 자산이며, 이 자산으로부터 일정기간 동안 기대되는 수익률이 무위험이자율이다.

③ 모든 투자자들은 자본자산에 대하여 동질적 예측(homogeneous expectation)을 한다. 모든 투자자들은 특정 자산에 투자할 경우 자산의 기대수익률 및 분산(또는 표준편차) 등에 대하여 동일한 예측을 한다. 또한 모든 투자자들은 동일한 단일투자기간(single period)을 가지고 있으며, 모든 자본자산은 무한히 분할가능하다.

④ 자본시장은 완전시장(perfect market)이다. 완전시장이란 모든 투자자가 가격순응자(price-taker)가 되는 시장으로서 어느 개인투자자라 하더라도 단독 거래로 인하여 자산의 시장가격에 영향을 미칠 수 없는 시장이다. 또한 완전시장에서는 자유로운 거래를 제약하는 거래비용, 세금 및 시장규제 등의 마찰적 요인이 존재하지 않으며, 모든 투자자들은 관심 있는 정보를 비용 없이 즉시 입수할 수 있고 분할투자가 가능하다.

일반적으로 투자자의 투자대상에는 위험자산만이 있는 것이 아니라 정부가 발행한 국채, 정부가 지급을 보증한 채권 등과 같은 무위험자산도 포함된다. 국채 등은 인플레이션을 고려하지 않는다면 미래 불확실성에 따른 위험이 존재하지 않으므로 무위험자산의 대용치로 사용된다. 무위험자산을 고려하게 되면 효율적 포트폴리오는 위험자산만을 투자대상으로 하는 경우와는 달라지게 된다.

수익률이 R_f인 무위험자산이 존재한다고 하자. 무위험자산과 위험자산을 결합하여 포트폴리오를 구성할 때, 위험자산은 효율적 투자선에 있는 어떤 하나의 포트폴리오이어야 한다. 임의로 [그림 5-9]의 점 A로 표시된 포트폴리오와 무위험자산을 결합하여 새로운 포트폴리오를 구성하여 보자. 그러면 무위험자산과 포트폴리오 A를 결합한 새로운 포트폴리오는 [그림 5-9]의 위험-수익 평면에서 R_f와 A를 연결하는 직선으로 나타난다.

이와 같이 새로운 포트폴리오는 투자비율에 따라 R_fA선상에서 움직이게 되므로, R_fA선상의 포트폴리오들은 지배원리에 의하여 EA선상의 포트폴리오들을 지배한다. 만약에 CAPM의 가정에서와 같이 무위험자산 이자율로 자금을 차입하여 포트폴리오 A에 투자한다면 그 결과는 A와 B를 연결하는 직선이 되어 이 또한 AF에 지배를 받게 된다. 따라

■ 그림 5-9 | 무위험자산 고려 시 효율적 프론티어

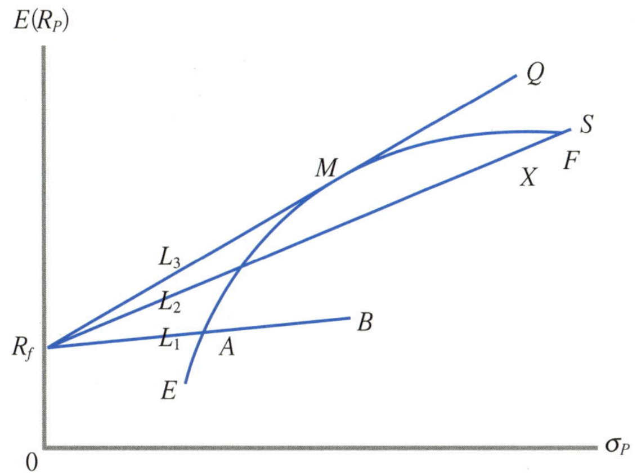

서 새로운 효율적 포트폴리오는 R_fAF를 연결하는 선에 놓이게 된다.

그러면 [그림 5-9]의 R_fAF가 새로운 효율적 포트폴리오가 될까? 효율적 투자선 EF 선상에는 무수히 많은 위험자산이 존재하므로, 무위험자산과 EF선상의 포트폴리오로 구성된 포트폴리오 역시 수없이 많아지게 된다. [그림 5-9]에 표시된 직선 L_1, L_2, L_3들은 수많은 새로운 포트폴리오 중의 일부를 표시하고 있다. 여기에 다시 지배원리를 적용하면 L_2를 구성하고 있는 포트폴리오들은 L_1상의 포트폴리오를 지배하며, L_3상의 포트폴리오들은 L_2상의 포트폴리오를 지배하게 된다. 따라서 가장 효율적인 포트폴리오는 R_f에서 EF선에 접선을 그었을 때 접점 M과 R_f를 연결하는 직선에 놓이게 된다. 그러므로 R_f, M, F를 연결하는 선이 새로운 효율적 투자선이 된다.

한편 투자자들이 무위험이자율로 자금을 얼마든지 차입할 수 있다면 그들은 자금을 빌려다 포트폴리오 M에 투자할 것이다. 왜냐하면 자금을 차입하여 포트폴리오 M에 투자할 때의 새로운 포트폴리오가 다른 모든 포트폴리오를 지배하기 때문이다. 만약 투자자가 자금을 차입하여 포트폴리오 M에 투자하지 않고 포트폴리오 X에 투자하면 이때의 새로운 포트폴리오는 R_f와 X를 연결하는 직선 XS선에 놓이게 된다. 그러나 MQ선에 놓여 있는 포트폴리오는 XS선에 놓여 있는 새로운 포트폴리오를 지배하므로 투자자들은 자금을 차입하여 포트폴리오 M에만 투자할 것이다. 이때 새로운 포트폴리오는 차입금의 크기에 따라 M과 Q를 연결하는 직선에 놓이게 된다. 따라서 차입이 자유로운 경우 효율적 프론티어는 R_f, M, Q를 연결하는 직선이 되며 이 직선 위에 놓인 포트폴리오가 효율적 포트폴리오가 된다.

[그림 5-9]의 새로운 효율적 프론티어, 즉 $R_f MQ$직선을 자본시장선(capital market line : CML)이라고 하며, CML을 수식으로 나타내면 다음과 같다. 이에 대한 증명은 [부록 2]에 소개되어 있다.

$$E(R_P) = R_f + \frac{E(R_M) - R_f}{\sigma_M}\sigma_P \tag{5.12}$$

식(5.12)에서 $E(R_M)$과 σ_M은 포트폴리오 M의 기대수익률과 표준편차이며, 특히 포트폴리오 M을 시장포트폴리오라 한다. 식(5.12)의 자본시장선은 무위험자산이 존재하는 경우 효율적 포트폴리오의 위험(표준편차)과 기대수익률의 선형관계를 나타내는 직선을 의미한다. 이와 같은 자본시장선의 의미는 효율적 포트폴리오의 기대수익률은 무위험이자율과 위험프리미엄의 합이라는 것이다. 특히 CML의 기울기 $[E(R_M) - R_f]/\sigma_M$은 위험의 시장가격(market price of risk)이라고 하며, 이는 위험이 한 단위 증가할 때 요구되는 추가적인 기대수익률의 크기를 의미한다. 예를 들어, CML의 기울기가 1/2이면 포트폴리오의 위험이 1% 증가할 때 기대수익률은 0.5% 증가함을 의미한다.

[그림 5-9]에서 점 M의 왼쪽은 투자자가 무위험자산과 포트폴리오 M을 동시에 소유하는 것을 의미하며 점 M의 오른쪽은 투자자가 본래의 투자자금과 무위험이자율로 차입한 자금을 포트폴리오 M에만 투자하는 것을 뜻한다. 그리고 점 M에서 오른쪽으로 갈수록 차입이 크다는 것을 나타낸다. R_f, M, Q를 연결하는 직선의 점 M 왼편에 놓인 포트폴리오를 대출포트폴리오(lending portfolio)라 하고, 점 M의 오른편에 놓인 포트폴리오를 차입포트폴리오(borrowing portfolio)라고 한다.

무위험자산과 위험자산들을 포함한 모든 자산들로 구성된 효율적 포트폴리오집합인 CML 선상의 포트폴리오 중 어느 포트폴리오에 투자할 것인가는 투자자의 효용함수에 달려 있으며, 이때 투자자가 선택하는 포트폴리오는 다음의 세 가지 경우로 구분될 수 있다. 첫째, 무위험자산과 포트폴리오 M에 투자하는 경우, 둘째 포트폴리오 M에만 투자하는 경우, 셋째 소유하고 있는 자금과 무위험이자율로 차입한 자금을 모두 포트폴리오 M에 투자하는 경우로 나눌 수 있다. 물론 대출과 차입의 정도에 따라 CML 선상에 수많은 투자가능한 포트폴리오가 있을 수 있지만 이 중에서 어떤 포트폴리오를 선택하느냐 하는 것은 투자자의 효용을 나타내는 무차별곡선에 의하여 결정된다. 즉, 투자자의 무차별곡선과 CML 선상의 접점에서 결정된다. 이를 그림으로 나타내면 [그림 5-10]과 같다.

[그림 5-10]의 A_1, A_2, A_3와 같은 무차별곡선을 가진 투자자는 자금의 일부를 무위험자산에 투자하고 그 나머지 자금을 시장포트폴리오 M에 투자하여 그의 효용을 극대화

■ 그림 5-10 | 최적포트폴리오

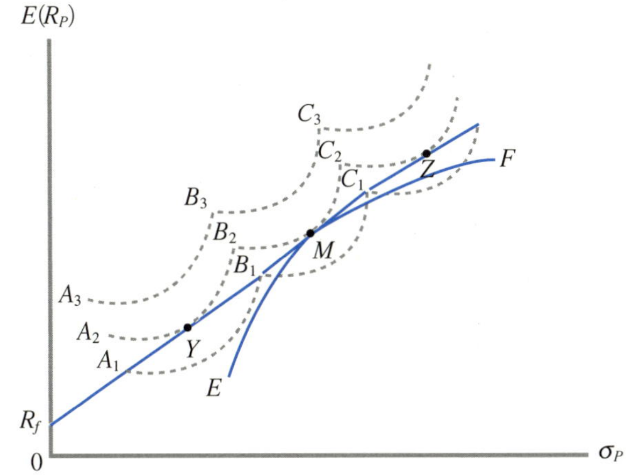

시키는 포트폴리오 Y를 선택한다. 또한 B_1, B_2, B_3로 표시된 무차별곡선을 가진 투자자는 자금을 전부 M에 투자하여 그의 효용을 극대화할 것이며, C_1, C_2, C_3의 무차별곡선을 가진 투자자는 포트폴리오 Z를 선택하기 위하여 소유하고 있는 자금과 무위험이자율로 차입한 자금을 전부 시장포트폴리오 M에 투자할 것이다. 이와 같이 투자자의 무차별곡선에 따라 선택되는 최적포트폴리오는 CML상의 각기 다른 점으로 나타난다.

CAPM의 가정하에서 모든 투자자들은 위험자산에 투자할 때 항상 포트폴리오 M을 선택하게 된다. 그리고 위험자산의 수요와 공급이 일치하는 시장균형하에서는 모든 자산은 누군가에 의해서 소유되어야 한다. 즉, 모든 투자자가 동일한 위험자산의 포트폴리오 M만을 선택하는 균형상태하에서는 위험자산의 포트폴리오 M에 포함되지 못하는 위험자산은 어떤 투자자도 소유하려 하지 않기 때문에 존재할 수 없다. 그러므로 균형시장하에서 위험자산의 포트폴리오 M은 현재 시장에서 거래되는 모든 위험자산을 포함하는 포트폴리오이며, 이와 같은 포트폴리오 M을 시장포트폴리오(market portfolio)라고 한다. 모든 투자자들이 위험자산 포트폴리오 중 포트폴리오 M에만 투자한다면, 시장포트폴리오에서 위험자산 j의 구성비율 w_j^M은 다음과 같다.

$$w_j^M = \frac{\text{위험자산 } j\text{의 총시장가치}}{\text{시장 전체 위험자산의 총시장가치}} \tag{5.13}$$

2.3 증권시장선

앞에서 설명한 바와 같이 CML의 이론에 따라 모든 투자자들이 위험자산에 투자하고자 할 때에는 완전분산투자된 시장포트폴리오 M을 항상 선택하며, 이와 같은 분산투자를 통하여 개별자산의 비체계적 위험은 제거될 수 있다. 즉, 모든 투자자들은 시장포트폴리오에만 투자하기 때문에 개별자산의 위험 중 제거되지 않고 시장포트폴리오에 남아 있는 위험은 체계적 위험뿐이므로 개별자산의 위험은 체계적 위험으로 측정된다. 따라서 개별자산의 체계적 위험이 크면 이에 따라 투자자들이 요구하는 기대수익률이 커지게 되고, 체계적 위험이 작으면 요구하는 기대수익률도 작게 된다. 이러한 관계를 설명하는 것이 증권시장선(security market line : SML)이다.

식(5.12)의 CML에서는 효율적 포트폴리오의 기대수익률과 위험의 관계를 나타내기 때문에 적절한 위험의 측정치로서 표준편차, 즉 총위험을 사용할 수 있다. 그러나 비체계적 위험도 포함하고 있는 개별자산의 경우 적절한 위험의 측정치로서 표준편차가 아닌 체계적 위험을 사용하여야 한다. 이와 같은 논리에 의해서 식(5.12)의 위험 σ_P 대신 개별자산의 적절한 위험측정치인 체계적 위험을 사용하여야 한다. 개별자산의 균형기대수익률과 체계적 위험의 관계는 다음 [그림 5-11]과 같이 나타낼 수 있다. [그림 5-11]의 직선이 SML이다.

[그림 5-11]에서 볼 수 있는 바와 같이 SML은 개별자산의 기대수익률과 체계적 위험의 지수인 베타계수와의 관계를 직선으로 나타내고 있다. 체계적 위험을 측정하는 지수인 베타계수는 다음 식으로 정의된다. 즉, 개별자산 j의 베타계수 β_j는 다음과 같이 정의된다.

$$\beta_j = \frac{COV(R_j, R_M)}{\sigma_M^2} \tag{5.14}$$

[그림 5-11]에 나타나 있듯이 시장포트폴리오의 β_M의 값은 1.0이다.

$$\beta_M = \frac{COV(R_M, R_M)}{\sigma_M^2} = \frac{\sigma_M^2}{\sigma_M^2} = 1 \tag{5.15}$$

또한 시장포트폴리오를 구성하는 개별자산의 비체계적 위험은 모두 제거되어 있으므로 β_M은 시장포트폴리오를 구성하는 개별자산의 β_j를 각각의 투자비율 w_j로 가중평균한 값이 된다.

■ 그림 5-11 | 증권시장선

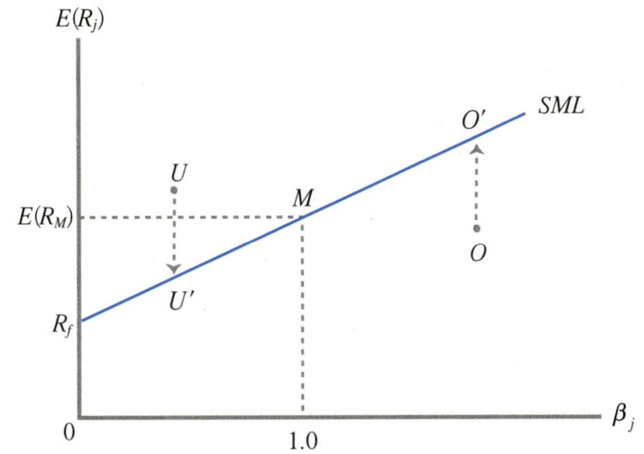

$$\beta_M = \sum_{j=1}^{n} w_j \beta_j \quad (5.16)$$

한편, 포트폴리오의 β_P는 다음과 같이 개별자산의 β_j를 각각의 투자비율 w_j로 가중평균한 값이 된다.

$$\beta_P = \sum_{j=1}^{n} w_j \beta_j \quad (5.17)$$

[그림 5-11]의 SML을 수식으로 나타내면 다음과 같다.

$$E(R_j) = R_f + [E(R_M) - R_f]\beta_j \quad (5.18)$$

식(5.18)에 나타난 바와 같이 SML은 개별자산의 기대수익률과 베타계수와의 관계를 직선으로 나타내고 있다. 이 식에서 $[E(R_j) - R_f]$는 개별자산의 기대수익률이 무위험이자율을 초과하는 부분을 나타내고 있다. 이를 초과수익률(excess return) 또는 자산의 위험프리미엄(risk premium on asset)이라 한다. 또한 $[E(R_M) - R_f]$는 시장포트폴리오의 기대수익률이 무위험이자율을 초과하는 부분으로서 시장의 위험프리미엄(risk premium on market)이라 한다. 이는 SML의 기울기가 된다.

식(5.18)에서 β_j는 시장수익률의 변동에 대한 개별자산의 민감도를 나타낸다. 이 베타계수가 큰 자산일수록 시장수익률의 변동, 즉 시장 전체의 경기변동에 대하여 보다 민감하게 반응한다고 할 수 있다. 예를 들어 베타계수가 2인 자산 A와 0.5인 자산 B가 있다고 할 때, 시장수익률이 1%포인트만큼 변동한다면, 자산 A의 수익률은 평균적으로 2%포인트 변동하고 자산 B의 수익률은 0.5%포인트 변동하게 된다. 이러한 점에서 베타계수가 1.0보다 큰 자산을 공격적 자산(aggressive asset)이라 하며, 1.0보다 작은 자산을 방어적 자산(defensive asset)이라 한다.

SML이 갖는 의미는 시장이 균형상태일 때 각 개별자산의 β_j가 결정되면 각 개별자산의 기대수익률이 SML에 놓이게 되도록 가격이 결정된다는 것이다. 시장이 균형상태를 이루지 못하여 [그림 5-11]에서 볼 수 있는 바와 같이 SML선상에 놓이지 못한 자산 U와 O가 존재한다고 하자. 자산 U는 가격이 과소평가(underpriced)되어 자산 U의 위험수준에 비하여 기대수익률이 너무 높으므로 투자자들의 자산 U에 대한 수요가 증가한다. 그 결과 자산 U의 가격은 상승하여 기대수익률이 SML선상의 U'에 이를 때까지 하락하게 되어 자산 U에 대한 수요와 공급은 균형을 이루게 된다. 한편, 자산 O는 가격이 과대평가(overpriced)된 자산으로서 그 위험수준에 비하여 기대수익률이 너무 낮으므로, 자산 O에 대한 수요가 감소한다. 그 결과 자산 O의 가격이 하락하여 기대수익률이 SML선상의 O'에 이를 때까지 상승하게 되어 자산 O에 대한 수요와 공급이 균형을 이루게 된다.

부록 1 포트폴리오의 기대수익률과 위험

여기에서는 포트폴리오의 기대수익률과 위험의 측정을 일반화하기로 한다. 주식 X와 Y로 구성된 포트폴리오의 기대수익률을 고려하여 보자. 포트폴리오의 수익률은 $R_P = w_X R_X + w_Y R_Y$이므로 이 포트폴리오의 기대수익률은 기대치의 특성에 의하여 다음과 같다.

$$\begin{aligned} E(R_P) &= E(w_X R_X + w_Y R_Y) \\ &= w_X E(R_X) + w_Y E(R_Y) \end{aligned} \tag{5.19}$$

식(5.19)를 유도하기 위한 기대치 특성이란 확률변수 X에 상수 a를 곱한 것과 확률변수 Y에 상수 b를 곱한 것을 더한 합계의 기대치는 X의 기대치에 a를 곱한 것과 Y의 기대치에 b를 곱한 것을 더한 값과 같다는 것이다. 즉, $E(aX+bY)=aE(X)+bE(Y)$가 된다.

식(5.19)로 설명한 바와 같이 포트폴리오의 수익률은 포트폴리오를 구성하고 있는 개별자산의 수익률을 각각의 투자비율에 따라 가중평균한 값이므로 기대치의 특성에 따라 포트폴리오의 기대수익률은 포트폴리오를 구성하고 있는 개별자산의 기대수익률을 각각의 투자비율에 따라 가중평균한 값이 된다. 따라서 n개의 자산으로 구성된 포트폴리오의 기대수익률은 다음과 같다.

$$\begin{aligned} E(R_P) &= w_1 E(R_1) + w_2 E(R_2) + \ldots + w_n E(R_n) \\ &= \sum_{j=1}^{n} w_j E(R_j) \end{aligned} \qquad (5.20)$$

$\sum_{j=1}^{n} w_j = 1$

w_j : 자산 j의 투자비중

$E(R_j)$: 자산 j의 기대수익률

또한 주식 X와 Y로 구성된 포트폴리오의 분산은 분산의 특성에 의하여 다음과 같이 나타낼 수 있다.

$$\begin{aligned} VAR(R_P) &= VAR(w_X R_X + w_Y R_Y) \\ &= w_X^2 VAR(R_X) + w_Y^2 VAR(R_Y) + 2w_X w_Y COV(R_X, R_Y) \\ &= w_X^2 \sigma_X^2 + w_Y^2 \sigma_Y^2 + 2w_X w_Y \sigma_{XY} \end{aligned} \qquad (5.21)$$

식(5.21)을 유도하기 위한 분산의 특성이란 확률변수 X에 상수 a를 곱한 것과 확률변수 Y에 상수 b를 곱한 것의 분산은 각 확률변수의 분산에 각 상수의 제곱을 곱한 합과 두 확률변수 X와 Y의 공분산에 두 상수 a와 b를 곱한 것을 더한 값과 같다는 것이다. 즉, $VAR(aX+bY)=a^2VAR(X)+b^2VAR(Y)+2abCOV(X,Y)$이 된다.

식(5.21)을 확장하여 n개의 자산으로 구성된 포트폴리오의 위험을 측정하는 공식은 다음과 같다.

$$\begin{aligned} VAR(R_P) &= \sum_{i=1}^{n}\sum_{j=1}^{n} w_i w_j \sigma_{ij} \\ &= \sum_{i=1}^{n} w_i^2 \sigma_i^2 + \sum_{i=1}^{n}\sum_{j=1}^{n} w_i w_j \sigma_{ij} \ (\text{단},\ i \neq j) \end{aligned} \qquad (5.22)$$

식(5.22)로 주어진 포트폴리오의 위험을 측정하는 일반화된 공식은 식(5.21)보다 어려워 보인다. 그러나 다시 한 번 자산 1, 2 두 개의 자산으로 구성된 포트폴리오의 위험을 측정하는 예를 들어 보면 식(5.22)를 쉽게 이해할 수 있다. 즉, 자산 1, 2로 구성된 포트폴리오 수익률의 분산은 다음과 같다.

$$
\begin{aligned}
VAR(R_P) &= \sum_{i=1}^{n}\sum_{j=1}^{n} w_i w_j \sigma_{ij} \\
&= \sum_{j=1}^{n} \{w_1 w_j \sigma_{1j} + w_2 w_j \sigma_{2j}\} \\
&= w_1 w_1 \sigma_{11} + w_2 w_1 \sigma_{21} + w_1 w_2 \sigma_{12} + w_2 w_2 \sigma_{22} \\
&= w_1^2 \sigma_{11} + w_2^2 \sigma_{22} + 2w_1 w_2 \sigma_{12} \quad (\because \sigma_{12} = \sigma_{21}) \\
&= w_1^2 \sigma_1^2 + w_2^2 \sigma_2^2 + 2w_1 w_2 \sigma_{12} \quad (\because \sigma_{ii} = \sigma_i^2) \\
&= \sum_{i=1}^{n} w_i^2 \sigma_i^2 + \sum_{i=1}^{n}\sum_{j=1}^{n} w_i w_j \sigma_{ij} \quad (\text{단, } i \neq j)
\end{aligned} \tag{5.23}
$$

식(5.23)의 구성 항(term)들을 그림으로 나타내어 보면 [그림 5-12]와 같다. 그림의 네 칸 속에 있는 항들을 모두 더한 것이 두 자산으로 구성된 포트폴리오의 위험이다.

그림 5-12 | 포트폴리오 분산의 구성항(두 자산의 경우)

	자산 1	자산 2
자산 1	$w_1 w_1 \sigma_{11}$	$w_1 w_2 \sigma_{12}$
자산 2	$w_2 w_1 \sigma_{21}$	$w_2 w_2 \sigma_{22}$

[그림 5-12]의 각 칸 속의 항은 각 행과 각 열에 있는 두 자산 간의 공분산에 두 자산의 투자비율을 곱한 값이다.

같은 양식으로 n개의 자산으로 구성된 포트폴리오의 위험을 계산하는 방법을 그림으로 나타내어 보면 [그림 5-13]과 같고 계산공식은 앞에서 주어진 식(5.22)와 같다.

■ 그림 5-13 | 포트폴리오 분산의 구성항(n자산의 경우)

	자산 1	자산 2	자산 3	· · ·	자산 n
자산 1	$w_1 w_1 \sigma_{11}$	$w_1 w_2 \sigma_{12}$	$w_1 w_3 \sigma_{13}$	· · ·	$w_1 w_n \sigma_{1n}$
자산 2	$w_2 w_1 \sigma_{21}$	$w_2 w_2 \sigma_{22}$	$w_2 w_3 \sigma_{23}$	· · ·	$w_2 w_n w_{2n}$
자산 3	$w_3 w_1 \sigma_{31}$	$w_3 w_2 \sigma_{32}$	$w_3 w_3 \sigma_{33}$	· · ·	$w_3 w_n \sigma_{3n}$
·	·	·	·	· · ·	·
·	·	·	·	· · ·	·
·	·	·	·	· · ·	·
자산 n	$w_n w_1 \sigma_{n1}$	$w_n w_2 \sigma_{n2}$	$w_n w_3 \sigma_{n3}$	· · ·	$w_n w_n \sigma_{nn}$

[그림 5-13]으로부터 자산 1, 2, 3, 4 네 개의 자산으로 구성된 포트폴리오의 위험은 다음과 같다.

$$VAR(R_P) = w_1^2\sigma_1^2 + w_2^2\sigma_2^2 + w_3^2\sigma_3^2 + w_4^2\sigma_4^2 + 2w_1w_2\sigma_{12} + 2w_1w_3\sigma_{13} + 2w_1w_4\sigma_{14} + 2w_2w_3\sigma_{23} + 2w_2w_4\sigma_{24} + 2w_3w_4\sigma_{34}$$

부록 2 CML의 유도

먼저 이자율이 R_f인 무위험자산 D가 존재한다고 하자. 무위험자산과 위험증권을 결합하여 포트폴리오를 구성할 때, 위험증권은 효율적 투자선에 있는 어떤 하나의 포트폴리오이어야 한다. 임의로 [그림 5-9]의 점 A로 표시된 포트폴리오와 무위험자산 D를 결합하여 새로운 포트폴리오를 구성하여 보자. 총투자금액 중 무위험자산 D에 투자한 자금의 비율을 w라 하면, 새로운 포트폴리오의 기대수익률과 표준편차는 다음과 같다.

$$E(R_P) = wR_f D + (1-w)E(R_A) \tag{5.24}$$

$$\sigma_P = \sqrt{w^2\sigma_D^2 + (1-w)^2\sigma_A^2 + 2w(1-w)\sigma_{DA}} \tag{5.25}$$

그런데 식(5.25)에서 D는 무위험자산이므로 $\sigma_D = 0$이고 $\sigma_{DA} = 0$이므로 식(5.25)는 다

음과 같게 된다.

$$\sigma_P = \sqrt{(1-w)^2 \sigma_A^2} = (1-w)\,\sigma_A \tag{5.26}$$

식(5.26)을 w에 대하여 정리한 후 이를 식(5.24)에 대입하면 다음과 같은 결과를 얻을 수 있다.

$$E(R_P) = R_f + \frac{E(R_A) - R_f}{\sigma_A}\,\sigma_P \tag{5.27}$$

이제 지배원리에 의해 가장 유리한 위험자산 포트폴리오인 M과 무위험자산 D를 결합한다고 하자. 그러면 같은 논리를 그대로 전개하여 식(5.12)에서의 CML을 얻을 수 있다.

EXERCISE

객관식 문제

※ 시장에서 100,000원에 거래되는 두 주식의 다음과 가격이 다음과 같이 예상되고 있다. (문제 1~2)

시장상황	가격		확률
	증권 A	증권 B	
호황	116,000	108,000	0.3
보통	98,000	120,000	0.2
불황	110,000	99,000	0.5

01 이 두 주식에 대한 설명으로 옳지 않은 것은?

① 증권 A의 기대수익률이 증권 B의 기대수익률보다 더 높다.
② 증권 B의 위험이 증권 A의 위험보다 더 높다.
③ 증권 A 및 증권 B의 공분산은 −0.7 이상이다.
④ 증권 A 및 증권 B의 상관계수는 −0.6 이하이다.

02 위의 두 주식에 각각 50%씩 투자한 포트폴리오 위험을 표준편차로 구하면 얼마가 되는가?

① 0.0332 ② 0.0317
③ 0.0353 ④ 0.0425

03 다음의 포트폴리오들 중 위험분산효과가 가장 크게 나타나는 것은?

① 자산 간 상관계수가 높고, 많은 자산으로 구성된 포트폴리오
② 자산 간 상관계수가 낮고, 많은 자산으로 구성된 포트폴리오
③ 자산 간 상관계수가 낮고, 적은 자산으로 구성된 포트폴리오
④ 자산 간 상관계수가 높고, 적은 자산으로 구성된 포트폴리오

04 다음의 자본시장이론에 대한 설명 중 옳지 않은 것은 어느 것인가?

① 잘 분산투자된 포트폴리오의 비체계적 위험은 상대적으로 아주 작아서 무시할 수 있다.
② 일정한 기대수익률하에서 최소의 분산 또는 표준편차를 제공하는 포트폴리오 집합의 모든 포트폴리오는 효율적 포트폴리오이다.

<<< 연 | 습 | 문 | 제

③ 자본시장에 대해서 모든 투자가가 동일한 정보를 가지고 있다면 모든 투자자들은 항상 동일한 위험자산 포트폴리오, 즉 시장포트폴리오를 선택한다.

④ 자본시장선(capital market line : CML)은 효율적 포트폴리오의 기대수익률과 위험(σ_p)의 선형관계를 나타내고 있으며, 증권시장선(security market line : SML)은 모든 자산의 기대수익률과 체계적 위험(β_j)의 선형관계를 나타낸다.

05 포트폴리오에 대한 다음의 설명 중 옳지 않은 것은 무엇인가?

① 지배원리를 만족하는 포트폴리오를 효율적 포트폴리오라 한다.
② 최소분산포트폴리오 집합은 효율적 포트폴리오를 연결한 선이다.
③ 포트폴리오와 구성자산수익률 간의 공분산에 의해 위험감소효과가 결정된다.
④ 포트폴리오 기대수익률은 개별자산 기대수익률을 투자비중으로 가중평균한다.

06 다음 포트폴리오 수익률위험 중 종류가 다른 것은?

① 물가상승 ② 분산불가능 위험
③ A회사의 노사분규 ④ 시장위험

07 자본자산가격결정모형을 유도하기 위한 가정 중 해당사항이 아닌 것은?

① 투자기간은 단일기간이다.
② 시장이자율로 차입과 대출이 가능하다.
③ 투자자는 평균분산기준에 의해 투자안을 선택한다.
④ 투자자들은 미래 주식의 수익률 분포에 대하여 동질적으로 예측한다.

08 자본시장선에 대한 설명으로 옳지 않은 것은?

① 차입포트폴리오의 무위험자산에 대한 투자비율은 양의 값을 갖는다.
② 위험자산에 투자하고자 하는 투자자들은 모두 시장포트폴리오에 투자한다.
③ 시장이 균형인 상태에서 효율적인 포트폴리오의 표준편차와 기대수익률 간의 관계이다.
④ 자본시장선상에서 최적 포트폴리오의 선택이 이루어지는 경우 무위험자산과 시장포트폴리오로 투자대상이 한정된다.

09 무위험이자율이 2%이며, 시장수익률이 5%일 때 베타가 2인 주식의 기대수익률은 얼마인가?

① 7% ② 8%
③ 9% ④ 10%

EXERCISE

10 주식 A와 B의 분산이 각각 0.6과 1이고 두 주식수익률 사이의 공분산이 0.8이다. 주식 A에 가진 돈의 25%를 투자하고 주식 B에 나머지 75%를 투자하여 포트폴리오를 구성할 경우 이 포트폴리오 분산의 크기는?

① 0.6 ② 0.7
③ 0.8 ④ 0.9

11 다음 중 증권시장선의 기울기가 의미하는 바는?

① 무위험이자율
② 시장의 위험프리미엄
③ 시장포트폴리오의 기대수익률
④ 체계적 위험의 지수인 베타계수

12 체계적 위험에 대한 설명으로 옳지 않은 것은?

① 인플레이션의 변화에서 발생한다.
② 시장수익률의 변화에 의하여 나타난다.
③ 종업원들의 파업이나 판매부진에서 발생한다.
④ 여러 기업들에게 동시에 같은 영향을 주는 위험이다.

13 증권시장에 거래되는 모든 종목의 증권들을 포함하는 포트폴리오는?

① 최적 포트폴리오 ② 시장 포트폴리오
③ 효율적 포트폴리오 ④ 비효율적 포트폴리오

14 다음 중 위험의 성격이 다른 것은 무엇인가?

① 분산가능위험 ② 시장위험
③ 기업특수위험 ④ 비체계적 위험

15 다음 투자안 X, Y에 대하여 포트폴리오효과가 가장 크게 나타나는 경우는?

① $\rho_{xy}=0$ ② $\rho_{xy}=+1$
③ $\rho_{xy}=-1$ ④ $\rho_{xy}=+2$

16 다음 중 동일한 개념이 아닌 것은 무엇인가?

① 분산불가능위험 ② 체계적 위험
③ 영업위험 ④ 시장위험

연 | 습 | 문 | 제

17 다음 중 포트폴리오를 구성했을 때 분산가능위험에 해당하는 것은 무엇인가?

① 창업자의 퇴진 ② 이자율의 변동
③ 인플레이션의 변동 ④ 정치적 불안정

18 포트폴리오이론은 다음 중 어떤 유형의 투자자를 가정하고 최적 포트폴리오 결정을 내린다고 보는가?

① 위험회피형 ② 위험독립형
③ 위험중립형 ④ 위험추구형

19 다음 중 수익률이 가장 클 것으로 예상되는 투자대상은?

① 국채 ② 회사채
③ 우선주 ④ 보통주

20 지배원리란?

① 동일한 크기의 위험을 가진 자산 중 수익률이 큰 자산이 수익률이 작은 자산을 지배한다.
② 동일한 크기의 위험을 가진 자산 중 수익률이 작은 자산이 수익률이 큰 자산을 지배한다.
③ 서로 다른 크기의 위험을 가진 자산 중 수익률이 작은 자산이 수익률이 큰 자산을 지배한다.
④ 서로 다른 크기의 위험을 가진 자산 중 수익률이 큰 자산이 수익률이 작은 자산을 지배한다.

21 채권투자를 하려고 한다. 여러 회사의 채권을 구입하면 비교적 위험을 분산시킬 수 있다고 한다. 이 경우 분산될 수 있는 위험은?

① 채무불이행 위험 ② 이자율 위험
③ 체계적 위험 ④ 구매력 위험

※ 우리나라 주식시장의 SML은 $E(R_i) = 0.09 + 0.11\beta_i$라고 한다. (문제 22~24)

22 L전자의 주식을 매입한다면 25%의 수익을 올릴 수 있다고 한다. L전자의 베타계수의 크기는 얼마인가?

① 2.84 ② −2.84
③ 1.45 ④ −1.45

EXERCISE

23 H전자의 베타계수는 2.8이지만 예상수익률이 36%나 된다고 투자상담사가 제시하였다. 투자자들은 H전자 주식을 어떻게 할 것인가?

① 현물매입 ② 현물매도
③ 현금보유 ④ 정보부족으로 판단 불가

24 시장포트폴리오의 기대수익률은 얼마인가?

① 2% ② 9%
③ 11% ④ 20%

주관식 문제

01 주식 A와 B의 미래수익률에 대한 확률분포는 다음과 같다.

경기상황	확 률	주식 A	주식 B
1	0.5	0.10	0.00
2	0.4	0.05	0.02
3	0.1	−0.20	−0.10

(1) 주식 A와 B의 기대수익률과 수익률의 표준편차를 계산하라. 또한 두 주식수익률 간의 공분산과 상관계수를 계산하라.

(2) 포트폴리오 C는 주식 A, B의 투자비율을 각각 75%, 25%로 하여 구성된 포트폴리오이고, 포트폴리오 D는 주식 A, B의 투자비율을 각각 25%, 75%로 하여 구성된 포트폴리오이다. 포트폴리오 C와 D의 수익률을 계산하라.

(3) 포트폴리오 C와 D의 기대수익률과 위험을 계산하고 두 포트폴리오 수익률 간의 공분산을 측정하라.

(4) 주식 A와 B로 포트폴리오 E를 구성할 때 포트폴리오 E의 기대수익률을 2.4% 얻기 위하여 감수해야 하는 포트폴리오 위험의 크기는?

02 시장포트폴리오의 기대수익률은 25%, 수익률의 표준편차는 15%이고 무위험이자율은 10%라고 하자. 이때 다음 물음에 답하라.

(1) 자본시장선의 기울기를 구하라.

(2) 어떤 투자자가 가지고 있는 자금을, ① 무위험자산에 50% 그리고 시장포트폴리오에 50% 투자하였을 경우와, ② 투자자가 현재 가지고 있는 자금의 50%를 차입하여 모두 시장포트폴리오에 투자하였을 경우 각각에서 포트폴리오의 기대수

‹‹‹ 연 | 습 | 문 | 제

익률 과 수익률의 표준편차를 계산하라.

(3) 어떤 투자자가 무위험자산과 시장포트폴리오를 결합하여 새로운 포트폴리오를 구성하려고 한다. 이 투자자가 새로운 포트폴리오로부터 20%의 수익률을 기대한다고 할 때 무위험자산과 시장포트폴리오의 투자비율과 새로운 포트폴리오 수익률의 표준편차를 계산하라.

03 주식 A의 기대수익률이 10%, 수익률의 표준편차가 15%이고 주식 B의 기대수익률은 15%, 표준편차가 20%이다. 두 주식을 50%씩 혼합한 포트폴리오의 표준편차가 16%라면 주식 A와 B 간의 상관계수는 얼마인가?

04 자본시장에 다음과 같은 두 개의 주식과 무위험자산만 존재한다고 하자.

주식	기대수익률(%)	표준편차(%)	시장가치
1	15	20	600억원
2	10	14	400억원

(1) 시장포트폴리오의 구성비율을 구하라.

(2) 두 주식 간의 상관계수가 0.5일 때 시장포트폴리오의 기대수익률과 표준편차를 구하라.

05 다음 그림처럼 자본시장이 균형을 이루고 있다고 하자.

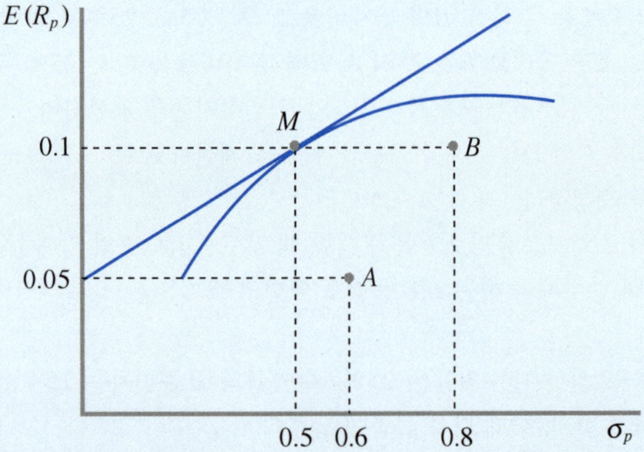

(1) 주식 A와 B의 베타를 구하라.

(2) 주식 A와 B에 각각 50%를 투자한 포트폴리오의 베타를 구하라.

EXERCISE

06 다음 자료를 이용하여 물음에 답하라.

증권 C 수익률의 표준편차	20%
시장포트폴리오의 기대수익률	15%
시장포트폴리오 수익률의 표준편차	10%
증권 C 수익률과 시장포트폴리오 수익률 간의 상관계수	0.80
무위험이자율	4%

(1) 증권시장선을 구하라.
(2) 시장의 균형상태에서 증권 C의 기대수익률을 계산하라.
(3) 만약 어떤 투자자가 무위험증권과 증권 C를 결합하여 2.4의 베타계수값을 갖는 포트폴리오를 구성하고자 한다면, 이 투자자는 무위험증권과 증권 D를 어떻게 결합하여야 하겠는가?

07 (주)중부주식의 기대수익률은 10%이고, 이 주식의 수익률 분산은 0.0016이다. 시장포트폴리오의 기대수익률은 0.14, 분산은 0.0064이고, 이 주식과 시장포트폴리오의 상관계수는 0.9이다. 무위험이자율이 5%이고, 다른 조건은 불변일 때 중부주식가격의 과대평가 혹은 과소평가 여부를 판단하라.

08 무위험이자율이 6%이고 시장포트폴리오의 기대수익률이 16%이다. 어떤 투자자가 시장포트폴리오에 대한 투자비율 0.25로 하고 나머지 0.75를 베타계수가 2.0인 증권에 투자한다고 하자. 자본자산가격결정모형이 성립한다면 이 투자자가 만든 포트폴리오의 기대수익률 크기는?

09 어떤 투자자가 자신이 가진 자금을 10개의 주식에 균등히 투자하여 포트폴리오를 구성하였다고 하자. 현재 이 포트폴리오의 베타계수는 1.65이다. 이 투자자가 현재 소유한 주식 가운데는 베타계수가 2.0인 주식이 하나 존재한다. 투자자가 이 주식을 매도하고 새로운 주식을 매수하여 포트폴리오를 변경하였더니 새로운 포트폴리오의 베타계수가 1.5가 되었다고 한다. 이 투자자가 새로 구입한 주식의 베타계수 크기는?

10 다음 표에 근거하여 아래 각 질문에 답하라.

《《 연 | 습 | 문 | 제

	경기상황전망		
	호황	보통	불황
확률	0.25	0.5	0.25
시장포트폴리오의 기대수익률	20%	10%	0%
주식 *K*의 기대수익률	35%	15%	−5%
무위험이자율	5%	5%	5%

(1) 자본시장선(CML)을 구하고 이를 해석하라.
(2) 증권시장선(SML)을 구하고 이를 해석하라.

11 이재형 사장은 다음과 같은 투자안 *Q*의 사업성을 따져보고 있다. 현재 무위험이자율이 3%이고, 균형기대시장수익률이 9%일 경우 이 투자안을 선택할 것인가 아니면 기각할 것인가를 결정하고 그 이유를 설명하라.

	기대수익률	표준편차	베타계수
투자안 *Q*	14%	0.80	2.0

12 주식 *N*의 베타계수는 1.2이다. 만약 무위험이자율이 5%이고 시장기대수익률(E(Rm))이 10%일 경우에 주식 *N*에 대한 요구수익률을 구하라.

13 김슬기 씨는 다음과 같은 수익률을 갖는 주식 1, 2, 3으로 포트폴리오를 구성하고자 한다. 주식 1과 주식 2의 상관계수가 0.7, 주식 2와 주식 3의 상관계수가 0.1, 그리고 주식 3과 주식 1의 상관계수가 −0.2일 때 이 포트폴리오의 기대수익률과 위험을 계산하라.

	투자비중	기대수익률	표준편차
주식 1	0.4	20%	0.5
주식 2	0.3	15%	0.3
주식 3	0.3	10%	0.1

14 다음 두 주식으로 구성된 포트폴리오의 기대수익률과 위험을 구하라. 단 두 주식 간의 상관계수는 +0.4라고 가정한다.

EXERCISE

	기대수익률	수익률의 표준편차	투자비중
주식 X	10%	12%	0.4
주식 Y	20%	22%	0.6

15 주식 Z의 수익률 분포가 다음과 같을 때 이 주식의 기대수익률과 위험을 구하라.

경기상황	상황 1	상황 2	상황 3	상황 4
확률	0.2	0.2	0.3	0.3
기대수익률	30%	20%	10%	0%

16 다음 표에는 시장포트폴리오 M의 수익률(E(Rm))이 경기상황에 따라 어떻게 달라지는가를 나타내고 있다. 무위험이자율이 5%일 경우 다음 각 질문에 답하라.

경기상황	호황	보통	불황
확률	20%	40%	40%
M의 수익률	50%	10%	−10%

(1) 자본시장선(CML)을 구하라.

(2) 시장포트폴리오 M과 무위험자산에 각각 60%와 40%씩 투자했을 때 이 포트폴리오의 기대수익률과 위험을 구하라.

Fundamentals of Corporate Finance

CHAPTER 6

불확실성하의 투자결정

Chapter 6

불확실성하의 투자결정

제1절 위험조정할인율법을 이용한 투자결정

1.1 위험조정할인율의 의의

위험이 존재하는 투자안을 평가할 때 사용되는 할인율은 위험의 정도에 따라 적절하게 조정되어야 한다. 투자자들은 위험이 큰 투자안에 투자하고자 할 때 위험에 대한 보상으로 높은 수익률을 요구하게 된다. 투자자들이 요구하는 수익률은 기업의 입장에서 보면 자본비용이 되므로 위험이 큰 투자안에 적용되는 할인율 또한 높게 조정되어야 한다. 이때 투자안의 위험 정도를 반영하여 적절하게 조정된 할인율을 위험조정할인율(risk adjusted discount rate)이라고 한다.

기업이 기존의 사업과 전혀 다른 새로운 사업에 투자를 하는 경우, 새로운 투자에 대한 체계적 위험은 기존 사업의 체계적 위험과 다른 것이 일반적이다. 그 이유는 각 사업마다 현금흐름의 변동가능성이 다르기 때문이다. 이와 같은 경우에 기존 사업의 자본비용을 사용하여 신규 투자안을 평가한다면 잘못된 평가결과를 얻을 수밖에 없다. 따라서 새로운 투자를 올바르게 평가하기 위해서는 해당 투자안의 위험을 고려한 할인율을 사용하여야 한다.

(주)하나가 현재 내용이 다른 A와 B, 2개의 사업부문으로 이루어져 있는데 또 다른 사업부문 C에 신규로 투자하려고 한다. 그러면 투자 후 (주)하나의 기업가치는 3개의 사업부문 A, B, C 가치의 합이 된다. 이때 사업부문 A, B, C의 가치는 각 사업부문의 미래 현금흐름을 각 사업부문의 위험을 고려한 할인율로 할인한 순현재가치이다.

그럼 각 사업의 미래 현금흐름을 평가할 때 어떤 위험이 분석대상이 되어야 하는가?

투자자들이 사업부문 *A*, *B*, *C*에 분산하여 투자할 수 있고 CAPM의 가정이 현실적으로 성립한다면 해당 투자안의 체계적 위험이 분석대상이 되어야 한다. 왜냐하면 투자안이 지닌 위험 중에서 비체계적 위험은 분산투자를 통해 제거될 수 있기 때문이다. 따라서 위험조정할인율은 체계적 위험의 크기에 영향을 받으며, CAPM에 의해 다음과 같은 관계가 성립한다.

$$E(R_j) = R_f + [E(R_M) - R_f]\beta_j \tag{6.1}$$

$E(R_j)$: 투자안 j의 위험조정할인율

R_f : 무위험이자율

$E(R_M)$: 시장포트폴리오의 기대수익률

β_j : 투자안 j의 체계적 위험의 지수

CAPM에서 $E(R_j)$는 위험조정할인율로 투자자들이 투자안 j로부터 기대하는 요구수익률(required rate of return)이다. 한편 투자자들의 요구수익률은 기업의 입장에서 볼 때 부담하여야 하는 자본비용이 되며, 투자안의 수익률이 뛰어 넘어야 하는 최소한의 수익률인 장애율(hurdle rate)과 같다. β_j는 투자베타(project beta)인데 투자안 j의 수익률이 시장 전반적인 수익률 움직임에 대해 어느 정도 민감하게 변화하는가를 나타내는 계수이다.

1.2 투자안의 평가

위험조정할인율은 불확실성하에서 투자안을 평가할 때 할인율로 사용된다. 따라서 위험조정할인율을 이용하여 투자안의 순현재가치를 계산하면 다음과 같다.

$$NPV = \sum_{t=1}^{T} \frac{E(CF_t)}{[1 + E(R_j)]^t} - I_0 \tag{6.2}$$

$E(CF_t)$: t 시점에서의 기대 순현금흐름

I_0 : 현재시점에서의 순현금유출

식(6.2)에 의해 계산된 *NPV*가 0보다 크면 투자안 j에 투자하고, 0보다 작으면 현금유출의 현재가치가 현금유입의 현재가치보다 크므로 투자하지 않는다.

한편 [그림 6-1]에서 SML은 투자안의 체계적 위험이 반영된 위험조정할인율을 나타내고 있다. 임의의 투자안 j의 투자수익률 확률분포가 주어졌다면 확률분포의 기대값을

■ 그림 6-1 | 증권시장선(SML)을 이용한 투자안 평가

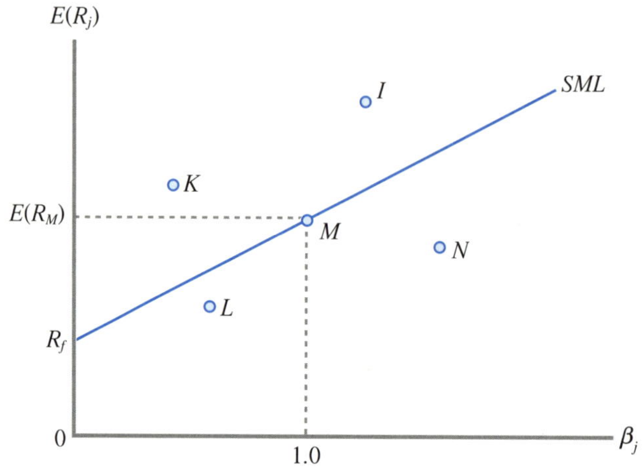

예제 6-1 위험조정할인율을 이용한 투자안 평가

(주)두나는 다음과 같은 상호 독립적인 투자안들을 고려하고 있다. 무위험이자율은 5%이며, 시장포트폴리오의 기대수익률은 15%이다.

투자안	베타	기대수익률
A	0.5	13%
B	2.0	22%

(1) 각 투자안의 자본비용을 이용하여 투자안 A와 B를 평가하라.

(2) 기존 사업의 자본비용이 20%라고 할 때, 투자안 A와 B를 기존사업의 자본비용을 이용하여 평가하고, 이러한 평가가 지닌 문제점을 설명하라.

| 풀이 |

(1) 증권시장선에 의해서 각 투자안의 자본비용을 구하면 다음과 같다.

• 투자안 $A : E(R_A) = R_f + [E(R_M) - R_f]\beta_A$

$$= 0.05 + (0.15 - 0.05)\beta_A$$

$$= 0.05 + (0.1)(0.5) = 0.1 \text{ 또는 } 10\%$$

• 투자안 $B : E(R_B) = R_f + [E(R_M) - R_f]\beta_B$

$$= 0.05 + (0.15 - 0.05)\beta_B$$

$$= 0.05 + (0.1)(2.0) = 0.25 \text{ 또는 } 25\%$$

독립적 투자안의 평가기준은 다음과 같다.

① 투자안의 기대수익률 > 투자안의 자본비용($NPV > 0$)
⇒ 투자안 채택
② 투자안의 기대수익률 < 투자안의 자본비용($NPV < 0$)
⇒ 투자안 기각

그러므로 앞에서 구한 각 투자안의 자본비용과 기대수익률을 비교하여 투자안을 평가하면 다음과 같다.

투자안	기대수익률		투자안의 자본비용	평가
A	13%	>	10%	채택
B	22%	<	25%	기각

(2) 기존 사업의 자본비용과 투자안의 기대수익률을 비교하여 투자안을 평가하면 다음과 같다.

투자안	기대수익률		기존 사업의 자본비용	평가
A	13%	<	20%	기각
B	22%	>	20%	채택

위의 결과는 해당 투자안의 자본비용을 사용하여 평가할 때와 완전히 상반된 결과이다. 해당 투자안의 체계적 위험이 기존 사업의 체계적 위험과 서로 다른 경우, 기존 사업의 자본비용을 투자안 평가에 이용할 때 발생할 수 있는 오류이다.

계산할 수 있는데 이 값을 [그림 6-1]에 표시하였더니 SML 선상에 있다고 하자. 이것은 이 투자안의 기대수익률이 위험조정할인율과 같다는 것을 의미한다. SML이 체계적 위험을 반영한 위험조정할인율을 나타내고 있기 때문이다. 따라서 이 투자안의 *NPV*를 계산하면 0이 된다. SML보다 위에 있는 투자안 *K*와 *I*의 경우에는 투자안으로부터 기대되는 수익률이 위험조정할인율보다 높기 때문에 *NPV*는 0보다 큰 값을 갖는다. 반대로 투자안 *L*과 *N*은 기대수익률보다 위험조정할인율이 낮기 때문에 0보다 작은 *NPV*를 갖게 된다. 이처럼 투자안의 수익률 확률분포가 주어지면 기대값과 위험조정할인율을 비교하여 해당 투자안에 투자할 것인지 여부를 쉽게 판단할 수 있다.

우리는 앞에서 현금흐름의 변동위험이 있을 때 체계적 위험의 크기에 따라 위험조정할인율을 결정하면 손쉽게 투자안을 평가할 수 있다는 것을 알게 되었다. 그러나 CAPM을 이용하여 위험조정할인율을 결정할 때 문제가 전혀 없는 것은 아니다.

첫째, CAPM을 이용하여 측정한 위험조정할인율은 단일기간(single period)에만 적용된다는 점이다. 따라서 투자안의 수명이 단일기간이라면 그대로 이용할 수 있다. 그러나 일반적으로 투자안의 수명은 다기간(multi-period)이기 때문에 식(6.2)를 그대로 이용할 수는 없다. 그런데 기업을 둘러싼 거시경제 환경에 변화가 없으며, 기업의 경영정책이 일관성 있게 추진된다면 투자안의 체계적 위험은 투자기간에 걸쳐 안정적일 수 있다. 만약 이처럼 투자기간 동안 투자베타가 안정적이라면 위험조정할인율을 투자기간 전체에 걸쳐 할인율로 이용하여도 큰 무리는 없다. 그러나 만약 투자베타가 불안정하다면 동일한 위험조정할인율을 투자기간 전체에 걸쳐 사용할 수 없다. 따라서 투자베타가 시간이 지남에 따라 변할 때 매 기간마다 투자베타를 따로 측정하여 기간마다 다른 위험조정할인율을 사용하는 것이 적절하다.

둘째, 체계적 위험을 나타내는 β_j는 근본적으로 투자안의 미래수익률의 확률분포에 의해서 추정되어야 한다. 그러나 현실적으로 투자안의 미래수익률 자료를 얻기란 불가능하다. 또한 미래수익률 자료 대신에 과거수익률 자료를 이용하려고 해도 새로운 투자안일 경우 과거자료도 존재하지 않을 것이다. 이와 같은 경우 일반적으로 투자안과 동일한 위험을 가지고 있다고 생각되는 대용기업(proxy company)을 선정하여 그 기업의 과거자료를 바탕으로 베타계수를 측정하여 사용하기도 한다. 그러나 이 경우 상당한 측정오차가 발생할 수 있는데, 이 문제는 동종 산업에 속해 있는 기업들의 평균베타계수를 사용함으로써 어느 정도 완화시킬 수 있다.

셋째, 투자자들이 기업의 여러 자산에 분산투자할 수 있는가 하는 문제이다. 즉, 위험조정할인율이 위와 같이 결정되기 위해서는 투자자들이 해당 기업의 자산 A, B, C에 분산투자할 수 있어야 한다. 그러나 여러 기업의 주식에 분산투자하는 것은 가능해도 특정 기업의 여러 자산에 분산투자하는 것은 현실적으로 어려울 수 있다.

1.3 위험조정할인율의 조정

1.3.1 타인자본 사용에 따른 조정

지금까지 우리는 투자에 소요되는 자금이 모두 자기자본으로 조달될 때 할인율의 조정에 대해 살펴보았다. 그러나 현실적으로 기업이 새로운 투자를 할 때 소요되는 자금은 자기자본뿐만 아니라 타인자본으로도 조달된다.

기업이 자기자본과 타인자본으로 자본을 조달할 경우 자본비용은 자기자본과 타인자본에 대한 비용을 각각의 시장가치에 의해 가중평균한 가중평균자본비용(weighted average cost of capital : WACC)이 된다. 법인세가 없다고 가정하면 가중평균자본비용은 다음과 같다.

$$WACC = k_d \times \frac{B}{B+S} + k_e \times \frac{S}{B+S} \tag{6.3}$$

k_d : 타인자본비용
k_e : 자기자본비용
B : 타인자본(부채)
S : 자기자본

식(6.3)에서 k_e는 자기자본비용으로 위에서 자기자본만으로 자본을 조달할 때 CAPM에 의해 계산한 위험조정할인율이 여기에 해당한다. 가중평균자본비용은 투자를 위해 조달된 자금의 평균비용을 의미하며 이것이 곧 투자안의 위험을 반영한 위험조정할인율이라고 할 수 있다. 가중평균자본비용에 대한 자세한 내용은 제7장에서 살펴보기로 한다.

1.3.2 대용회사 베타의 사용에 따른 조정

현실적으로 투자안의 투자베타를 측정하기 위해서는 과거의 자료가 필요하다. 그러나 기존의 사업과 다른 새로운 투자안에 대한 과거의 자료는 존재하지 않기 때문에 새로운 투자안과 비슷한 사업을 하는 다른 회사, 즉 대용회사의 베타를 이용하는 경우가 많다. 그런데 아무리 사업의 내용이 비슷하다고 하더라도 대용회사의 베타를 투자안의 베타로 그대로 사용할 수 없다. 베타에 영향을 미치는 또 다른 중요한 요인인 재무레버리지, 즉 부채비율이 대용회사와 다르기 때문이다.

재무레버리지는 고정재무비용으로 인해 영업이익의 변화에 따른 순이익의 변화가 확대되어 나타나는 현상을 말한다. 많은 부채를 사용하면 높은 고정재무비용(이자비용)이 발생하게 되며 그 결과 미래 현금흐름의 변동성이 커지기 때문에 베타의 크기가 그 만큼 커지게 된다.

따라서 대용회사의 부채비율과 해당 투자안의 부채비율을 적절히 감안하여 대용회사 베타를 조정하여 사용할 필요가 있다. 이처럼 대용회사의 레버리지와 투자안의 레버리지가 다를 때에는 하마다모형(Hamada model)을 이용하여 위험조정할인율을 조정할 수 있다. 하마다모형은 레버리지와 베타의 함수관계를 설명하는 모형인데 자세한 내용은 다음 제7장에서 살펴보기로 한다.

제2절 확실성등가법을 이용한 투자결정

2.1 확실성등가의 의의

위험조정할인율을 이용하여 투자안을 분석할 때 투자베타가 투자기간 동안 안정적이라고 가정하는 것이 손쉽다. 그러나 투자기간 동안 투자베타는 여러 가지 요인에 의하여 변동할 수 있으므로 각 기간마다 베타를 측정하여 사용하여야 한다. 그런데 매 기간마다 투자베타를 측정하는 것이 쉽지 않은 경우가 있다. 이와 같은 경우에 확실성등가를 이용하여 투자안을 평가할 수 있다.

확실성등가(certainty equivalent : CEQ)란 불확실한 현금흐름과 동일한 효용을 제공하는 확실한 현금의 크기를 말한다. 위험이 있는 투자안으로부터 기대되는 1년 후 현금흐름이 100만원이라고 하자. 이 투자안의 효용이 위험이 전혀 없고 1년 후에 90만원을 보장하는 투자안의 효용과 같다면 확실한 90만원은 불확실한 100만원의 확실성등가가 된다. 이때 확실한 현금흐름과 불확실한 기대현금흐름의 비율을 확실성등가계수(certainty equivalent coefficient)라고 한다.

$$\alpha_t = \frac{CEQ_t}{E(CF_t)} \tag{6.4}$$

α_t : 확실성등가계수
CEQ_t : t시점의 확실성등가
$E(CF_t)$: t시점의 기대현금흐름

확실성등가계수는 0보다 크고 1보다 작은 값을 가지며 위험회피의 정도가 큰 투자자일수록 확실성등가계수가 작아진다.

2.2 투자안의 평가

확실성등가법은 미래의 기대현금흐름에 위험을 직접 반영하는 방법이다. 즉, 현금흐름의 위험도에 따라 현금흐름 자체를 확실성등가로 전환시켜서 투자안을 평가하는 방법이다. 다음과 같은 각 기간의 기대현금흐름이 주어져 있다고 하자.

각 기간의 확실성등가계수가 주어져 있다면 식(6.4)를 이용하여 각 기간의 기대현금흐름을 각 기간의 확실성등가로 다음과 같이 환산할 수 있다.

확실성등가는 위험이 없는 확실한 현금흐름이기 때문에 현재가치를 계산할 때 무위험이자율로 할인하여야 한다. 따라서 위와 같은 확실성등가 흐름을 할인한 투자안의 순현재가치는 다음과 같이 계산할 수 있다.

$$NPV = \sum_{t=1}^{T} \frac{CEQ_t}{(1+R_f)^t} - I_0 \tag{6.5}$$

$$= \sum_{t=1}^{T} \frac{\alpha_t E(CF_t)}{(1+R_f)^t} - I_0$$

R_f : 무위험이자율

또한 위험조정할인율법에 의한 순현재가치는 기대현금흐름을 해당 기간의 위험조정할인율로 할인하여 다음과 같이 계산할 수 있다.

$$NPV = \sum_{t=1}^{T} \frac{E(CF_t)}{[1+E(R_j)]^t} - I_0 \tag{6.6}$$

$E(R_j)$: 위험조정할인율

물론 식(6.6)은 위험조정할인율이 매기간 일정할 경우에만 성립하며, 만약 매기간 다를 경우 해당 기간의 위험조정할인율로 할인하여야 한다.

한편 동일한 투자안의 기대현금흐름을 위험조정할인율로 할인한 순현재가치와 확실성등가를 무위험이자율로 할인한 순현재가치는 항상 같아야 한다. 따라서 다음과 같은 식이 성립한다.

$$\sum_{t=1}^{T} \frac{E(CF_t)}{[1+E(R_j)]^t} - I_0 = \sum_{t=1}^{T} \frac{\alpha_t E(CF_t)}{(1+R_f)^t} - I_0 \tag{6.7}$$

즉, 각 기간마다 다음과 같은 관계가 성립한다.

$$\frac{E(CF_1)}{[1+E(R_j)]} = \frac{\alpha_1 E(CF_1)}{(1+R_f)}, \quad \text{즉 } \alpha_1 = \frac{1+R_f}{1+E(R_j)}$$

$$\frac{E(CF_2)}{[1+E(R_j)]^2} = \frac{\alpha_2 E(CF_2)}{(1+R_f)^2}, \quad \text{즉 } \alpha_2 = \left[\frac{1+R_f}{1+E(R_j)}\right]^2 = (\alpha_1)^2$$

$$\vdots \qquad\qquad\qquad\qquad \vdots$$

$$\frac{E(CF_n)}{[1+E(R_j)]^n} = \frac{\alpha_n E(CF_n)}{(1+R_f)^n}, \quad \text{즉 } \alpha_n = \left[\frac{1+R_f}{1+E(R_j)}\right]^n = (\alpha_1)^n$$

따라서 시점 t에서 확실성등가계수 α_t는 다음과 같이 나타낼 수 있다.

$$\alpha_t = \left[\frac{1+R_f}{1+E(R_j)}\right]^t = (\alpha_1)^t \tag{6.8}$$

식(6.8)로부터 확실성등가계수는 0에서 1 사이의 값을 가지므로 시간이 경과함에 따라 일정률씩 감소한다는 것을 알 수 있다. 이것은 시간이 경과함에 따라 각 기간의 현금흐름에 대한 불확실성이 일정률로 증가한다는 것을 의미한다. 즉, 각 기간의 위험조정할인율이 일정하더라도 시간이 경과함에 따라 누적적 위험은 일정률로 증가하게 된다.

예제 6-2 위험조정할인율법과 확실성등가법

현재 (주)세나가 검토 중인 투자안 A의 기대현금흐름은 다음과 같다. 이 투자안의 β는 0.5이며, 무위험이자율과 시장의 기대수익률은 각각 5%와 15%이다.

(단위 : 억원)

시점	0	1	2
기대현금흐름	−200	150	150

(1) 위험조정할인율법에 의해 투자안을 평가하라.
(2) 확실성등가법에 의해 투자안을 평가하라.

| 풀이 |

(1) 투자안의 위험조정할인율을 구하면 다음과 같다.

$$E(R_A) = R_f + [E(R_M) - R_f]\beta_A$$
$$= 0.05 + (0.15 - 0.05)(0.5)$$
$$= 0.1, \text{ 즉 } 10\%$$

위험조정할인율 10%로 할인하여 순현가를 구하면 다음과 같다.

$$NPV = -200 + \frac{150}{(1+0.10)} + \frac{150}{(1+0.10)^2} = 60.33\text{억원}$$

투자안의 순현가는 60.33억원으로서 0보다 크기 때문에 투자안을 채택하여야 한다.

(2) 각 시점별 확실성등가계수를 다음과 같이 구할 수 있다.

$$\alpha_1 = \frac{1+R_f}{1+E(R_A)} = \frac{1+0.05}{1+0.10} = 0.9545$$
$$\alpha_2 = (\alpha_1)^2 = (0.9545)^2 = 0.9111$$

그러므로 확실성등가계수는 매 기간 4.55%(=1−0.9545)씩 일정률로 감소됨을 알 수 있다. 확실성등가계수를 이용하여 각 기간의 기대현금흐름에 대한 확실성등가를 구하면 다음과 같다.

(단위 : 억원)

시점	0	1	2
기대현금흐름	−200	150	150
확실성등가	−200	143.18	136.67

각 기간의 확실성등가를 무위험이자율 5%로 할인하여 투자안의 순현가를 구하면 다음과 같다.

$$NPV = -200 + \frac{143.18}{(1+0.05)} + \frac{136.67}{(1+0.05)^2} = 60.33\text{억원}$$

투자안의 순현가는 60.33억원으로서 0보다 크기 때문에 이 투자안을 채택하여야 한다. 이와 같이 위험조정할인율법과 확실성등가법의 결과는 동일함을 알 수 있다.

제3절 현금흐름예측이 불확실할 때의 투자결정방법

3.1 민감도분석

앞에서 우리는 현금흐름의 변동성 위험을 반영한 1개의 숫자, 예를 들어 1개의 NPV

를 기준으로 투자결정을 하는 위험조정할인율법과 확실성등가법을 살펴보았다. 이 평가 방법들은 투자시 위험을 적절히 평가할 수 있는 훌륭한 평가방법이다. 그러나 어떤 회사들은 위험을 반영한 1개의 숫자를 기준으로 위험에 대처하기보다는 현금흐름의 변동을 가져오는 여러 상황들을 파악하고 각각의 상황에 맞는 대처방법을 찾는 것을 선호하기도 한다. 이러한 방법 중의 하나가 민감도분석이다. 민감도분석(sensitivity analysis)이란 투자안의 현금흐름에 영향을 미치는 여러 변수들 가운데 특정 변수의 변화에 의해 투자안의 *NPV*가 영향을 받는 정도를 분석하는 기법을 말한다.

다음 경우를 살펴보자. (주)가나는 새로운 제품을 생산하기 위한 투자를 생각하고 있다. 현재시점에서 100억원을 투자하면 앞으로 10년간 매년 [표 6-1]과 같은 현금흐름을 얻을 것으로 예상하고 있다.

이 투자안의 자본비용이 10%일 때 투자안의 *NPV*는 다음과 같이 84.3억원이 된다.

$$NPV = -100 + \sum_{t=1}^{10} \frac{30}{(1+0.1)^t} = 84.3\text{억원}$$

*NPV*가 0보다 크므로 투자를 하는 것이 유리하다. 그러나 (주)가나는 의사결정을 하기 전에 *NPV*에 영향을 주는 중요한 변수들이 변화할 때 *NPV*가 어떤 영향을 받는지 살펴보기로 했다. 먼저 매출은 다음과 같이 추정되었다.

| 표 6-1 | (주)가나의 순현금흐름 추정치 (단위 : 억원)

구분	$t = 0$	$t = 1\sim10$
1. 매출		400
2. 변동비		(−)300
3. 고정비		(−)50
4. 감가상각비		(−)10
5. 세전이익		40
6. 법인세(50%)		(−)20
7. 세후이익		20
8. 세후영업현금흐름(4+7)		30
9. 투자비용	−100	
세후 순현금흐름	−100	30

$$\begin{aligned}\text{매출수량} &= \text{시장점유율} \times \text{시장의 크기} \\ &= 0.1 \times 1{,}000{,}000 = 100{,}000\text{개}\end{aligned}$$

매출액 = 100,000개 × 400,000원 = 400억원

비용을 살펴보면 먼저 제품 단위당 30만원의 변동비가 발생하여 총 300억원의 변동비가 발생할 것으로 예상되며 연간 50억원의 고정비가 추가로 발생할 것으로 예상된다.

이제 매출과 비용에 중요한 영향을 미치는 요인인 시장크기, 시장점유율, 가격, 변동비, 고정비 등의 요인이 *NPV*에 미치는 영향을 분석하여 보자. [표 6-2]의 왼쪽은 주요 변수들의 비관적, 낙관적 기대추정치이며, 오른쪽은 다른 변수는 기대치와 같고 해당 변수만 해당 추정치를 갖는 경우의 *NPV*를 계산한 것이다. 예를 들어, 다른 변수는 기대치와 같고 시장점유율만 0.12로 증가할 경우에 *NPV*는 330.1억원으로 기대치보다 크게 증가하는 것을 알 수 있다.

❙ 표 6-2 ❙ (주)가나의 민감도분석

변 수	추정치			*NPV*		
	비관적	기대치	낙관적	비관적	기대치	낙관적
시장크기(판매수량)	90만	100만	110만	−38.6	84.3	115.1
시장점유율(%)	0.08	0.1	0.12	−161.4	84.3	330.1
개당 가격(원)	35만	40만	45만	−69.3	84.3	237.9
개당 변동비(원)	35만	30만	25만	−69.3	84.3	237.9
고정비(원)	60억	50억	40억	53.6	84.3	115.1

민감도분석은 투자안의 현금흐름에 중요한 영향을 미치는 변수를 잘못 추정하였을 때 그 결과를 한눈에 볼 수 있게 하여 의사결정자들이 주요 변수들을 효과적으로 관리할 수 있도록 하는 역할을 할 수 있다. 예를 들어, 시장의 규모가 10만대 증가할 때 *NPV*가 84.3억원에서 115.1억원으로 크게 증가하는 것을 파악함으로써 시장규모의 변화 추세를 면밀하게 분석하는 동기를 부여하여 미래에 발생할 수 있는 위험을 효과적으로 관리할 수 있다.

그러나 민감도분석은 명확성이 부족하여 결과가 사람마다 달라질 수 있다는 단점도 있다. 즉 비관적, 낙관적이라는 구분의 기준이 명확하지 않아 구체적으로 어느 정도 확률에서 발생할 수 있는 추정치를 의미하는 것인지 가늠하기 어렵다. 따라서 사람마다 다른 낙관적 혹은 비관적 추정치를 사용하여 결과가 달라질 수도 있다.

또한 민감도분석은 중요변수가 상호 연관되어 있을 경우에는 유효하지 않을 수 있다. 가령 어떤 사건이 발생하였을 때 매출이 증가하는 동시에 비용도 상승한다면 1개 변수

의 변화만을 가정한 민감도분석으로는 좋은 결과를 얻기 어렵다. 이러한 경우에는 시나리오분석을 활용할 수 있다. 시나리오분석(scenarios analysis)이란 변수들이 서로 연관되어 있어 동시에 변할 경우 그 영향을 분석할 수 있게 해주는 기법을 말한다. 예를 들어, 원자재를 미국 달러로 수입하여 제조한 후 완제품을 다시 달러로 판매하는 기업이 있다고 하자. 이때 원/달러 환율이 상승하면 원자재 수입에 따른 비용이 상승하는 동시에 원화를 기준으로 대당 판매가격이 상승하는 효과가 있어서 매출이 증가한다. 이 2개의 변화를 동시에 추정하여 *NPV*를 계산하고 분석하는 것이 바로 시나리오분석이다.

3.2 손익분기점분석

민감도분석이나 시나리오분석을 할 때 우리가 갖게 되는 질문 가운데 하나는 주요 변수가 예상과 다를 때 얼마나 심각한 상황에 놓이게 되는가 하는 것이다. 이 질문에 답을 하기 위한 분석 가운데 하나가 손익분기점분석이다. 즉, 손익분기점분석(break-even point analysis)은 주요 변수가 얼마나 나빠져야 투자로 인해 손실을 얻게 되는지를 분석하는 기법이다. 손익분기점은 회계적 손익분기점과 재무적 손익분기점으로 나누어 볼 수 있다. 흔히 말하는 회계적 손익분기점은 장부상 수익과 비용이 같아지는 점을 말하며, 재무적 손익분기점은 현금유출의 현재가치와 현금유입의 현재가치가 같아지는, 즉 순현재가치가 0이 되는 점을 말한다.

❙ 표 6-3 ❙ (주)가나의 투자 *NPV*의 변화 (단위 : 억원)

변 수	$t=0$	판매수량(t = 1~10)			
		0	72,550개	100,000개	200,000개
매출		0	290.2	400	800
변동비		0	217.65	300	600
고정비		50	50	50	50
감가상각비		10	10	10	10
세전이익		−60	12.55	40	140
법인세		−30*	6.275	20	70
세후이익		−30	6.275	20	70
세후현금흐름		−20	16.275	30	80
투자	−100	0	0	0	0
NPV		−222.9	0**	84.3	391.6

* 손실에 의한 법인세 절감액

** $16.275 \times PVIF_a(i=10\%,\ n=10) - 100 = 16.275 \times 6.14457 - 100 ≒ 0$

앞에서 살펴본 (주)가나의 경우를 다시 살펴보자. [표 6-3]은 판매수량이 변화할 때 투자 *NPV*의 변화를 나타낸 것이다. 판매를 하지 않았을 때 *NPV*가 −222.9억원에서 10만개를 판매하였을 때 0보다 큰 84.3억원으로 증가하였으므로 재무적 손익분기점은 10만개 보다는 작다는 것을 알 수 있다.

재무적 손익분기점을 찾기 위해 판매량이 변화할 때 현금유입의 *NPV*와 현금유출의 *NPV*를 분리하여 그 변화를 도식화하면 [그림 6-2]와 같다. 현금유입의 현가와 현금유출의 현가가 만나는 72,550개가 *NPV*가 0이 되는 재무적 손익분기점이 되며 따라서 72,550개 이상 판매할 수 있으면 이 투자안은 유익한 것이 된다.

그림 6-2 | 재무적 손익분기점

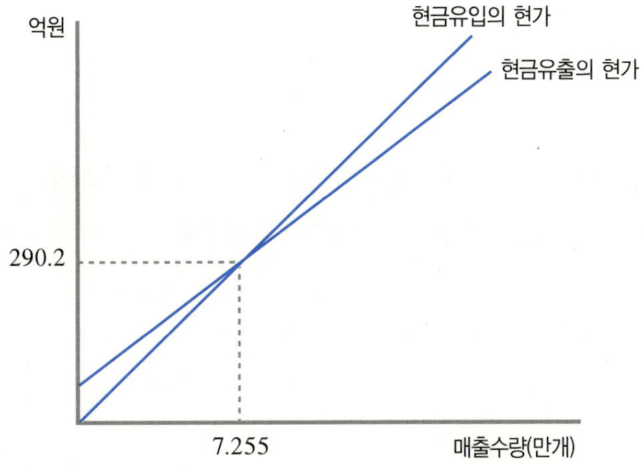

투자안을 분석하기 위해 회계적 손익분기점을 사용하는 경우가 있다. [표 6-4]는 판매수량이 변화할 때 회계적 세후이익이 어떻게 변화하는가를 살펴본 것이다. 판매수량이 10만개 일 때 세후 이익이 0보다 큰 20억원이 되므로 회계적 손익분기점은 10만개 보다는 작은 수량이 될 것임을 알 수 있다.

회계적 손익분기점을 찾기 위해 판매수량이 변화할 때 수익과 비용의 변화를 분리하여 도식화하면 [그림 6-3]과 같다. 회계적 손익분기점은 다음과 같이 계산되었다.

손익분기점에서는 총수익과 총비용이 같으므로 총수익(=단위당 가격×판매수량)=총비용(=고정비+감가상각비+변동비)이라는 등식이 성립한다. 즉,

| 표 6-4 | (주)가나의 회계적 손익의 변화 (단위 : 억원)

구분	판매수량		
	0	100,000개	200,000개
매출	0	400	800
변동비	0	300	600
고정비	50	50	50
감가상각비	10	10	10
세전이익	−60	40	140
법인세	−30*	20	70
세후이익	−30	20	70

* 손실에 의한 법인세 절감액

$$P(\text{단위당가격}) \times Q(\text{판매수량}) - FC(\text{고정비}) - D(\text{감가상각비}) - V(\text{단위당변동비}) \times Q$$
$$= 40\text{만원} \times Q - 50\text{억원} - 10\text{억원} - 30\text{만원} \times Q = 0$$

위 식을 Q에 대하여 풀면 Q=60,000(개)가 된다. 따라서 수익과 비용이 일치하는 60,000개가 회계적 손익분기점이 되며, 이보다 판매수량이 더 크면 회계적 이익이 발생하게 된다.

한편 회계적 손익분기점 60,000개는 앞에서 살펴본 재무적 손익분기점 72,550개보다 작다. 이것은 회계적 손익분기점이 투자액의 기회비용을 고려하지 않고 있기 때문이

그림 6-3 | 회계적 손익분기점

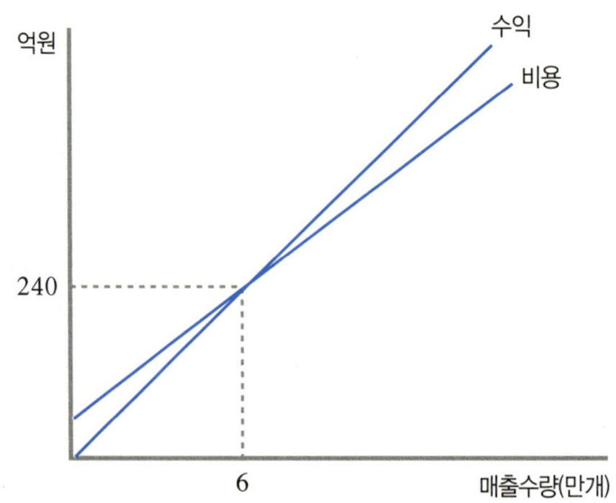

다. 즉 회계적 손익분기점인 60,000개의 제품을 판매한다면, 고정비, 변동비 등의 비용과 초기투자액 100억원을 모두 충당할 수 있다. 그러나 초기에 투자된 100억원의 자본비용이 존재한다. 이 자본비용은 기회비용으로 다른 곳에 투자하였을 때 얻을 수 있는 수익을 말한다. 따라서 당연히 이 기회비용을 포함시켜 투자비용을 계산하여야 하며 이 경우 연간 투자비용은 10억원(=100억원/10년)이 아니라 이보다 더 크게 된다. 결국 고정비, 변동비 등 모든 비용과 초기투자비용, 또 초기 투자비용에 대한 기회비용을 모두 충당하려면 72,550개 이상을 판매해야 하며 그 분기점이 바로 재무적 손익분기점이다.

3.3 시뮬레이션분석

민감도분석은 불확실한 투자안을 평가하기 위해 많은 기업들이 사용하는 효과적인 평가방법이다. 그러나 이 분석방법에도 문제는 있다. 앞에서 지적한 것처럼 여러 변수들이 동시에 변화할 때 효과적이지 못하다. 또한 특정변수의 변화가 *NPV*에 미치는 영향을 파악하는 데는 도움이 되지만 해당 특정변수의 변화가능성을 고려하지 못한다는 문제점도 있다. 이러한 문제를 해결할 수 있는 분석방법이 시뮬레이션분석이다. 시뮬레이션분석(simulation analysis)은 투자 *NPV*에 영향을 미치는 변수들에 대한 확률분포를 설정하고 이 분포를 바탕으로 변수들을 실현시켜 *NPV*의 변화를 분석하는 방법이다.

시뮬레이션을 이용하여 불확실한 투자안을 평가하는 과정은 일반적으로 다음과 같다.

첫째, 투자 *NPV*에 영향을 미치는 변수들을 찾아내고 이들 변수들 간의 관계를 정형화한다. 앞의 (주)가나의 경우를 살펴보면, 현금흐름에 영향을 미치는 변수로 판매수량, 단위당 가격, 변동비, 고정비, 감가상각비 등이 있으며 이들 변수들의 관계는 다음과 같이 정형화할 수 있다.

$$CF = [(\text{판매수량} \times \text{단위당가격}) - \text{변동비} - \text{고정비} - \text{감가상각비}] - \text{법인세} + \text{감가상각비}$$

둘째, 각 변수들의 확률분포를 추정하고 난수(random number)를 부여한다. 주요 변수 가운데 시장규모의 확률분포를 다음 [표 6-5]와 같이 추정하였다고 하자.

Ⅰ 표 6-5 Ⅰ 시장규모의 확률분포 (단위 : 만개)

시장규모	80	85	90	95	100	105	110	115	120
확 률	0.07	0.08	0.1	0.15	0.20	0.15	0.1	0.08	0.07

기대값은 100만개이지만 80만개에서 120만개까지 변화가 있을 수 있음을 알 수 있다. 이 분포를 바탕으로 난수를 부여하는 가장 간단한 방법은 각 시장규모에 1부터 100까지의 숫자를 확률에 따라 부여하는 것이다. 시장규모 80이 발생할 확률이 0.07이므로 7개의 숫자, 가령 1, 2, 3, 4, 5, 6, 7을 시장규모 80에 부여하고 시장규모 85가 발생할 확률이 0.08이므로 또 다른 8개의 숫자 8, 9, 10, 11, 12, 13, 14, 15를 시장규모 85에 부여하는 방식이다.

셋째, 컴퓨터를 이용해 난수를 발생시켜 이 난수에 해당되는 변수의 값을 결정하고 그 값을 바탕으로 *NPV*를 계산한다. 주요 변수 가운데 하나인 시장규모의 값을 정하기 위해 난수를 발생시킨 결과 13이 나왔다고 하자. 이 13은 시장규모 85를 나타내는 숫자이므로 시장규모의 값은 85가 된다. 이런 방법으로 모든 변수들의 값을 각각의 확률분포에 근거하여 정하게 된다. 변수들의 값이 정해지면 이것을 바탕으로 첫 단계에서 확정한 정형화된 식에 의해 현금흐름 및 *NPV*를 계산하게 된다.

넷째, 이러한 과정을 반복하면 여러 변수들이 각각의 확률분포를 갖고 동시에 움직일 때 *NPV*의 변화를 파악할 수 있다. 즉, 이러한 반복을 만번 하였을 경우 만개의 *NPV*를 얻을 수 있으며, 이 확률분포를 기초로*NPV*의 기대값 및 분산을 추정할 수 있다. 이 정보를 이용하여 투자결정을 하면 보다 합리적인 의사결정이 될 수 있다.

시뮬레이션분석에도 몇 가지 문제가 있다. 첫째, 각 변수들의 확률분포를 추정하기 어렵다. 둘째, *NPV*를 계산하기 위해 각 변수들의 값을 부여할 때 각 변수들이 서로 독립적이라고 가정하고 있다. 즉, 난수생성에 의해 부여된 어떤 변수의 값이 다음 변수의 값을 결정하는 데 아무런 영향을 미치지 못한다. 그러나 현실적으로 각 변수들이 서로 연관성을 갖고 있는 경우가 있다. 셋째, 분산투자로 인해 위험이 낮아지는 분산투자효과를 반영하지 못한다는 단점이 있다. 평가하는 투자안이 기존의 사업과 관련이 적을 경우 회사 전체로 볼 때 비체계적 위험을 없애는 데 도움이 될 수 있다. 따라서 이 경우에는 투자안을 평가할 때 총위험보다는 낮은 위험을 기준으로 평가하여야 한다. 그러나 시뮬레이션 방법은 *NPV*의 확률분포, 즉 총위험(분산)을 기준으로 투자안을 평가하고 있다.

제4절 순차적인 의사결정이 필요할 때의 투자결정방법

투자결정이 어떤 한 시점에서 이루어지고 끝나는 경우도 있지만 여러 시점에 걸쳐 연속적으로 이루어지고 어제의 결정이 오늘의 결정에 영향을 미치는 경우도 상당히 있다. 이처럼 순차적인 의사결정을 할 때 의사결정수(decision tree)를 활용하면 효과적일 수 있다. 의사결정수란 연속적인 의사결정의 순서와 각 결정으로 인해 나타날 수 있는 결과를 도식화한 것을 말하는데 마치 가지가 많은 나무처럼 보인다는 뜻에서 붙여진 이름이다.

다음의 경우를 살펴보자. (주)네나는 새로운 제품을 생산할 공장을 세우려고 하는데 그 규모에 대해 고민을 하고 있다. 공장의 규모는 2가지로 선택할 수 있는데 하나는 판매가 호조를 보일 경우를 대비한 100억원 규모의 큰 공장이고, 다른 하나는 판매가 상대적으로 부진할 경우에 적합한 규모인 40억원 규모의 작은 공장이다. 만약 작은 공장을 지은 후 첫 해의 판매상황을 확인하고 1년 후에 큰 공장규모로 증축한다면 추가로 70억원이 소요될 것으로 예상된다. 첫 해에 이 상품의 매출이 호조를 보일 확률이 60%인데 만약 첫 해에 호조를 보이면 그 다음 해에는 판매가 더욱 증가할 확률이 80%이다. 반면에 첫 해에 판매가 부진할 확률이 40%인데 이 경우에는 그 다음 해에 더욱 판매가 부진할 확률이 70%이다. 기대현금흐름이 [그림 6-4]와 같다면 (주)네나는 큰 공장을 지어야 하는가? 아니면 작은 공장을 세우고 1년 후 증축을 하여야 하는가? 이것도 아니면 작은 공장만 세우고 증축을 하지 않아야 하는가?

그림 6-4 | (주)네나의 의사결정수

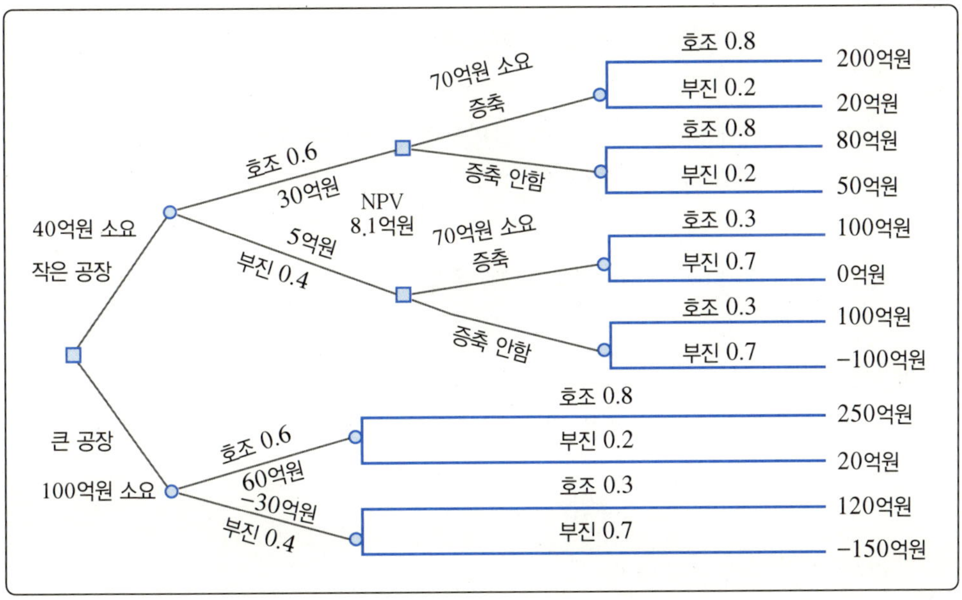

[그림 6-4]는 (주)네나의 투자결정을 도식화한 의사결정수이다. 이 그림에서 □는 의사결정을 하여야 하는 시점, 즉 결정분기점을 나타내며 ○는 확률적 상황이 분기가 되는 시점을 나타낸다. (주)네나가 결정하여야 할 문제는 결정분기점에 표시된 바와 같이 현재시점에서 작은 공장 또는 큰 공장을 지을 것인가 하는 것과 작은 공장을 지었을 경우 1년 후 시점에서 증축을 할 것인가 여부이다.

일반적으로 위와 같은 순차적인 의사결정을 분석할 때에는 현재로부터 먼 시점의 의사결정을 먼저 분석하면 편리하다. 따라서 1년 후 시점의 의사결정, 즉 공장을 증축할 것인가부터 생각해보자. 먼저 1년 후 판매가 호조를 보이고 증축을 할 경우 2년 후의 기대현금흐름은 164억원(=200×0.8+20×0.2)이다. 자본비용이 10%라고 가정할 때 1년 후 시점에서 *NPV*는 다음과 같다.

$$NPV(\text{호조/증축}) = -70 + \frac{164}{1+0.1} = 79.1\text{억원}$$

반면에 판매가 호조를 보여도 증축을 하지 않을 경우 2년 후 기대현금흐름은 74억원(=80×0.8+50×0.2)이므로 1년 시점에서 *NPV*는 다음 식에서 알 수 있는 바와 같이 67.3억원이다. 따라서 증축할 경우의 *NPV*가 더 크므로 판매가 호조를 보이면 증축을 하는 것이 유리하다.

$$NPV(\text{호조/증축 안함}) = 0 + \frac{74}{1.1} = 67.3\text{억원}$$

한편 1년 동안 판매가 부진할 경우를 살펴보면 증축을 하였을 때 2년 후 기대현금흐름은 30억원(=100×0.3+0×0.7)이므로 1년 후 시점의 *NPV*는 −42.7억원이다.

$$NPV(\text{부진/증축}) = -70 + \frac{30}{1.1} = -42.7\text{억원}$$

반면에 판매가 부진하고 증축을 하지 않았을 때의 1년 후 시점의 *NPV*는 아래의 식과 같이 −36.4억원이다. 증축을 하지 않는 경우의 *NPV*가 크므로 이 경우에는 증축을 하지 않는 것이 유리하다.

$$NPV(\text{부진/증축 안함}) = 0 + \frac{-40}{1.1} = -36.4\text{억원}$$

결국 (주)네나가 현재시점에서 작은 공장을 지었다면 1년 동안 판매가 호조를 보일 경우에는 증축을, 부진을 보였을 경우에는 증축을 하지 않는 것이 유리하다.

(주)네나가 결정해야 하는 또 다른 의사결정은 현재시점에서 큰 공장을 지을 것인가 작은 공장을 지을 것인가 하는 문제이다. 앞에서 우리는 작은 공장을 지었다면 판매호조일 경우 증축하는 것이, 부진할 경우 증축하지 않는 것이 유리하다는 것을 알았다. 따라서 작은 공장을 선택하고 판매가 호조일 경우 1년 후 총 기대현금흐름은 당기 기대현금흐름 30억원에 2년 후 기대현금흐름의 *NPV*(1년 후 시점), 79.1억원을 합한 109.1억원이 된다. 반면에 작은 공장을 선택하고 판매가 부진할 경우 1년 후 총 기대현금흐름은 당기 기대현금흐름 5억원에 2년 후 기대현금흐름의 *NPV*(1년 후 시점), −36.4억원을 합한 −31.4억원이 된다. 따라서 작은 공장을 지었을 때 *NPV*는 다음과 같이 계산할 수 있다.

$$NPV(\text{작은 공장}) = -40 + \frac{[109.1 \times 0.6 + (-31.4) \times 0.4]}{1+0.1} = 8.1\text{억원}$$

한편 큰 공장을 선택하면 1년 동안 판매가 호조를 보일 경우 2년 후 204억원[(=250×0.8+20×0.2)의 현금흐름이 기대된다. 또 첫 1년 동안 판매가 부진을 보일 경우 2년 후 −69억원(=120×0.3+(−150)×0.7)의 현금흐름이 기대된다. 따라서 큰 공장의 *NPV*는 다음과 같이 계산할 수 있다.

$$\begin{aligned} NPV(\text{큰 공장}) &= -100 + NPV(\text{1년 후 호조 시}) + NPV(\text{1년 후 부진 시}) \\ &= -100 + \frac{60 \times 0.6}{1+0.1} + \left[\frac{204}{(1+0.1)^2}\right] \times 0.6 + \left[\frac{-30 \times 0.4}{1+0.1}\right] \\ &\quad + \left[\frac{-69}{(1+0.1)^2}\right] \times 0.4 \\ &= -100 + \frac{24}{1+0.1} + \frac{94.8}{(1+0.1)^2} \\ &= 0.1\text{억원} \end{aligned}$$

작은 공장과 큰 공장의 *NPV*를 비교해 보면 작은 공장이 더 큰 것을 알 수 있다. 결론적으로 (주)네나는 현재시점에서 작은 공장을 지은 뒤 판매가 호조이면 공장을 증축하고 판매가 부진하면 증축하지 않는 것이 가장 유리하다.

순차적 투자의사결정과 관계가 있는 투자안 평가방법으로 리얼 옵션(real option)을 들 수 있다. 앞서 설명한 바와 같이 순현가(NPV)법은 현금흐름 및 화폐의 시간적 가치뿐만 아니라 투자안의 위험을 반영할 수 있다는 장점이 있다. 또한 가산의 원칙이 적용되어 가치평가를 용이하게 한다는 장점도 있다. 그렇지만 *NPV*에 의한 투자안 평가는 보수적이 될 수 있다는 단점이 있으며, 당장의 현금흐름은 음(−)이지만 장기적으로는 양(+)의 현금흐름을 가져올 수 있는 소위 전략적 투자안을 평가하기에는 한계가 있다. 만약 미래 어느 시점에서 기존 투자를 확대하거나 아니면 축소할 수 있는 옵션이 주어진다면 옵션은 의무가 아닌 권리이기 때문에 양(+)의 가치를 갖게 된다. 이에 따라 단일 투자안의 경우에는 *NPV*가 음(−)인 투자안이 옵션 고려 시 양(+)이 될 수 있고, 복수 투자안일 경우에는 투자안의 우선순위가 바뀔 수도 있다.

확대옵션을 예를 들어 설명해보자. (주)네나가 학습(Deep Learning)능력을 갖춘 휴대용 인공지능(AI)기기를 생산하려고 한다. 공장건설에 따른 초기투자액은 100억원이 소요되고, 사업기간은 3년이며 잔존가치는 없다고 가정한다. 1년 후 신사업의 성공 여부를 알 수 있는데 성공 및 실패확률은 각각 50%이며 각각의 경우에 현금흐름은 다음 표에 나타나 있다.

	0	1	2	3
성공 시	(100억원)	50억원	50억원	50억원
실패 시	(100억원)	20억원	20억원	20억원

신사업분야라 이 AI기기 사업이 얼마나 성공할지 확신할 수 없기 때문에 (주)네나의 경영진은 우선 100억원을 투자해 공장을 하나만 짓기로 결정했다. 만약 성공적으로 판명되면 1년 후 공장을 세 개 더 증축할 수 있다고 한다. 위험조정할인율이 10%라고 가정하면 이 신사업의 *NPV*는 다음과 같이 영(0)보다 작기 때문에 투자안은 기각되어야 한다.

성공 시 현금흐름 : 50억원 $\times PVIFa_{10\%,3}$ − 100억원 = +24.3억원

실패 시 현금흐름 : 20억원 $\times PVIFa_{10\%,3}$ − 100억원 = −50.3억원

NPV = (24.3억원) × 0.5 + (−50.3억원) × 0.5 = −13억원

그런데 만약 1년 후 성공으로 판명나면 (주)네나는 공장을 세 개 더 증축해 사업을 확

장할 수 있기 때문에 *NPV*는 다음과 같이 영(0)보다 큰 23.5억원이 되어 AI기기 투자안은 채택되어야 한다.

$$NPV = (24.3\text{억원}) \times 4\text{개} \times 0.5 + (-50.3\text{억원}) \times 0.5 = +23.5\text{억원}$$

이렇게 확대(축소)옵션이 있을 경우 이를 반영하지 않으면 투자안을 기각하는 오류를 범할 가능성이 있다.

‹‹‹ 연 | 습 | 문 | 제

■ 객관식 문제

01 (주)삼송은 투자안의 베타가 1.5인 투자안을 검토하고 있다. 이 투자안의 자본비용은? 단, 무위험이자율과 시장의 기대수익률은 각각 5%와 15%이다.

① 18% ② 19%
③ 20% ④ 21%

02 다음은 불확실성하의 투자결정에 이용되는 방법들이다. 그 성격이 다른 하나는?

① 위험조정할인율법 ② 민감도분석
③ 시뮬레이션 ④ 시나리오분석

03 다음 설명 중 가장 적절하지 못한 것은?

① 확실성등가법은 위험조정할인율법과 달리 위험투자안을 평가할 때, 현금흐름에 내포된 위험을 직접 조정해 주는 방법이다.
② 기업의 위험과 다른 새로운 투자안을 평가하는 경우에도 투자의사결정 주체가 되는 기업의 자본비용을 사용하는 것이 합리적이다.
③ 확실성등가계수는 기대현금흐름 1원과 동일한 효용을 제공하는 확실한 현금의 크기를 나타내는 것으로서 일반적으로 1.0보다 작은 양(+)의 값을 가진다.
④ CAPM이 성립하고 법인세가 존재하는 경우, 대용회사의 재무레버리지가 새로운 투자의 재무레버리지와 다르면 대용기업의 베타를 투자베타로 그대로 사용할 수 없다.

04 다음 설명 중 틀린 것은?

① 회계적 손익분기점은 투자비용에 대한 기회비용을 반영하고 있다.
② 민감도분석은 여러 변수들이 동시적으로 변화할 때 투자안의 평가방법으로 효과적이지 못하다.
③ 의사결정이 순차적으로 이루어질 때 의사결정수를 활용하면 효과적으로 투자안을 분석할 수 있다.
④ 시나리오분석은 여러 변수들이 서로 연관되어 있어 동시에 변할 경우 그 영향을 분석할 수 있게 해 주는 기법이다.

E X E R C I S E

05 다음 설명 중 틀린 것은?

① 확실성 등가계수는 시간이 지나면서 증가한다.
② 확실성 등가계수는 0에서 1 사이의 값을 갖는다.
③ 위험회피의 정도가 큰 투자자일수록 확실성등가계수는 작아진다.
④ 확실성등가는 불확실한 현금흐름과 동일한 효용을 제공하는 확실한 현금의 크기를 말한다.

06 투자안의 위험조정할인율이 10%, 무위험이자율이 5%일 때 2년 후 시점에서의 확실성 등가계수는 얼마인가?

① 0.9545　　② 0.9325
③ 0.9111　　④ 0.9003

07 여러 변수가 동시에 변할 때 투자안의 순현가를 분석하는 기법은 무엇인가?

① 손익분기점분석　　② 민감도분석
③ 의사결정수분석　　④ 시뮬레이션분석

08 다음 중 시뮬레이션분석의 문제점이 아닌 것은?

① 각 변수들의 확률분포를 추정하기 어렵다.
② 여러 변수들이 동시에 변화하는 것을 반영하지 못한다.
③ 분산투자로 인해 낮아지는 분산투자효과를 반영하지 못한다.
④ *NPV*에 영향을 미치는 변수들의 값을 부여할 때 각 변수들이 서로 독립적이라고 가정하고 있다.

09 다음 중 민감도분석에 해당하는 것은?

① 기간별 현금흐름의 관계가 독립적인지 종속적인지 판단하게 된다.
② 투자에 대한 수익이 충분한 위험보상이 되는지의 여부를 판단하게 한다.
③ 투자안의 현금흐름에 영향을 미치는 변수들의 값을 반복적으로 변화시켜 간다.
④ 의사결정자로 하여금 중요한 변수를 식별하게 하며 복잡한 상황을 미리 예측하게 한다.

10 의사결정수를 이용한 투자분석과 관계없는 것은?

① 의사결정 시 의사결정수의 우측에서부터 행한다.
② 투자안을 확장하거나 포기할 수 있는 기회를 고려한다.

③ 미래에 발생가능한 모든 사건과 의사결정을 포함하여 분석한다.
④ 의사결정이 연속적으로 이루어지고 어제의 결정이 오늘의 결정에 영향을 미치지 않는 경우에 효과적이다.

11 다음 설명 중 틀린 것은?

① 회계적 손익분기점이 재무적 손익분기점보다 더 크다.
② 회계적 손익분기점은 투자의 기회비용을 반영하지 못한다.
③ 회계적 손익분기점은 총수익과 총비용을 같게 만드는 점을 말한다.
④ 재무적 손익분기점은 현금유출의 현재가치와 현금유입의 현재가치가 같게 되는 점을 말한다.

12 ㈜하나는 1년 후 시점에 공장을 증축할지 여부를 지금 결정하려고 한다. 1년 후에 10억원을 투자하면 경기가 호조일 경우 20억원, 경기가 부진할 경우 5억원의 현금유입이 발생할 것으로 예상되며 경기 호조와 부진의 확률은 같다. 만약 1년 후에 투자를 하지 않으면 경기가 호조일 때 3억원, 부진할 때 1억원의 현금흐름이 발생할 것으로 예상된다. ㈜하나가 최선의 결정을 하였을 때 1년 후 시점의 *NPV*는 얼마인가? 할인율은 10%이다.

① 1.36억원　　② 1.63억원
③ 1.82억원　　④ 2.34억원

■ 주관식 문제

01 무부채기업인 (주)대한은 *A*, *B*라는 두 개의 사업부를 가지고 있다. 각 사업부의 기대 현금흐름은 다음 표와 같다.

(단위 : 억원)

사업부 \ 시점	0	1년도 말
A	−100	160.5
B	−100	282.5

사업부 *A*의 베타는 0.5, 사업부 *B*의 베타는 1.5이다. 무위험수익률은 4%, 시장포트폴리오의 기대수익률은 10%이다. 각 사업부의 순현재가치를 구하라.

EXERCISE

02 다음과 같은 현금흐름이 예상되는 투자안이 있다. 이 투자안의 베타는 1.5이다. 그리고 무위험이자율과 시장의 기대수익률은 각각 8%와 16%이다.

(단위 : 억원)

연도 말	기대현금흐름
0	−100
1	40
2	60
3	70

단, 투자안의 베타, 무위험이자율 그리고 시장의 기대수익률은 시간에 따라 항상 일정하다고 가정한다.

(1) 투자안의 기회비용을 추정하고 순현가를 구하라.

(2) 각 연도 말에 기대되는 현금흐름의 확실성등가계수를 추정하라.

03 ㈜하나는 TV를 생산하는 회사이다. 현재 18억원의 고정비가 발생하고 있으며 매년 3억원의 감각상각비가 발생한다. 또한 제품 1단위당 100만원의 변동비가 발생하며 제품단위당 가격은 200만원이다. 이 회사의 회계적 손익분기점은 얼마인가?

04 (주)두나의 향후 10년간 시장규모, 시장점유율, 판매가격, 변동비, 고정비 등이 3가지 상황에 따라 다음과 같이 추정된다. 또한 감가상각비는 1,000만원이고, 법인세율이 40%이며 위험조정할인율이 10%이다.

변수	비관적	기대	낙관적
시장규모	80,000	100,000	120,000
시장점유율	5%	10%	15%
단위당 판매가격	9,000원	10,000원	11,000원
단위당 변동비	6,000원	5,000원	4,000원
연간 고정비용	1,500만원	1,000만원	500만원

(1) 기대상황에서의 순현가를 구하라.

(2) 순현가에 영향을 미치는 변수들의 민감도분석을 하라.

05 (주)세나는 새로운 기술개발에 투자하려고 한다. 기술개발은 개발된지 1년이면 사업의 성공 여부가 판가름 나게 되며 기술개발에 성공할 확률은 40%이며 실패할 확률은 60%이다. 기술개발의 투자비용은 2,000만원이다. 기술개발에 성공할 경우 공장

을 지어 제품을 생산하면 매년 영구적으로 5,000만원의 현금흐름이 기대된다. 그러나 기술개발에 실패할 경우 공장을 지어 기존기술로 제품을 생산하면 영구적으로 1,000만원의 현금흐름이 기대된다. 공장건설을 위한 비용은 2억원으로 예상되며 자본비용은 10%이다. 의사결정수를 이용하여 (주)세나의 투자안을 평가하라.

Fundamentals of Corporate Finance

CHAPTER 7

자본비용

Chapter 7

자본비용

제 1 절 자본비용의 의의와 기능

자본비용(cost of capital)은 "기업이 자본을 사용하는 반대급부로 자본을 제공한 사람들에게 지급하는 비용"을 의미한다. 이론적으로 자본비용은 "기업의 가치를 하락시키지 않게 하기 위하여 신규투자에 대해서 얻어야 하는 요구수익률"이다. 이런 의미에서 자본비용은 최소요구수익률(minimum required rate of return), 장애율(hurdle rate) 또는 거부율(cut-off rate)이라고도 불리운다. 이는 기업의 신규투자안이 경제성을 갖기 위해서는 자본비용을 초과하는 투자수익률이 요구된다는 것을 의미한다.

자본비용은 기업재무관리에서 매우 중요한 역할을 담당하고 있다. 자본비용이 기업재무관리에서 갖는 주요 기능을 세 가지로 요약하여 구체적으로 설명하면 다음과 같다.

첫째, 자본비용은 투자안의 경제성을 판단할 때 중요한 기준 중의 하나이다. 예를 들어 투자안이 경제성을 갖기 위해서는 내부수익률(IRR)이 자본비용을 초과해야 하고, 또는 모든 현금흐름을 자본비용으로 할인하여 구한 순현재가치(NPV)가 0보다 커야 한다.

둘째, 자본비용은 소요자본을 장기차입금으로 조달할 것인가, 회사채를 발행하여 조달할 것인가, 아니면 주식을 발행하여 자본을 조달할 것인가 등의 선택 문제를 해결할 때 중요한 판단기준 중의 하나이다.

셋째, 자본비용은 기업이 주요 재무의사결정을 하는 데 중요한 판단기준 중의 하나이다. 예를 들면, 리스금융을 결정하는 데 중요한 판단기준이 되는데 자산을 리스(lease)할 것인가 아니면 차입해서 구입할 것인가를 의사결정할 때 자본비용은 중요한 판단기준 중의 하나이다.

자본비용의 주요 기능을 세 가지로 요약하여 설명해 보았는데, 실질적으로 이들 세 가지 기능들은 상호 밀접히 연결되어 있어 이들을 종합적으로 이해하는 것이 필요하다.

제2절 원천별 자본비용

기업은 소요자본을 장 · 단기 차입, 사채발행, 보통주 또는 우선주발행 등으로 조달하게 된다. 기업이 원천별 자본에 대하여 지급하는 비용을 원천별 자본비용 또는 개별 자본비용이라고 한다. 원천별 자본비용은 자본제공자가 부담하는 위험에 따라 상이하게 나타난다. 즉, 자본제공자가 기업에 투자하면서 부담하는 위험이 클수록 요구수익률이 커지게 되고, 이는 원천별 자본비용의 증가로 이어진다. 일반적으로 기업에 주주로 참여하면서 부담하는 위험은 채권자로 참여하면서 부담하는 위험에 비해서 크기 마련이다. 따라서 상대적으로 위험을 많이 부담하는 주주의 요구수익률인 자기자본비용이 상대적으로 위험을 적게 부담하는 채권자의 요구수익률인 타인자본비용보다 커야 한다. 본절에서는 기업의 자본조달 원천을 타인자본, 보통주, 유보이익, 우선주로 대별하여 이들 각각의 원천별 자본비용을 측정하는 방법을 구체적으로 설명하기로 한다.

2.1 타인자본비용

기업이 부채(타인자본)를 사용하면 반대급부로 이자비용을 지급해야 하는데, 이를 차입금에 대한 비율로 나타낸 것을 타인자본비용(cost of debt)이라 한다. 타인자본비용은 기업이 다른 자본비용에 우선해서 지급해야 하는 비용으로서, 고정비적인 성격을 갖는 자본비용이다. 타인자본비용은 채권자의 요구수익률인 이자율을 기준으로 측정한다. 먼저 납세전 타인자본비용 i는 다음과 같이 간단히 측정할 수 있다.

$$i = \frac{I}{B} \tag{7.1}$$

I : 이자비용
B : 차입금(타인자본의 시장가치)

식(7.1)에서 볼 수 있듯이 납세전 타인자본비용 i는 기업이 일정기간마다 지급하여야 할 이자비용 I를 차입금 B로 나누어서 측정한다. 그런데 증명가능한 이자비용은 세법상 손비로서 인정받기 때문에 기업이 이자비용을 지급하면 세금혜택을 받을 수 있다. 즉, 이자비용이 발생하면 그만큼 과세대상 이익이 줄어들고 과세대상 이익이 줄어들면 기업은 줄어든 금액에 법인세율을 곱한 금액만큼의 세금절약효과(tax shield effects)를 얻게 된다. 다시 말해서 기업이 필요한 자금을 자기자본으로 조달하지 않고 타인자본으로 조달하면 기업의 법인세비용차감전순이익이 자기자본 조달시보다 이자비용만큼 적어지게 되며 결국 기업이 납부하게 될 법인세비용이 줄어들게 된다.

예를 들어 어떤 기업이 타인자본 500억원을 연 10%의 이자율로 사용하고 있으며, 이 기업의 영업이익(EBIT)이 100억원이고 법인세율이 40%일 경우 이자비용의 세금절약효과를 살펴보기로 하자. [표 7-1]에서 볼 수 있는 바와 같이 이자비용이 면세대상이 될 경우에는 면세대상이 안될 경우에 비하여 세금을 20억원 덜 내게 되므로 이 기업이 실질적으로 부담하는 이자는 50억원이 아니라 30억원(=50×(1−0.4))인 셈이다.

❙ 표 7-1 ❙ 이자비용의 세금절약효과

이자비용이 면세대상이 안 될 경우		이자비용이 면세대상이 될 경우	
영업이익	100억원	영업이익	100억원
법인세(40%)	40	이자비용	50
납세후순이익	60	납세전순이익	50
이자비용	50	법인세(40%)	20
순이익	10	순이익	30

따라서 납세후 타인자본비용(k_d)은 세금절약효과를 차감하여 다음과 같이 측정된다.

$$k_d = \frac{I(1-t_c)}{B} = i(1-t_c) \qquad (7.2)$$

t_c : 법인세율

식(7.2)에서 $I \cdot t_c$는 세금절약액을 의미하며, $i \cdot t_c$는 세금절약률을 의미한다. 결국 타인자본비용은 세후이자율로 측정되는데, 이는 이자율에서 세금절약률만큼 감소한 것이다. 타인자본비용을 계산할 때 세금절약률을 차감하는 이유는 기업이 타인자본을 사용하면서 최소한 요구하는 수익률이 이자율이 아니고 이자율에서 세금절약률을 차감한 값이기 때문이다. 예를 들어 이자율이 8%인 타인자본을 기업이 사용하고 법인세율이 30%이면, 기업이 그 자본을 투자하면서 최소한 요구하는 수익률은 8%가 아니라 8%(1−

0.3)=5.6%이다. 즉, 최소요구수익률은 5.6%이고 나머지 2.4%는 법인세를 덜 지급하는 것으로 이자율 8%를 충당할 수 있다는 것이다. 이와 같이 이자비용은 세금절약효과를 갖는 반면 주주에게 지급되는 배당은 세금절약효과를 갖지 않는다.

2.2 보통주자본비용

주주가 자본을 제공하면서 요구하는 수익률을 보통주자본비용(cost of common stock) 또는 자기자본비용(cost of equity)이라 한다. 주주가 요구하는 수익률, 즉 보통주자본비용은 타인자본비용에 비해서 측정하기가 어렵다. 타인자본비용을 측정하는 데 필요한 이자율과 법인세율은 시장에서 결정되기 때문에 자료수집이 비교적 용이하다. 그러나 주주의 사전 요구수익률인 보통주자본비용을 측정하는 데 필요한 자료는 수집이 용이하지 않다. 일반적으로 보통주자본비용을 측정하는 방법에는 자본자산가격결정모형(capital asset pricing model : CAPM)을 이용하는 방법과 고든(Gordon)의 배당평가모형(dividend valuation model)을 이용하는 방법이 있다. 이들을 차례로 설명하면 다음과 같다.

2.2.1 CAPM을 이용하는 방법

제5장에서 설명한 바와 같이 자본자산가격결정모형(CAPM)의 최종 모형인 증권시장선(security market line : SML)은 주주의 요구수익률을 결정하는 모형이다. 증권시장선에 따르면 주주의 요구수익률은 무위험수익률에 위험프리미엄을 더해서 구한다. 증권시장선은 위험프리미엄의 기준을 주식시장(시장포트폴리오)에서 얻는 위험프리미엄, 즉 시장위험프리미엄(market risk premium)에 두고 있다. 그리고 주식시장 전체보다 위험이 큰 주식의 위험프리미엄은 시장위험프리미엄보다 더 많다. 이런 관계를 이용하여 주주의 요구수익률, 즉 보통주자본비용을 구한다. CAPM을 이용하여 보통주자본비용 또는 자기자본비용을 측정하는 원리를 설명하면 다음과 같다.

$$k_e = E(R_j) = R_f + [E(R_M) - R_f] \times \beta_j \tag{7.3}$$

k_e : 보통주자본비용(자기자본비용)
$E(R_j)$: 보통주 기대수익률
R_f : 무위험수익률
β_j : 보통주베타
$E(R_M)$: 시장포트폴리오의 기대수익률

기업은 주주요구수익률만큼의 자기자본비용을 부담하게 된다. 자기자본비용은 사전적으로 주주가 요구하는 수익률이기 때문에 회계학적인 의미에서는 비용이 아니다. 그럼에도 불구하고 기업재무에서 자기자본비용을 비용으로 인식하는 이유는 기업이 자기자본을 사용해서 투자하는 경우 그 투자로부터 최소한 보통주주가 요구하는 수익률만큼을 얻어야 하기 때문이다. 관련해 생각해 볼 수 있는 것이 경제적 부가가치(economic value added : EVA)이다. EVA는 다음 식으로 나타낼 수 있다.

$$EVA = (\text{투하자본수익률} - \text{자본비용}) \times \text{투하자본} \tag{7.4}$$

여기서 투하자본수익률이란 세후영업이익을 투하자본으로 나눈 값이며, 자본비용은 보통주자본비용과 타인자본비용의 가중평균자본비용을 말한다. 투하자본수익률이 자본비용보다 높은 경우에만 기업가치가 실질적으로 증가하기 때문에 EVA는 가치극대화를 위한 재무의사결정에 유용하게 사용되고 있다. EVA 산출식에서 나타난 바와 같이 감세효과를 고려한 이자비용은 물론이거니와 회계적 비용이 아닌 자기자본비용도 반드시 반영되어야 한다는 것을 알 수 있다.

2.2.2 배당평가모형을 이용하는 방법

제3장에서는 미래에 얻게 되는 현금흐름인 주당배당을 주주의 요구수익률로 할인하여 주식가치를 구하는 배당평가모형을 제시한 바 있다. 배당평가모형을 이용하면 주주의 요구수익률, 즉 자기자본비용을 역산할 수 있다. 배당평가모형을 이용하여 보통주의 가치를 나타내면 다음과 같다.

$$P_0 = \frac{D_1}{(1+k_e)^1} + \frac{D_2}{(1+k_e)^2} + \cdots + \frac{D_\infty}{(1+k_e)^\infty} \tag{7.5}$$

P_0 : 보통주 가치
D_t : t시점의 주당배당
k_e : 주주의 요구수익률(보통주자본비용)

식(7.5)에서 보듯이 보통주의 가치는 주식투자로 미래에 얻게 되는 주당배당들을 주주의 요구수익률로 할인한 현재가치이다. 만약 배당금이 매년 동일하다면 $P_0 = \frac{D_0}{k_e}$가 되고 이를 k_e에 대해 풀면 $k_e = \frac{D_0}{P_0}$가 되어 보통주자본비용(k_e)을 구할 수 있게 된다.

한편 배당이 매년 증가하고 배당성장률이 일정할 경우 식(7.5)는 간단히 정리된다. 고든(Gordon)은 배당성장률이 매기간 g%로 일정하고 자기자본비용이 배당성장률보다 높다는 가정하에 다음 식으로 보통주의 가치를 평가하였다.

$$P_0 = \frac{D_1}{(1+k_e)^1} + \frac{D_1(1+g)^1}{(1+k_e)^2} + \cdots + \frac{D_1(1+g)^{\infty-1}}{(1+k_e)^\infty}$$

$$= \frac{D_1}{k_e - g} \ (\text{단, } k_e > g) \qquad (7.6)$$

g : 배당성장률

식(7.6)을 고든의 항상성장모형이라고 부른다. 식(7.6)을 k_e에 대하여 정리하면 다음의 식(7.7)이 된다.

$$k_e = \frac{D_1}{P_0} + g \qquad (7.7)$$

식(7.7)의 의미를 살펴보기로 하자. D_1/P_0는 배당수익률로서 기업이 1주를 발행하여 조달한 자본의 대가로 지급하는 비용을 %로 나타낸 것이다. 보통주자본비용은 배당수익률 이외에도 유보율이 반영된 성장률 g%를 더해서 결정된다. 식(7.7)은 다음과 같이 간략화될 수도 있다.

$$k_e = \frac{D_1}{P_0} + g \approx \frac{D_0}{P_0} + g$$

$$= \frac{D_0}{P_0} + \frac{E_0 - D_0}{P_0} \ (\because g = \frac{E_0 - D_0}{P_0})$$

$$= \frac{E_0}{P_0} = \frac{E_0 \times n}{P_0 \times n} = \frac{E}{S} \qquad (7.8)$$

k_e : 보통주 자본비용	D_1 : 1기후 주당배당
P_0 : 현재 주당주가	g : 배당성장률
D_0 : 현재 주당배당	E_0 : 현재 주당순이익
$E_0 - D_0$: 주당유보이익	n : 발행주식수
E : 순이익	S : 자기자본가치

식(7.8)에 대해서 좀 더 자세히 설명하면 다음과 같다. 식(7.8)에서 보통주의 자본비용인 자기자본비용은 다음 기에 받을 배당수익률에 배당성장률을 더해서 구하는데, 계산의 편의상 배당수익률을 현재의 배당수익률로 대체한 것이다. 그리고 배당성장률을 (주당유보이익/주가)에 비례한다고 가정하면 자기자본비용은 (주당순이익/주가)로

정리되고 결국 (순이익/자기자본가치)로 구할 수 있다. 결론적으로 말하면 식(7.8)에서 보듯이, 일정한 가정하에서 보통주자본비용은 순이익을 자기자본가치로 나누어서 간단히 구할 수 있다.

이상과 같이 보통주의 자본비용을 측정하는 방법에는 CAPM을 이용하는 방법과 고든의 배당평가모형을 이용하는 방법이 있는데, 고든의 배당평가모형의 가정이 현실적으로 성립하고 기업성장률 g를 정확히 예측할 수 있다면 CAPM을 이용하든 배당평가모형을 이용하든 보통주의 자본비용 측정결과는 동일하게 될 것이다. 그러나 현실적으로 배당평가모형의 가정이 성립하지 않는 경우가 많으므로 CAPM과 다른 측정결과를 얻게 된다.

일반적으로 주식이 증권시장에서 활발히 거래되어 보통주의 β를 정확하게 측정할 수 있는 기업은 CAPM을 이용하여 보통주의 자본비용을 측정하는 것이 바람직할 것이며, CAPM의 가정을 현실적으로 받아들일 수 없거나 주식거래가 활발하지 못한 기업은 고든의 배당평가모형을 이용하여 보통주의 자본비용을 측정하는 것이 적절하다고 할 수 있다.

2.3 유보이익자본비용

기업이 순이익 중에서 배당을 하지 않고 기업에 남겨둔 유보이익을 이용하여 투자하는 경우 특별히 반대급부로 지급하는 비용이 별도로 없기 때문에 외형적으로 유보이익의 자본비용은 존재하지 않는 것으로 보인다. 그러나 유보이익은 주주에게 귀속되는 현금흐름 중 일부를 기업내부에 유보한 것이기 때문에 주주의 몫이다. 따라서 실질적으로 기업이 유보이익을 사용하여 투자하는 경우에는 보통주주의 기회비용만큼의 자본비용이 존재한다. 즉, 유보이익자본비용(cost of retained earnings)은 보통주주에게 지급해야 할 일종의 기회비용이다.

유보이익은 주주에게 배당으로 지급할 것을 기업이 재투자를 위하여 유보한 것이므로, 주주는 기업에 유보한 이익에 대하여 동일한 위험을 가진 다른 기업에 투자하여 얻을 수 있는 수익률만큼을 요구하게 될 것이다. 그러므로 유보이익자본비용(k_r)은 아래의 식(7.9)와 같이 보통주자본비용(k_e)과 동일한 것으로 간주한다.

$$k_r = k_e \tag{7.9}$$

2.4 우선주자본비용

우선주주는 보통주주보다 우선적으로 약정된 배당을 지급받는다. 따라서 보통주주의 입장에서 보면 우선주는 타인자본인 셈이다. 우선주주는 보통주주에 앞서 일정한 배당을 지급받고 기업성장의 과실과는 직접적인 관계를 갖지 않으므로 우선주자본비용(cost of preferred stock)은 다음과 같이 주당배당/주가 비율(dividend/price ratio)로 간단히 측정할 수 있다. 즉, 기업이 영구히 존속하며 일정한 우선주의 배당액이 영원히 지급된다고 가정하면 우선주의 자본비용은 제3장에서 설명한 영구채권의 현가를 유도하는 방법으로 구할 수 있다.

$$k_p = \frac{D_p}{P_p} \tag{7.10}$$

k_p : 우선주자본비용
D_p : 우선주주당배당
P_p : 우선주가격

식(7.10)에서 보듯이, 우선주자본비용은 마치 이자율을 구하듯이 고정된 우선주주당배당을 우선주가격으로 나누어서 구하고, 기업의 미래성장 과실은 고려되지 않는다. 현실적으로 우선주주는 거의 고정된 배당을 보통주주에 앞서서 받는 것이 보통이다.

2.5 자본조달경비의 처리

원천별 자본비용을 보다 정확히 측정하기 위해서는 자본조달시 발생하는 자본조달경비를 고려하여야 한다. 자본조달경비로는 타인자본조달시 발생하는 경비와 주식발행에 따르는 발행비용(floatation cost) 등이 있다. 기업재무에서는 자본조달경비를 자본비용을 측정할 때 직접 감안해 주는 방법을 주로 사용해 왔다. 이 방법은 자기자본비용과 타인자본비용을 측정할 때 자본조달경비를 자본조달금액에서 직접 차감하는 방법이다.

먼저 자기자본비용 측정시 자본조달경비를 직접 차감하는 방법을 살펴보면 다음과 같다.

$$k_e = \frac{D_1}{P_0 - e} + g \tag{7.11}$$

e : 주당 자본조달경비

식(7.11)은 고든의 배당평가모형을 이용하여 자기자본비용을 측정할 때, 자본조달경비를 처리하는 방법을 보여 주고 있다. 즉, 식(7.11)은 자본조달금액인 주가에서 자본조달경비를 차감함으로써 자본조달금액을 직접 줄이는 방법을 보여주고 있다.

다음에 타인자본비용 측정시 자본조달경비를 직접 차감하는 방법을 살펴보면 다음과 같다.

$$k_d = \frac{I(1-t_c)}{B-c} \qquad (7.12)$$

I : 이자비용
c : 타인자본조달경비

식(7.12)는 타인자본비용을 측정할 때, 자본조달경비를 처리하는 방법을 보여 주고 있다. 즉, 식(7.12)는 자본조달금액인 차입금(B)에서 타인자본조달경비를 직접 차감함으로써 자본조달금액을 직접 줄이는 방법을 보여주고 있다.

그런데 최근에는 자기자본비용과 타인자본비용을 측정할 때 자본조달경비를 자본조달 금액에서 직접 차감하지 않고, 기업의 현금유출로 처리하는 방법이 많이 사용되고 있다. 이 방법의 논리는 다음과 같다. 자본조달경비는 기업이 신규투자를 위하여 소요자본을 조달하면서 발생하는 것이다. 따라서 기업은 자본조달경비를 신규 투자 시 부담해야 하는 현금유출로 보아야 한다. 논리적으로 볼 때 자본조달경비를 자본조달금액에서 차감함으로써 자본비용을 직접 조정하는 방법보다는 신규투자 시 부담해야 하는 현금유출로 처리하는 방법이 보다 합리적이다.

2.6 타인자본비용과 자기자본비용의 측정

지금까지는 기업의 자본비용을 자본조달 원천별로 계산하는 원리에 대해서 설명하였다. 다음에는 삼선기업의 예를 들어 타인자본비용과 자기자본비용을 실제로 측정해 보기로 하자.

예제 7-1 타인자본비용과 자기자본비용의 측정

삼선기업의 보통주베타는 1.5이며, 보통주의 시장가치는 100억원이다. 또한 이자율은 6%이며, 부채의 시장가치는 50억원이다. 무위험수익률은 4%이고, 시장포트폴리오의 기대수익률은 12%이다. 삼선기업의 신규투자안에 적용할 타인자본비용과 자기자본비용을 구하라. 단, 법인세율은 30%이다.

| 풀이 |

(1) 타인자본비용의 측정

신규투자안의 타인자본비용 k_d는 절세효과를 감안하여 다음과 같이 구할 수 있다.

$$
\begin{aligned}
k_d &= i(1 - t_c) \\
&= 6\%(1 - 0.3) \\
&= 4.2\%
\end{aligned}
$$

(2) 자기자본비용의 측정

신규투자안의 자기자본비용 k_e는 CAPM을 이용하여 다음과 같이 구할 수 있다.

$$
\begin{aligned}
k_e &= R_f + [E(R_M) - R_f] \times \beta_j \\
&= 4\% + [12\% - 4\%] \times 1.5 \\
&= 16\%
\end{aligned}
$$

제3절 가중평균자본비용

지금까지 기업의 자본비용을 자본조달원천에 따라 타인자본비용, 보통주자본비용, 유보이익자본비용 그리고 우선주자본비용으로 구분하여 설명하였다. 유보이익자본비용은 보통주자본비용과 동일함도 설명하였다. 그러면 이들을 통합한 기업 자본비용의 대표치는 무엇이고, 이를 어떻게 측정할 것인가? 그리고 이것이 기업재무관리에 어떻게 이용될 수 있는가? 일반적으로 기업 전체의 자본비용은 가중평균자본비용을 의미하며, 원천별 자본비용을 가중평균하여 측정한다. 그리고 가중평균자본비용은 기업의 재무의사결정에 아주 중요한 기준으로 활용되고 있다. 본절에서는 가중평균자본비용의 의의, 측정, 활용 그리고 한계자본비용과의 관계 등에 대하여 구체적으로 살펴보도록 한다.

3.1 가중평균자본비용의 의의

가중평균자본비용(weighted average cost of capital : WACC)은 기업 자본비용의 대표치로서 자본조달 원천에 따른 원천별 자본비용을 원천별 자본이 조달한 총자본 중에서 차지하는 비중, 즉 자본구성비율로 가중평균한 것이다. 예를 들어, 기업이 타인자본, 우선주, 보통주의 세 가지 원천을 통해서 자본을 조달하는 경우 가중평균자본비용을 계산하면 다음과 같다.

$$k_a = k_d w_1 + k_p w_2 + k_e w_3 = \frac{k_d B + k_p P + k_e S}{B + P + S} \tag{7.13}$$

k_a : 가중평균자본비용(WACC)
k_d : 타인자본비용(절세효과 반영 : $i(1-t_c)$)
k_p : 우선주자본비용
k_e : 보통주자본비용
$w_1 : \frac{B}{B+P+S}$
$w_2 : \frac{P}{B+P+S}$
$w_3 : \frac{S}{B+P+S}$
B : 타인자본가치
P : 우선주가치
S : 보통주가치

만일 기업이 조달하는 자본을 타인자본(B)과 자기자본(S)으로 대별하면, 가중평균자본비용은 다음과 같이 측정된다.

$$WACC = k_a = k_d \times \frac{B}{B+S} + k_e \times \frac{S}{B+S} \tag{7.14}$$

일반적으로 가중평균자본비용은 식(7.14)와 같이 표현한다. 다음 장에서 공부하는 자본구조이론에서도 식(7.14)는 폭넓게 이용될 것이다.

3.2 가중평균자본비용의 측정

앞에서 설명한 바와 같이 가중평균자본비용(WACC)을 계산하는 방법은 간단하다. 그런데 WACC를 측정할 때 사용되는 자본구성비율은 시장가치 기준으로 하는 것이 원칙이다. 종로기업을 예로 들어 가중평균자본비용을 구해 보기로 하자.

| 표 7-2 | WACC의 측정

자본원천	장부가치	시장가치*	시장가치기준 자본구성비율(A)	원천별 자본비용(B)	A×B
타인자본	1,500억원	1,650억원	45.2%	7%	3.16%
자기자본	1,000억원	2,000억원	54.8%	14%	7.67%
합 계	2,500억원	3,650억원	100%	WACC=10.83%	

* 타인자본은 모두 회사채이며, 회사채의 시가는 액면가의 110%임.
자기자본의 시가는 액면가의 200%임.

종로기업의 원천별 자본의 시장가치가 증권시장에서 [표 7-2]와 같이 평가되었다고 하자. 시장가치를 기준으로 종로기업의 가중평균자본비용(WACC)을 계산하면, [표 7-2]에서 볼 수 있는 바와 같이 10.83%가 된다.

현실적으로 원천별 자본의 시장가치는 증권시장에서 객관적으로 평가될 수 있고, 기업은 시장가치를 기준으로 신규자본을 조달한다. 자본비용은 자본조달 원금에 대한 반대급부로 지급하는 비용을 %로 측정한 것이다. 따라서 기업 자본비용의 대표치인 가중평균자본비용은 시장가치를 기준으로 측정하는 것이 이론적으로 타당하다. 즉, 자본의 시장가치를 알 수 있다면 기업의 가중평균자본비용은 시장가치를 기준으로 측정하여야 한다. 다만 비상장기업처럼 자본의 시장가치를 알 수 없는 경우에는 실무적으로 장부가치를 기준으로 기업의 가중평균자본비용을 계산하기도 한다.

참고로 [표 7-2]의 자료를 활용하여 장부가치 기준의 가중평균자본비용을 측정하면 다음과 같다.

$$WACC = 7\% \times \frac{1,500}{2,500} + 14\% \times \frac{1,000}{2,500} = 9.8\%$$

장부가치기준의 가중평균자본비용은 9.8%로서 시장가치기준의 가중평균비용과는 1% 정도 차이가 난다.

3.3 가중평균자본비용의 활용

기업의 가중평균자본비용은 신규투자안이 경제성을 갖는지를 분석할 때 뛰어 넘어야 할 최소요구수익률(minimum required rate of return)로 활용된다. 기업의 가중평균자본비용을 신규투자안의 경제성을 분석하는데 그대로 활용하기 위해서는 다음과 같은 전제조건이 필요하다.

첫째, 가중평균자본비용을 측정하는 데 기초가 되는 자본조달 원천별 자본비용이 정확히 측정되어야 한다. 당연한 말이지만 기초적인 원천별 자본비용이 위험-수익률의 상충관계에 의해 정확히 측정되지 않으면 이들을 가중평균한 가중평균자본비용 역시 정확히 측정될 수 없다.

둘째, 신규투자안의 영업활동 내용이 기업의 기존 영업활동 내용과 동일해야 한다. 예를 들어, 신규투자안의 영업활동 내용이 기업의 기존 영업활동 내용과 다르면, 경영위험(business risk)이 변하게 되어 이에 따라 기업의 원천별 자본비용도 달라지기 때문이다.

셋째, 신규투자에 소요되는 자본을 조달한 후에 기업의 전체 자본구조가 기존의 자본구조와 달라지지 않아야 한다. 만약에 신규투자 후 기업전체의 자본구조가 달라지면, 재무위험(financial risk)이 변하게 되어 이에 따라 기업의 원천별 자본비용도 달라지기 때문이다.

이런 전제조건이 충족되면 가중평균자본비용을 신규투자안의 경제성 평가에 그대로 사용할 수 있다.

기업의 가중평균자본비용을 신규투자안의 투자가치를 평가할 때 할인율로 사용하기 위해서는 앞에서 설명한 조건 이외에도 고려해야 할 조건이 몇 가지 더 있다. WACC를 계산할 때 사용하는 타인자본비용에는 이자비용의 절세효과가 반영되어 있다. 그러나 타인자본을 사용하면 경우에 따라서는 이자비용의 절세효과 이외에도 투자안의 평가에 영향을 미치는 다른 효과들도 있을 수 있다. 예를 들어 사채를 발행할 때 발생되는 사채발행경비와 같은 거래비용도 이자비용과 같이 절세효과를 가져다준다. 또한 정부가 기업투자를 활성화하기 위해서 투자보조금을 지급하거나 장기저리 조건으로 자금을 대출해 줄 수 있다. 이 경우에 기업이 얻게 되는 금융효과도 신규투자안의 경제성을 평가할 때 자본비용에 반영시켜야 한다.

3.4 가중평균자본비용과 한계자본비용

자본비용이란 이론적으로나 실무적으로 과거에 조달했던 자본에 대한 반대급부로서의 비용이 아니다. 즉, 자본비용이란 기업이 신규투자를 위하여 추가로 조달하려는 자본에 대한 일종의 기회비용이다. 따라서 기업의 가중평균자본비용은 자본을 추가적으로 사용함으로써 부담해야 할 한계자본비용(marginal cost of capital : MCC)이 된다. 기업이 신규투자를 위하여 추가로 조달하는 자본이 늘어나면 이에 따라 발생하는 한계자본비용은 상승하기 마련이다. 이를 그림으로 나타내면 [그림 7-1]과 같다.

그림 7-1 | 한계자본비용

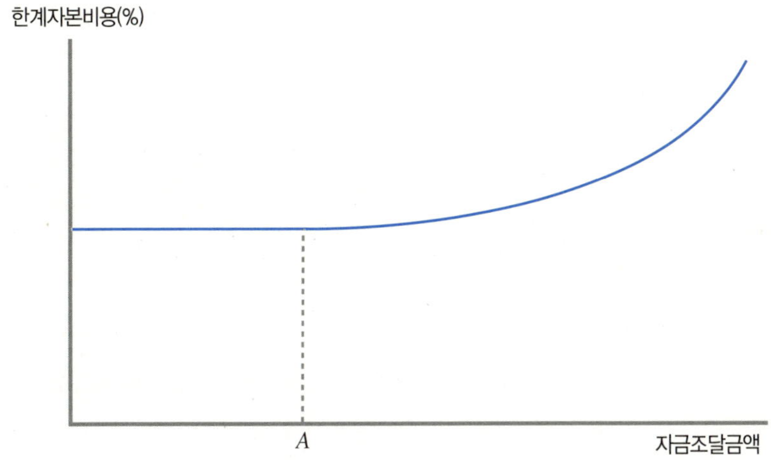

[그림 7-1]에서 보듯이, 한계자본비용은 기업이 추가로 조달하는 자본의 규모가 늘어나면 어느 수준(A)까지는 거의 일정하다가 그 수준을 초과하여 자본을 사용하면 상승하게 된다. 그 이유를 설명하면 다음과 같다. 기업은 일반적으로 자본비용이 저렴한 자본을 우선적으로 조달하기 때문에 일정수준까지는 한계자본비용을 비교적 낮은 수준으로 일정하게 유지할 수 있다.

그러나 기업의 투자규모가 늘어나서 기업이 저렴한 자본을 더 이상 조달할 수 없게 되면 기업은 자본비용이 보다 비싼 자본을 조달할 수밖에 없게 된다. 이로 인하여 기업의 한계자본비용은 서서히 상승하게 된다. 다시 말해 기업이 일정수준 이상의 자본을 추가적으로 조달하게 되면 기업의 원천별 자본비용 자체가 상승하여 한계자본비용을 상승시키게 되는 것이다.

제4절 재무레버리지와 보통주베타

기업의 재무레버리지, 즉 타인자본의존도가 높아지면 보통주베타는 어떻게 될까? 다시 말해서 기업이 부채를 많이 사용할수록 주주의 위험은 어떻게 될까? 이 질문에 대한 대답은 다음 장에서 공부하는 자본구조이론에서 규명해야 할 핵심사항이다. 결론적으로 말해서 다른 조건이 일정할 때, 기업이 부채의 비중을 늘리면 주주는 위험을 더 많이 부담하게 된다. 그렇다면 다른 모든 조건이 일정할 때, 기업이 부채비중을 늘리면 보통주베타는 어떻게 변화하는가? 하마다(Hamada)는 이들 간에 일정한 관계를 규명함으로써 기업재무이론에 큰 기여를 하였다. 본절에서는 기업의 재무레버리지와 보통주베타 간의 관계를 구체적으로 설명해 보기로 하자.

4.1 하마다모형과 보통주베타

기업의 보통주베타를 이용하여 자기자본비용을 구할 때, 신규투자안의 영업활동 내용이 기존기업의 그것과 동질적이면 자기 기업의 보통주베타를 그냥 이용하여 자기자본비용을 구하면 된다. 그러나 신규투자안의 영업활동 내용이 기존 기업의 그것과 다르면 어떻게 할 것인가? 이때에는 신규투자안의 영업위험과 동질적인 영업위험을 부담하는 대용기업을 선정하여 그 기업의 영업위험이 반영된 보통주베타를 이용하여야 한다. 대용기업의 영업위험이 반영된 보통주베타를 사용하되 서로 다른 재무레버리지, 즉 상이한 타인자본의존도는 다시 조정해야 한다. 하마다(Hamada)는 타인자본을 많이 사용할수록 보통주베타도 비례하여 증가한다는 사실을 하마다모형으로 정리하였다. 하마다모형(Hamada model)을 이용하여 재무레버리지와 보통주베타 간의 관계를 설명하면 다음과 같다.

$$\beta_L = \beta_U\left[1 + \frac{B}{S}(1 - t_c)\right] \tag{7.15}$$

β_L : 타인자본 사용 시 보통주베타(타인자본은 모두 무위험이라고 가정)

β_U : 타인자본 사용하지 않을 시 보통주베타
B : 타인자본의 시장가치
S : 자기자본의 시장가치
t_c : 법인세율

식(7.15)는 타인자본 사용시 보통주베타가 타인자본을 사용하지 않을 때의 보통주 β_U 에 재무레버리지(B/S)를 조정하여 증가함을 보여주고 있다. 즉, 식(7.15)는 부채를 사용하는 기업의 보통주베타는 다른 조건이 동일하고 부채를 사용하지 않는 기업의 보통주베타보다 커진다는 것을 보여주는 식이다. 여기서 말하는 다른 조건이 동일한 기업이라는 것은 동질적 영업위험을 갖는 기업이란 뜻이다. 식(7.15)를 β_U에 대하여 정리하면 다음과 같다.

$$\beta_U = \frac{\beta_L}{\left[1 + \frac{B}{S}(1 - t_c)\right]} \qquad (7.16)$$

식(7.16)은 대용기업의 β_L(타인자본 효과가 반영됨)을 타인자본을 사용하지 않을 때의 β_U로 조정한 것이다. 여기서 β_U는 영업위험만 반영된 보통주베타라고 부르기도 한다. 대용기업의 영업위험만 반영된 보통주베타는 식(7.16)을 이용하여 구한다. 여기에 신규투자안의 재무위험이 반영된 타인자본의존도를 식(7.15)를 이용하여 다시 조정하면 신규투자안의 보통주베타 β'_L를 구할 수 있다. 그리고 β'_L를 이용하여 CAPM을 통하여 보통주의 자본비용을 계산할 수 있다.

다음 항에서는 대용기업의 보통주베타를 이용하고 재무레버리지를 조정함으로써 신규투자안의 새로운 보통주베타를 추정하는 사례를 살펴보기로 하자.

4.2 보통주베타의 조정

앞에서 공부한 하마다모형을 이용하여 보통주베타를 구할 때 구체적으로 재무레버리지가 보통주베타에 어떻게 영향을 주는지 하늘건설의 타 분야 진출사례를 들어 설명해보기로 하자.

예제 7-2 하마다모형에 의한 재무레버리지 조정

건설업종에 진출해 있는 하늘건설은 현재 업종과는 관련이 없는 바이오업종에의 신규투자안을 고려하고 있다. 신규투자에 소요되는 자본은 1,200억원이며 하늘건설은 신규투자안이 경제성을 갖는지 여부를 평가하기 위하여 신규투자안의 대용기업으로 천지바이오를 선택하였다. 천지바이오의 보통주베타는 2.2이고 부채비율(=타인자본/자기자본)은 150%이고 법인세율은 20%이다. 하늘건설의 부채비율은 50%이고 평균이자율은 연 8%이며 법인세율은 20%이다. 그리고 하늘건설은 신규투자안에 소요되는 자본을 기존의 부채비율과 동일하게 조달하며 추가로 조달할 부채의 평균이자율도 연 8%이다. 한편 자본시장에서 무위험수익률은 연 6%, 시장포트폴리오의 기대수익률은 연 14%이다.

(1) 하늘건설의 신규투자안에 자본을 제공하는 보통주주가 부담하는 체계적 위험(β'_L)을 구하라.

(2) 신규투자안의 보통주자본비용을 구하라.

| 풀이 |

(1) 하마다모형과 대용기업의 자료를 이용하여 타인자본을 사용하지 않을 때인 β_U를 측정하면 다음과 같다.

$$\beta_U = \frac{\beta_L}{\left[1 + \frac{B}{S}(1 - t_c)\right]} = \frac{2.2}{[1 + 1.5(1 - 0.2)]} = 1.0$$

신규투자안의 보통주주가 부담하는 체계적 위험은 바이오산업의 영업위험이 반영되고 하늘건설의 재무위험이 고려되어야 한다. 바이오산업의 영업위험과 하늘건설의 부채비율을 감안하여 조정된 체계적 위험 β'_L을 구하면 다음과 같다. 즉, 하마다모형을 이용하여 부채비율이 50%인 하늘건설의 신규투자안에 자본을 제공한 보통주주가 부담하는 체계적 위험 β'_L를 구하면 다음과 같이 1.4가 된다.

$$\beta'_L = \beta_U\left[1 + \frac{B}{S}(1 - t_c)\right] = 1.0[1 + 0.5(1 - 0.2)] = 1.4$$

(2) 보통주의 요구수익률, 즉 자기자본비용 k_e는 다음과 같이 17.2%가 된다.

$$k_e = R_f + [E(R_M) - R_f] \times \beta'_L = 0.06 + [0.14 - 0.06] \times 1.4 = 0.172$$

EXERCISE

객관식 문제

01 기업의 자본비용과 동질적인 의미를 갖는 것은?

① 평균투자수익률　② 거부율
③ 유보율　④ 승수율

02 기업의 가중평균자본비용을 측정할 때 사용되는 자본구성비율은 무엇을 기준으로 하는 것이 가장 적합한가?

① 시장가치기준　② 장부가치기준
③ 원가기준　④ 과거 조달가치기준

03 절세효과를 감안해서 구해야 하는 자본비용인 것은?

① 타인자본비용　② 자기자본비용
③ 우선주자본비용　④ 유보이익자본비용

04 기업의 최소요구수익률로 가장 적합한 것은?

① 가중평균투자수익률　② 이자율
③ 원가요구율　④ 가중평균자본비용

05 무위험수익률 4%, 보통주베타 1.3, 시장포트폴리오의 기대수익률 12%, 시장위험프리미엄 8%이다. 자기자본비용을 구하면?

① 12.4%　② 13.4%　③ 14.4%　④ 15.4%

06 주식의 액면가 5,000원, 주가 10,000원, 주당배당 800원, 배당성장률 3%이다. 고든의 배당평가모형을 이용하여 보통주자본비용을 구하면?

① 19%　② 13%　③ 12%　④ 11%

07 가중평균자본비용을 신규투자안의 경제성분석에 이용하기 위한 전제조건으로 잘 묶여진 것은?

① 동질적 영업위험, 동질적 전략위험　② 동질적 재무위험, 동질적 전략위험
③ 동질적 영업위험, 동질적 재무위험　④ 동질적 시장위험, 동질적 전략위험

‹‹‹ 연 | 습 | 문 | 제

08 우선주자본비용을 구하는 방법으로 가장 올바른 것은?

① 우선주 주당배당/우선주 가격
② 우선주 가격/우선주 주당배당
③ (우선주 주당배당/우선주 가격) + 성장률
④ (우선주 가격/우선주 주당배당) + 성장률

09 기업의 가중평균자본비용은 (　) 개념이어야 한다. (　) 속에 가장 적합한 말은?

① 개별자본비용　② 한계자본비용
③ 원천별 자본비용　④ 역사적 자본비용

10 부채비율이 높아질수록 자기자본의 자본비용이 상승하게 되는데 이를 무엇이라 하는가?

① 재무위험　② 영업위험
③ 파산위험　④ 시장위험

11 다음 중 그 의미가 다른 하나는?

① 요구수익률　② 거부율
③ 필수수익률　④ 투자수익률

12 자본비용의 기능을 설명한 것 중에 잘못된 것은?

① 보통 자본비용은 원천별 자본비용을 의미한다.
② 순현가를 구할 때 할인율로 자본비용을 사용한다.
③ 자본비용은 투자로부터 벌어들여야 할 최소수익률로 이용된다.
④ 내부수익률이 자본비용보다 큰 투자안은 경제성이 있는 것으로 판단된다.

13 다음 중 틀린 주장은 어느 것인가?

① 보통주의 베타값이 높을수록 위험은 높아진다.
② 증권에 대한 요구수익률이 높을수록 자본비용은 높아진다.
③ 보통주에 대한 자본비용과 사내유보에 대한 자본비용은 같다.
④ 부채로 자금을 조달할 경우 조달금리가 부채의 자본비용이 된다.

EXERCISE

14 다음 중 순현가를 산출할 때 사용되는 적정할인율과 동일한 개념이 아닌 것은 무엇인가?

① 요구수익률 ② 자본비용
③ 최저필수수익률 ④ 총자산이익률

15 100억원을 차입 시 다음 어떤 경우에 이자비용의 감세효과가 가장 크게 나타나는가?

① 차입이자율 10%, 한계법인세율 10%
② 차입이자율 8%, 한계법인세율 15%
③ 차입이자율 6%, 한계법인세율 20%
④ 차입이자율 5%, 한계법인세율 22%

16 동일 기업에 있어 다음 중 어떤 자본비용이 가장 높은가?

① 타인자본비용 ② 자기자본비용
③ 가중평균자본비용 ④ 단순평균자본비용

17 자본비용에 관한 다음 주장 중 맞지 않는 것은 무엇인가?

① 증권시장선(SML)을 이용해 자기자본비용을 구할 수 있다.
② 우선주의 자본비용은 보통주의 자본비용보다 높아야 한다.
③ 타인자본비용을 구할 때는 이자비용의 감세효과를 반영해야 한다.
④ 베타를 구할 수 없는 기업의 경우에는 현금흐름할인모형을 이용해 자기자본비용을 구할 수 있다.

※ 개신산업은 타인자본이 130억원이고 자기자본이 70억원으로 자본구조가 형성되어 있다. 현재 이 기업에 법인세 30%가 적용될 경우 다음 18번과 19번 질문에 답하라.

18 부채의 차입금리가 연 10%일 경우 개신산업의 타인자본비용을 구하라.

① 7% ② 8% ③ 9% ④ 10%

19 개신산업의 보통주의 베타계수는 2.0이다. 기대시장수익률이 14%이고 무위험이자율이 5%일 경우 이 기업의 자기자본비용을 구하라.

① 15% ② 19% ③ 23% ④ 27%

연 | 습 | 문 | 제

주관식 문제

01 다음은 서울기업의 시장가치기준의 대차대조표(B/S)이다.

서울기업 B/S (단위 : 억원)

자 산	5,400	타인자본 보 통 주	2,950 2,450
총자산	5,400	총 자 본	5,400

타인자본의 평균이자율은 연 10%이고, 주주요구수익률은 연 14%이며, 법인세율은 20%이다.

(1) 서울기업의 가중평균자본비용을 시장가치를 기준으로 측정하라.

(2) 타인자본의 시장가치는 장부가치의 105% 수준이고, 보통주의 시장가치는 장부가치의 150% 수준이다. 서울기업의 가중평균자본비용을 장부가치기준으로 측정하라.

02 주식회사 미평건설은 20억원을 연이자율 12%에 차입하였다. 이 기업의 법인세율이 28%일 경우 다음 물음에 답하라.

(1) 이 기업의 영업이익(EBIT)이 10억원일 경우 부채사용에 의한 절세액은 얼마인가?

(2) 부채의 자본비용은 얼마인가?

03 (주)민정기획은 부채가 40%이고 자기자본이 60%로 자본구조가 구성되어 있다. 법인세가 30%일 경우 다음의 각 질문에 답하라.

(1) 부채의 차입금리가 연 10%일 경우 이 기업의 부채의 자본비용을 구하라.

(2) (주)민정기획의 보통주의 주당가격은 현재 20,000원이며 베타계수는 0.8이다. 시장수익률이 12%이고 무위험이자율이 7%일 경우 이 기업의 보통주의 자본비용을 구하라.

(3) 이 기업의 가중평균자본비용(WACC)을 구하라.

(4) 이 기업이 다음과 같은 현금흐름을 갖는 투자안에 투자해야 할지 또는 기각해야 할지를 결정하라.

Year 0	Year 1	Year 2
−10억원	4억원	7억원

E X E R C I S E

04 *A*회사의 재무레버리지(B/S)는 1이고 동일한 영업위험을 가진 *B*회사의 재무레버리지(B/S)는 2이다. *A*회사의 보통주베타가 0.5일 때 *B*회사의 보통주베타의 크기는? 단, 부채의 베타는 0이며 법인세는 존재하지 않는다고 하자.

05 수곡건설은 주당 30,000에 우선주 발행이 가능하다고 한다. 우선주에 대해서는 매년 주당 3,600원의 배당을 영구히 매년 지급할 예정이다. 수곡건설의 법인세율이 20%이고 베타계수가 1.5일 때 수곡건설의 우선주의 자본비용을 구하라.

06 가경전자는 작년 말에 주당 1,000원의 배당을 지급했으며, 현재 주가는 20,000원이다. 대차대조표를 보면 가경전자는 전체 자본 중 타인자본이 60%를 차지하고 있으며, 차입이자율은 8%이다. 법인세율이 20%이며 배당이 매년 10%씩 일정하게 성장한다고 가정하고, 가경전자의 가중평균자본비용(WACC)을 산출하라.

07 다음 각각의 경우에 타인자본의 자본비용을 산출하라.

(1) *A*기업

① 한계법인세율 10%, 차입이자율 5%

② 한계법인세율 10%, 차입이자율 10%

③ 한계법인세율 10%, 차입이자율 20%

(2) *B*기업

① 한계법인세율 5%, 차입이자율 10%

② 한계법인세율 10%, 차입이자율 10%

③ 한계법인세율 20%, 차입이자율 10%

08 (주)낙동강은 투자안 *A*를 고려하고 있는데, 투자안 *A*의 영업위험은 기존투자의 위험과 전혀 다르다고 한다. (주)낙동강의 재무담당자는 투자안 *A*와 동질적인 위험을 갖는 기업으로 *B*기업을 선택하여 투자안 *A*의 요구수익률을 측정하기로 하였다. *B*기업의 부채비율(B/S)은 200%이고 보통주 베타는 1.8이라고 한다. (주)낙동강의 현재 부채비율은 80%이고, 신규투자 후에도 이 부채비율을 유지하고자 한다. 부채조달에 따른 평균이자율은 10%이며 적용되는 법인세율은 40%이다. 투자안 *A*의 평가에 적용되는 적정할인율은 얼마인가?(단, $R_f = 8\%$, $E(R_M) = 12\%$)

09 새봄모바일의 대차대조표를 보면 부채가 500억원, 보통주가 300억원, 그리고 사내보유가 200억원 등 총 1,000억원으로 구성되어 있다. 한편 새봄모바일이 부채로 자

금을 조달할 때는 8%의 차입이자율을 지급하고 있으며 자기자본비용은 12%이다. 이 기업에 대한 법인세율이 20%일 경우 이 기업의 가중평균자본비용을 구하라.

10 (주)다예백화점 보통주의 현 주가는 20,000원이고, 금년 말 예상배당액은 1,000원이다. 이 회사의 배당금은 앞으로 매년 5%씩 계속하여 증가할 것으로 전망되고 있다. Gordon의 항상성장모형(constant growth model)을 이용하여 (주)다예백화점의 보통주의 자본비용을 구하라.

11 찬웅전자는 프로젝트 *X*에 투자를 고려하고 있으며 이 프로젝트의 현금흐름은 다음 표에 나타나 있다. 이 투자안을 실행하기 위해서는 자기자본 30억원과 타인자본 20억원이 소요될 것으로 예상된다. 자기자본비용이 15%이고 차입금리가 10%일 때 이 프로젝트의 투자 여부를 결정하라. 단, 법인세율은 30%라고 가정한다.

연도	Year 0	Year 1	Year 2
금액	(50억원)	15억원	40억원

12 (주)성봉산업의 자기자본비용은 12%이며, 타인자본비용은 8%이다. 한편 (주)성봉산업은 자본구조를 보면 자기자본이 800억원이고 타인자본이 200억원이다. 다음과 같은 투자안이 있을 경우에 (주)성봉산업의 투자 여부를 결정하라.

연도	Year 0	Year 1	Year 2	Year 3
금액	(50억원)	20억원	20억원	20억원

13 (주)개신컴의 보통주 현 주가는 20,000원이고 작년 말 배당액은 1,000원이다. 이 회사는 배당을 매년 일정하게 유지하고 있으며 앞으로도 그럴 계획이다. 이 경우 이 기업의 보통주 자본비용은 얼마인지를 배당평가할인모형을 이용해 구하라.

14 (주)용주산업의 투하자본수익률이 12%이고, 자본비용이 8%이며, 투하자본이 100억원일 때 경제적 부가가치(EVA)는 얼마인가?

15 (주)석휘철강은 사업다각화의 일환으로 정보통신에 진출을 꾀하고 있다. 신규투자에 소요되는 자금은 모두 800억원이며, 현재의 부채비율을 유지하기 위해 300억원은 타인자본으로 그리고 500억원은 자기자본으로 조달하려고 한다. 정보통신업체 중에서 가장 비슷한 대용기업으로는 (주)혜련ITC가 선정되어 있으며, 이 기업의 보통주 베타는 1.3이며, 부채비율(D/E)은 200%이고, 법인세율은 20%이다. 한편 석휘철강

의 법인세율은 20%이고, 차입을 위한 연평균이자율 6%이며, 이러한 이자율은 신규 사업에도 동일하게 적용된다. 무위험이자율은 4%이고, 시장포트폴리오의 기대수익률이 10%일 때 석휘철강의 신규투자안의 보통주 자본비용을 구하라.

Fundamentals of Corporate Finance

CHAPTER 8

자본구조

Chapter 8

자본구조

제1절 자본구조의 의의

1.1 자본구조의 의미

기업은 사내유보된 내부자금으로 투자할 때도 있고, 내부자금이 부족할 경우에는 외부자금으로 충당할 때도 있다. 외부자금을 조달하기 위해서 기업은 증권시장에서 보통주, 우선주, 회사채 등의 증권을 발행할 수도 있고, 은행 등의 금융기관으로부터 차입할 수도 있다. 또한 기간에 따라 1년 이내의 단기성 자금을 조달할 때도 있고, 1년 이상의 장기성 자본을 조달할 경우도 있다.

이렇듯 자금조달방법은 조달원과 기간을 비롯해 모집방법, 우선순위, 발행장소 등등에 따라 다양하게 분류될 수 있다. 자본구조(capital structure)는 이와 같이 다양한 자금조달방법 중 어떤 방법으로 얼마만큼을 조달하고 있는가를 나타내고 있다. 대차대조표를 보면 자본구조를 보다 쉽게 이해할 수 있다. [표 8-1]은 약식대차대조표를 나타내고 있다.

[표 8-1]에서 대차대조표의 차변은 자산의 구성에 관한 것이 정리되어 있다. 자산의 구성이란 결국 투자에 의해서 이루어지기 때문에 차변은 투자의사결정과 관련되어 있다고 하겠다. 그런데 자산을 매입하기 위해서는 자금조달이 수반되어야 하고 이러한 자금

표 8-1 약식 대차대조표

유동자산	타인자본
비유동자산	자기자본
총자산	총자본

조달은 자기자본과 타인자본을 양 축으로 하는 자본구조에 반영되어 대변에 정리된다. 따라서 기업의 자금조달에 관한 의사결정은 자본구조에 나타나게 된다.

일반적으로 자본구조는 자기자본과 타인자본으로 양분되지만, 대차대조표를 자세히 보면 각각에는 다양한 유형이 존재함을 알 수 있다. 자기자본에는 보통주와 우선주의 발행을 통해 조달된 주식발행자본금과 사내유보금이 포함된다. 타인자본은 부채를 말하는 것으로, 채권발행을 통해 조달된 자금과 금융기관 차입금이 포함된다. 특히 부채는 그 특성에 따라 여러 종류로 분류될 수 있다. 예를 들어 기간에 따라 단기채, 중기채, 장기채로 분류되고, 지급우선순위에 따라서는 상위채, 보통채, 하위채 등으로 분류된다. 이 밖에도 담보유무, 발행장소, 이자지급방법에 따라 다양하게 구분될 수 있다. 따라서 타인자본을 얼마만큼 사용할 것인가에 대한 의사결정도 필요하지만, 어떤 유형의 부채를 선택할 것인가에 관한 의사결정도 중요하다고 할 수 있다.

그리고 자본구조에 대한 보다 종합적이고 체계적인 이해를 위해서는 부채구조뿐만 아니라 소유구조 및 지배구조를 함께 살펴볼 필요가 있다. 부채의 다양한 유형과 부채의 만기구조 및 위험구조는 '부채구조(debt structure)' 에서, 보통주에 대한 대주주, 경영자, 기관투자자, 소액주주 등의 투자비중에 따라 어떻게 기업가치가 달라지는가에 대해서는 '소유구조(ownership structure)' 에서, 그리고 출자지분에 따른 합당한 의사결정 및 배분이 적절하게 보장되는가는 '지배구조(governance structure)' 에서 각각 다루어지고 있다.

일반적으로 자본구조에서는 자기자본과 타인자본의 구별이 중요시되는데, 이는 양자가 자본비용, 세금, 대리비용, 정보비용 등에서 확연히 차이가 나기 때문이다. 또 타인자본총액을 자기자본총액으로 나눈 값인 부채비율(debt/equity ratio)이 자본구조를 나타내는 대표적인 지표로 사용된다. 본서가 재무관리에 대한 기본 입문서라는 점을 감안하면 자기자본과 타인자본으로 대별해도 자본구조에 대한 기본적인 이해를 위해서는 충분할 것이다. 따라서 이 장에서는 타인자본과 자기자본의 상대적 비중을 나타내는 부채비율에 초점을 맞추어 자본구조를 조명하도록 한다.

1.2 최적자본구조

'기업가치의 극대화' 란 기업의 목적은 투자의사결정뿐만 아니라 자본구조의사결정에도 그대로 적용된다. 최적자본구조(optimal capital structure)란 기업가치를 극대화하는 자본구조를 말한다. 엄밀히 말하면 투자와 자본구조는 상호작용하기 때문에 경영자가

의사결정을 할 때에는 투자와 자본구조가 함께 고려되어야 한다. 그럼에도 불구하고 우선은 자본구조를 투자와 분리해서 자금조달비용(자본비용)이 최소화되는 자본구조를 최적자본구조로 정의하고자 한다. 그렇게 하면 기본적인 자본구조이론을 보다 쉽게 이해할 수 있을 뿐만 아니라, 나중에 보다 정교하고 다각적으로 자본구조이론을 논의하는 데도 도움을 줄 수 있기 때문이다

이 장에서는 자본구조에 관한 전통적 이론, 모디글리아니와 밀러(Modigliani and Miller)의 이론과 그 이후의 이론들을 차례로 소개한다. 그리고 이러한 이론들을 기초로 하여 실제 기업의 자본구조를 논의해 보고자 한다. 독자들은 "자본구조가 기업가치에 어떤 영향을 미치는가?", "최적자본구조는 존재하는가?", 최적자본구조가 존재한다면 "최적자본구조의 결정요인은 무엇인가?"라는 의문을 갖고 자본구조에 관한 이론과 실제를 학습하기 바란다.

제2절 자본구조이론

자본구조에 관한 이론을 최초로 제시한 것은 모디글리아니와 밀러(Modigliani and Miller, 이후 MM)의 1958년 논문이다. 이 절에서는 MM의 이 논문을 기준으로 그 이전과 이후에 자본구조이론이 어떻게 단계적으로 발전되어왔는가를 살펴보도록 하자. MM의 이론은 자본구조뿐만 아니라 현대 재무관리의 과학적 정립에 결정적 공헌을 한 중요한 논문이다. MM 이전의 전통적 접근법과 MM이론이 어떻게 다른가를 주의 깊게 살펴봄으로써 과학적 사고와 비과학적 사고의 차이를 발견하는 것도 중요한 소득이 될 것이다. 한편 "자본구조는 기업가치에 영향을 미치지 않는다"는 MM의 명제는 일정한 가정들하에서 도출된 결론이다. MM 이후의 이론들을 통해서는 MM의 비현실적 가정들이 완화되었을 경우 자본구조가 기업가치에 어떤 영향을 미치는가에 대해 논의하도록 한다.

앞으로 별도의 언급이 없을 경우에는 기업의 자본구조를 나타내는 지표로는 타인자본을 자기자본으로 나눈 값인 부채비율을 사용하기로 한다. 자본구조에 있어 주된 관심사는 자본비용을 최소화하는 부채비율의 존재여부에 있기 때문에 부채비율을 X축에 그리고 자본비용을 Y축에 나타내는 그림을 사용하는 것이 편리하다. 그리고 자본비용이 최소화 되는 부채비율은 곧 기업가치의 극대화를 가져오는 부채비율이 되기 때문에 부채비율을 X축에 그리고 기업가치를 Y축에 나타내는 그림을 함께 사용하기로 한다.

2.1 전통적 접근법

2.1.1 순이익 접근법

전통적 접근법에 대한 이해를 돕기 위해 간단한 순이익접근법(net income approach : NI접근법)부터 살펴보기로 한다. 이 접근법은 부채를 사용하는 정도인 부채비율과 상관없이 자기자본비용(k_e)과 타인자본비용(k_d)은 일정하다는 가정에서 출발한다. 따라서 NI 접근법을 나타낸 [그림 8-1]의 (a)를 보면, 부채비율에 관계없이 k_e와 k_d는 둘 다 수평 일직선으로 그려지게 된다.

투자자의 증권에 대한 요구수익률은 경영자에게는 자본사용에 대한 대가로 지불해야 하는 자본비용이다. 채권투자에 대한 위험이 주식투자에 대한 위험보다 낮기 때문에 채권에 대한 요구수익률이 주식에 대한 요구수익률보다 낮게 된다. 이에 따라 [그림 8-1]을 보면 k_d는 k_e에 비해 낮게 그려지게 된다. 그리고 두 자본비용의 가중평균인 가중평균자본비용(WACC 또는 k_a)은 자기자본비용선과 타인자본비용선을 합성함으로써 나타낼 수 있는데, k_a는 부채비율이 증가할수록 감소하게 된다.

또한 기업의 가중평균자본비용을 산출하는 다음 식에 간단한 수치를 대입함으로써 k_a를 구할 수도 있다.

그림 8-1 | NI접근법에 따른 자본비용과 기업가치

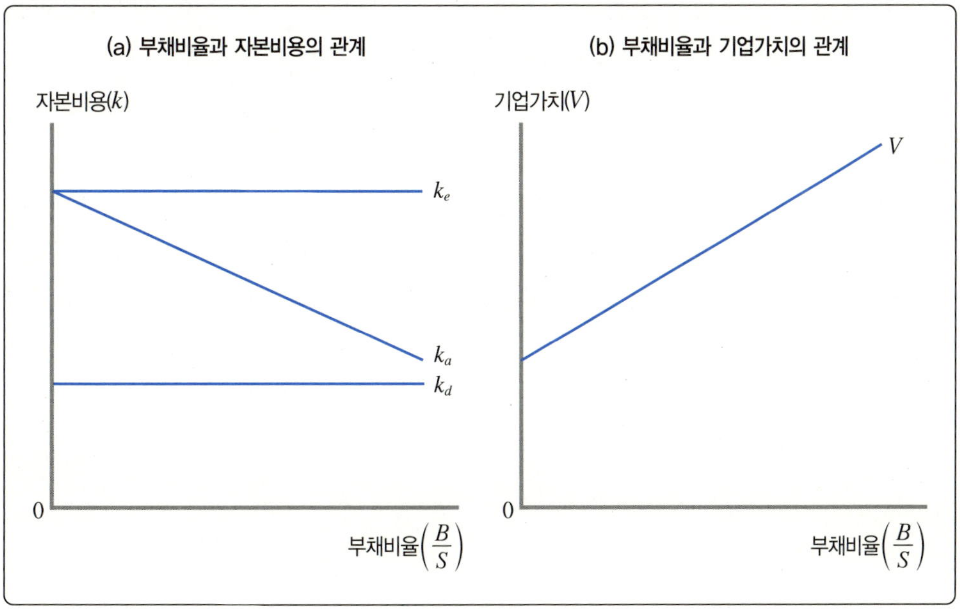

$$k_a = k_e \times \frac{S}{B+S} + k_d \times \frac{B}{B+S} \tag{8.1}$$

예를 들어 총자본이 100억인 기업의 k_d가 8%이고 k_e가 12%일 때에 부채비율에 따라 k_a는 식(8.1)에 의해 다음과 같이 계산된다.

① 부채가 0일 경우 : $k_a = 0.12 \times 1.0 + 0.08 \times 0 = 0.12 = 12.0\%$

② 부채가 20억원일 경우 : $k_a = 0.12 \times 0.8 + 0.08 \times 0.2 = 0.112 = 11.2\%$

③ 부채가 40억원일 경우 : $k_a = 0.12 \times 0.6 + 0.08 \times 0.4 = 0.104 = 10.4\%$

④ 부채가 60억원일 경우 : $k_a = 0.12 \times 0.4 + 0.08 \times 0.6 = 0.096 = 9.6\%$

⑤ 부채가 80억원일 경우 : $k_a = 0.12 \times 0.2 + 0.08 \times 0.8 = 0.088 = 8.8\%$

⑥ 부채가 100억원일 경우 : $k_a = 0.12 \times 0 + 0.08 \times 1.0 = 0.080 = 8.0\%$

부채가 0일 경우는 k_a는 k_e와 동일하고, 부채가 늘어날수록 k_a는 감소하다가, 부채로 100% 자본을 조달할 경우에는 k_a는 k_d와 동일하게 된다. 결국 그래프상에서 k_e와 k_d를 합성한 것과 같이 가중평균자본비용인 k_a는 부채비율이 높아짐에 따라 일직선상으로 감소한다는 것을 알 수 있다.

그런데 부채비율이 증가할수록 자본비용이 감소하게 되면, [그림 8-1]의 (b)에 나타난 것과 같이 기업의 가치는 부채비율이 증가할수록 높아져야 한다. 이는 기업이 타인자본을 더 많이 사용하면 할수록 기업의 가치를 증가시킬 수 있다는 것으로 현실과 맞지 않는다. 이렇게 잘못된 결론이 나오게 된 것은 NI접근법이 자기자본비용과 타인자본비용이 부채비율에 관계없이 일정하다는 잘못된 가정에서 출발하기 때문이다. 이 잘못된 가정에 대해서는 뒤에 설명할 순영업이익접근법과 전통적 접근법에서 자세히 설명하기로 한다.

k_e와 k_d가 일정하다는 가정에 오류가 있음을 명심하고 NI접근법이 의미하는 바를 다시 한번 요약해 보자. 이 접근법의 요지는 부채비율이 증가할수록 가중평균자본비용(k_a)은 감소한다는 것이다. 왜냐하면 자기자본에 비해 자본비용이 상대적으로 저렴한 타인자본을 더 많이 사용할수록 부채비율은 높아지고, 아울러 k_e와 k_d의 가중평균인 k_a는 감소하기 때문이다. 이에 따라 [그림 8-1]에 나타난 것과 같이 부채비율이 증가할수록 자본비용은 감소하고 기업가치는 증가된다.

2.1.2 순영업이익접근법

NI접근법에서는 주주에게 귀속되는 소득인 순이익(NI)에다 채권자에게 지급될 이자(I)를 합한 것을 영업이익(OI)으로 보고 주주의 요구수익률과 채권자의 요구수익률에 각각의 투자비중을 곱해 가중평균자본비용을 구했다. 이와는 달리 순영업이익접근법(net operating income approach : NOI접근법)에서는 영업이익이 기업의 가치를 결정짓는다는 점에 주목하여 영업이익을 적정할인율인 k_a로 나누면 기업의 가치를 제대로 평가할 수 있다고 주장한다.

그런데 NOI접근법은 할인율인 k_a가 부채비율과 관계없이 일정하다는 것으로 NI접근법과는 근본적인 차이가 있다. NOI접근법에서는 NI접근법과 같이 k_d는 일정하지만, NI접근법과 달리 k_e는 재무위험 때문에 부채비율이 높아질수록 증가한다고 본다. 따라서 부채비율이 높아질수록 한편으로는 저렴한 k_d가 보다 많이 포함되어 k_a를 낮추는 효과가 있지만, 다른 한편으로는 k_e가 증가되어 이를 상쇄하기 때문에 결국 k_a는 부채비율과 관계없이 일정하게 된다는 것이다. 이에 따라 [그림 8-2]에 나타난 것과 같이 부채비율이 변하더라도 기업의 자본비용과 기업가치는 일정하게 된다.

그림 8-2 | NOI접근법에 따른 자본비용과 기업가치

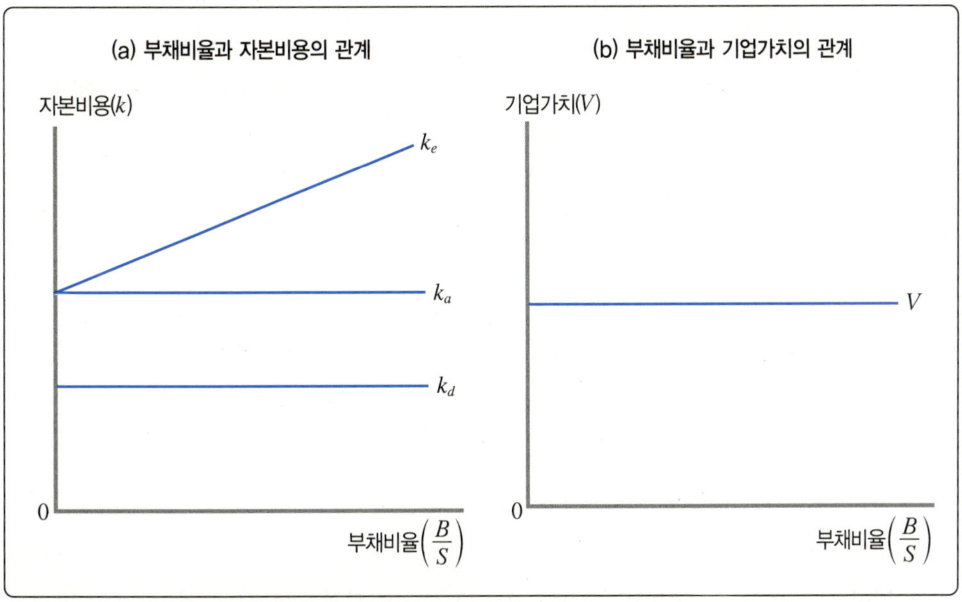

지금부터는 자기자본비용(k_e)이 일정하지 않고 부채비율에 따라 상승하는 재무레버리

지효과에 대해 살펴보자. 식(8.1)을 k_e에 대해서 풀면

$$k_e = k_a + (k_a - k_d)\frac{B}{S} \tag{8.2}$$

위 식에 따르면 부채비율$\left(\frac{B}{S}\right)$이 높아지면 자기자본비용(k_e)이 증가한다. 기업이 부채를 많이 사용할수록 주주의 소득이 되는 순이익에 대한 불확실성이 증가하고 이에 따른 위험 증가는 자기자본비용의 상승을 가져온다. 이렇게 부채비율이 높아짐에 따라 자기자본비용이 상승하는 것을 재무레버리지효과(financial leverage effect)라고 한다.

채권자들은 기업이 부도가 나지 않는 한 확정적 이자와 원금을 지급받는 데 비해, 주주들은 채권자들에게 이자와 원금이 지불된 다음에 남은 자산에 대해 잔여재산청구권(residual claim)을 갖는다. 따라서 투자자의 입장에서는 주식매입에 따른 위험이 채권매입에 따른 위험보다 크기 때문에 보통주에 대한 요구수익률이 채권에 대한 요구수익률보다 높게 된다. 한편 투자자의 요구수익률은 기업의 입장에서는 자본비용이 되기 때문에 보통주의 자본비용은 부채의 자본비용보다 높게 나타나 $k_e > k_d$인 관계가 성립됨은 앞서 설명한 바와 같다.

그런데 k_e와 k_d의 가중평균인 k_a는 k_e보다는 작고 k_d보다는 크므로 결국 $k_e > k_a > k_d$인 관계가 성립하게 된다. 그렇다면 식(8.2)에서 k_e를 종속변수로 보고 부채비율$\left(\frac{B}{S}\right)$을 독립변수로 보면 1차 방정식이 되는데, 절편인 k_a가 영(0)보다 크고 기울기인 $(k_a - k_d)$가 역시 영(0)보다 크므로 결국 k_e는 부채비율$\left(\frac{B}{S}\right)$이 높아질수록 증가하게 된다. 즉, 부채비율이 높아질수록 자기자본비용인 k_e는 일정하지 않고 일직선으로 증가하게 되는 것이다.

2.1.3 전통적 접근법

앞서 설명한 NI접근법의 결정적인 잘못은 부채비율에 상관없이 k_e와 k_d가 일정하다고 가정하는 데 있다. k_d가 k_e보다 작기 때문에 이러한 가정에 바탕을 두면 결국 기업의 가치는 부채를 많이 사용하면 할수록 증가된다는 비현실적인 결론에 도달하게 된다. 한편 NOI접근법도 NI접근법과 같이 k_d가 일정하다고 가정했는데, 타인자본비용(k_d)은 부채비율에 따라 달라지기 때문에 이 가정에 기초한 NOI접근법도 자본비용 산출에 있어 오류를 범하게 된다.

채권이 확정부적 증권이라도 부채가용수준을 넘어서부터는 부채비율이 증가할수록 채권에 대한 요구수익률도 증가될 것이다. 여기서 부채가용수준(debt capacity : DC)이란 기업이 부도위험의 발생 없이 부채를 발행할 수 있는 부채비율을 의미한다. 예를 들

어 A기업이 어떤 상황하에서도 100억원을 갚을 능력이 있을 경우에는 투자자들은 100억원까지는 화폐의 시간적 가치를 보상받을 수 있는 정도의 이자율로 채권을 매입하게 된다. 그렇지만 100억원 이상의 부채발행에 대해서는 위험보상차원의 추가적인 수익률을 요구하게 되고, 부채발행액이 부채가용수준을 넘는 정도가 높을수록 요구수익률은 증가하게 될 것이다.

전통적 접근법(traditional approach)은 NI접근법 또는 NOI접근법과는 달리 k_e와 k_d가 부채 사용정도에 따라 변하는 것을 반영하고 있다. [그림 8-3]을 보면 k_d는 부채가용수준까지는 일정하다가 그 수준을 넘어서면서부터 증가하기 시작한다. 그런데 그 증가율이 점차 증가(increasing at increasing rate)하는데 이는 부채 보유자들이 위험회피적이기 때문에 단위당 부도위험에 대한 수익률 보상을 점점 더 많이 요구하고 있음을 보여주고 있다. k_e 역시 증가율이 증가하는 형태를 보여주고 있는데 바로 이 점이 전통론자들도 오류를 범하게 되는 주된 원인이 된다. 왜냐하면 우리가 앞서 살펴본 것처럼 k_e와 $\frac{B}{S}$ 간에는 선형의 정비례 관계를 갖고 있기 때문이다. 즉 k_e가 부채비율이 높아짐에 따라 증가하는 것을 반영했더라도 전통론자들은 그 증가율의 정확한 형태를 알지 못했던 것이다.

어쨌든 전통적 접근법에 따르면 k_e와 k_d를 가중평균한 k_a는 [그림 8-3]에서와 같이 그려지게 되는데, 이는 자본비용을 최소화하는 부채비율이 존재함을 보여주고 있다. 부채가용수준 전까지는 저렴한 부채를 사용하는 이점이 재무위험의 증대에 따른 자기자본비

그림 8-3 | 전통적 접근법에 따른 최적자본구조

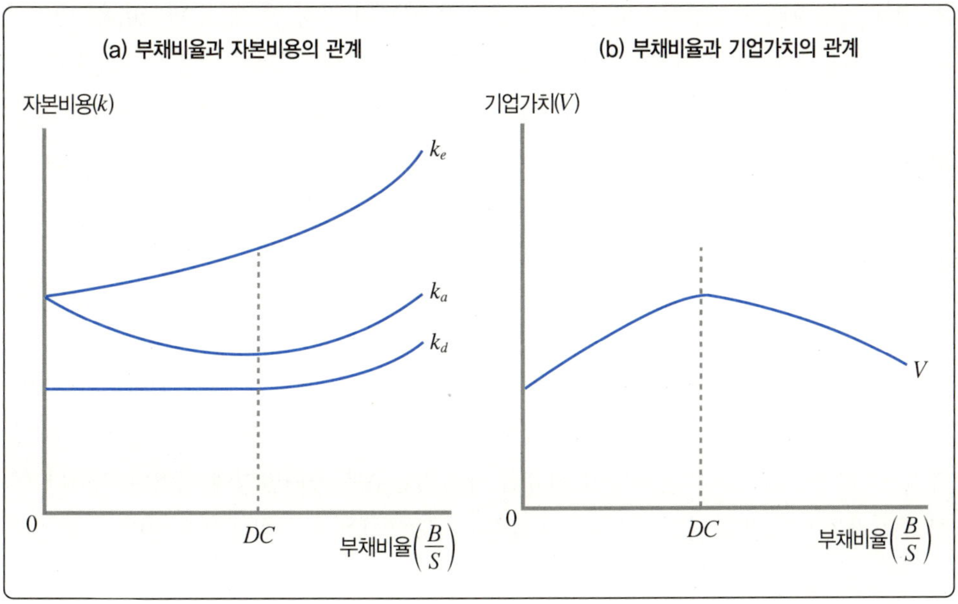

용의 상승을 초과하기 때문에 k_a는 점차 감소하게 된다. 그러나 부채가용수준을 넘어서면 k_e는 물론 k_d도 상승하기 때문에 가중평균치인 k_a도 상승하기 시작한다. 따라서 부채의 사용에 따른 자본비용의 하락을 극대화하는 동시에 재무위험의 증가를 최소화하는 부채비율에서 기업은 최적자본구조를 달성할 수 있다는 것이 전통론자들의 주장이다.

2.2 MM의 자본구조이론

MM은 1958년에 완전자본시장을 가정하면 "자본구조는 기업가치에 영향을 미치지 않는다" 즉 "자본비용을 최소화하는 최적자본구조는 존재하지 않는다"는 자본구조 무관련성 모형을 제시하였다. 그들은 모형의 도출을 용이하게 하기 위해 여러 가지 가정을 했는데, 자본구조와 기업가치의 무관련성은 엄밀히 말해 그들이 세운 가정들이 모두 충족되었을 때만 성립한다고 볼 수 있다. 그런데 가정이 많거나 비현실적이라고 해서 모형의 유용성 내지는 현실적용성이 무조건 떨어진다고 단정할 수는 없다. 모형의 간결성을 위해 여러 가정들을 하게 되고, 그러한 가정하에서 도출된 간단한 모형이 더 복잡한 모형에 비해 현실을 보다 잘 설명하는 경우가 많다. 또한 비현실적인 가정의 현실화를 통해 자본구조에 영향을 미치는 요인들의 역할을 보다 정확하게 알아낼 수 있게 된다는 장점도 있다.

본절에서는 우선 MM이 어떤 가정을 했는가를 살펴보고 그 가정하에서 도출된 명제 1과 명제 2를 차례로 설명하기로 한다. 그런 다음 MM의 가정 중 세금, 파산비용, 대리비용, 정보비용 등에 관한 가정들을 현실적으로 완화하면 어떤 결과를 얻을 수 있는가를 살펴보도록 한다. 자본구조에 관한 MM 이후 최근까지의 이론적 · 실증적 연구의 대부분은 MM이 세운 가정들을 하나하나 완화하여 현실화해 나가는 과정으로 이해하면 되겠다.

2.2.1 MM이론의 가정

① 거래비용이 없다

현실적으로는 주식이나 채권을 발행할 때 여러 가지 발행비용이 수반된다. 이 발행비용은 증권별로 또 회사 특성별로 달라진다. 예를 들어, 증권의 발행비용에는 규모의 경제가 적용되어 대규모 자본조달이 필요한 대기업일수록 증권발행에 있어 유리하다. 또한 투자자들이 증권을 거래 · 유통하는 과정에서도 거래비용이 발생하게 된다.

② 세금이 없다

실제로는 기업 차원에서는 법인세가 부과되며 개인 차원에서는 소득세가 부과된다. 주식을 소유했을 때 발생하는 두 가지 소득은 배당과 매매차익인데 일반적으로 배당소득세와 자본이득세는 같지 않다. 현재 우리나라에서는 배당소득에 대해서는 과세하지만 매매차익에 대해서는 과세하지 않고 있다. 또한 세율이 같은 경우에도 세금납부시기에 따른 시간가치로 인해 배당소득과 자본이득에 부과되는 세금 간에는 차이가 있는 것이 일반적이다.

③ 파산비용이 없다

기업이 부채를 과다하게 사용하면 부도위험이 증가하고, 원금과 이자를 상환하지 못하면 부도처리된다. MM은 부도가 발생하면 채권자가 주주로부터 회사를 인수하게 되므로 단순히 주인만 바뀌는 것으로 보고 있다. 그러나 실제 부도가 발생하면 각종 행정 및 소송비용 등이 수반되고 자산매각에 따른 손실이 따르게 된다. 이러한 부도처리비용(bankruptcy costs)보다 더 심각한 것은 광의의 파산비용(financial distress costs)이다. 법적인 부도처리 이전부터 기업이 부도위험에 근접해 있다는 것이 공공정보가 된 때부터는 여러 가지 기회비용이 발생할 수 있다. 이러한 파산비용의 대표적인 예로는 매출의 감소, 공급의 불안정, 종업원 이직 등을 들 수 있다.

④ 대리비용이 없다

대리인인 경영자는 주주나 채권자들의 부(富)의 증대를 위해서가 아니라 자신의 효용을 증대하기 위한 기회주의적인 의사결정을 할 가능성이 있다. 이러한 가능성은 자본구조에 관한 의사결정을 내릴 때에도 예외가 아니어서 감시비용, 확증비용 및 잔여손실 등의 대리비용이 발생할 가능성이 있다.

⑤ 정보의 비대칭성이 존재하지 않는다

일반적으로 내부인인 경영자는 외부인인 투자자에 비해 회사의 질(quality)에 대해 보다 많은 정보를 갖게 된다. 이렇게 내부 경영자와 외부 투자자 사이에 정보의 비대칭성이 존재하면 기업의 자본구조 의사결정은 정보비용을 발생시켜 기업가치에 영향을 주게 된다.

⑥ 무위험이자율로 차입 또는 대출을 할 수 있다

엄밀히 말하면 초우량기업도 무위험이자율로 차입할 수는 없다. 그리고 예금이자율이 대출이자율보다 낮은 것이 보통이다.

이 밖에도 MM은 모든 기업은 동질적 위험하에 있다고 가정했으며, 성장이 없는 세계를 가정하고 있다. 이상과 같은 가정들은 모두 현실과는 다른 것으로 MM의 명제 1과 2는 가정이 완화되면 변경될 수 있다는 점을 명심해야 한다. 그렇지만 이런 비현실적인 가정들을 설정하는 것은 명제의 도출을 용이하게 하는 동시에 향후 자본구조 연구의 좋은 시발점 역할을 하게 된다. 일부 가정의 완화는 MM 이후의 이론에서 자세히 살펴보기로 한다.

2.2.2 MM의 명제 1

MM은 앞서 언급한 가정들이 모두 성립하면 다음과 같은 명제 1(Proposition 1)이 성립함을 보여주고 있다.

명제 1 자본구조는 기업가치에 영향을 미치지 않는다.

즉, 명제 1은 부채를 사용하는 기업의 가치와 부채를 사용하지 않는 기업의 가치는 동일하다는 것이다. 이 명제를 증명하기 위해서 MM은 자본구조의 변경에 따른 차익거래(arbitrage transaction)가 존재하지 않음을 수식으로 보여주고 있다. 추가적인 투자와 위험부담 없이 추가적인 수익을 올릴 수 있을 경우에 차익거래이익이 발생하는데 이는 일물일가의 원칙에 위배된다. 차익거래이익을 얻기 위해 투자자들은 과대평가된 자산을 매각하고 과소평가된 자산을 매입하는 과정을 거치게 되는데, 이 과정을 통하여 시장은 균형을 이루게 된다.

자본구조가 기업가치에 영향을 미치지 않는다는 것을 증명하기 위해 모든 조건은 동일하고 오로지 자본구조만 상이한 두 회사가 존재한다고 가정하자. 기업 U는 타인자본이 전혀 없이 100% 자기자본으로 자금을 조달하는 회사이고, 기업 L은 부채와 자기자본을 혼합해서 자금을 조달하는 회사이다. 완전시장하에서는 기업의 가치는 투자기회와 이자율에 의해서만 영향을 받게 되므로 투자자의 입장에서는 어느 회사에 투자하든지 동일한 수익을 올려야만 할 것이다. 그렇지 않으면 투자자는 차익거래를 통해 위험에 대한 부담 없이 수익을 낼 수 있게 된다.

이해를 쉽게 하기 위해 간단한 방법으로 명제 1을 증명해 보자. 우선 투자자가 기업 U에 1% 투자한 경우를 보자. 이 회사는 부채는 없고 오로지 주식만 있기 때문에 투자자는 이 회사의 발행한 주식의 1%를 소유한 것이 된다. 즉 투자자는 기업가치(V_U)의 1% 또는 주식가치(S_U)의 1%에 투자한 것이 되고, 이에 따라 영업이익(OI)의 1%를 받을 권리를 갖게 된다. 여기서 세후순이익 대신 영업이익이라는 개념을 쓴 것은 전술한 바와 같이 MM은 세금이 없다고 가정하였기 때문이다.

다음은 투자자가 기업 L에 1% 투자한 경우를 살펴보자. 이 회사는 주식도 발행하고 부채도 발행하였기 때문에 투자자가 회사 전체에 1%를 투자하였다는 것은 주식의 1%를 매입하고 동시에 채권도 1% 매입했다는 것을 의미한다. 즉 기업 L의 기업가치(V_L)는 주식가치(S_L)와 채권가치(B_L)의 합이라고 볼 수 있다. 이 경우 투자자는 주주로서의 권리와 채권자로서의 권리를 함께 갖게 된다. 부채가 있을 때는 영업이익이 발생하면 이자를 우선적으로 지급하기 때문에 주주로서는 영업이익에서 이자를 제한 액수만큼 받게 되고 채권자로서는 이자를 받게 되기 때문에 결국 기업 L에 투자한 투자자는 1%의 영업이익을 갖게 된다.

결국 투자자가 기업 U에 투자해도 1%의 영업이익을 받게 되고, 기업 L에 투자해도 1%의 영업이익을 받게 되므로, 차익거래이익이 존재하지 않으려면 기업 U에 투자한 액수($0.01V_U$)와 기업 L에 투자한 액수($0.01V_L$)는 동일해야 한다. 그렇다면 V_U와 V_L은 같게 되는데, 이는 부채를 사용하지 않는 기업이나 부채를 사용하는 기업이나 기업가치가 동일하다는 의미가 된다. 따라서 자본구조는 기업가치에 영향을 주지 않는다는 결론에 도달하게 되는 것이다.

증명

- 기업 U ($S_U = V_U$)

  투자액 $= 0.01V_u$

  수익 $= 0.01OI$

- 기업 L ($V_L = S_L + B_L$)

  투자액 $= 0.01\ S_L + 0.01\ B_L = 0.01V_L$

  수익 $= 0.01(OI - I) + 0.01\ I = 0.01OI$

수익(return)이 $0.01OI$로 동일하므로 투자액수도 반드시 동일해야 차익거래가 발생하지 않는다. 따라서 $0.01V_U = 0.01V_L$가 되고 이에 따라 '$V_U = V_L$' 이 성립한다.

균형상태를 이룬 정상적인 시장에서는 차익거래이익이 존재하지 않는다. 이제 다른 조건은 모두 동일한데 오로지 자본구조만 다르기 때문에 차익거래이익이 발생하는 다음의 두 가지 상태를 살펴보자.

① $V_L > V_U$ **인 경우의 차익거래**

기업 L의 가치가 기업 U의 가치보다 높을 때 (i) 기업 L 주식의 1%를 공매하고, (ii) 기업 L 부채의 1%에 해당하는 금액을 투자자 개인이 차입하며, (iii) 기업 U 주식의 1%를 매입하는 차익거래를 한다. 이 경우 투자액과 수익을 계산하면 다음과 같다.

$$\text{투자액} = -0.01S_L - 0.01B_L + 0.01V_U = -0.01(V_L - V_U)$$
$$\text{수익} = -0.01(OI - I) - 0.01I + 0.01OI = 0$$

수익이 영(0)임에도 불구하고 투자액은 음(−)의 값을 보이고 있어(투자 당시에 현금흐름은 양(+)의 값을 갖는다는 의미) 차익거래이익이 존재함을 알 수 있다. 즉 투자자는 과대평가된 기업 L 주식을 처분하고, 과소평가된 기업 U 주식을 매입함과 동시에 기업 L과 동일한 부채비율을 개인적으로 만듦으로써 차익거래이익을 얻을 수 있게 된다. 이와 같이 투자자 개인이 차입기업과 동일한 부채비율을 만드는 것을 자체부채비율조정(homemade leverage)이라고 한다. 한편 수요-공급의 원칙에 따라 기업 L 주식의 가격은 하락하고 기업 U 주식의 가격은 상승하여 양 주식의 가격이 일치하는 균형상태에 도달하게 된다.

② $V_U > V_L$ **인 경우의 차익거래**

반대로 기업 U의 가치가 기업 L의 가치보다 높을 때에는 (i) 기업 U 주식의 1%를 공매하고, (ii) 기업 L 주식의 1%를 매입하며, (iii) 기업 L 부채의 1%에 해당하는 금액을 대출하는 차익거래를 한다. 이 경우 투자액과 수익을 계산하면 다음과 같다.

$$\text{투자액} = -0.01V_U + 0.01S_L + 0.01B_L = -0.01(V_U - V_L)$$
$$\text{수익} = -0.01OI + 0.01(OI - I) + 0.01I = 0$$

수익이 영(0)임에도 불구하고 투자액은 음(−)의 값을 보이고 있어(투자 당시에 현금흐름은 양(+)의 값을 갖는다는 의미) 차익거래이익이 존재함을 알 수 있다. 즉 투자자는 과대평가된 기업 U 주식을 처분하고, 과소평가된 기업 L의 주식을 매입함과 동시에 기업 L과 동일한 부채비율을 개인적으로 만듦으로써 차익거래이익을 얻을 수 있게 된다. 한편 수요-공급의 원칙에 따라 기업 *U* 주식의 가격은 하락하고 기업 *L* 주식의 가격은 상승하여 양 주식의 가격이 일치하는 균형상태에 도달하게 된다. 이상에서 살펴본 바와 같이 MM이 설정한 가정하에서 자본구조는 기업가치에 영향을 미치지 않음을 알 수 있다.

2.2.3 MM의 명제 2

MM의 명제 2(Proposition 2)는 이해를 돕기 위해 그림으로 설명하기로 한다. [그림 8-4]를 보면 앞의 다른 그림들과 마찬가지로 *Y*축에 자본비용(또는 기업가치)을 그리고 *X*축에 부채비율을 표시해서 자본비용이 부채비율에 따라 어떻게 변하는가를 살펴볼 수 있도록 하였다. 우선 명제 1에서 증명해 보인 바와 같이 기업가치는 자본구조에 의해 영향을 받지 않기 때문에 기업 전체의 자본비용(k_a)은 부채비율과 무관하게 일정하게 되고 이는 그래프에서 수평한 일직선으로 표시된다. 한편 타인자본비용(k_d)은 전통론자의 주장과 동일하게 부채가용수준까지는 일정한 이자율로 차입할 수 있기 때문에 수평일직선으로 그려지지만, 부채가용수준을 넘어서면 증가율이 체증하면서 증가하게 되는 형태로 그려지게 된다.

한편 자기자본비용(k_e)은 이미 구해진 k_a와 k_d를 이용해 구할 수 있다. 그래프상에서 k_a와 k_d를 합성하면 k_e는 부채가용수준까지는 일직선으로 증가하는데 이는 NOI접근법에서 살펴본 바와 같이 재무위험을 반영한 식(8.2)와 일치한다. 그런데 일직선 증가는 부채

■ 그림 8-4 | MM의 명제 2 도해

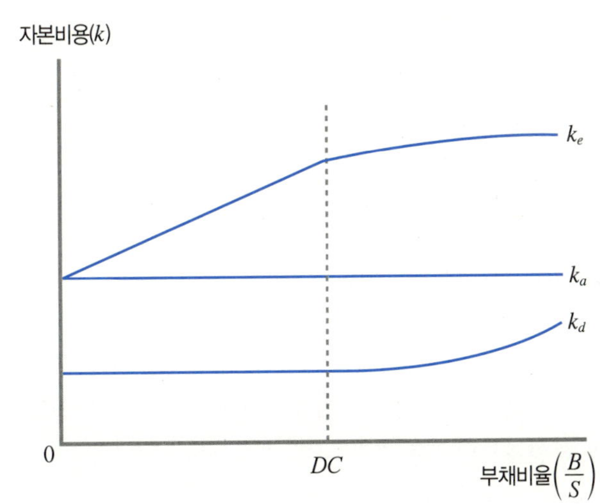

가용수준에서 멈추고 그 이후에는 증가율이 체감하는 형태로 그려지게 된다. 따라서 명제 2는 다음과 같이 정리될 수 있다.

> 명제 2 자기자본비용(k_e)은 부채비율이 증가함에 따라 증가하는데, 부채가용수준까지는 선형으로 증가하지만 부채가용수준(DC)을 넘어서면 증가율이 체감하는 형태로 증가한다.

왜 부채가용수준을 넘어서면 증가율이 체감하는가에 대한 구체적인 설명은 옵션가격결정이론을 적용하면 가능한데 이는 주식에는 옵션의 성격이 내포되어 있기 때문이다. 여기서는 옵션이론을 적용하는 대신에 간단한 예를 통해 그 이유를 설명하고자 한다.

주주가 선임하는 경영자는 채권자보다는 주주를 우선적으로 고려하는 의사결정을 하기가 쉽다. 이러한 현상은 부채가용수준을 넘어서면 나타나게 될 가능성이 높다. 특히 기업이 부도위험에 처해 있을 경우에는 경영자는 *NPV*가 영(0)보다 큰 투자안에는 투자하고, 그렇지 않는 투자안은 기각한다는 투자의 기본원칙을 지키지 않을 가능성이 높아진다. *NPV*가 영(0)보다 높더라도 그 *NPV*가 채권자에게 돌아갈 경우에는 투자를 보류 또는 기각할 수 있기 때문이다. 또한 투자안의 *NPV*가 영(0)보다 낮을 경우에도 투자를 기각하는 대신에 그 투자안을 실행했을 경우 혜택이 주주에게 귀속될 경우 위험을 무릅쓰고 투자를 감행하게 된다. 왜냐하면 이미 기업이 부도위험에 처해 있어 부채 만기일에는 기업의 소유권이 채권자에게 넘어가기 때문이다.

이에 따라 경영자는 부채가용수준을 초과해 부채를 발행하면 기회주의적인 행동을 할 가능성이 점차 높아지고, 이는 주주에게는 의사결정권을 자신에게 유리하게 사용할 수 있는 옵션 또는 권리가 되기 때문에 이 가치가 자기자본비용(k_e)에 반영되는 것이다. 이에 따라 부채가용수준을 넘어서면 주주의 요구수익률은 일정하게 선형으로 증가하지 않고 이보다 낮은 증가율을 보이면서 증가하게 되는 것이다.

2.2.4 MM의 명제 2와 전통적 접근법과의 비교

지금부터는 [그림 8-3]과 [그림 8-4]를 비교해 보면서 MM의 자본구조 무관련성 명제와 전통론자의 최적부채비율 주장의 차이를 알아보자. [그림 8-3]을 보면 전통론자들은 자기자본비용과 타인자본비용을 각각 구한 후에 식(8.1)을 이용해서 가중평균자본비용(k_a)을 산출했다. 반면 [그림 8-4]에서는 명제 1을 통해 자본구조는 기업가치에 영향을 미치지 않는다는, 즉 k_a가 부채비율에 관계없이 일정하다는 사실에서 출발한다. 즉, 부채비율(X축)과 자본비용(Y축)의 평면상에 수평한 일직선으로 그려지게 되는 k_a를 먼저 나타내는 것이다. 그런 다음 전통론자와 동일한 논리에서 k_d를 나타내고, 이 k_d와 앞서의 k_a를 이용해 k_e가 어떤 형태를 띠는가를 보여주고 있다.

부채비율에 따른 타인자본비용은 전통론자들과 MM의 입장이 동일하다. 채권자가 원금과 이자 상환에 위험을 느끼지 않고 돈을 빌려 줄 수 있는 부채비율을 부채가용수준이라고 정의하고, 이 수준을 전후로 그 이전에는 k_d가 일정하나 그 이후로는 k_d의 증가율이 체증하게 되는데 그 이유는 이미 설명한 바와 같다.

그런데 전통론자의 주장과 MM의 명제 2가 확연히 구별되는 부분은 바로 k_e에 있다. MM에서는 k_e는 부채비율이 높아질수록 증가하게 되는데, 부채가용수준까지는 전술한 바와 같이 선형으로 증가한다. 그런데 그 수준을 넘어서면 증가율이 감소(increasing at decreasing rate)하는 형태를 띠게 된다. 이와 같은 부채비율에 따른 자기자본비용의 변화는 그래프상으로도 또한 재무레버리지와 주식의 옵션적 성격을 함께 고려해보면 타당하다. 반면에 전통론자들은 자기자본비용(k_e)이 처음부터 증가율이 증가하는 것으로 잘못 이해하고 있으며 이를 바탕으로 도출한 최적자본구조는 오류를 내포하게 된다.

물론 MM의 명제 1과 2에서와 같이 자본비용과 기업가치가 부채비율과 상관없이 일정하다는 것은 현실적이지 못하다. 재무관리자나 정책당국에서 기업의 부채비율에 신경을 쓰는 것은 결국 자본구조가 기업가치에 영향을 줄 수 있다는 반증이 되기 때문이다. 따라서 최적자본구조가 존재하지 않는다고 단정짓기보다는, 어떤 가정 때문에 그러한 결론이 도출되었는가에 초점을 맞출 필요가 있다. 일정 가정하에서 도출된 명제 1과 2는 이후 최적자본구조에 대한 다양한 후속연구에 대한 시발점이 되었다. 아직도 최적자본구조에 대한 풀리지 않은 의문이 많이 존재하고 있지만, MM의 가정을 현실화하여 기업의 자본구조에 대한 이해의 폭을 상당히 넓혀 오고 있는 것도 사실이다. 다음 절에서는 일부 가정을 현실화할 경우에 MM의 명제가 어떻게 변경될 수 있는가에 대해 논의하도록 하자.

2.3 MM 이후의 자본구조에 관한 이론

2.3.1 법인세가 존재하는 경우 : MM(1963)

세금이 없을 경우에 부채의 자본비용은 이자율(i)과 동일하다. 그렇지만 법인세(t_c : corporate tax)가 존재할 경우 부채의 자본비용 k_d는 이자비용의 감세효과 때문에 법인세가 없다고 가정한 때보다 낮아지게 된다. 예를 들어 이자율이 10%라고 가정하자. 만약 법인세가 없다면 타인자본비용은 이자율인 10%가 된다. 그런데 법인세가 존재하고, 법인세율이 30%라고 하면 타인자본비용은 10%가 아닌 7%가 된다. 즉,

① 법인세가 없을 경우 : $k_d = i$

② 법인세가 있을 경우 : $k_d = i(1 - t_c)$ (8.3)

이자비용의 감세효과는 회계처리방식, 더 구체적으로 말하면 영업이익의 배분순서 때문에 발생하게 된다. 기업활동의 결과로 영업이익이 창출되면 이 영업이익은 이익창출에 기여한 주주, 채권자, 정부의 세 주체에게 배분된다. 영업이익은 인건비, 재료비 등 모든 비용을 감한 후에 산출된 값이기 때문에 종업원, 공급자 등의 다른 이해관계자들은 영업이익의 배분에 참여할 수 없다. 그런데 이 영업이익을 누가 먼저 갖느냐에 따라 이익배분 참여자들 사이에 배분 금액이 틀려진다.

주주는 의결권을 갖기 때문에 잔여재산청구권을 가져야 하므로 이익배분에 있어 가장 후순위가 된다. 그렇지만 채권자, 정부 중 누가 먼저 영업이익을 할당받아야 하느냐에 대한 기준은 없기 때문에 회계처리방식에 따라 순서가 정해진다. 예를 들기 위해 정부가 먼저 받는 경우(Case A)와 채권자가 먼저 받는 경우(Case B)를 [표 8-2]를 들어서 비교해 보기로 하자.

표 8-2 | 이익배분의 비교

Case A 정부가 먼저 받는 경우		Case B 채권자가 먼저 받는 경우	
		영업이익	100억원
영업이익	100억원	이자	10억원
법인세	30억원		
이자	10억원	세전이익	90억원
		법인세	27억원
주주에게 귀속되는 이익	60억원		
		주주에게 귀속되는 이익	63억원

자본총계가 300억원인 임목기업은 올해 영업이익이 100억원이 발생하였다고 가정하자. 이 기업의 자본구조를 보면 자기자본은 200억원이고, 부채는 100억원으로 구성되어

있으며, 부채의 평균차입이자율은 10%이고, 법인세율은 30%라고 가정하자. Case A에서는 정부가 영업이익에 대한 권리를 우선적으로 청구하게 되어 있으므로 영업이익 100억원에 대한 법인세 30억원이 먼저 지급된다. 그런 다음 채권자는 이자 10억원을 받게 되고, 마지막으로 주주에게 나머지 60억원이 귀속된다.

Case B에서는 채권자가 법인세 전에 이자를 받을 수 있는데 이에 따라 이자비용의 감세효과가 나타나게 되는 것이다. 채권자는 확정부적인 이자를 받게 되므로 앞서와 같이 이자비용 10억원을 받는다. 그런 다음 90억원에 대한 법인세가 부과되기 때문에 정부는 27억원을 세금으로 받게 된다. 그런 다음 영업이익 100억원 중 37억원을 제한 63억원이 잔여재산청구권을 갖는 주주에게 귀속된다.

Case A와 Case B를 비교해 보면 채권자가 받는 이자는 차이가 없이 10억원으로 동일하지만 정부와 주주가 받는 액수는 차이가 나게 된다. 이자지급 후에 법인세를 부과할 경우는 이자지급 전에 부과할 경우에 비해 정부는 3억원의 세금을 덜 걷게 되는 대신에 주주에게는 3억원의 소득이 추가적으로 발생하게 된다. 따라서 주주의 입장에서 보면 부채를 발행하지 않는 경우에 비해 소득이 3억원이 늘어나므로 실제 이자비용은 10억원인 아닌 7억원으로 계산하는 것이 합당하다. 이것이 바로 이자비용의 감세효과를 의미하는 것이다. 따라서 이자지급 후 법인세를 부과하게 되면 부채의 자본비용은 이자율 10%와 동일한 것이 아니라 식(8.3)을 사용하여 7%로 계산하는 것이 맞는다.

세금이 존재하지 않을 경우에는 부채를 사용하는 기업과 부채를 사용하지 않는 기업의 가치는 동일함을 보았다. 그렇지만 법인세가 존재할 경우 기업의 가치는 이자의 감세효과만큼 증가하게 되고 이러한 감세효과는 다음과 같이 나타낼 수 있다.

$$V_L = V_U + PV(tax\ shields) \tag{8.4}$$

여기서 PV(tax shields)는 감세효과의 현가를 뜻한다. 한편 법인세 절약액이 영구히 발생할 경우에는 다음 식을 사용할 수 있다.

$$V_L = V_U + (t_c \times B) \tag{8.5}$$

여기서 t_c는 법인세를, 그리고 B는 부채의 원금을 각각 의미한다. 식(8.5)는 부채를 영구히 사용할 경우에 부채사용기업은 부채를 사용하지 않는 기업에 비해 $t_c \times B$만큼 기업가치가 증가하게 됨을 보여주고 있다. 그 이유는 매년 지급되는 이자($i \times B$)는 비용처리가 되어 감세효과가 발생하고 이에 따라 $t_c \times i \times B$만큼의 추가적인 현금흐름이 발생되기 때문이다. 그리고 이러한 현금흐름이 영구히 발생한다면 제3장에서 설명한 영구채권의 가격을 구하는 다음 공식을 적용할 수 있다.

$$\frac{t_c \times i \times B}{i} = t_c \times B$$

즉, 정기적 수입액을 적정할인율로 나눈 값이 영구채권의 가격이며, 부채에 대한 적정할인율은 i이기 때문이다. 결국 부채를 사용하는 기업은 100% 자기자본으로 형성된 기업에 비해 가치가 $t_c \times B$만큼 증가하게 된다. 그런데 이 식에 따르면 부채를 많이 사용할수록 이자의 감세효과가 많이 발생해 타인자본을 많이 사용할수록 기업의 가치가 더 높아진다는 비현실적인 결론에 도달하게 된다는 문제가 있다.

2.3.2 파산비용을 고려한 경우

앞서 잠깐 언급한 바와 같이 기업이 부도위험에 처하게 되면 여러 가지 비용이 발생하게 된다. 실제 부도처리에 따른 법적 · 행정적 부도비용(bankruptcy costs)은 물론 부도에 임박해 발생하는 매출액 감소, 생산성 저하 등의 심각한 파산비용(financial distress costs : FDC)이 발생하게 된다. 따라서 부채가용수준 이상의 부채사용은 이러한 파산비용을 점차 증대시켜 기업가치를 저해하게 된다. 따라서 부채를 사용하는 기업은 무부채사용 기업에 비해 한편으로는 부채사용에 따른 감세효과의 이점을 누릴 수는 있으나, 다른 한편으로는 과도한 사용으로 인한 파산비용을 유발하게 된다. 따라서 부채사용 유무에 따른 기업가치는 다음 식으로 표현될 수 있다.

$$V_L = V_U + PV(tax\ \ shields) - PV(fdc) \tag{8.6}$$

여기서 $PV(fdc)$는 파산비용의 현재가치를 나타낸다. 식(8.6)은 [그림 8-5]로 나타낼 수 있는데, 이 그림은 기업가치에 대한 자본구조 무관련성을 보여주는 MM의 명제 1이 법인세와 파산비용을 함께 고려하면 어떻게 달라지는가를 보여주고 있다. [그림 8-5]를 보면 ①은 MM의 명제 1을 나타내고, ②는 법인세만 고려할 경우에는 기업이 부채를 사용하면 할수록 자본비용은 감소하고 기업가치는 증가하는 것을 보여주고 있다. 그리고 ③은 파산비용이 법인세와 함께 고려되면 가중평균자본비용은 감소하다가 증가하게 되므로 기업은 일정수준 이상에서는 부채사용을 자제하게 되는 것을 보여주고 있다. 즉 기

■ 그림 8-5 | 법인세와 파산비용이 존재할 때 명제 1의 수정

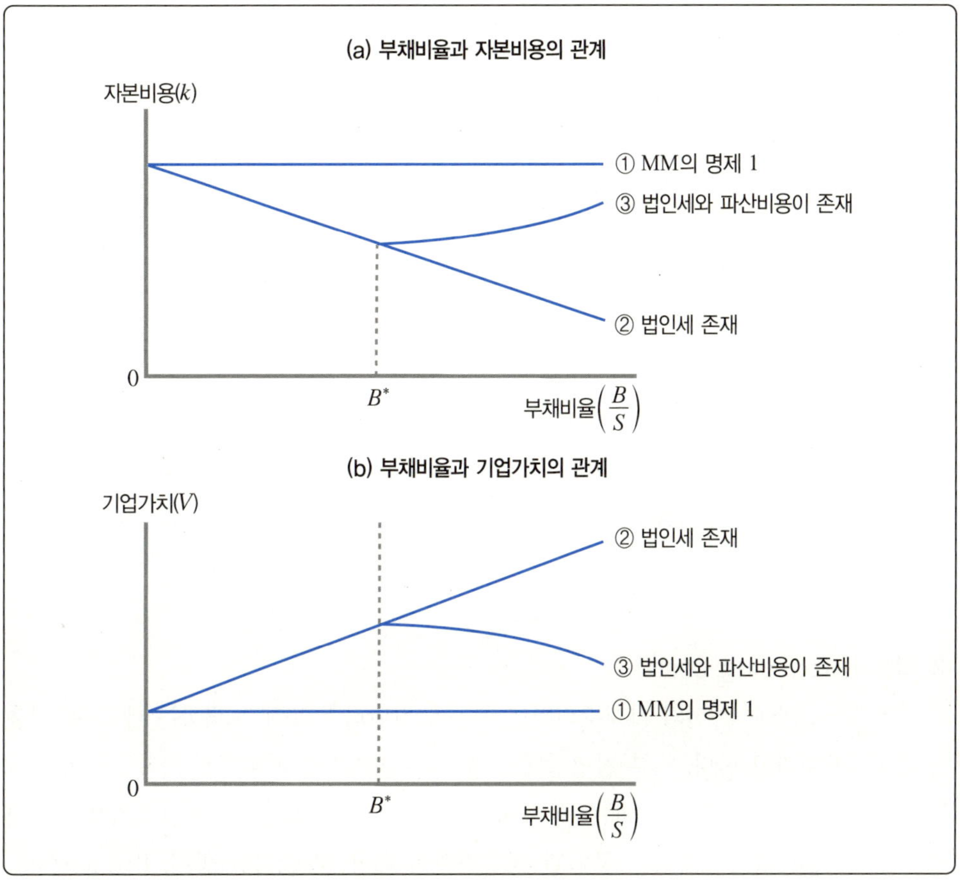

업은 감세효과의 극대화를 꾀하는 동시에 파산비용이 최소화하는 그런 부채비율(B^*)까지만 부채를 사용하는 최적자본구조를 가지려고 한다는 것을 나타내고 있다.

2.3.3 대리비용을 고려한 경우

대리이론(agency theory)은 조직의 다양한 계약관계(nexus of contracts)에 초점을 맞춰 조직을 분석하는 이론으로, 조직의 주인(principal)과 대리인(agent)의 갈등관계(conflicts of interest)를 살펴보는 데 유용한 이론이다. 주인이 대리인을 통해 조직을 관리할 경우 대리인은 주인의 효용을 극대화하기 위해 최선을 다해야 한다. 하지만 대리인은 기회가 주어지면 주인의 효용 대신에 대리인 자신의 효용을 증대시키기 위한 행동을 할 가능성이 높다는 것이 이 이론의 요지이다. 또한 이러한 기회주의적인 행동은 대리비

용(agency costs)을 유발시켜 결국 조직의 가치를 저해하게 된다는 것이다.

주식회사와 같이 소유와 경영이 분리된 조직은 전형적인 대리문제가 발생할 가능성이 농후하다. 회사의 주인인 주주는 전문경영인을 대리인으로 고용해 의사결정을 하게 한다. 이 과정에서 경영자는 주주의 이익 대신에 자신의 이익을 증대시키기 위한 의사결정을 할 가능성이 있고, 이러한 의사결정은 기업가치를 저해하는 대리비용을 유발하게 된다. 한편 대리이론을 기업의 재무관리와 연결시킨 젠센과 멕클링(Jensen and Mechling, 1976)은 대리비용을 다음과 같이 세 가지로 분류하고 있다.

① 감시비용(monitoring costs)

경영자가 기회주의적인 행동을 할 가능성을 염두에 둔 주주들은 경영자의 의사결정과 행동을 감시하기 위해 여러 수단들을 도입하게 된다. 이러한 수단에는 감사, 사외이사, 감사위원회 등이 포함되고 이러한 감시수단의 도입과 운영에 소요되는 비용을 감시비용이라고 한다.

② 확증비용(bonding costs)

경영자가 스스로 자신의 기회주의적인 행동을 차단하기 위해 노력하는 데 드는 비용을 확증비용이라고 한다. 내부 경영상태를 잘 아는 경영자가 자발적으로 자신의 행동을 투자자의 이해와 일치하도록 하는 데 소요되는 확증비용은 일반적으로 감시비용보다 저렴하다. 이러한 확증노력에는 공인된 평가기관의 활용, 자발적인 공시, IR(investors' relation) 활동 등을 비롯한 각종 투명경영노력이 포함된다고 하겠다.

③ 잔여손실(residual loss)

앞서의 감시비용이나 확증비용과는 달리 측정하기도 어렵고, 기업가치를 저해하는 정도도 훨씬 큰 대리비용으로 잔여손실이 있다. *NPV*가 영(0)보다 큰 투자안에 투자하지 않는다든지, 아니면 영(0)보다 작은 투자안에 투자하든지 하면 기업가치가 감소하게 된다. 그럼에도 불구하고 경영자는 자신의 이익을 위해 이러한 의사결정을 할 가능성이 상존한다. 예를 들어, 일정지역에 공장을 건립하는 것이 회사 전체로는 손해이나 경영자가 그 옆에 있는 자신의 토지가격을 상승시키기 위하여 공장건립을 강행하는 경우를 생각해 보자. 이러한 행위는 기업가치를 감소시키게 되는 대리비용을 유발하는데, 이를 잔여손실이라고 한다.

한편 젠센(Jensen, 1986)의 잉여현금흐름(free cash flow)이론에 따르면 경영자는 자신의 이익을 위해 투자에 필요한 자금 이상을 사내유보하여 이를 *NPV*가 영(0)보다 작은 투자안에 투자하는 경향이 나타날 수 있다. 이 경우 기업가치는 감소되나, 투자확대로 인해 기업의 규모는 증가하고 이에 따라 경영자가 받는 금전적 보상이나 비금전적 특권도 비례해서 늘어나게 된다.

경영자와 주주 사이에 대리문제가 발생하는 것과 같이 주주와 채권자 사이에도 갈등이 발생할 수 있는데, 이 주주–채권자 갈등이 자본구조의 선택에 있어 중요한 요인으로 작용할 수 있다. 지금부터는 주주와 채권자 사이의 이해갈등으로 발생하는 대리비용이 타인자본과 자기자본의 선택에 어떠한 영향을 미치는가를 살펴보기로 하자. 우선 이러한 갈등관계를 조명하는 데 있어 경영자는 주주의 이익을 위해 채권자의 부를 감소시킬 수 있는 의사결정을 할 가능성이 높다고 가정한다. 경영자의 선임은 채권자가 아닌 주주가 하기 때문에 경영자는 자신의 효용을 증가시킬 수 없는 경우 주주를 우선시 하는 의사결정을 한다는 가정은 현실에 크게 벗어나지 않을 것이다.

한편 젠센과 스미스(Jensen and Smith, 1984)에 따르면 경영자는 다음과 같은 네 가지 방법으로 채권자의 부를 주주에게 이전할 수 있다.

① 배당지급(dividend payout)

② 우선순위희석(claim dilution)

③ 자산대체(asset substitution)

④ 과소투자(underinvestment)

먼저 배당지급을 생각해 볼 수 있는데, 이는 부채를 발행하여 이를 주주에게 모두 배당으로 지급하여 채권자에게는 아무 것도 남기지 않는 아주 극단적인 경우를 가리키는 것이다. 이를 미리 아는 채권자는 채권매입 전에 배당지급에 대한 제한을 채권약정서에 명기하여 자신의 손해를 최소화하게 된다.

우선순위희석은 유리한 조건으로 부채발행을 하기 위해 새롭게 발행하는 채권에게 기존 채권에 비해 부도 시 변제를 먼저 받을 수 있도록 우선순위를 높게 주는 것을 말한다. 이러한 우선순위희석 역시 채권자의 부를 주주에게 이전시키기 때문에 채권약정서에 구체적인 제한규정을 두게 된다.

그런데 주주–채권자 간의 대리문제를 미연에 방지하기 위해 채권약정서에 모든 기회주의적인 행동을 사전에 명기하는 것은 불가능하다. 자산대체와 과소투자가 바로 이에 해당된다. 자산대체란 채권발행 이후 기업의 자산구성 내지는 투자의 위험도를 높여 채권자의 부를 감소시키는 동시에 주식의 옵션가치를 증대시키는 행위를 말한다. 과소투자란 이와는 달리 투자로 인한 기업가치 증대분이 주주가 아닌 채권자에게 대부분 귀속될 때 경영자가 주주를 위해 *NPV*가 영(0)보다 큰 투자안을 의도적으로 기각하거나 보류하는 행위를 말한다.

지금까지 살펴본 대리비용이 명제 1에 어떤 변화를 가져오는가를 알아보자. [그림 8-6]에서는 *X*축에 부채비율$\left(\frac{B}{S}\right)$을 그리고 *Y*축에 대리비용을 표시하여 부채비율에 따라 대리비용이 어떻게 변화하는가를 나타내고 있다. [그림 8-6]을 보면 부채비율이 높아질수록 타인자본(자기자본)의 대리비용은 상승(감소)한다. 부채비율이 낮아진다는 것은 그만큼 주식으로 자본을 조달하는 비중이 커지는 것을 의미하며, 이러한 자기자본의 증가는 소유경영자와 같은 내부주주와 신규주식을 인수한 외부주주 간의 갈등이 높아진다는 것을 의미한다. 따라서 그림에서 자기자본의 대리비용을 나타낸 *ACE*는 우하향하게 된다.

반면에 부채비율이 높아진다는 것은 주주와 채권자의 갈등에 따른 대리비용이 높아진다는 것을 의미한다. 때문에 그림에서 타인자본의 대리비용을 나타낸 *ACD*는 우상향하게 된다. 따라서 *ACE*와 *ACD*를 합한 값인 기업의 총대리비용(*ACT*)이 최소화되는 B^*에서 최적자본구조가 형성되게 된다. 따라서 대리비용을 고려할 경우 식(8.4)는 다음과 같이 변경된다.

$$V_L = V_U + PV(tax\,shields) - PV(fdc) - PV(ACT) \tag{8.7}$$

그림 8-6 | 대리비용이 존재할 경우의 최적자본구조

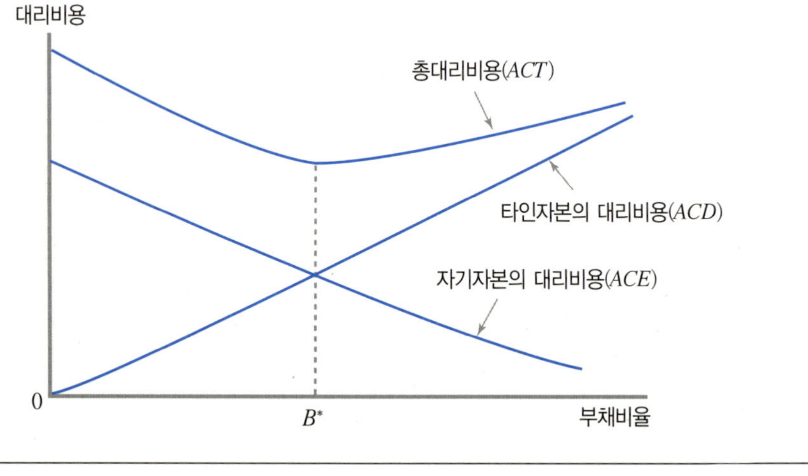

2.3.4 정보의 비대칭성을 고려한 경우

정보비용이 자본구조에 미치는 영향을 알아보기 위해 정보비대칭성이론을 살펴보자. 애커로프(Akerlof, 1970)에 의해 제시된 정보비대칭이론은 중고차 시장에서 중고차의 가격이 왜 정상적인 감가상각을 반영한 것보다 훨씬 낮은 가격으로 거래되는가에 대한 원인을 규명하고자 하는 시도에서 비롯되었다. 이 이론에 따르면 신차의 경우 자동차의 질(quality)에 대해 판매자와 구매자 사이에 비슷한 정보를 갖고 있는 반면, 중고차의 경우에는 차량소유자와 구매자 사이에 정보격차가 크기 때문에 중고차 가격이 낮은 가격으로 거래되는 현상이 발생한다고 설명하고 있다.

이렇게 한 집단이 다른 집단에 비해 더 많은 정보를 갖고 있을 경우 비대칭적 정보(asymmetric information)가 존재한다고 한다. 이러한 비대칭적 정보는 시장참여자들 사이에 불균형을 조성하기 때문에 심각한 경우에는 시장실패(market failure)를 야기하기도 한다. 정보의 비대칭성으로 인한 시장의 실패를 막기 위해 시장참여자들은 신호(signaling)를 보내거나 정보비용(information costs)을 지불하게 된다.

기업의 경우는 정보의 비대칭성 문제가 특히 심각할 수 있다. 왜냐하면 기업의 가치에 대해서는 외부 투자자에 비해 내부 경영자가 보다 많은 정보를 갖게 되기 때문이다. 내부자와 외부자의 비대칭적 정보는 기업에 따라 정도의 차이는 있지만 거의 모든 기업이 당면하고 있는 문제이다. 따라서 경영자는 이러한 비대칭적 정보를 줄이기 위해 다양한 신호를 외부투자자에 보내게 된다. 이러한 신호에는 자발적 공시, IR이사회 회의록의 공개, 내부고발 강화, 사외이사제, 장부열람권 등이 포함된다.

IR활동은 경영자가 갖고 있는 기업가치에 대한 정보를(좋은 정보이든 그렇지 않은 정보이든) 투자자에게 적시에 공급하기 위한 기업의 자발적인 행동이다. 왕성한 IR 활동을 하는 기업이 그렇지 않은 기업에 비해 주가가 높게 형성된다는 보고가 있는데, 이는 IR 활동을 통해 비대칭적 정보가 완화된 것으로 해석할 수 있다. 최근 기업은 투명성을 제고하기 위해 다양한 방법들을 사용하고 있는데, 이 방법들 역시 정보의 비대칭성 완화와 직·간접적으로 연결된다고 볼 수 있다.

한편 기업이 외부에 전달하는 신호는 타 기업이 모방할 수 없어야 신빙성 있는 신호가 된다. 이에 따라 신호를 보내는 데는 상당한 비용이 수반되는 경우가 많다. 그런데 기업은 자본구조 의사결정을 통해 자사의 가치를 신빙성 있게 외부에 전달할 수가 있어 비대칭적 정보를 줄이는 동시에 정보비용을 절감하는 효과를 얻을 수 있다. 예를 들어 내부자금-외부자금의 선택, 채권발행-주식발행의 선택, 차입기간과 차입선의 선택 등에 관한 의사결정은 신빙성 있는 신호기제가 되는 경우가 많다.

제3절 자본구조에 영향을 미치는 요인들

우리는 앞서 MM의 이론을 중심으로 다양한 자본구조이론들을 다루어 왔다. 특히 자본구조가 기업가치에 영향을 미치지 않는다는 MM의 명제 1이 가정이 현실화 되면 어떻게 변화하는가에 중점을 두어 설명하였다. 그런데 다른 조건을 통제하고 하나 내지는 둘 정도의 가정이 완화되는 경우와 비교해 여러 가정이 동시에 현실화되는 실제 세계의 자본구조는 훨씬 복잡한 양상을 보이게 된다. 특히 기업의 특성에 따라 최적자본구조는 큰 차이를 보이게 될 것이다.

본 절에서는 티트만과 위젤즈(Titman and Wezzels, 1988)가 제시한 자본구조에 영향을 미치는 기업특성변수들을 소개하고자 한다. 여기서는 다른 조건들이 모두 동일하다고 가정할 때 각 개별요인이 부채비율에 미치는 영향을 살펴보았다. 때문에 여러 요인들이 동시에 작용하면 다른 양상을 보일 수 있다는 점을 주의할 필요가 있다. 또한 어떤 요인들은 상황에 따라 정(+)의 영향을 줄 수도 있고 또는 부(–)의 영향을 줄 수도 있기 때문에 개별기업이 어떤 특성을 갖고 있는지 혹은 자금시장의 상황은 어떠한지도 함께 고려해 볼 필요가 있다고 하겠다.

① 담보

담보물건이 많은 기업일수록 부채를 더 많이 사용할 가능성이 크다. 채권자는 부도가 나지 않는 한 확정부적 원리금을 받을 권리를 갖게 되고, 부도 시에는 주주에 비해 회사자산에 대한 우선청구권을 갖는다. 반면에 이익이 많이 발생했다고 해서 이익에 대해 원리금 이상의 권리를 주장할 수는 없다. 따라서 채권자의 입장에서는 부도위험을 최우선적으로 고려하게 된다. 담보가치가 높은 기업은 그렇지 않은 기업에 비해 채권자의 이러한 부도위험 평가에서 더 높은 점수를 받을 수 있기 때문에 더 낮은 조달금리로 채권을 발행할 수 있을 것이다. 따라서 담보가치는 부채비율에 정(+)의 영향을 끼친다고 할 수 있다.

② 비부채성 감세효과

세금을 고려할 때 가장 중요한 점은 이자가 비용처리된다는 점이다. 이에 따라 부채의 자본비용은 차입이자율이 되는 것이 아니라 감세효과를 반영한 이자율이 된다. 그런데 비부채성 감세효과가 큰 기업은 이러한 이자비용의 감세효과를 100% 활용할 수 없는 상황에 처할 수 있다. 예를 들어 투자세액공제(investment tax credit), 장애인고용 등을 비롯한 세제상 여러 감면혜택을 받고 있는 기업의 경우를 보자. 만약 이 기업의 영업이익이 작다면 이자의 비용처리에 따른 감세효과가 크지 않게 된다. 극단적으로 비부채성 감세효과를 반영할 경우 영업이익이 영(0)이 되는 기업이 부채를 발행하면 감세효과는 전혀 없게 된다. 따라서 비부채성 감세효과가 큰 기업일수록 다른 조건이 동일하다면 부채비율이 더 낮아진다고 볼 수 있다.

③ 성장성

성장성이 높은 기업은 여러 이유에서 낮은 부채비율을 보이게 된다. 우선 유형자산보다는 무형자산의 비중이 높기 때문에 담보가치가 낮다고 볼 수 있다. 또한 미래 투자안에 대한 불확실성이 높아 안정적인 현금흐름을 선호하는 채권자에게는 맞지 않고 오히려 불확실성은 높더라도 높은 수익률을 추구하는 주주에게는 투자 대상으로 적합할 수 있다. 한편 역으로 성장성이 낮은 기업이 성숙기업(cash cow)으로 여유현금흐름이 높을 경우를 생각해 보자. 이 기업의 경우에는 더 이상 양(+)의 *NPV*를 갖는 투자안을 발견하기가 어렵기 때문에 여유현금흐름으로 무리한 투자를 감행해 기업가치를 하락시킬 가능성이 높게 된다. 젠센(Jensen, 1986)이 주장한 바와 같이 이러한 기업은 부채로 자금을 조달해 자본시장의 순기능적 감시하에 있게 되면 대리비용을 줄일 수 있는 이점을 갖게 된다.

④ 특이성

기업의 자산이 특이하면 할수록 기업이 보유하고 있는 자산의 담보가치는 낮게 된다. 특이도가 높으면 청산 또는 부도 시에 자산에 대한 처분가치(resale value)가 낮기 때문이다. 따라서 특이성은 부채비율에 음(−)의 영향을 미치게 될 가능성이 높다.

⑤ 산업

기업이 속한 산업의 특성에 따라 부채비율이 상이할 가능성이 높다. 산업별로 담보가치, 수익구조, 현금흐름, 변동성 등에 따라 관행적이며 경험적인 적정의 부채비율이 있을 경우 개별기업들은 산업의 평균부채비율에 맞추려는 경향이 높을 것이다.

⑥ 규모

기업의 규모가 크면 클수록 사업부서를 많이 갖게 되고, 이에 따라 포트폴리오효과에 따른 위험감소효과가 나타날 수 있다. 또한 대기업이 높은 신용도와 규모의 경제 때문에 중소기업에 비해 은행대출과 채권발행에 있어 유리할 수 있다. 그리고 내외부자금조달상의 비용격차를 나타내는 재무적 제약 면에 있어서도 대기업이 중소기업보다 적다고 할 수 있다. 따라서 대기업은 중소기업에 비해 더 높은 부채비율을 유지한다고 해도 위험이 이에 상응해서 높아지지 않는다고 볼 수 있을 것이다.

⑦ 변동성

변동성이 큰 기업은 현금흐름의 불확실성이 커지기 때문에 채권자의 투자대상으로서의 선호도가 떨어질 것이다. 또한 기업의 입장에서도 변동성이 크면 제때에 이자지급과 원금상환이 어려워지기 때문에 부채발행을 꺼릴 것이다.

⑧ 수익성

수익성이 높은 기업은 사내유보를 많이 하기 때문에 외부자금조달 필요성이 낮게 된다. 사내유보는 자기자본이고 또한 수익성이 높은 기업은 이익배분에 참가하는 장점이 크기 때문에 주주들이 선호하게 된다. 따라서 수익성이 높은 기업은 낮은 부채비율을 보일 가능성이 높다. 반면에 수익성이 높은 기업은 이자비용의 감세효과를 누리기 위해 더 많은 부채를 사용할 수도 있다.

EXERCISE

객관식 문제

01 다음 중 MM(1958)의 이론에서 사용된 가정이 아닌 것은 무엇인가?

① 세금이 없다. ② 대리비용이 없다.
③ 파산비용이 없다. ④ 배당금 변화는 없다.

02 다음 중 자본구조에 관한 전통적 접근법의 가정이 아닌 것은 무엇인가?

① 기업마다 부채의 가용수준이 다르다.
② 자기자본의 자본비용이 타인자본의 자본비용보다 높다.
③ 자기자본비용은 부채비율이 높을수록 증가율이 증가하며 증가한다.
④ 타인자본비용은 부채가용수준을 넘어서면 증가율이 감소하며 증가한다.

03 MM의 명제 1과 관련이 없는 것은 다음 중 무엇인가?

① 최적자본구조는 존재한다.
② 가중평균자본비용은 일정하다.
③ 자기자본비용은 부채비율이 높아질수록 증가한다.
④ 타인자본비용은 부채가용수준을 넘어서면 증가한다.

04 순영업이익접근법이 주장하는 것은 다음 중 무엇인가?

① 가중평균자본비용은 일정하다. ② 가중평균자본비용은 증가한다.
③ 가중평균자본비용은 감소한다. ④ 가중평균자본비용은 감소 후 증가한다.

05 법인세는 물론 개인소득세가 존재할 경우 다음 중 틀린 주장은 무엇인가?

① 경제 전체적으로는 최적부채비율이 존재한다.
② 기업차원에서는 최적부채비율이 존재하지 않는다.
③ 개인소득세율이 높은 투자자들은 감세효과를 누리기 위해 면세채권보다 회사채에 투자하게 된다.
④ 세금으로 인한 기업가치의 변화를 알기 위해서는 법인세율은 물론 투자자들의 개인소득세율도 알아야 한다.

06 다음 중 대리비용이 아닌 것은 무엇인가?

① 잔여손실 ② 확증비용
③ 정보비용 ④ 감시비용

연 | 습 | 문 | 제

07 다음 중 옳지 않은 것은?

① 배당은 신호기제로 사용될 수 없다.
② 정보가 비대칭적일 경우 정보비용이 발생하게 된다.
③ 투명경영을 하게 되면 정보의 비대칭성을 줄일 수 있다.
④ 시장실패를 방지하기 위해서는 정보의 비대칭성을 줄일 필요가 있다.

08 순이익접근법에 의하면 기업의 최적자본구조는?

① 부채비율과 상관없이 결정된다.
② 최적자본구조가 존재하지 않는다.
③ 타인자본의존도가 최대일 때 달성된다.
④ 자기자본의존도가 증대될수록 최적자본구조가 달성된다.

09 다음 요인들 중 기업이 더 많은 부채를 사용하도록 유인하는 요인은?

① 인플레이션
② 부채의 법인세 절약효과
③ 기관투자자들의 선별투자
④ 채권자들이 계약서에 부여하는 제한조항

10 MM의 수정명제가 성립하는 경우 법인세율이 인하될 때 기업의 자본조달과 관련하여 나타날 수 있는 설명 중 옳은 것은?

① 기업의 가중평균자본비용이 상승한다.
② 기업의 가중평균자본비용이 하락한다.
③ 최적자본구조를 달성하기 위하여 부채사용을 늘린다.
④ 최적자본구조를 달성하기 위하여 부채사용을 줄인다.

11 (주)흥덕산업은 지금까지 전액 자기자본만을 사용해 왔으며, 이 회사의 시장가치는 현재 500억원으로 평가받고 있다. (주)흥덕산업은 현재 100억원의 부채를 연리 10%로 발행해서 그 액수만큼 주식을 상환하려고 계획 중이다. 만약 부채를 발행하여 자본구조가 변경되면 이 회사의 가치는 얼마나 되겠는가? 자본구조 변경 외에 다른 모든 조건은 동일하고 감세효과는 영구히 발생한다고 가정한다. 한편 (주)흥덕산업에 적용되는 법인세율은 20%이다.

① 350억원　　② 410억원
③ 450억원　　④ 520억원

EXERCISE

12 다음 중 Modigliani and Miller(1958)의 자본구조이론의 명제 도출 시 사용된 가정이 아닌 것은 무엇인가?

① 대리비용이 없다. ② 파산비용이 없다.
③ 세금이 없다. ④ 주가의 변화는 없다.

13 다음 중 맞는 주장은 어느 것인가?

① 순영업이익접근법은 재무레버리지효과를 반영한다.
② MM(1958)의 명제 1에 따르면 자본구조는 자본비용은 변경시키나 기업가치에는 영향을 미치지 않는다.
③ 전통적 접근법자들은 기업이 부채가용수준을 넘어서면 부채의 자본비용은 증가하는데 그 증가율은 감소한다고 주장한다.
④ MM(1958)의 명제 2에 따르면 자기자본의 자본비용은 부채비율이 증가함에 따라 증가하는데, 그 증가율은 일정하다가 부채가용수준을 넘어서면 증가율이 체증하는 형태로 증가한다.

14 MM(1958)의 명제 1의 가정 완화에 대한 설명 중 틀린 것은?

① 대리비용이 존재하면 부채비율은 기업가치에 영향을 주지 않게 된다.
② 법인세가 존재하면 부채비율이 높을수록 가중평균자본비용은 하락한다.
③ 파산비용이 존재하면 부채비율이 높을수록 가중평균자본비용은 상승한다.
④ 정보비용이 존재하면 우량기업은 자본구조의 변경을 통해 신호를 보낼 수 있다.

15 다음 중 순이익접근법의 주장에 해당하는 것은?

① 가중평균자본비용은 일정하다.
② 타인자본비용보다 자기자본비용이 높다.
③ 타인자본비용은 부채가용수준이 넘어서면 증가한다.
④ 자기자본비용은 처음에는 일정하지만 나중에는 증가한다.

16 부채비율이 높아질수록 자기자본의 자본비용이 상승하게 되는데 이를 무엇이라 하는가?

① 재무위험 ② 영업위험
③ 파산위험 ④ 시장위험

17 기업의 특성에 따라 부채비율을 설명한 것 중 맞는 것은?

① 모든 조건이 동일할 경우 담보물건이 많을수록 부채를 더 많이 사용한다.

② 모든 조건이 동일할 경우 변동성이 낮은 기업은 부채를 더 적게 사용한다.
③ 모든 조건이 동일할 경우 특이성이 높은 기업은 부채를 더 많이 사용한다.
④ 모든 조건이 동일할 경우 비부채성 감세효과가 큰 기업은 부채를 더 많이 사용한다.

주관식 문제

01 (주)원중의 타인자본의존도 B/(B+S)에 따른 타인자본비용과 자기자본비용이 다음과 같다고 하자. 아래 표에 나타난 5가지 타인자본의존도 중에서 (주)원중의 기업가치를 극대화시키는 최적자본구조는 어떤 것인지 설명하라.

타인자본의존도 B/(B+S)	(법인세 감세효과가 반영된) 타인자본비용	자기자본비용
0%	6%	10.5%
20%	6%	11%
40%	6%	12%
60%	8%	13%
80%	10%	13.5%

02 (주)무심텍은 현재 전액 자기자본으로 자금을 조달하고 있다. 현재 이 기업의 주가는 10,000원이며 발행주식수는 1,000주이다. (주)무심텍에 적용되는 법인세는 30%이며, 채권자의 이자소득에 대한 개인소득세는 15%이다. 한편 주식투자자의 소득에 대한 개인소득세는 없다고 가정한다.

(1) (주)무심텍의 기업가치는 얼마인가?

(2) (주)무심텍은 주식상환에 사용하고자 500만원의 부채를 발행하고자 한다. 만약 법인세 절약액이 영구히 발생한다면, 부채발행 후 이 기업의 가치는 얼마가 되는가?

03 (주)우암전자는 사업다각화를 위해 새로운 사업분야를 개척 중에 있으며, 그 중 하나로 바이오 · IT · 융복합 사업진출을 고려하고 있다. 이 사업에 진출하기 위해서는 500억원의 신규투자 자금이 필요한데, 우암전자는 타인자본과 자기자본을 6:4의 비율로 조달하고자 한다. 영업위험이 동일하며 가장 적합한 대용기업으로 선정된 (주)오송바이오텍의 베타계수는 2.7이며, 이 기업은 타인자본과 자기자본이 1:1로 구성되어 있다. 이 사업에 진출하면 영구히 매년 100억원의 현금흐름이 발생할 것으로

EXERCISE

예상된다. 우암전자와 오송바이오텍 모두 무위험이자율로 차입할 수 있다고 가정하고, 우암전자의 신규사업 진출 여부를 결정하라. 기대시장수익률은 12%, 무위험이자율은 6%, 법인세율은 20%이다.

04 (주)성환개발은 전액 자기자본으로 구성된 회사이며, 현재 50억원의 부채를 발행하여 자사주를 매입하는 자본구조 변경을 고려 중에 있다. 변경 후 자기자본과 타인자본의 비율은 동일하다. 변경 전후 (주)성환개발의 자본구조는 다음과 같다.

	변경 전	변경 후
주가	10,000원	10,000원
발행주식수	1,000,000주	500,000주
자기자본의 시장가치	100억원	50억원
타인자본의 시장가치	0원	50억원

(1) 세금이 없다고 가정하고 아래 표의 빈 칸을 채워라.

경기상황		호황	보통	불황
영업이익		15억원	10억원	5억원
변경 전	순이익			
	EPS			
	ROE			
변경 후	이자비용(i=10%)			
	순이익			
	EPS			
	ROE			

(2) X축이 영업이익, Y축이 EPS인 평면상에 자본구조 변경 전후를 비교하는 선을 그리고 이를 해석하라.

05 (주)태형은 자기자본으로만 구성된 기업으로서 앞으로 영구히 1억원의 세전영업이익이 기대된다. 이 기업의 법인세율은 25%이며, 영업활동에서 실현되는 세후현금흐름을 15%의 자본비용으로 할인하여 기업가치를 평가하고 있다. 한편 (주)태형의 주주들은 20%의 개인소득세를 부담한다. (주)태형은 현재 시장에서 10%의 이자율로 2억원의 채권을 발행하여 자기자본을 상환할 계획을 가지고 있다. (주)태형에 투자하는 채권자들이 30%의 개인소득세를 부담한다고 하면 (주)태형이 부채를 사용할 때의 기업가치를 구하라.

‹‹‹ 연 | 습 | 문 | 제

06 (주)강남은 매년 영업이익이 2,000만원씩 영속적으로 기대되고, 타인자본사용액이 5,000만원이며, 적용이자율은 10%이다. 부채사용이 없을 경우 요구수익률이 15%인 경우 MM의 수정이론에 기초하여 (주)강남의 기업가치를 계산하라. 단, 적용되는 법인세율은 40%이며, 부채비율(B/S)은 100%이다.

07 (주)강북의 이자 및 법인세차감전 이익은 2,000만원이며, 영구적으로 발생한다고 기대된다. (주)강북은 현재 부채를 사용하고 있지 않으며 자기자본비용은 15%, 적용되는 법인세율은 40%, 그리고 발행주식수는 5,000주이다. 만약 (주)강북이 자사주를 매입하기 위하여 1,500만원의 영구부채를 발행하기로 하였다면, MM이론에 기초한 (주)강북의 주가를 계산하라.

08 민지산업은 100억원을 연이자율 10%에 차입하였다. 민지산업의 영업이익(EBIT)이 30억원일 경우 부채사용에 의한 절세액은 얼마인가? 단, 기업의 법인세율이 20%라고 가정한다.

09 (주)성봉유통의 타인자본의존도에 따른 타인자본비용과 자기자본비용이 다음 표와 같다고 하자. 표에 나타난 4가지 타인자본의존도 중에서 (주)성봉유통의 기업가치를 극대화시키는 최적 자본구조는 어디에서 발생하는가? 단, 타인자본비용의 경우 법인세 감세효과가 반영되어 산출된 것임.

	부채	자기자본	타인자본비용	자기자본비용
Case 1	20억원	130억원	7%	12%
Case 2	50억원	100억원	7%	13%
Case 3	70억원	80억원	7%	14%
Case 4	90억원	60억원	10%	15%

10 (주)청주중앙전자는 지금까지 전액 자기자본만을 사용해 왔으며, 이 회사의 시장가치는 현재 1,000억원으로 평가받고 있다. (주)청주중앙전자는 현재 500억원의 부채를 연리 8%로 발행해서 그 액수만큼 주식을 상환하려고 계획 중이다. 만약 부채를 발행하여 자본구조가 변경되면 이 회사의 가치는 얼마나 되겠는가? 자본구조 변경 외에 다른 모든 조건은 동일하고 감세효과는 영구히 발생한다고 가정한다. 한편 (주)청주중앙전자에 적용되는 법인세율은 20%이다.

11 (주)청주제일화학은 현재 무차입기업으로 시장가치가 100억원이다. 이 회사는 현재 20억원의 회사채를 발행하여 자사주를 매입하려고 계획하고 있다. 이 경우 시장가치

가 105억원으로 상승할 것으로 예상하고 있다. 부채발행에 따른 이 기업의 파산비용의 현가가 3억일 경우에 MM(1963)에 따라 이 기업의 감세효과의 현가를 계산하라.

Fundamentals of Corporate Finance

CHAPTER 9

배당과 배당정책

Chapter 9

배당과 배당정책

제1절 배당정책의 의의

1.1 배당의 의의

배당(dividend)은 기업이 주주들에게 자기자본 출자에 대한 보상을 지급하는 것을 말한다. 보상은 일반적으로 현금으로 지급되기 때문에 배당은 보통 현금배당(cash dividend)을 의미한다. 그러나 배당은 때에 따라서는 주식 또는 현물로 지급되기도 한다. 즉 배당에는 현금배당 이외에도 주식배당, 무상증자, 자사주 매입 등 다양한 형태가 존재한다. 기업은 세후순이익 중에서 일부를 현금배당으로 지급하고 나머지는 기업 내에 재투자를 위하여 유보하는데 이를 유보이익(retained earnings)이라 한다.

기업의 배당 수준을 측정하는 척도로는 주당배당, 배당성향, 배당수익률, 배당률 등이 있다. 주당배당(dividend per share : DPS)은 1주의 주식에 대한 현금배당액을 나타내며 총배당액을 총발행주식수로 나누어 측정한다. 배당성향(dividend payout ratio)은 기업의 순이익 중 주주에게 배당으로 지급되는 비율이며, 총현금배당액을 세후순이익 또는 주당배당(DPS)을 주당순이익(EPS)으로 나누어 측정한다. 유보이익을 세후순이익으로 나누어 준 비율이 유보율이므로 배당성향은 '1-유보율'로 측정하기도 한다. 배당수익률(dividend yield)은 주식의 시장가치에 대한 배당액의 비율을 그리고 배당률(dividend ratio)은 주식의 액면가치에 대한 배당액의 비율을 나타낸다. 한국 증권시장에서는 관행적으로 배당률을 사용하고 있지만 투자자들에게는 배당수익률이 중요한 의미를 갖는다.

현금배당(cash dividend)은 지급방법에 따라 정규현금배당, 추가현금배당, 특별현금배당 등으로 분류된다. 정규현금배당은 매년 정기총회의 의결을 거쳐 정기적으로 지급되는 배당을 의미하며, 추가현금배당은 경영자가 장기적으로 기업전망이 개선될 것이라고 확신할 수는 없지만 일시적으로 많은 이익이 발생할 경우 정규현금배당 이외에 추가적으로 지급하는 현금배당을 말한다. 한편 특별현금배당은 보너스의 형태로 지급되는 현금배당으로 임시주주총회의 결의를 거쳐 정규현금배당 지급시기 이외의 시기에 지급된다. 따라서 특별현금배당은 반복적으로 지급되지 않고 1회용으로 지급되는 경향이 있다.

1.2 배당정책과 안정적인 배당성향

기업의 배당정책(dividend policy)은 주주에게 귀속되는 소득인 세후순이익 중 얼마만큼을 배당금으로 지불할 것인가 혹은 얼마만큼을 투자를 위해 사내유보할 것인가에 관한 의사결정이다.

주주에게 귀속되는 이익인 세후순이익은 재투자를 위해 사내에 유보되거나 혹은 자본을 제공한 주주에게 배당금으로 지급된다. 자본구조에서 타인자본과 자기자본의 상대적 비중을 결정하는 것과 마찬가지로 재무관리자는 기업가치 극대화를 위해 세후순이익 중 얼마만큼을 배당으로 지급하고 또 얼마만큼을 사내유보할 것인가를 결정해야 한다. 경영자의 입장에서는 정상적인 기업활동을 위해 그리고 재투자나 신규투자를 위해 사내유보가 필요하다. 그런데 주주의 입장에서는 배당소득이 커다란 의미를 갖는데, 이는 주주는 배당과 매매차익의 두 가지 형태로 투자에 대한 보상을 받기 때문이다. 주주가 원하는 배당을 유지하지 못하면, 그 기업에 대한 주식의 수요는 감소하게 되고 이는 요구수익률의 증가로 이어지게 된다. 투자자의 요구수익률 증가는 결국 경영자에게는 자본비용의 증가가 되기 때문에 기업가치 극대화를 위해서 경영자는 배당결정에 신중할 수밖에 없다.

모디글리아니와 밀러(Modigliani and Miller : MM)는 제8장 자본구조에 관한 이론에서와 마찬가지로 일정한 가정하에서 배당정책은 기업가치와 무관하다는 결론을 유추하였다. 후속연구들은 MM이 세운 가정의 현실화를 통해 배당정책에 따라 기업가치가 변할 수 있다는 주장을 제기하였다. 본 장에서는 MM의 배당정책 무관련성에 관한 이론을 우선 살펴보고, 현실세계에서 배당정책이 기업가치에 미치는 영향을 간략히 살펴보기로 한다.

일반적으로 정규현금배당은 기업의 일시적인 경영성과에 관계없이 일정하게 지급되는 경향이 있다. 이를 배당의 안정성(stability)이라고 하는데 대부분의 기업들이 순이익이 일시적으로 증가하거나 감소하더라라도 매년 일정한 배당을 지급하는 것을 의미한다. 특히 경영자는 장기적으로 기업전망이 호전되어 적어도 배당압박에 대한 우려가 없다는 확신이 있을 때에만 정규현금배당을 증가시키려고 한다.

배당이론을 살펴보기 전에 기업이 안정적인 배당을 유지하려는 경향이 강한 이유를 먼저 살펴보자. 매출액은 경기상황에 따라 기복이 심하기 때문에 매출실적에 따라 배당을 지급하면 배당이 불안정하게 된다. 그런데 기업은 매출액의 증감과 관계없이 가능한 한 일정한 배당성향을 유지하려는 경향이 강하다. 기업이 배당을 일정하게 유지하려는 이유로는 먼저 정규적인 수입을 원하는 투자자에게 일정한 배당금을 주기 위해서이다. 이보다 더 중요한 이유는 투자자들이 위험회피적인 성격이 강하기 때문에 배당증감에 따라 비대칭적인 가격조정을 하기 때문이다.

예를 들어, 이익이 10%로 증가하면 투자자는 주가를 5% 올린다고 가정해 보자. 만약 이익이 10% 감소하였을 경우에 투자자가 똑같이 반응하여 주가를 5% 떨어뜨리면 기업으로서는 이익에 따른 배당증감을 꺼릴 이유가 없다. 하지만 위험회피적인 투자자들은 나쁜 정보에는 보다 민감하게 반응하여 5% 이상으로 주가를 하락시킬 가능성이 크다. 이와 같은 비대칭적인 반응 때문에 기업은 안정적 배당을 유지하려는 경향이 강하게 된다.

만약 이익이 많이 발생한 경우에는 정규배당금 외에 특별배당금을 지급해 이러한 배당증가가 일시적임을 투자자에게 확실하게 알리는 방법을 사용한다. 그리고 높아진 이익이 미래에도 계속해서 유지될 수 있다고 확신하는 경우에는 배당금을 늘려 지급하게 되고, 이러한 정규배당금의 증가는 주가의 상승을 가져오는 것이 일반적이다.

제2절 배당정책 무관련성

2.1 MM 이전의 배당정책이론

MM 이전에도 배당정책이 기업가치에 영향을 미치느냐에 관하여는 많은 연구와 논쟁이 진행되어 왔는데, 이에 관한 논쟁은 크게 다음의 두 가지 주장으로 요약될 수 있다. 첫째 주장은 배당은 기업가치에 영향을 미친다는 것이다. 즉, 주주들은 확실한 현재의 수입을 선호하기 때문에 배당성향이 높은 기업의 주가가 배당성향이 낮은 기업의 주가

보다 높게 형성된다는 주장이다. 둘째 주장은 배당은 기업가치에 영향을 미치되 미래의 성장가능성에 따라 그 영향이 달라질 수 있다는 것이다. 그러나 이러한 주장들은 MM(1961)이 완전자본시장하에 배당정책과 기업가치는 아무런 관련이 없다고 주장함으로써 그 의미를 잃게 되었다. 다음에서 그 대표적인 주장 두 가지를 소개한다.

첫 번째 주장으로는 그라함과 도드(Graham and Dodd)의 모형을 들 수 있다. 그라함과 도드는 실증적인 연구에 기초를 두어, 미래 성장기회가 적고 비교적 안정된 기업에 대하여 적용할 수 있는 배당모형을 제시하였다. 이 모형을 이용하면 동일한 당기순이익을 실현한 기업이라 하더라도 배당성향이 높을수록 주가가 상승한다. 이와 같이 그라함과 도드는 배당을 증가시킬수록 기업의 가치를 높일 수 있다고 주장하고 있다. 이들이 제시한 모형이 기업가치를 나타내는 정확한 모형이냐 아니냐 하는 데는 의문이 있으나, 그라함과 도드모형의 특성은 성장률이 낮은 기업에서는 기업가치의 상승을 위하여 배당이 사내유보보다 더 중요함을 강조하고 있다는 점이다.

두 번째 주장은 대표적으로 월터(Walter)의 모형을 들 수 있다. 월터는 자기자본비용과 미래 유보이익에 의한 재투자수익률과의 관계에서 적정배당성향이 결정된다는 모형을 제시하였다. 월터는 기업의 수명은 영구하며, 기업이 투자를 위한 소요자금을 조달함에 있어 타인자본이나 주식발행에 의존하지 않고 기업이 축적한 유보이익에만 의존하고, 기업의 자기자본비용(k_e)과 재투자수익률(r)은 미래에도 항상 일정하다는 가정하에 다음과 같이 주장하였다.

① $k_e > r$일 때에는 배당이 유보이익보다 기업가치에 미치는 영향이 크므로 가능한 한 배당을 늘리면 기업가치는 커진다.

② $k_e = r$일 때에는 기업이 배당을 하든 또는 유보를 하든 간에 기업가치는 전혀 영향을 받지 않고, 다만 실현시킨 이익의 크기에 따라 기업가치가 결정된다.

③ $k_e < r$일 때에는 기업은 가능한 한 배당을 줄이고 유보이익을 늘려 이를 재투자하면 기업가치는 커진다.

위의 세 가지 경우에서 볼 수 있는 바와 같이, 배당이 주가에 미치는 영향은 기업의 재투자수익률 r에 달려 있음을 알 수 있다. 이상에서 살펴본 월터의 모형은 기업의 미래성장가능성을 고려하여 배당정책이 결정되어야 한다고 강조한 점에서 그 가치를 높게 평가할 수 있으나, 모형을 도출하기 위하여 설정한 가정에 문제점이 있다고 할 수 있다.

2.2 MM의 배당정책이론

MM은 세금과 거래비용 등 마찰요인이 없는 시장(frictionless capital market)을 가정하여 "배당정책은 기업가치에 영향을 미치지 않는다"는 배당정책의 무관련성(irrelevance) 이론을 제시하였다. 세후순이익은 결국 주주에게 귀속되기 때문에 사내유보 형태로 회사가 보관하고 있든지 아니면 배당금으로 주주에게 지급되든지 주주 부에는 영향을 미치지 않는다는 것이다. 이러한 MM의 주장을 간단한 예를 들어 설명해 보기로 하자. 놀뫼전자는 100,000주를 발행하였으며, 연초 주당가격은 5만원이었다. 올해 10억원의 세후순이익이 발생하였는데 경영진은 세후순이익 전액을 사내유보하는 1안과 순이익 중 반은 현금배당으로 지급하는 2안을 비교해 두 가지 안 중 하나를 선택하려고 한다.

먼저 1안의 경우 한 주당 세후순이익이 1만원이기 때문에 주당 가격은 6만원으로 상승하게 된다. 한편 2안의 경우 1주당 5,000원의 배당금을 받는 대신 주당 가격은 6만원이 아닌 5만5천원으로 상승하게 된다. 따라서 주주의 입장에서는 1안을 택하든 아니면 2안을 택하든 매매차익과 배당소득을 합한 금액이 1만원으로 동일하게 된다. 따라서 주주가 요구하는 액수보다 적게 배당이 지급될 때는 거래비용 없이 주식을 매각해 필요자금을 마련하고, 반대로 많게 배당이 지급될 때는 필요 이상의 배당금으로 거래비용 없이 주식을 매입하면 될 것이다. 이러한 자체배당조정(homemade dividends)은 배당과 기업가치 간의 무관련성을 뒷받침하고 있다. 한편 MM은 이와 같이 배당이 기업가치에 영향을 미치지 않음을 수식을 통해 보여주고 있는데 이는 뒤의 부록에 정리되어 있다.

한편 배당의 무관련성은 고객효과(clientele effects)를 통해서도 설명할 수 있다. 주식시장에는 매매차익을 원하는 투자자가 있는 반면 배당소득을 원하는 투자자도 있다. 만약 배당소득을 원하는 투자자들이 많을 경우에는 정기적으로 배당을 지급하는 회사의 주식에 대해 초과수요가 발생해 주가가 올라가게 된다. 물론 그 반대의 경우도 성립한다. 이와 같은 현상을 배당의 고객효과라고 한다. 따라서 기업은 투자자의 성향을 반영해 배당정책을 조절하게 되고, 이에 따라 균형상태에서는 배당정책이 기업가치와 무관하게 되는 것이다.

그런데 우리나라의 경우에는 고배당 주식에 대한 수요가 앞으로 증가할 것으로 예상된다. 1년 4회 배당지급이 일반화되어 있는 미국기업과는 달리 우리나라 기업은 연 1회 내지 2회 배당을 지급하는 기업이 대다수이다. 또 시가배당이 관행이 되고 있는 미국과 달리 우리나라는 액면가를 기준으로 한 배당이 많이 이루어지고 있다. 따라서 현재의 배당정책으로는 투자자들이 정규적 수입을 얻기 어렵게 되어 있다. 여윳돈이 있는 투자자들 또는 월급 등 정규수입이 없는 퇴직자나 노령자들은 은행예금과 채권투자보다는 위험하더라도 수익률이 높은 주식에 투자를 원할 수 있다. 그런데 배당지급률 또는 배당지급횟수가 적을 경우에는 이러한 투자자들이 주식투자를 꺼리게 되어 주식에 대한 수요가 그만큼 감소하게 된다.

제3절 배당정책과 기업가치

MM이 가정한 것과는 달리 현실세계는 다양한 마찰요인이 존재하는 불완전시장이기 때문에 배당정책이 기업가치에 영향을 주게 된다. 특히 어떤 가정을 완화하는가에 따라 배당수준이 기업가치에 미치는 영향이 다르게 나타난다. 여기서는 배당을 많이 지급할수록 기업가치가 상승하는 경우와 반대로 적게 지급할수록 기업가치가 상승하는 경우를 나누어 살펴보기로 하겠다.

3.1 고배당이 선호되는 경우

3.1.1 거래비용의 감소

거래비용을 반영하면 배당을 지급하는 것이 투자자에게 유리하다. 투자자가 돈이 필요한 경우 배당을 지급하지 않는다면 주식을 처분해 필요한 돈을 마련해야 한다. 만약 위에서 예로 든 놀뫼전자 100주를 갖고 있는 어떤 투자자가 현금 30만원이 필요하다고 가정하자. 배당이 지급되는 경우에는 주당 5,000원씩 총 50만원의 현금이 들어오기 때문에 거래비용 없이 필요한 현금을 마련할 수 있다. 반면 배당이 전혀 지급되지 않는다면 주당 6만원씩 5주를 처분해야 하고 이에 따른 거래수수료를 지불해야 한다. 따라서 거래비용이 상대적으로 높은 경우에는 정기적인 고배당이 기업가치에 긍정적 영향을 미치게 된다.

3.1.2 대리비용의 감소

배당은 투자자가 처분할 수 있는 확실한 소득이지만 사내유보 형태로 갖고 있는 자본이득은 경영자가 관리하기 때문에 불확실한 소득이다. 더 이상 성장기회가 없는 회사는 세후순이익의 모두를 주주에게 배당의 형태로 지급하는 것이 대리비용을 최소화하는 길이다. 회사는 사내유보를 통해 타 회사를 매입하거나 다른 프로젝트에 투자하겠다는 이유로 사내유보를 주장할 수가 있다. 그렇지만 엄밀히 말하면 투자자 개개인이 지급받은 배당을 갖고 개인적인 차원에서 성장성이 있는 다른 회사에 투자할 수 있기 때문에 그러한 주장이 사내유보를 하는 타당한 이유가 되지 못한다.

특히 대리비용이 심각한 회사에서는 사내유보가 *NPV*가 영(0)보다 작은 투자안에 투자될 가능성이 높으므로 배당을 많이 지급하는 것이 유리하다. 필요자금 이상을 사내유보 하는, 즉 여유현금흐름(free cash flows)이 높은 기업이 대리비용을 보다 많이 유발시킨다는 이론과 증거가 학자들에 의해 제시되고 있다.

3.1.3 신호효과

배당은 자금조달과 같이 기업의 가치를 외부에 알리는 중요한 신호기제로 작용할 수 있다. 다음과 같은 현금등가공식을 살펴보자.

$$\text{이익} + \text{외부자금조달} = \text{투자} + \text{배당} \tag{9.1}$$

식(9.1)에서 좌변은 현금유입(cash inflows)을, 우변은 현금유출(cash outflows)을 각각 나타낸다. 그런데 주의할 점은 좌변이든 우변이든 철저히 현금을 기준으로 한다는 점이다. 예를 들어, 외부자금조달은 앞으로 갚아야 할 돈이지만 지금 당장은 회사에 현금이 유입된 것이고, 투자의 경우에는 투자로 인해 앞으로 돈이 들어오겠지만 당장은 현금이 유출된 것이다.

기업가치는 기업이 얼마나 많은 이익을 창출하느냐에 달려 있다. 그런데 이러한 이익에 대해서는 경영자와 투자자 사이에 비대칭적 정보가 존재한다. 즉, 경영자가 이익에 대해 투자자에 비해 보다 많은 정보를 갖고 있게 된다. 이 경우 우량기업은 신빙성 있는 신호를 보내 미래의 높은 이익을 외부에 전달하려고 할 것이고, 불량기업은 우량기업을 모방함에 의해 투자자의 구별을 어렵게 하려고 할 것이다.

그런데 이익과는 달리 외부자금조달과 투자는 비대칭적 정보의 정도가 낮다. 왜냐하면 투자는 대부분 장기계획에 따라 이루어지기 때문에 공공정보의 성격이 강하고, 투자에 필요한 채권발행, 유상증자 등의 자금조달도 증권시장에 상당기간 전에 이미 공표되었을 것이기 때문이다. 따라서 식(9.1)에서 미래이익에 대한 정확한 예상을 하기 위해서 투자자는 기업이 얼마나 많은 배당금을 지급하느냐를 보게 될 것이다. 우량기업은 배당을 보다 많이 지급함으로써 향후 이익에 대한 자신감을 시장에 전달할 수가 있는 것이다. 반면에 불량기업은 향후 이익이 감소할 것이므로 현금이 감소되어 배당지급액을 늘릴 여력이 없어지게 된다. 이러한 배당의 신호효과는 앞서 살펴본 기업의 안정적 배당유지 성향을 감안하면 더욱 신빙성이 있다고 볼 수 있다. 따라서 정보가 비대칭적인 상황에서는 배당을 늘릴수록 미래현금흐름의 증가를 신호하게 되어 기업가치는 상승한다.

3.2 저배당이 선호되는 경우

3.2.1 배당과 매매차익에 대한 세율의 차이

우리나라의 경우 배당소득세와 자본이득세는 크게 차이가 난다. 우선 주민세를 제외한 순수 배당소득세는 14%이지만 자본이득에 대해서는 세금이 부과되지 않고 있다. 앞서 예로 든 놀뫼전자의 경우 배당금으로 5억원을 지불하였다면 그리고 배당소득세가 모두 분리과세되었다면 주주들은 7,000만원의 세금을 납부하여야 한다. 반면 배당금 없이 주가가 1만원이 상승된 경우에는 자본이득분에 대한 세금을 납부하지 않아도 된다. 따라서 세금을 고려할 경우에는 배당을 적게 지급하는 것이 주가를 상승시킬 수 있다.

한편 미국의 경우에는 배당소득세와 자본이득세에 동일한 세금이 부과된다. 그런데 미국의 경우에도 세금만 고려하면 배당을 적게 지급하는 것이 기업가치를 상승시킨다. 그 이유는 화폐의 시간적 가치를 생각하면 되는데, 분기별로 배당이 지급될 경우에는 배당소득세는 분기별로 미리 납부하지만 자본이득세는 매도시점에 한 번만 납부하면 되기 때문이다. 즉, 세금납부 액수는 동일하지만 지급시점이 먼저 발생하는 배당소득세가 자본이득세에 비해 불리하게 되는 것이다.

3.2.2 발행비용의 절감

성장성이 높은 기업은 사내유보를 통해 지속적인 재투자가 이루어져야 한다. 그런데 기업이 사내유보를 하지 않고 이익을 주주에게 배당으로 지급하면 투자에 필요한 자금을 자본시장에서 조달해야 한다. 증권발행에는 상당한 발행비용이 소요되고, 특히 발행비용에는 규모의 경제가 적용되기 때문에 중소기업의 비용부담이 상대적으로 더 커지게 된다. 따라서 발행비용만을 고려하면 배당을 적게 지급하는 것이 기업가치에는 유리하게 작용한다.

제4절 배당의 종류

4.1 현금배당

배당 중 가장 대표적이고 일반적인 것은 현금배당이다. 이러한 현금배당을 나타내는 지표로는 배당률(=현금배당금/액면가)과 배당수익률(=현금배당/주가)이 함께 사용되고 있다. 우리나라의 경우에는 시가를 기준으로 배당이 이루어지지 않고 액면가를 기준으로 배당이 이루어져왔다는 특징이 있다. 그러다가 2003년 증권거래법 시행령을 개정하여 현금배당의 경우 시가배당을 의미하는 배당수익률의 공시 및 신고를 의무화하였다.

현금배당 이외에도 주식배당, 무상증자, 자사주매입도 배당에 포함되는데, 배당에 대한 이해를 돕기 위해서 '한솔기업'이라는 가상기업의 대차대조표를 기업공개부터 순차적으로 살펴보기로 한다. 한솔기업의 창업자는 기업규모의 확대를 위해 기업을 공개하기로 하고 한 주당 1민원씩 100만수를 공모하였다. 설명을 간결하게 하기 위해 한솔기업은 전액 자기자본으로 자금을 조달한다고 가정하자. 벤처기업 등 예외조항에 해당하지 않을 경우 우리나라 주식의 액면가는 5,000원이므로 주식발행자본금은 50억원이 되고, 나머지 50억원은 주식발행초과금으로 자본잉여금계정에 포함된다. 이를 표로 나타내면 다음 [표 9-1]과 같다.

표 9-1 기업공개 시 한솔기업의 자본계정

자 산	자 본
총자산 100억원	주식발행자본금 50억원(=5,000원×100만주) 자본잉여금 50억원

기업공개 후 1년 동안 성공적인 기업경영으로 세후순이익이 10억원이 발생하였다. 이 중 5억원은 현금배당으로 지급하고 나머지 5억원은 사내유보할 경우 대차대조표의 자본계정은 [표 9-2]와 같이 기록된다.

만약 현금배당 외에 10% 주식배당을 추가로 한다고 가정하면 주식 수의 증가로 자본금은 55억원(=5,000원×110만주)이 되고 늘어난 5억원은 이익잉여금에서 전입되어 이익잉여금은 0원이 된다. 주식배당은 이익잉여금으로부터 자본금을 전입할 수 있지만, 무상증자는 이익잉여금뿐만 아니라 자본잉여금으로부터도 자본금 전입을 할 수 있다는 차

표 9-2 1년 후 한솔기업의 자본계정

자 산	자 본
총자산 105억원	주식발행자본금 50억원(=5,000원×100만주) 자본잉여금 50억원 이익잉여금 5억원

이가 있다. 그리고 주식배당과 무상증자는 주금의 납입이 없기 때문에 현금의 변화가 있는 것이 아니라 자본금계정의 조정에 불과하다.

한편 액면분할은 자본금내 계정의 변화도 아니고 단지 주식발행자본금 내에서 주식 수만 조정하는 것이다. 예를 들어, 1 대 2의 액면분할이 이루어지면 주식발행자본금은 50억원으로 그대로 있고 단지 액면가가 2,500원이 되어 주식 수는 200만주로 증가하게 된다.

지금부터는 현금배당과는 달리 현금유출입에 변화가 없는 주식배당 또는 무상증자를 기업이 실행하는 이유를 살펴보기로 한다. 그리고 최근 현금배당과 대체관계 내지는 보완관계에 있어 중요성이 더해가고 있는 자사주매입에 대해서도 소개하도록 하겠다.

4.2 주식배당 및 주식분할

주식배당(stock dividends)은 적은 현금배당을 보완하기 위해서 또는 현금배당 대신에 실시하는 경우가 많다. 주주의 입장에서는 당장의 현금유입이 없더라도 주식 수의 증가에 따라 미래현금배당의 증가를 예상할 수 있다. 그렇지만 기대되었던 현금배당이 지급되지 않을 경우 주식배당이 주가에 부정적 영향을 미칠 수 있다. 한편 기업의 입장에서는 당장의 현금유출이 없기 때문에 필요자금조달을 위한 발행비용을 줄일 수 있다. 그리고 성장성이 높은 기업은 성장을 지속하기 위한 사내유보를 하면서 한편으로는 현금배당을 보완하는 인상을 주주에게 심어 줄 수 있다는 장점이 있다.

주식분할(stock splits)은 기존의 1주를 분할하여 그 이상의 배수로 만드는 것이다. 주식분할을 실시할 경우 단순히 발행주식수가 증가하고 이에 따라 액면가가 줄게 되어 자본금 계정에는 변화가 생기지 않는다. 기업에서 주식분할을 실시하려는 이유는 주로 주가가 지나치게 높아져서 증권시장에서 원활히 거래가 되지 않을 때 주식분할을 통해 적절한 가격으로 조정할 수 있기 때문이다. 주식분할은 일반적으로 주가에 긍정적 영향을 미치는데, 이는 분할로 인한 주식 수의 증가가 유동성의 증가를 가져오거나 또는 기업의 미래현금흐름 개선을 외부에 전달하기 때문인 것으로 알려져 있다.

4.3 무상증자

무상증자를 실시하는 이유로는 여러 가지를 들 수 있겠으나 무상증자를 통해 자사의 유리한 내부정보를 시장에 알리려는 목적이 가장 대표적인 것이라 하겠다. 우리나라는 액면가 기준으로 배당을 하는 관행 때문에 무상증자로 인한 주식수의 증대는 현금배당의 증대를 가져오게 되고 이러한 현금배당은 앞서 설명한 대로 기업의 미래현금흐름의 개선을 신호하게 된다. 또한 무상증자로 인한 주식수의 증대는 유동성의 증가를 가져올 수 있고, 주식발행자본금의 확대에 따라 사업기회가 확대된다는 장점이 있다.

무상증자는 주식배당과 몇 가지 뚜렷한 차이를 보이고 있다. 우선 무상증자는 주식배당과 달리 이익잉여금뿐만 아니라 재평가적립금, 주식발행초과금 등의 자본잉여금을 재원으로 할 수 있다는 점이다. 그리고 자본잉여금이 재원일 경우에는 이익잉여금을 재원으로 하는 주식배당과 달리 배당소득세가 부과되지 않는다는 차이가 있다. 또한 무상증자는 요건이 충족되면 이사회의 결의로 언제든지 실시할 수 있지만 주식배당의 경우에는 결산시점 15일 전에 주식배당률이 사전공시되어야 한다는 점이 차이가 있다.

4.4 자사주매입

자사주매입(share repurchasing)은 기업이 자사의 주식을 공개시장에서 매입하는 것을 말한다. 우리나라의 경우에는 1994년에 자사주매입이 처음 허용되었고 1998년에는 배당가능이익 한도 내에서 자사주매입의 한도가 폐지되었는데, 도입 이후 자사주매입의 건수와 금액이 꾸준히 증가하는 추세에 있다. 2012년 시행 개정상법에 따라 그동안 상장사만 가능했던 자사주매입이 비상장사로 확대 · 적용되었다.

자사주매입의 주요 동기로는 우선 현금배당 대신에 자사주매입을 실시함으로써 주주에게 현금배당과 동일한 효과를 얻게 하는 것을 들 수 있다. 예를 들어, 앞서 한솔기업이 세후순이익 10억원을 모두 자사주매입에 사용한다면 주식 90,909주(=10억원/11,000원)를 매입할 수 있다. 이 경우 유통주식수는 909,091주로 줄어들게 되어 주가는 1만원에서 11,000원이 된다. 따라서 100주를 보유하고 있는 투자자는 자본이득으로 100,000원(=1,000원×100주)을 얻게 된다. 반면에 현금배당으로 10억원이 지급될 경우 주가는

1만원으로 변동이 없지만 이 투자자는 100,000원의 현금배당을 받게 된다. 따라서 세금이 없다고 가정하면 자사주매입은 현금배당과 대체관계에 있다고 할 수 있다.

자사주매입의 다른 동기로는 주가안정화와 경영권방어를 들 수 있다. 자사의 주가가 저평가되어 있다고 판단될 경우 경영자는 자사주매입으로 주가를 안정화하려는 시도를 하게 된다. 또한 적대적 인수의 표적이 될 경우를 대비해 자사주매입을 인수방어 수단으로 사용하기도 한다.

한편 자사주매입은 몇 가지 특성을 갖고 기업가치에 영향을 주게 된다. 우선 세금을 반영하면 배당소득세에 비해 자본이득세가 저렴하기 때문에 자사주매입이 현금배당보다 유리할 수 있다. 우리나라의 경우에는 아직 매매차익에 대한 자본이득세가 부과되고 있지 않기 때문에 세금효과는 더 강하게 나타나게 된다. 시가가 아닌 액면가를 기준으로 배당을 주면 자사주매입으로 주식수가 줄어들기 때문에 미래배당지급액이 줄어들게 된다. 그렇지만 주식수의 감소는 주당순이익(EPS)을 증가시키는 효과도 있다.

또한 기업의 내부정보를 외부에 전달하기 때문에 기업가치가 변하는 경우도 있다. 정보의 비대칭성하에서 내부 경영자는 기업의 미래현금흐름에 대해 외부 투자자에 보다 많은 정보를 갖게 됨은 앞서 언급한 바와 같다. 그런데 이 미래현금흐름이 결국 주가를 결정하기 때문에 자사주매입이 미래현금흐름에 대한 긍정적인 신호를 전달하게 되면 주가가 상승하게 되는 것이다.

경영자는 투자자에 비해 기업의 참가치(true value)와 시장에서 평가하는 시장가치(market value)의 차이를 보다 정확히 판단하고 있다. 물론 시장이 효율적일 경우 주가가 모든 공공정보를 반영하게 되지만, 반영의 속도는 즉각적이 아닐 가능성이 높다. 그런데 경영자는 자신이 생각하는 것보다 시장가치가 낮을 경우에는 자사주매입을 통해 기존 주주를 보호하려고 할 것이다. 이에 따라 자사주매입은 현재 주가가 저평가되어 있다는 정보를 시장에 전달하게 된다. 반면에 성장성이 높은 회사가 이익잉여금을 사내유보하는 대신 자사주매입에 사용한다면 이 회사가 성장기회가 고갈되었다는 부정적인 정보를 시장에 보내게 되어 주가가 하락하는 경우도 있다.

제5절 배당정책의 실제

5.1 배당정책에 영향을 미치는 요인들

일반적으로 배당정책에 영향을 미치는 요인들을 설명하면 다음과 같다.

① 당기 세후순이익

기업은 배당수준을 결정하는 데 있어 배당성향을 기준으로 하는 경우가 많다. 배당성향이란 배당금총액을 당기세후순이익으로 나눈 값으로, 순이익 중 배당금이 차지하는 비중을 말한다. 경영자가 배당성향을 안정적으로 유지하는 경향을 보인다면 결국 순이익의 크기가 배당금을 결정하는 가장 중요한 요인이 된다.

한편 기업이 배당성향 대신에 배당(수익)률을 기준지표로 사용하면 주식투자는 채권투자에 비해 위험도가 크기 때문에 배당률은 공금리보다 높은 수준에서 결정되는 것이 일반적이다. 그런데 미국 기업들은 시가를 기준으로 배당률을 결정하기 때문에 액면가를 기준으로 배당률을 결정하는 우리나라 기업보다 주당 배당금이 높게 된다. 세후순이익이 주가를 결정짓는 중요한 요인임을 감안하면 배당성향을 사용하든 아니면 배당률을 사용하든 세후순이익의 크기가 중요한 요인으로 작용하게 된다. 그런데 만약 기업의 특성상 투자를 위한 내부유보가 더 중요하다면 순이익의 크기보다는 투자금액이 보다 우선적으로 고려될 것이다. 따라서 성장성과 재투자성향 역시 배당정책에 영향을 주는 요인으로 작용한다.

② 법적 제약

기업이 지급불능 위험에 처해 있을 때는 당연히 배당지급을 할 수 없다. 그리고 채권자를 보호하기 위해 채권약정서에 명시된 사항에 위배되는 배당지급도 불법이다. 이 밖에도 경영자는 이익청구권에 있어 우선순위를 갖고 있는 이해관계자의 부를 감소시키면서 주주에게 배당을 지급할 수 없다. 이에 따라 우선주주에 대한 배당금, 미납세금, 종업원의 체불임금 등이 배당금에 우선한다고 하겠다.

③ 유동성

유동성도 배당정책에 영향을 미치는 중요한 요인이다. 예를 들어, 원리금 상환으로 유동자금에 여유가 없다든지, 아니면 순운전자본의 수준이 낮아 정상적인 기업활동에 지장이 예상되는 경우에는 배당수준을 낮추거나 배당지급을 미루게 된다.

④ 재무적 제약

재무적 제약(financial constraints)이란 외부자금의 높은 조달비용 때문에 외부자금 조달이 어려운 정도를 말한다. 자금시장에 마찰요인이 없다면 투자기회와 이자율에 따라 투자 여부가 결정되는 것이지 자금조달방법에 영향을 받는 것은 아니다. 그렇지만 거의 모든 기업은 외부자금의 조달비용이 내부자금의 조달비용보다 높은 것이 일반적이다. 특히 중소기업의 경우에는 내부자금과 외부자금의 조달비용 격차가 크기 때문에 내부자금이 없을 경우에는 투자를 포기하는 경우가 발생하기 쉽다. 따라서 중소기업은 사내유보의 필요성이 더 높고 이에 따라 배당수준이 낮아진다고 할 수 있다. 재무적 제약과 배당의 이러한 관계 때문에 재무적 제약에 영향을 주는 요인들, 예를 들어 기업규모, 신용도, 성장기회 등이 배당정책에 영향을 미치게 된다.

⑤ 배당의 고객효과

재무관리자는 기업의 주가를 높이기 위해 배당의 고객효과도 고려해야 한다. 투자층이 선호하는 배당수준을 맞추어 주면 자사의 주식에 대한 수요증가로 주가상승을 꾀할 수 있기 때문이다. 즉 배당을 선호하는 투자층의 증가로 고배당주에 대한 초과수요가 발생할 때는 배당수준을 높이고, 배당지급횟수도 늘리는 것이 바람직하다. 반대로 매매차익을 선호하는 투자층이 늘면 배당수준을 낮추는 것이 유효하다고 하겠다.

5.2 우리나라 배당정책의 특징

배당지급에 관해서는 배당기준일, 배당락일, 배당공시(발표)일, 그리고 배당지급일 등 네 가지 관련 일자에 대한 이해가 필요하다. 주식회사는 해당 결산월에 사업연도를 종료하고 결산을 하게 된다. 배당을 받을 수 있는 권리를 가진 주주는 이 배당기준일에 주권을 갖고 있는 주주로 본다. 그런데 주식을 매매한 날과 결제가 되는 날에는 거래일 기준으로 3일간의 차이가 있기 때문에 실제로는 배당기준일 이전에 결제가 완료되어야 배당을 받을 권리가 있다. 이러한 권리가 없는 주식이 처음으로 거래되는 날을 배당락일이라고 한다. 예를 들어 6월 결산법인의 경우는 6월 30일이 배당기준일이 되고, 배당락일은

6월 29일이 된다. 왜냐하면 거래일과 결제일 사이에 3일간의 차이가 있어 6월 28일에는 거래가 완료되어야 배당기준일인 6월 30일에 주권을 갖고 있는 것이 되기 때문이다. 따라서 6월 28일까지는 배당부이고, 6월 29일부터는 배당락이 된다. 그리고 12월 결산법인은 12월 31일이 증권시장이 휴장되는 것을 고려하면 배당락일은 12월 29일이 된다.

이익잉여금 처리는 이사회에서 결의하나 주주총회에서 추후 승인을 받아야 한다. 따라서 배당이 최초로 공시되는 것은 이사회 결의일이 되나, 이 날 배당에 대한 공시가 없다면 주주총회일이 배당공시일이 된다. 한편 상장법인의 경우에는 결산일 이후 90일 이내에 주주총회를 해야 하고, 배당의 지급은 주주총회의 승인이 있은 후 1개월 이내에 하게 되어 있다. 우리나라의 거래일 기준을 표로 정리하면 다음 [표 9-3]과 같다.

표 9-3 거래일 기준

	배당기준일	배당락일(기준일 하루 전)	배당공시일	배당지급일
6월 결산법인	6월 30일	6월 29일	이사회 결의일 또는 주주총회일	주주총회 승인일 1개월 이내
12월 결산법인	12월 31일	12월 29일	이사회 결의일 또는 주주총회일	주주총회 승인일 1개월 이내

한편 미국의 경우에는 이사회의 결의로 배당지급방법과 배당액이 결정되고, 매분기말 배당이 지급되는 경우에 배당기준일은 매분기 말이 된다. 배당락일은 배당기준일 4일 전이고, 배당지급일은 배당기준일로부터 한 달 이내에 지급된다. 따라서 배당의 경우 국내 투자자가 미국 투자자에 비해 배당지급횟수, 배당지급소요일수 등에 있어 불리하다고 할 수 있다. 국내 상장기업은 연 1회 배당이 주를 이루었으나 1998년 증권거래법의 개정으로 사업연도 중 1회에 한하여 이사회의 결의에 의해 중간배당이 가능하게 되었다. 또한 미국의 경우 우리나라와 달리 배당기준일 이전에 배당에 대한 공시가 이루어지기 때문에 배당정보에 따른 주가조정이 가능한 장점이 있다. 2012년 시행된 개정상법 제462조 제2항에 따르면 "정관의 정함이 있고, 외부감사인의 의견이 있으며, 감사 전원의 동의가 있는 경우 이사회가 재무제표 승인 배당결정을 할 수 있도록 한다"라고 명시되어 있다. 이는 재무제표승인을 주주총회가 아닌 이사회가 할 수 있다는 것을 의미하므로 우리나라 기업도 미국 기업과 마찬가지로 이사회 결의로 배당을 결정할 수 있게 되었다.

부록 배당무관련성 증명

t기 동안의 주식투자수익률 ρ_{t+1}은 다음과 같이 나타낼 수 있다.

$$\rho_{t+1} = \frac{d_{t+1} + P_{t+1} - P_t}{P_t} \quad (9.2)$$

여기서 d_{t+1}은 t기 말의 주당배당금을, P_{t+1}은 t기 말의 주가를, 그리고 P_t는 t기 초의 주가를 각각 표시한다. 식(9.2)를 P_t에 대해 풀면

$$P_t = \frac{d_{t+1} + P_{t+1}}{1 + \rho_{t+1}} \quad (9.3)$$

식(9.3) 양변에 주식수 n_t를 곱하면

$$P_t \times n_t = \frac{d_{t+1} \times n_t + P_{t+1} \times n_t}{1 + \rho_{t+1}} \quad (9.4)$$

한편 식(9.4)는 다음과 같이 식(9.5)로 표시할 수 있다.

$$V_t = \frac{D_{t+1} + P_{t+1} \times n_t}{1 + \rho_{t+1}} \quad (9.5)$$

여기서 V_t는 t시점의 기업가치를, D_{t+1}은 총배당금을, 그리고 $P_{t+1} \times n_t$는 신주발행이 없을 경우에 t기 말의 기업가치를 각각 표시한다. 그런데 100% 자기자본으로 구성된 회사는 영업이익(OI_{t+1})과 유상증자라는 두 가지 현금유입이 있을 수 있다. m_{t+1}을 유상증자로 인한 신주 수라고 하면 유상증자로 인한 현금유입은 $m_{t+1} \times P_{t+1}$로 표시할 수 있다. 한편 현금유출에는 배당금(D_{t+1})과 투자액(I_{t+1}) 두 가지가 있다. 따라서 현금유출입 등가원칙에 의해 식(9.6)이 성립된다.

$$OI_{t+1} + m_{t+1} \times P_{t+1} = I_{t+1} + D_{t+1} \quad (9.6)$$

한편 유상신주발행이 있는 경우 t기 말의 주식수 n_{t+1}은 다음과 같게 된다.

$$n_{t+1} = n_t + m_{t+1} \tag{9.7}$$

이제 식(9.5)를 약간 변형해서 다음과 같이 나타내 보자.

$$V_t = \frac{1}{(1+\rho_{t+1})}[D_{t+1} + P_{t+1} \times (n_t + m_t) - P_{t+1} \times m_t] \tag{9.8}$$

식(9.8)의 [ ]안의 둘째 항, 즉 $P_{t+1} \times (n_t + m_t)$는 식(9.7)에 따라 $P_{t+1} \times n_{t+1}$이 되고 이는 t기 말의 기업가치, V_{t+1} 이 된다. 그리고 식(9.6)을 $m_{t+1} \times P_{t+1}$에 대해 풀고 이를 식(9.8)에 대입해 주면 다음과 같이 식(9.9)를 얻는다.

$$\begin{aligned} V_t &= \frac{1}{(1+\rho_t)}[D_{t+1} + V_{t+1} - (I_{t+1} + D_{t+1} - OI_{t+1})] \\ &= \frac{1}{(1+\rho_t)}[V_{t+1} - I_{t+1} + OI_{t+1}] \end{aligned} \tag{9.9}$$

식(9.9)가 보여주는 것과 같이 기업가치는 투자액과 영업이익에 의해서만 영향을 받는 것이지 배당정책과는 무관함을 알 수 있다.

EXERCISE

객관식 문제

01 다음 중 배당성향을 나타내는 것은 무엇인가?

① 주당세후순이익/주당배당금 ② 주당세후순이익/주가
③ 주당배당금/주당세후순이익 ④ 주가/주당세후순이익

02 배당이 증가할수록 기업가치는 낮아진다는 주장에 해당하는 것은?

① 배당무관련성 ② 불확실성의 제거
③ 배당의 정보효과 ④ 발행비용의 절감

03 다음 중 옳지 않은 주장은 무엇인가?

① 배당을 통해 기업의 가치를 전달할 수 있다.
② 우리나라는 배당소득세가 자본이득세보다 낮다.
③ 배당기준일에 주권을 갖고 있는 주주는 배당을 받을 권리가 있다.
④ 자사주매입을 통해 기업은 배당을 지급한 것과 같은 효과를 얻을 수 있다.

04 다음 중 자사주매입의 동기라고 볼 수 없는 것은 무엇인가?

① 유동성증가 ② 경영권방어
③ 주가안정화 ④ 배당대체효과

05 다음 중 맞지 않는 주장은 무엇인가?

① 주식배당을 할 경우에는 이익잉여금이 그 재원이 된다.
② 배당총액이 같다면 주주입장에서는 연 1회 지급보다는 분기별 지급이 유리하다.
③ 다른 조건이 동일할 경우 성장성이 높은 기업의 배당수준은 성장성이 낮은 기업에 비해 높다.
④ 배당소득세와 자본이득세가 같고 분기별로 배당이 지급된다면 자본이득이 배당소득에 비해 유리하다.

06 다음 중 배당이 증가할수록 기업가치가 증가한다는 주장과 다른 것은?

① 불확실성의 감소 ② 대리비용의 감소
③ 세금의 절감 ④ 정보효과

연 | 습 | 문 | 제

07 다음 중 주식배당의 효과를 바르게 설명한 것은?

① 자본금이 늘어나므로 기업가치가 상승한다.
② 배당금이 유출되므로 기업가치가 하락한다.
③ 기업가치와 주주의 부는 배당 이전과 아무런 변함이 없다.
④ 기존주주의 소유주식수가 늘어나므로 주주의 부는 증가한다.

08 재평가적립금 또는 유보된 이익을 자본금으로 전입할 때 발행하는 주식의 형태는?

① 무상주 ② 후배주
③ 우선주 ④ 무의결권주

09 MM의 배당정책에 관한 주장과 관련이 없는 사항은?

① 완전자본시장의 존재를 가정한다.
② 기업의 가치는 배당정책에 의하여 영향을 받지 않는다.
③ 기업이 배당을 지급하면 주당배당지급액 이상 주가가 하락한다.
④ 모든 투자자는 배당소득 1원과 자본이득 1원을 같은 것으로 평가한다.

10 현금배당이 유보이익에 비해 주가결정에 한층 더 중요한 요소로 작용하는 이유가 아닌 것은?

① 현금유입의 확실성 ② 배당의 정보효과
③ 완전자본시장의 촉진 ④ 현재 수입의 선호

11 다음 중 옳은 주장은 무엇인가?

① 주식배당은 자본잉여금을 재원으로 한다.
② 우리나라는 배당소득세가 자본이득세보다 낮다.
③ 기업은 배당을 통해 기업의 가치를 투자자에게 전달할 수 없다.
③ 주주입장에서 배당총액이 같다면 연 1회 배당에 비해 중간배당을 실시하는 것이 유리하다.

12 배당이 증가할수록 기업가치는 낮아진다는 주장에 해당하는 것은 다음 중 무엇인가?

① 배당무관련성 ② 불확실성의 제거
③ 배당의 정보효과 ④ 발행비용의 절감

EXERCISE

13 다음 중 옳은 주장은 무엇인가?

① 무상증자는 자본잉여금을 재원으로 할 수 없다.
② 세금효과를 고려하면 자사주매입이 현금배당보다 유리하다.
③ 액면분할은 기업이 필요에 따라 자발적으로 결정할 수 있다.
④ 주식분할을 하면 주식 수는 증가하나 주가가 감소해 자본금의 장부가치가 불변하기 때문에 신호기제로 사용할 수 없다.

14 다음 중 자사주매입의 동기로 볼 수 없는 것은 무엇인가?

① 저평가를 신호　　② 경영권방어
③ 현금배당의 대안　　④ 부채비율의 개선

15 액면분할에 대한 다음 설명 중 맞지 않는 것은 무엇인가?

① 주식발행자본금은 불변
② 액면분할의 재원은 이익잉여금
③ 액면분할은 유동성 증가를 초래
④ 액면가는 분할비율이 높을수록 비례해서 감소

주관식 문제

01 액면가 10,000원인 주식을 200,000주 발행하고 있는 기업이 1주를 2주로 만드는 액면분할을 하였을 경우에 발행주식수와 자본금의 크기는?

02 모충전선은 전액 자기자본으로 구성된 기업이며 자본금계정은 다음과 같이 구성되어 있다.

주식발행자본금 : 50,000,000원(=1만주×5,000원)
자본잉여금 : 20,000,000원
이익잉여금 : 10,000,000원

(1) 만약 모충전선이 10%의 주식배당을 실시하면 자본금계정은 어떻게 변화할 것인가?
(2) 주식배당 이후에 자본잉여금을 재원으로 20%의 무상증자를 실시하면 자본금계정은 어떻게 변화할 것인가?

<<< 연 | 습 | 문 | 제

(3) 마지막으로 1:10 액면분할이 실시되면 자본금계정이 어떻게 변화할 것인가에 대해 설명하라.

03 (주)상당관광의 현재 주가는 20,000원이며 다음 기의 주당 배당액은 1,500원이다. 이 기업의 주식에 대한 적정할인율이 15%일 경우 (주)상당관광의 다음 기 예상주가를 구하라.

04 부창주식회사의 EPS는 500원이고 현재 주가는 10,000원이며, 발행주식수는 1,000,000주이다. 이 기업의 경영진은 발행주식수의 10%에 해당하는 자사주를 매입하려고 하고 있다. 모든 조건이 동일할 경우 자사주매입 이후에 주가는 얼마가 될 것인가?

05 (주)대청환경의 현재 주가는 3만원이며, 발행주식수는 1만주이다. 이 회사의 경영진은 현재 주당 1,000원의 현금배당을 계획하고 있다. 세금, 거래비용 등이 없는 완전시장(frictionless capital market)을 가정하고 다음 질문에 답하라.

(1) 현금배당을 지급할 경우에 주가 및 자기자본의 시장가치는 각각 얼마인가?

(2) 현금배당을 지급하지 않은 경우에 주가 및 자기자본의 시장가치는 각각 얼마인가?

(3) 강지성 씨는 (주)대청환경의 주식 10주를 갖고 있다. 배당지급 시와 미지급 시 강지성 씨의 대청환경 소유주식과 배당에 대한 부(wealth)의 합계가 각각 얼마인가를 계산하라.

06 우리나라에서는 현재 배당소득에 대해서는 과세하고 있으나 자본이득에 대해서는 비과세하고 있다. (주)용암정보통신의 올해 세후순이익(EPS)은 1,000원이고, 현재 발행주식수는 100,000주이다. 다음 각각의 경우에 주당 세후 배당소득과 세후 자본이득을 계산하라. 단 배당소득세는 15%라고 가정한다.

	전액 배당 시	50% 배당 시	무배당 시
세후 배당소득 총액			
세후 자본이득 총액			
합 계			

E X E R C I S E

07 (주)하은산업은 전액 자기자본으로 구성된 기업으로 자본금계정은 다음과 같다.

주식발행자본금 : 50,000,000원(=1만주×5,000원)
자본잉여금 : 30,000,000원
이익잉여금 : 10,000,000원

(1) 만약 (주)하은산업이 자본잉여금을 재원으로 20%의 무상증자를 실시할 경우 자본금계정의 세 항목은 각각 어떻게 변화할 것인가를 나타내고 이를 설명하라. 주식발행자본금의 경우 주식수와 액면가를 반드시 나타내라.

(2) 무상증자 직후에 1주당 5주의 액면분할이 실시되면 자본금계정의 세 항목은 각각 어떻게 변화할 것인가를 나타내고 이에 대해 설명하라. 주식발행자본금의 경우 주식수와 액면가를 반드시 나타내라.

08 (주)홍덕산업의 작년 말 현재 주가가 50,000원이고. EPS가 2,000원이며, 현금배당이 주당 500원일 때 작년 말 이 기업의 배당성향을 구하라.

Fundamentals of
Corporate Finance

CHAPTER
10

장기자본조달

Chapter 10

장기자본조달

제1절 자본시장과 장기자본조달

1.1 자본시장 및 자본조달방법

경제에서 금융시장은 인체에서 혈액과 같은 역할을 한다. 혈액이 잘 순환되어야 몸이 건강하듯이 생산성 높은 곳에 자금이 신속히 배정되어야 경제가 활력을 갖고 발전하게 된다. [그림 10-1]의 (a)에 요약되어 있듯이 금융시장은 여유자금은 있으나 투자기회가 제한적인 자금여유주체(투자자)와 자금은 부족하지만 투자기회가 많은 자금부족주체(발행자)를 연결시켜 주는 역할을 한다. 금융시장은 기간에 따라 단기금융시장인 화폐시장과 장기금융시장인 자본시장으로 구분한다.

[그림 10-1]의 (b)에서 볼 수 있는 바와 같이 단기금융시장에서는 양도성예금증서(CD), 환매조건부채권(RP), 기업어음(CP) 등 대개 만기가 1년 이하인 금융상품들이 거래가 되며, 장기금융시장에서는 주식, 채권, 파생금융상품 등이 거래가 된다. 화폐시장에서는 중개인 역할을 하는 금융기관, 특히 은행의 역할이 중요시 된다. 자금여유주체는 중개기관인 금융기관에 자금을 맡기며 이 자금을 운용하는 주체는 금융기관이 된다. 따라서 투자자들은 자금을 사용하는 기업을 보고 투자(예금)하는 것이 아니라 금융기관을 보고 투자(예금)하는 것이 된다. 따라서 화폐시장은 간접금융시장이라고도 불린다. 반면에 자본시장은 직접금융시장이다. 예를 들어, 주식투자자들은 투자할 기업을 직접 선정해 주식투자를 한다. 물론 증권회사가 중개인 역할을 하지만 이때 증권회사는 거래수수료를 받고 거래를 용이하게 해주는 역할을 할 뿐이다.

한편 자본시장은 증권시장과 보험시장으로 구별되는데, 기업의 장기자본조달과 직접

관련이 있는 시장은 증권시장이다. 증권시장은 다시 채권시장, 주식시장, 그리고 파생금융상품시장으로 분류된다. 파생금융상품시장에서는 선물(futures), 옵션(options), 스왑(swaps) 등이 거래된다. 기업의 입장에서 보면 증권시장에서 장기자본을 조달하는 방법으로는 주식발행, 회사채발행, 전환사채 또는 신주인수권부사채와 같은 선택권부증권발행 등이 포함된다. 한편 증권발행과는 다르지만, 장기자본을 조달하여 자산을 구입하는 대신 매기간 일정 리스료를 지불하고 자산을 사용하는 리스(leases)도 장기자본조달의 한 대안으로 볼 수 있다.

■ 그림 10-1 | 금융시장의 개요

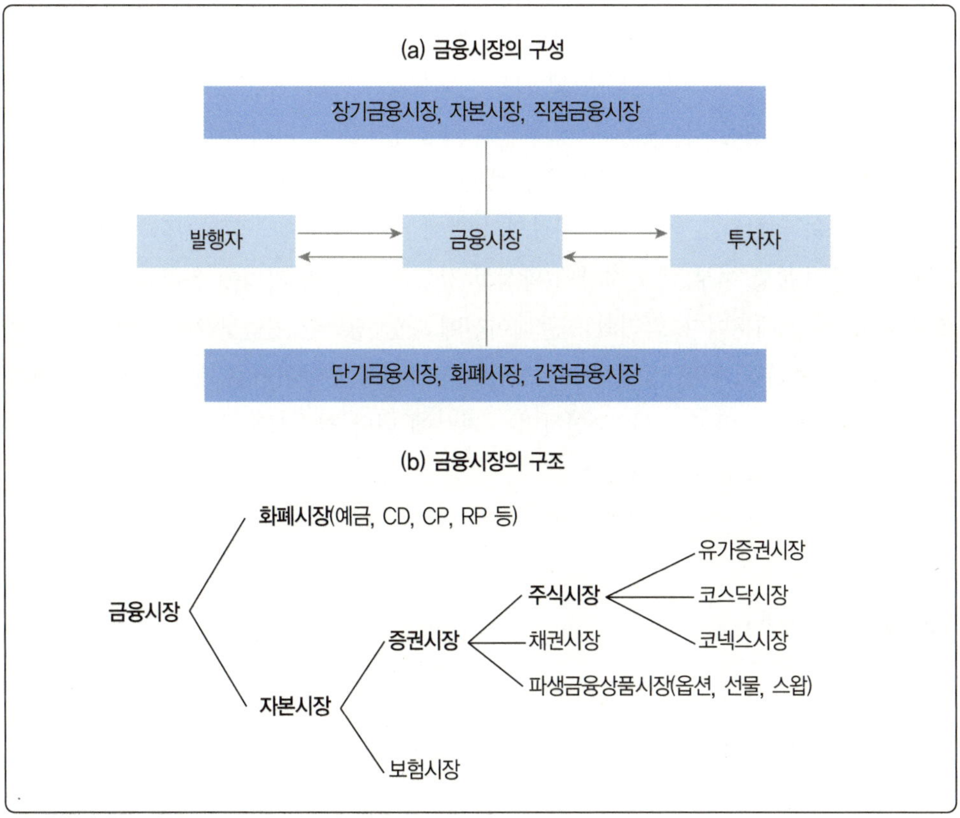

1.2 자본조달방법 선택 시 고려사항

자본조달 시 가장 중요한 고려사항은 각 조달방법별로 자본비용을 구해 가장 저렴한 자본비용이 드는 방법을 선택하는 것이다. 그런데 기업 전체의 입장에서 장기적으로 보면 자본비용의 최소화가 기업가치의 극대화와 반드시 일치하는 것은 아니라는 점을 명심할 필요가 있다. 자본을 조달할 때는 자본비용 외에도 만기구조(maturity structure)와 위험구조(risk structure)를 함께 살펴보는 것이 중요하다. 예를 들어, 회사의 자산이 주로 장기성 투자를 위한 것이라면 이러한 자산에 대한 현금유입은 장기적으로 서서히 발생하게 된다. 자산구성이 이와 같은데도 불구하고 단기자금이 장기자금에 비해 저렴하다는 이유로 단기자금 사용에 치중하게 되면 자산과 자본 사이에 현금흐름의 갭(gap)이 생겨 기업의 불안정성을 높이게 된다. 따라서 자산의 만기구조를 고려한 자본의 선택이 필요한 것이다.

만기구조 못지않게 위험구조도 자본조달에서 중요한 고려사항이 된다. 발행증권에다 옵션을 첨부하면(예를 들어 신주인수권부사채, 누적적우선주, 전환사채 등) 당장의 자본비용을 낮출 수 있을지 모르지만 발행 이후 시장상황에 따라 부여된 옵션이 큰 부담으로 작용하게 되어 기업을 심각한 위험에 빠트릴 가능성이 있다. 따라서 경영자는 기업이 위험에 처해지지 않도록 자본조달방법을 선택할 것이 요구된다.

만기구조와 위험구조 이외에도 시장의 상황에 따른 발행시기의 선택도 중요하다. 주식시장의 호 · 불황 여부, 채권시장의 활성화 정도 등에 따라 기업에 유리한 조달방법이 달라질 수 있기 때문이다. 금리와 인플레이션에 대한 정확한 예측도 자금조달방법의 선택에 있어 중요하다. 한편 자기자본과 타인자본의 선택에 있어서는 대리문제 및 기업지배권문제도 따져 보아야 하며, 구입하려는 자산에 대한 리스시장이 존재하는 경우에는 리스의 경제성 분석도 필요하다.

제2절 회사채

2.1 회사채와 회사채시장

기업은 회사채 발행을 통해 장기자금을 조달하게 된다. 회사채에 대한 이자는 비용처리가 되어 감세효과가 있으며, 만기가 같을 경우에는 회사채의 이자율이 은행차입 이자율보다 낮다는 장점을 갖고 있다. 투자자 입장에서도 배당소득이나 자본이득을 얻는 주식보다 이자소득을 얻는 회사채가 훨씬 안정적이기 때문에 요구수익률이 낮게 된다. 이에 따라 기업의 입장에서는 회사채가 주식보다 저렴한 자본조달수단이 되는 것이다.

한편 회사채는 몇 가지 단점을 갖고 있다. 우선 회사채발행은 주식발행과 비교해 위험이 높다. 배당지급과는 달리 이자를 지급하지 못하면 기업은 부도처리가 된다. 또한 부채비율이 높아질수록 자기자본에 대한 요구수익률이 높아지는 재무레버리지효과 때문에 회사채의 발행은 기업의 자본비용을 높이게 된다. 또한 발행 당시에 금리책정을 잘못하여 발행 후에 실질금리가 하락하게 되면 발행기업이 어려움에 빠질 수 있다. 그리고 회사채 발행에는 상당한 발행비용이 소요되기 때문에 중소기업에 적합하지 않다는 문제가 있다.

회사채의 발행방식에는 공모발행(public issue)과 사모발행(private placement)이 있다. 공모발행의 경우에는 증권회사가 인수기관이 되어 총액을 인수하기 때문에 발행회사는 필요한 자금을 확보할 수 있다는 장점이 있다. 사모발행의 경우에는 발행기업이 채권매수자와 협상하여 발행조건을 결정하게 된다.

한편 회사채를 발행하게 되면 신용평가기관으로부터 평가를 받게 된다. 이는 기업의 지급불능위험의 정도를 투자자에게 알려 투자자를 보호하자는 취지에서 이루어지는 것이다. 회사채의 신용등급은 일반적으로 AAA에서 D까지 모두 10개 등급으로 나누어져 있다. BBB 이상은 '투자등급' 으로 원리금지급이 확실성이 높음을 표시하고 있는 반면, BB 이하는 '투기등급' 으로 원리금 지급능력이 부족함을 나타내고 있다. 이와 같은 신용등급은 회사채의 자본비용과 유통수익률을 결정하는 중요한 역할을 하게 된다.

2.2 회사채의 종류

2.2.1 이자지급방법

이자지급방법에 따라 회사채는 이표채(coupon bond)와 할인채(discount bond)로 분류할 수 있다. 이표채는 매 기간마다 정해진 이자를 지급하는 채권이며 만기에 원금을 상환하는 회사채이다. 한편 할인채는 액면에서 할인된 가격으로 발행한 후에 만기에 원금과 이자를 함께 상환하는 채권이다.

일반 회사채의 현재가치(B_0)는 제3장 제4절 '채권의 가치' 에서 설명한 바와 같이 이자지급의 현가와 원금의 현가를 합해 구한다.

$$
\begin{aligned}
B_0 &= I \times PVIF_a(i = k_d, n) + F \times PVIF(i = k_d, n) \\
&= I \times \left[\frac{1}{(1+k_d)^1} + \frac{1}{(1+k_d)^2} + \cdots + \frac{1}{(1+k_d)^n} \right] + F \times \frac{1}{(1+k_d)^n}
\end{aligned}
$$

여기서 I는 매기간 지급되는 이자액을 표시하며 액면가(F)에 액면이자(i)를 곱해 구할 수 있다. F는 액면가, n은 만기, k_d는 회사채에 대한 요구수익률을 각각 나타낸다. 예를 들어, 액면가가 100,000원이고 액면이자가 6%이며 만기가 5년인 회사채의 현재가격은 다음과 같이 계산된다. 단, 회사채에 대한 요구수익률은 10%라고 가정한다.

$$B_0 = 6{,}000\text{원} \times PVIF_a(i=10\%,\ n=5) + 100{,}000\text{원} \times PVIF(i=10\%,\ n=5)$$
$$= 6{,}000\text{원} \times 3.79079 + 100{,}000\text{원} \times 0.62092 = 84{,}834.8\text{원}$$

2.2.2 만기

회사채의 만기는 1년, 2년, 3년 그리고 5년이 일반적인데, 가장 많이 사용되는 만기는 3년이다. 한편 미국에서는 10년 이하인 회사채는 단기채, 20년에서 30년 만기의 회사채는 중기채, 그리고 그 이상은 장기채라고 분류하고 있으며 심지어 만기가 100년인 회사채도 발행 · 유통되고 있다. 우리나라의 회사채는 만기가 대부분 단기이기 때문에 장기자본을 원하는 기업에 제약요인으로 작용하고 있다. 이에 따라 최근 정부는 채권시장 발전방안의 일환으로 장기채의 발행을 활성화하는 방안을 모색하고 있으며 장기국채를 발행한 바가 있다.

2.2.3 담보 유무

부동산, 실물자산, 유가증권 등을 담보로 발행된 회사채는 담보채(morgage bond 혹은 collateral bond)라고 하며, 담보 없이 발행된 회사채는 무담보채(debenture)라고 한다. 무담보채에 비해 위험이 적기 때문에 담보채는 보다 낮은 이자율로 발행할 수 있다.

위험이 높은 기업은 무담보채의 발행이 어렵기 때문에 담보채나 보증채에 의존하게 되지만, 채권시장이 활성화되어 있지 않은 경우에는 부도위험이 낮은 기업조차도 무담보채의 발행이 어려울 수가 있다. 신용평가에 의한 증권발행이 어려운 초기 채권시장에서는 채권투자자들이 위험을 줄이기 위해 담보채권을 원하게 된다. 이 경우 담보가 없는 기업은 미래의 밝은 전망에도 불구하고 채권시장을 통한 자본조달이 원천봉쇄가 될 가능성이 높다. 또한 기업들이 담보물건을 확보하는 데 치중하게 되어 생산성이 떨어지고, 부동산 등 실물시장을 불안정하게 만드는 원인을 제공하기도 한다.

2.2.4 보증 유무

제3의 보증기관이 회사채의 원리금 상환에 대해 책임을 지는 경우 이 회사채는 보증채(guaranteed bond)라고 하며, 보증없이 발행되는 채권은 무보증채(non-guaranteed bond)라고 한다. 채권시장에서 보증채의 비중이 높다는 것은 그만큼 채권시장이 불안정하다는 것과 신용평가에 의한 채권투자가 제대로 자리 잡지 못했다는 것을 의미한다. 기업의 입장에서도 보증채를 발행하게 되면 보증기관에게 위험인수에 대한 수수료를 지불해야 하기 때문에 무보증채에 비해 이자율이 높아지게 된다.

2.2.5 상환방법

채권발행에 있어 가장 중요한 것 중의 하나가 발행금리이다. 이 발행금리는 현재와 미래 자금사정을 고려해 결정되는데, 만약 미래에 대한 예측이 빗나가게 되면 기업은 큰 곤경에 빠지게 된다. 예를 들어 만기 10년, 발행금리 10%인 채권을 1,000억원을 발행하였는데, 금리 예측이 잘못되어 채권발행 이후 금리가 5%로 떨어진 후 안정세를 유지한다고 하자. 이렇게 되면 발행기업은 10%의 높은 자본비용으로 수익을 내야 하는 반면에 경쟁기업은 5%의 낮은 자본비용으로 사업을 수행할 수 있어 경쟁력이 우위에 있게 된다. 이렇게 금리 상황이 불리하게 돌아갈 경우를 대비해 기업은 수의상환조건(call provision)이 명시된 채권을 발행하는 것이 일반적이다. 수의상환조건부채권은 일정기간 내에 일정가격으로 발행기업이 채권자로부터 채권을 회수할 수 있는 권리를 명시한 채권이다.

한편 감채기금조건(sinking fund provision)이란 만기에 일시로 상환되는 원금을 매기간 일정하게 적립 또는 상환하는 것을 말한다. 원금의 규모가 클 경우 일시상환은 기업에 큰 부담이 되고 심각할 경우에는 지급불능위험에까지 이를 수 있다. 따라서 감채기금 조성을 전제로 발행된 감채기금조건부채권은 지급불능위험을 낮출 수 있고, 이에 따라 이자율도 비례해서 낮아지게 된다.

2.2.6 채권의 권리

회사채로 발행되지만 주식으로 전환할 수 있는 권리를 부여한 채권을 전환사채라고 한다. 또한 기존 주주가 증자 시 신주를 인수할 수 있는 우선적 권리를 갖는 것처럼 채권자에게 신주를 인수할 수 있는 권리를 부여한 채권을 신주인수권부사채라고 한다. 채권이지만 신주인수권 내지는 주식전환권이란 권리를 부여받은 채권은 그러한 권리가 없는 채권에 비해 이자율이 낮아지게 된다. 전환사채와 신주인수권부사채에 대해서는 뒤에서 자세히 설명하도록 한다.

제3절 보통주와 우선주

3.1 보통주

3.1.1 보통주의 특징

보통주의 가장 큰 특징은 1주1의결권을 갖고 있다는 점이다. 보통주를 소유하고 있는 주주들은 경영자선임, 정관변경, 배당정책, 기업합병 등 기업의 주요 사항에 대한 의사결정권을 갖고 있다. 그리고 이러한 의사결정권 때문에 주주들은 기업이 창출한 부의 분배에 있어 우선순위가 제일 낮게 된다. 채권자와 우선주주들에 비해 이익배분 및 잔여재산에 대한 청구 순위가 낮기 때문에 주주들은 잔여재산청구권을 갖고 있다고 한다.

보통주에 투자한 주주들은 투자 대가로 배당소득과 매매차익(자본이득)을 얻게 된다. 매도가와 매입가의 차액인 매매차익은 원금상환에 비해 불확실성이 훨씬 높으며, 배당소득도 이자소득에 비해 불확실성이 높다. 따라서 회사채보다 보통주에 대한 요구수익률이 높게 나타나게 된다.

보통주는 액면주와 무액면주로 구분할 수 있다. 미국 등 대부분의 외국에서는 액면가가 따로 명시되지 않는 주식을 발행하고 있는데 이를 무액면주라고 한다. 2012년부터 시행된 개정상법에 따르면 기업은 액면주와 무액면주를 선택해 발행할 수 있게 하였다. 따라서 우리나라에서는 현재 액면주와 무액면주 발행이 모두 가능하다.

기업은 창립할 때 주식을 발행하는데 이때는 창립자를 중심으로 그 가족이나 경영진 또는 소수의 투자자들이 주식을 소유하는 것이 일반적이다. 기업규모가 커지면서 대규모자본조달에 대한 필요성이 높아지게 되는데, 이때는 다수의 일반투자자들을 대상으로 주식을 공모하게 되고 이를 기업공개(going public)라고 한다. 기업공개를 할 때는 유가증권시장, 코스닥시장, 코넥스시장, K-OTC시장의 투자자들을 대상으로 주식을 공모할 수 있다. 특히 유가증권시장, 코스닥시과 코넥스시장에서 주식을 발행할 때는 발행기업이 상장(listing)된다는 표현을 사용하고 있다.

기업공개 또는 상장 이후에도 기업은 추가적으로 주식발행을 통해 자금을 조달하는데 이를 유상증자라고 한다. 한편 무상증자는 주금이 납입이 없는 자본금계정의 조정에 불과하기 때문에 자금조달을 위한 유상증자와는 구별이 된다.

3.1.2 신주인수권

증자 시 신주를 받을 수 있는 권리를 신주인수권(preemptive rights)이라고 한다. 일반적으로 신주를 발행할 때 이를 구입할 수 있는 권리는 기존 주주에게 배정된다. 만약 기존 주주가 이 권리를 포기하게 되면 실권주로 처리되어 일반투자자에게 공모하는 방식을 사용하고 있다.

한편 신주인수권은 권리이기 때문에 그 가치가 반드시 영(0)보다 크게 되어 있다. 여기서는 간단한 예를 통해 신주인수권의 가치를 계산하는 방법을 알아보기로 하겠다. 예를 들어, (주)분평정밀의 발행주식수는 10,000주이고 현재 권리부주가는 10,000원이라고 가정하자. 동사는 신규투자에 필요한 4,000만원을 조달하기 위해 유상증자를 하기로 결정했으며, 5,000주를 주당 8,000원에 발행하려고 한다. 추가 발행되는 신주는 모두 기존 주주에게 배정된다고 가정한다. 신주인수권의 이론적 가치를 구하기 위해서는 우선 권리락 후에 주가가 어떻게 형성되는지를 알 필요가 있다. 유상증자 전에 기업가치는 1억원인데, 유상증자 후에는 4,000만원의 현금유입이 있기 때문에 기업의 총가치는 1억 4천만원이 된다. 한편 발행주식수는 10,000주에서 15,000주로 늘어났기 때문에 유상증자 후 이론적 주가는 다음과 같이 9,333원으로 계산된다.

$$\text{유상증자 시의 이론(권리락) 주가} = \frac{\text{권리부종가} \times \text{증자전주식수} + \text{신주납입금액}}{\text{증자후주식수}}$$

$$= \frac{\text{권리부종가} \times \text{증자전주식수} + \text{발행가액} \times \text{증자주식수}}{\text{증자후주식수}}$$

$$= \frac{10,000\text{원} \times 10,000\text{주} + 8,000\text{원} \times 5,000\text{주}}{10,000\text{주} + 5,000\text{주}}$$

$$= 9,333\text{원}$$

따라서 9,333원의 가치를 갖는 주식을 8,000원에 살 수 있기 때문에 그 차액인 1,333원만큼 부가 증가되게 된다. 그런데 만약 2주가 있는 경우에 신주 1주를 매입할 수 있는 권리를 갖는다면 배정비율은 0.5가 된다. 따라서 신주인수권의 이론적 가치는 다음과 같이 677원이 된다.

$$\text{신주인수권의 이론적 가치} = (9{,}333\text{원} - 8{,}000\text{원}) \times 0.5 = 667\text{원}$$

한편 기존 주주는 ① 신주인수권을 행사하여 신주를 매입할 때나 혹은 ② 신주인수권을 분리해서 판매해서 신주를 매입하지 않을 때나 부의 변화는 없게 된다. 증자 전에 10주의 주식을 갖고 있는 주주의 경우를 예로 들어 살펴보자. ①의 경우에는 배정비율에 따라 5주의 신주를 매입하게 되면 총주식수는 15주가 되어 140,000원(=9,333.3원×15주)만큼의 주식을 보유하는 것이 된다. 하지만 신주인수에 따른 비용 40,000원(8,000원×5주)을 지불했기 때문에 비용을 제하면 실제로는 100,000원의 주식을 보유하는 것이 된다. 이에 비해 신주인수권을 분리해서 판매하고 신주를 구입하지 않은 ②의 경우에는 신주인수권 판매대금으로 6,667원(=666.7원×10주)을 받게 되고, 보유하고 있는 10주에 대한 가치가 93,330원(=9,333×10주)이기 때문에 이 경우에도 주식보유에 따른 총가치는 역시 100,000원이 된다.

3.1.3 보통주와 기업지배권

보통주는 1주 1의결권이 있기 때문에 주주들은 주주총회에서 이사회를 구성하고, 이사회는 기업의 대표이사(CEO)와 집행이사를 선임해 경영을 맡기게 된다. 따라서 보통주는 기업지배권에 중요한 영향을 미치게 된다. 주주들이 이사를 선임하는 방법은 크게 다수투표제(majority voting)와 집중투표제(cumulative voting)로 나눌 수 있다.

다수투표방식으로 이사를 선임할 때는 주주는 소유한 주식만큼만 투표할 수 있다. 예를 들어, 100주를 갖고 있다면 1명의 이사를 선임할 때마다 100표를 행사하게 된다. 이 방법을 사용하게 되면 대주주가 소액주주에 비해 절대적으로 유리하게 되어, 이론적으로는 51%의 지분을 갖는 대주주가 모든 이사를 선임할 수 있게 된다. 집중투표방식을 따르게 되면 이사 선임에 소액주주의 의견이 최대한 반영될 수 있는데, 이는 보유주식수에다 선임할 이사수만큼을 곱한 투표권을 행사할 수 있게 해주기 때문이다. 예를 들어, 10명의 이사를 선임할 경우 100주를 갖고 있는 소액주주는 1,000표를 행사할 수가 있어 자신이 원하는 이사를 최소한 1명이라도 이사회에 포함시킬 확률이 다수투표방식에 비해 높아지게 된다.

그런데 어떤 방식을 사용하든 보통주의 발행은 기업지배권에 영향을 미치게 되기 때문에 경영자는 회사채로 장기자본을 조달할 때보다 신중하게 된다. 보통주의 추가발행으로 인한 지분의 감소를 방지하기 위해 기존주주에게는 앞서 설명한 신주인수권을 부여하고 있다. 또한 보통주의 추가발행은 인수합병과 자본구조에도 영향을 미치게 된다는 점에 유념할 필요가 있다.

3.2 우선주

3.2.1 우선주의 특징

우선주는 배당지급에 있어 보통주에 우선하고 또한 배당률에 있어서도 보통주보다 높은 것이 일반적이다. 그렇지만 의결권이 없기 때문에 보통주에 비해 가격이 낮게 형성된다. 우선주를 발행하는 기업이 많지 않고 또 우선주를 발행하는 기업의 경우를 보더라도 우선주의 비중이 보통주에 비해 현저히 낮은 경우가 대부분이다.

투자자 입장에서는 비록 우선주배당이 보통주배당에 비해 먼저 지급되기는 하지만 배당소득은 이자소득과는 달리 확정적이지 않기 때문에 회사채에 비해 선호도가 떨어지게 된다. 또한 보통주에 비해 우선주의 배당률이 높더라도 의결권이라는 중요한 권리를 부여받지 못하기 때문에 보통주와 비교해서도 선호도가 떨어지게 되는 것이다. 따라서 투자자들은 우선주에 대해 높은 요구수익률을 원하게 되고, 이에 따라 기업은 우선주로 자금을 조달하기 위해서는 발행가를 낮게 책정하든지 아니면 우선주에 대한 배당지급률을 충분히 높여주어야 한다.

그런데 경영자의 입장에서도 우선주가 다른 자금조달방법에 비해 자본비용 면에서 불리하기 때문에 우선주의 발행을 꺼리게 된다. 우선주는 회사채와 현금흐름에 있어 비슷한 성격을 갖고 있다. 우선주도 자기자본이기 때문에 배당지급에 있어 법률적인 강제성은 없다. 그렇지만 예정된 배당을 지불하지 않으면 의결권이라는 중요한 권리가 없는 우선주에 대한 수요가 없게 된다. 따라서 우선주 발행회사는 이자지급과 마찬가지로 회사상황과 관계없이 예정된 우선주배당금을 지불해야 할 필요성이 있다. 그런데 회사채의 경우에는 이자를 비용처리하기 때문에 감세효과가 발생하게 되는데, 세금부과 전에 지급되는 이자와 달리 세후 소득에서 지급되는 우선주의 배당금에 대해서는 이러한 감세효과가 발생하지 않기 때문에 우선주의 자본비용은 회사채에 비해 높게 된다.

따라서 우선주는 회사채나 보통주와는 달리 기업이 특수한 상황에 처해 있을 때 발행되는 경우가 많다. 예를 들어, 부채비율이 높아 추가적인 채권발행이 제한되는 경우에는 우선주가 회사채의 대안이 될 수 있을 것이다. 또한 보통주의 발행이 기업지배권에 심각한 영향을 주는 경우에는 의결권이 없는 우선주의 발행을 고려해 볼 수 있을 것이다.

3.2.2 우선주의 종류

상환에 대한 조건을 가지고 발행된 우선주를 상환우선주라고 하며, 앞서 회사채와 마찬가지로 수의상환조건(call provision)이 명시되며 필요한 경우에는 감채기금조건(sinking funds provision)도 포함된다. 발행 당시에 일정 기간 경과 후에 보통주로 전환하도록 명시된 우선주는 전환우선주라고 한다.

이번 기에 회사사정으로 인해 예정된 배당금을 받지 못할 경우에 그 부족분만큼을 다음 기 이후에 받을 수 있도록 명시한 우선주를 누적적 우선주(cumulative preferred stock)라고 한다. 이 경우 보통주주들은 누적적 우선주에 예정된 배당금이 다 지불되기 전까지는 배당금을 받을 수 없게 된다. 이와 같은 배당금 지급액 이월에 대한 의무가 없는 우선주는 비누적적 우선주(noncumulative preferred stock)라고 한다.

우선주주들은 예정된 배당금을 보통주에 대한 배당금 지급 전에 받게 되지만 보통주주와 같이 이익참여에 대한 권리는 없는 것이 일반적이다. 그러나 회사가 정상적인 경로로는 자금조달이 불가능할 경우 우선주주들에게 예정된 배당금 외에도 세후순이익에 보통주주들과 함께 이익배분에 참여할 수 있는 권리를 부여하는 경우가 있다. 이러한 권리를 부여한 우선주를 이익참가우선주(participating preferred stock)라 한다. 한편 우선주주들에게는 의결권이 부여되지 않는 것이 보통이지만, 우선주에 대한 배당금과 우선주주의 권리에 영향을 미치는 사항에 대해서는 의결권을 부여하고 있는데 이를 동의투표권(consent voting right)이라고 한다.

제4절 선택권부증권

기업은 상황에 따라 보통주, 회사채 등의 기본증권 외에 선택권부증권을 발행할 필요가 있다. 선택권부증권 중 대표적인 것으로 신주인수권부사채와 전환사채를 들 수 있다. 신주인수권부사채는 회사채에 신주인수권을 부여함으로써 마치 기초자산을 주식으로 한 콜옵션(call option)을 발행한 것과 비슷한 성격을 갖게 된다. 전환사채는 주식과 채권을 혼합한 혼합증권으로 회사채로 만기까지 보유하거나 아니면 일정기간 내에 주식으로 전환할 수 있는 권리를 부여한 증권이다.

기업은 선택권부증권을 발행함으로써 회사채에 비해 저렴한 비용으로 자본을 조달할 수 있고, 일반회사채 발행으로는 충분한 수요를 유발하지 못할 때 주식매입에 대한 권리를 부여함으로써 회사채에 대한 시장성을 높일 수도 있다. 또한 신주인수권의 행사가격이나 전환사채의 전환가격이 발행당시의 주가보다 높게 책정되기 때문에 주식발행에 비해서 유리하다는 장점이 있다. 그렇지만 발행 이후 주가가 경영자의 예상범주를 벗어나게 되면 선택권부증권의 발행은 기업의 부담으로 작용할 수 있으므로 선택권부증권의 발행가격 산정에 세심한 주의를 기울일 필요가 있다.

4.1 신주인수권부사채

4.1.1 신주인수권부사채의 특징

신주인수권부사채(bonds with warrants : BW)는 회사채의 일종으로 이를 보유하고 있으면 일정기간 동안에 정해진 수의 신주를 정해진 가격에 구입할 수 있는 권리를 행사할 수 있는 회사채라고 할 수 있다. 보통 신주는 보통주를 갖고 있는 기존 주주에게 우선적으로 배정되지만 신주인수권부사채가 발행된 경우에는 이 회사채를 갖고 있는 채권자에게도 신주를 인수할 수 있는 권리가 부여된다. 권리란 의무와 달리 권리사용이 불리할 경우에는 포기할 수 있기 때문에 신주인수권부사채는 동일한 조건의 일반회사채에 비해 요구수익률이 낮게 된다.

신주인수권부사채를 매입한 투자자는 일반 회사채와 마찬가지로 약속된 이자와 원금을 받게 된다. 그리고 신주를 구입하는 것이 이득이 되면 신주인수권을 사용해 신주를 인수할 수가 있다. 우리나라는 종래에는 사채권과 신주인수권이 통합되어 있는 일체형과 이들을 분리하여 권리를 행사할 수 있는 분리형이 모두 발행이 가능하였으나, 2013년 4월 자본시장법의 개정으로 분리형 신주인수권부사채의 발행이 금지됨으로써 일체형 신주인수권부사채만이 발행이 가능하게 되었다.

발행기업의 입장에서는 신주인수권부사채를 발행함으로써 일반회사채에 비해 낮은 금리로 자본을 조달할 수 있으며, 회사채의 시장성도 높일 수 있다는 장점이 있다. 한편 보통주 발행과 비교해 보면 발행 당시에는 자본비용이 훨씬 저렴하게 되는데, 이는 신주를 인수할 수 있는 행사가격이 현재 주가보다 충분히 높은 가격에서 책정되기 때문이다.

4.1.2 신주인수권부사채의 가치평가

신주인수권부사채의 이론적 가치는 액면이자, 만기 등 동일 발행조건의 일반회사채의 가격에 신주인수권의 가격을 합한 것이다. 따라서 신주인수권부사채의 가치는 다음과 같이 표현될 수 있다.

신주인수권부사채의 가치 = 일반사채의 가치 + 신주인수권의 가치

만약 신주인수권부사채의 거래가격을 알고 있다면, 일반회사채의 가치는 원리금의 현가를 계산하여 구할 수 있기 때문에 신주인수권의 가치를 구할 수 있게 된다. 예를 들어 설명해 보자. 직지인쇄는 100억원의 신주인수권부사채를 1주당 1,100,000원에 발행하려고 한다. 채권의 발행조건은 다음과 같다.

액면가 1,000,000원, 액면이자 연 6%, 만기 3년, 수익률 연 10%

이 경우 일반 회사채의 현가는 다음과 같이 구할 수 있다.

동일조건의 일반회사채의 가격

$= 60{,}000\text{원} \times PVIF_a(i=10\%,\ n=3) + 1{,}000{,}000\text{원} \times PVIF(i=10\%,\ n=3)$

$= 60{,}000\text{원} \times 2.48685 + 1{,}000{,}000\text{원} \times 0.75131 = 900{,}521\text{원}$

따라서 신주인수권의 가치는 BW의 현재가인 1,100,000원에서 일반회사채의 가격인 900,521원을 빼준 199,479원이 된다.

한편 신주인수권부사채의 신주인수권은 옵션과 같은 성격을 갖고 있기 때문에 정확한 가격의 산정을 위해서는 옵션가격결정모형을 적용해야 한다. 여기서는 모형을 이용하지 않고 신주인수권(콜옵션)의 가격에 영향을 미치는 5가지 요인을 설명하는 것으로 대신한다.

① 주가

신주인수권의 가격은 기초자산이 되는 주식가격에 영향을 받게 된다. 주가가 높아질수록 신주인수권을 행사하여 얻는 이익이 커지므로 신주인수권의 가격은 올라간다.

② 행사가격

행사가격이 높아질수록 신주인수권을 행사할 확률은 낮아진다. 따라서 신주인수권의 가격과 행사가격은 반비례관계에 있다.

③ 만기

만기까지 남은 기간이 길수록 주가가 행사가격을 상회할 가능성이 높아진다.

④ 변동성

기초자산인 주식의 변동성이 높아질수록 주가가 행사가격을 초과할 확률이 높아진다. 따라서 변동성이 높을수록 신주인수권의 가치는 높아진다.

⑤ 이자율

이자율이 높아지면 행사가격의 현가가 낮아지기 때문에 신주인수권의 가격은 올라간다. 이는 앞서 언급한 바와 같이 행사가격은 신주인수권가격과 반비례 관계에 있기 때문이다.

4.2 전환사채

4.2.1 전환사채의 특징

전환사채(convertible bond : CB)는 회사채로 발행되지만 추후 일정기간 내에 정해진 전환가격으로 일정수량만큼의 주식으로 전환할 수 있는 권리를 부여한 회사채이다. 투자자 입장에서는 주식으로 전환할 때의 가치가 회사채를 보유함으로써 받는 이자와 원금보다 클 때 주식으로 전환하게 된다. 투자자는 주식전환에 대한 권리를 부여받기 때문에 일반회사채에 비해 수익률을 낮게 요구한다. 따라서 경영자의 입장에서는 발행시점에 낮은 비용으로 자본을 조달할 수 있다는 장점이 있다. 반면에, 발행 후 주가가 많이 올라 투자자가 전환옵션을 사용하게 될 때는 자본비용이 일반사채에 비해 훨씬 높아질 수 있는 단점이 있다.

전환사채발행을 주식발행과 비교해 보면 전환사채의 경우에는 회사채로 발행되기 때문에 주식수가 당장 증가되는 것은 아니다. 때문에 경영자의 입장에서는 주식수 증가에 따른 주당순이익의 하락을 방지할 수 있다는 장점이 있다. 또한 발행 당시 전환가격이 현재 주가보다 높게 책정되기 때문에 주식발행에 비해 자본비용이 더 낮게 된다.

한편 앞서 설명한 신주인수권부사채는 회사채와 신주인수권이 분리되기 때문에 신주인수권을 사용하더라도 회사채는 남아 있지만 전환사채의 경우에는 전환 이후에는 더 이상 회사채의 성격은 남아 있지 않게 된다. 전환사채는 일반회사채와 마찬가지로 수의상환조건부로 발행되는 것이 일반적이지만 신주인수권에는 그러한 조건이 포함되지 않는다는 차이점도 있다.

4.2.2 전환사채의 가치평가

전환사채의 가치평가는 옵션가격을 산정하는 방법을 알아야 하기 때문에 여기서는 간단히 전환사채가 어떤 가격범주 안에 있는가를 설명하는 것으로 대신하고자 한다. 이를 위하여 전환사채를 보유하는 것이 나은지 아니면 주식으로 전환하는 것이 나은지를 비교해야 한다.

이러한 관계를 알기 위해서 전환사채와 관련된 용어들의 정의에 대하여 먼저 살펴보기로 하자. 전환가격(conversion price)은 전환사채를 주식으로 전환할 때의 1주당 매수가격이다. 반면에 전환비율(conversion ratio)은 전환사채 액면금액당 전환이 인정되는 주식의 수이다. 이들의 관계는 다음과 같이 표현된다.

$$\text{전환비율(단위; 주)} = \frac{\text{전환사채의 액면금액}}{\text{전환가격}}$$

한편, 전환가치(conversion value)는 지금 당장 전환사채를 주식으로 전환할 경우의 시장가치를 나타내며 이는 다음과 같이 표현된다.

$$\text{전환가치} = \text{주식의 시장가치} \times \text{전환비율}$$

마지막으로, 전환프리미엄(conversion premium)은 전환가격을 전환대상주식의 시장가격으로 나눈 것을 백분율로 나타낸 것으로 이의 역수를 패리티(parity)라 부르고 있으며 패리티가 100%보다 작으면 전환가격이 현재의 주가보다 낮음을 의미한다.

이제 예를 들어 설명해 보기로 하자. 모충이벤트사는 액면금액이 500,000원, 액면이자율이 5%, 만기 5년, 전환가격 20,000원인 전환사채를 발행한 즉시, 시장에서 450,000원에 거래되고 있다고 하자. 이 회사의 현재 주가는 15,000원이고 동일한 조건을 갖는 일반채권의 적정할인율은 10%라고 가정하자.

이로부터 전환비율은 전환사채의 액면금액을 전환가격으로 나눈 25주(=500,000/20,000)가 된다. 그리고 전환가치는 현재 주가가 15,000원이기 때문에 375,000원(=15,000원×25주)이 된다. 이 상태하에서는 전환사채를 보유하는 것이 주식으로 전환하는 경우보다 유리하다. 왜냐하면 위에서 구한 전환가치, 375,000원에 비하여 일반채권의 현재가치는 다음과 같이 405,230원이 되기 때문이다.

$$\text{회사채의 현가} = 25,000\text{원} \times PVIF_a(i=10\%, n=5) + 500,000\text{원} \times PVIF(i=10\%, n=5)$$
$$= 25,000\text{원} \times 3.79079 + 500,000\text{원} \times 0.62092 = 405,230\text{원}$$

또한, 이 전환사채의 전환프리미엄은 33%(=20,000/15,000−1)가 되고 패리티는 이의 역수인 75%(15,000/20,000)가 된다. 그런데 전환가치가 375,000원에 비하여 이 기업의 전환사채가 현재 450,000원에 거래되고 있다는 것은 향후 주가가 상승할 것으로 예상하고 있기 때문에 이 전환사채에 대해 투자자가 75,000원(=450,000−375,000)원의 프리미엄을 지불하고 있다고 볼 수 있다.

나아가 미국에서 사용되는 전환사채와 관련된 용어를 이용하여 투자자의 입장에서 주가가 얼마 이상이면 전환사채를 포기하고 주식으로 전환을 행사하여 차익을 실현할 수 있는가에 대하여 살펴보기로 하자. 먼저 1주당 '시장전환가격(market conversion price)'은 전환사채의 시장가격을 전환비율로 나눈 것으로 18,000원(=450,000/25)이 된다. 그리고 1주당 '시장전환프리미엄(market conversion premium)'은 1주당 시장전환가격에서 현재주가를 차감한 값으로 3,000원(=18,000−15,000 혹은 =75,000/25)이 된다. 따라서 투자자들은 주가가 적어도 23,000원(20,000원+3,000원) 이상으로 거래되는 경우에만 전환에 의한 차익이 발생되어 전환권을 행사할 것이다.

이와 같이 일반회사채 가치와 주식전환 시의 가치 비교를 통해 주가가 얼마일 때 전환옵션을 사용하는가를 알 수 있게 된다. 전환사채의 가치는 전환옵션에 대한 가치를 포함해야 올바르게 구할 수 있는데, 이를 그림으로 나타낸 것이 [그림 10-2]의 (c)에 나타나 있다. 우선 그림 (a)를 보면 회사채의 가치는 주가가 높아질수록 증가하게 되지만 무위험채권의 가치보다 높을 수는 없다는 것이 나타나 있다. 그림 (b)는 주식으로 전환했을 때의 가치를 보여주고 있는데 주식가치는 45° 선으로 그려지게 된다. 이는 주식으로 전환하면 주가가 1원 상승할 때 전환가치도 똑같이 1원 상승해야 하기 때문이다.

그림 (a)와 (b)를 합성한 것이 그림 (c)에 굵은선으로 나타나 있는데, 회사채가격과 전

■ 그림 10-2 | 전환사채의 가치

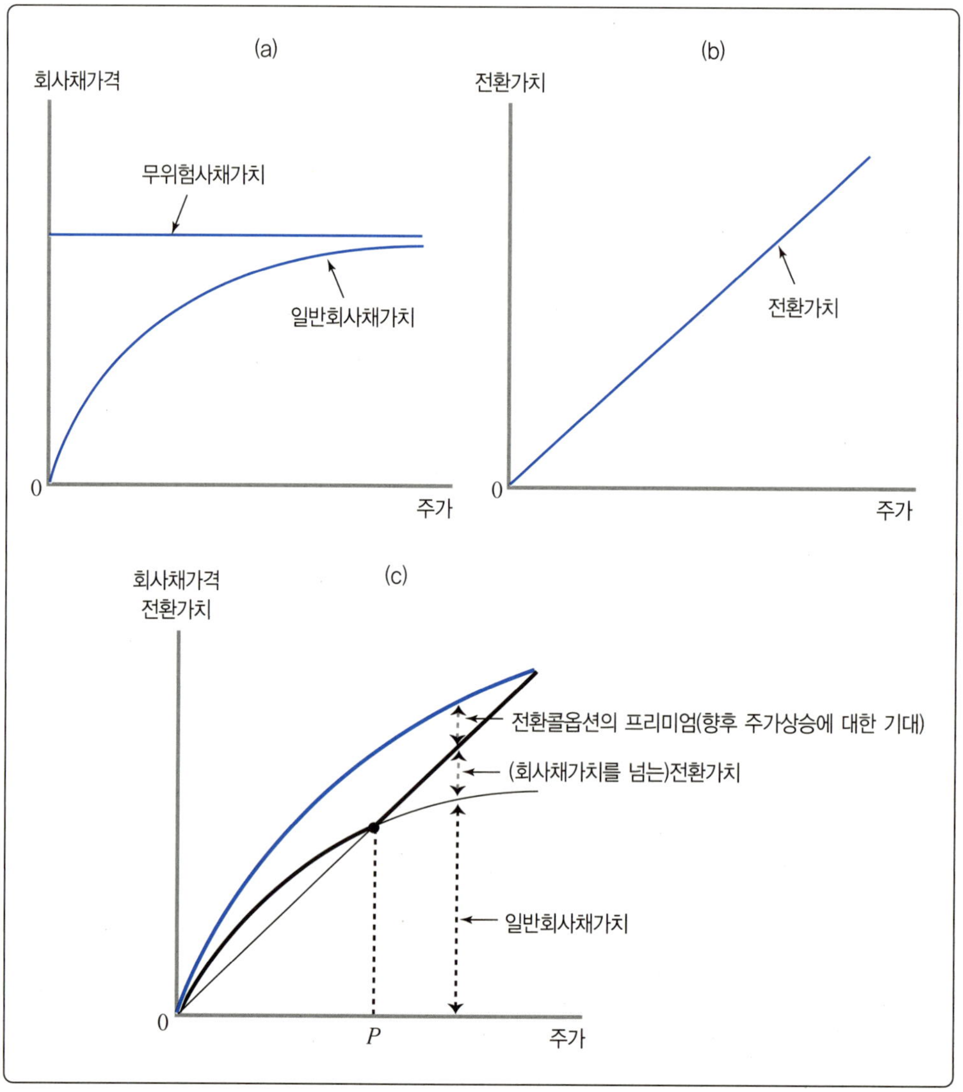

환가격이 일치하는 P점을 기준으로 왼쪽에는 회사채를 보유하는 것이 유리하고, 오른쪽에는 주식을 보유하는 것이 유리하게 된다. 그런데 이 굵은선이 전환사채의 가치를 정확히 나타내는 것은 아니다. 왜냐하면 전환사채에는 전환옵션에 대한 프리미엄이 반영되어야 하기 때문에 전환사채의 가치는 굵은선 위에 청색곡선으로 표시할 수 있다. 청색곡선과 굵은선의 간격이 가장 크게 벌어지는 부분은 P점 부근인데 그 이유는 이 점을 전후해서 주가가 어느 방향으로 움직일지에 대한 불확실성이 가장 높기 때문이다. 따라서 전환옵션에 대한 프리미엄도 이 부분에서 가장 높게 된다.

위에서 살펴본 바와 같이 주가가 많이 상승하게 되면 전환사채를 보유한 투자자들은 주식으로 전환하게 된다. 이때는 회사채보유가 유리한지 아니면 전환가치가 높은지의 비교가 전환여부를 결정하게 된다. 전환가치를 계산할 때는 엄밀히 말하면 주가상승뿐만 아니라 주식보유에 따른 배당금도 비교분석에 포함되어야 한다. 한편 전환사채는 발행기업이 정해진 날에 조기상환할 수 있게 한 수의상환조건이 있는 것이 일반적이다. 때문에 투자자는 발행기업의 강제적 상환에 따른 전환사채의 상환가치를 고려해서 상환일자 전에 주식으로 전환하는 것이 유리한지도 따져보아야 한다.

제5절 리스금융

5.1 리스의 의의와 종류

기업은 자산을 구입해서 사용할 수도 있고 리스계약을 통해 자산을 임차해서 사용할 수도 있다. 리스(lease)를 할 경우에는 자산의 소유권은 임대인(leasor)에게 있지만, 사용권은 리스료를 지불하고 리스자산을 사용하는 임차인(leasee)에게 있다. 임대인은 전문적인 리스회사일 수도 있고, 아니면 자산을 제작한 회사일 수도 있다. 전문적인 리스회사는 제작회사에게서 자산을 구입하여 이를 임차인에게 임대하여 수익을 얻게 된다. 반면 제작회사가 자사의 제품을 직접 리스를 할 수도 있다. 예를 들어, 자동차 제조회사가 생산한 자동차를 리스계약을 통해 소비자에게 직접 임대하거나, 컴퓨터 제조회사가 컴퓨터를 판매하는 대신에 리스료를 받고 임대하는 경우가 이에 해당한다.

리스는 크게 운용리스와 금융리스로 나뉜다. 운용리스(operating lease)는 서비스리스(service lease)라고도 불리는데, 리스기간이 비교적 단기이며 진부화의 위험이 큰 자산이 운용리스의 주 대상이 된다. 예를 들어, 컴퓨터의 경우에는 기술발전 속도가 무척 빠르기 때문에 계속해서 기종을 업데이트 해주지 않으면 업무에 지장을 받을 수 있다. 그렇다고 기종이 변경될 때마다 새 컴퓨터를 구입하는 것은 비용이 부담될 수 있다. 이렇게 기술적인 진부화가 빠른 자산에 대해서는 운용리스를 통해 자산을 단기간 임차하는 것이 유리하다. 운용리스의 이와 같은 성격 때문에 리스자산에 대한 유지관리와 보수는 리스사가 맡고 재산세와 보험료도 리스사가 납부하게 된다. 또한 진부화 위험이 주 고려대상이기 때문에 중도해약옵션이 포함되고, 리스기간이 단기이기 때문에 계약종료 후 소유권이전에 대한 옵션은 포함되지 않는다. 따라서 운용리스는 임차인이 진부화의 위험이 높은 자산을 효율적으로 사용하기 원할 때 주로 이용되게 된다.

이에 반해 금융리스(financial lease)는 자산의 법률적 소유권만 리스회사가 갖고 리스자산에 대한 실질적인 소유권과 사용권이 모두 임차한 회사에게 이전되는 리스이다. 이에 따라 유지보수는 물론 자산의 감가상각비까지도 임차회사의 대차대조표에 계상되게 된다. 또한 기간이 장기이기 때문에 자본리스(capital lease)라고도 불리며, 중도해약옵션은 없지만 계약만기 후 소유권이전에 대한 옵션이 부여되는 것이 일반적이다. 이러한 성격 때문에 금융리스의 경우에는 부채를 사용해 자산을 구입하는 방법의 대안으로 사용될 수 있다.

금융리스의 특별한 형태로는 판매후 재리스와 레버리지리스가 있다. 판매후 재리스(sales and lease back)는 기업이 소유한 자산을 리스회사에 판매한 후에 동일자산을 다시 리스하는 것을 말한다. 기업이 유동성이 부족할 때나, 신규자금 마련이 어려울 경우에는 이 방법을 사용할 수 있다. 레버리지리스(leverage lease)란 리스회사가 리스할 자산을 부채를 발행해 구입한 후 이를 리스하는 것을 말한다. 리스회사는 부채발행에 따른 이자를 비용처리할 수 있어 감세효과를 얻게 된다. 따라서 보다 저렴한 리스료를 제공해 자산을 리스해줄 수 있기 때문에 임차회사에게도 이득이 된다. 임차회사가 부채를 발행해 자산을 구입할 경우에도 물론 감세효과가 발생하게 된다. 하지만 임차회사가 부채비율이 너무 높다든지 아니면 영업이익이 없어 감세효과를 누릴 수 없는 경우에는 레버리지리스를 통해 간접적인 세금감면효과를 얻을 수 있다는 장점이 있다.

5.2 리스의 평가

리스 여부를 결정하기 위해서는 자산을 구입하는 것이 유리한지 아니면 자산을 리스하는 것이 유리한지를 비교해 보아야 한다. 자산의 구입 여부는 앞서 투자안의 평가에서 설명했듯이 자산구입의 순현재가치(NPV)를 계산해서 이 *NPV*가 영(0)보다 큰가를 따져보면 될 것이다. 그런데 구입하려는 자산에 대한 리스시장이 존재한다면 리스의 *NPV*와 구입의 *NPV*를 비교해 둘 중 큰 것을 선택해야 한다.

리스의 경제성 평가를 위해 다음과 같이 간단한 운용리스의 예를 들어 설명해 보자. (주)가경산업이 6억원을 들여 신장비를 도입하면 영업이익이 매년 3억원이 증가한다. 신장비의 내용연수는 3년이고 잔존가치는 없으며, 감각상각은 정액법이 적용된다. 법인세율은 30%이며, 적정할인율은 10%라고 가정한다. 한편 이 신장비를 리스할 경우에는 매년 말 리스료로 2억 2천만원을 지불해야 한다고 한다. 이 경우 (주)가경산업이 리스를 해야 하는지 아니면 자산을 구입해야 하는지를 어떻게 결정하는가를 알아보자.

이 기업이 신장비를 도입하든 아니면 리스를 하든 간에 영업이익은 동일하게 3억원이 증가하기 때문에 도입과 리스에 따른 비용만 따져 본 후 비용이 적게 발생하는 안을 선택하면 된다. 구입할 경우에는 구입비용이 6억원이 소요되지만 감각상각에 대한 감세효과가 발생하므로 구입비용의 순현가는 다음과 같이 계산할 수 있다.

$$
\begin{aligned}
\text{구입비용 } NPV &= -6\text{억원} + 2\text{억원} \times 0.3 \times PVIF_a(i=10\%,\ n=3) \\
&= -6\text{억원} + 2\text{억원} \times 0.3 \times 2.48685 \\
&= -450{,}789{,}000\text{원}
\end{aligned}
$$

한편 리스를 할 경우에는 초기 구입비용은 들지 않지만 매년 리스료로 2억 2천만원을 지불해야 한다. 그런데 리스료는 비용처리되기 때문에 세금효과를 반영해 다음과 같이 리스비용의 순현가를 구할 수 있다.

$$
\begin{aligned}
\text{리스비용 } NPV &= -2\text{억}\,2\text{천만원} \times (1-0.3) \times PVIF_a(i=10\%,\ n=3) \\
&= -2\text{억}\,2\text{천만원} \times (1-0.3) \times 2.48685 \\
&= -382{,}974{,}900\text{원}
\end{aligned}
$$

따라서 가경산업의 경우에는 비용이 적게 발생하는 리스가 구입보다 유리함을 알 수 있다.

5.3 리스의 장 · 단점

앞서 리스의 경제성 평가에서는 리스에 따른 현금흐름을 자산구입에 따른 현금흐름과 비교하여 순현재가치(NPV)가 큰 대안 혹은 비용이 적게 발생하는 대안을 선택하는 방법을 알아보았다. 그런데 리스는 여러 각도에서 자산구입과 비교해 볼 수 있기 때문에 여기서는 이를 리스의 장 · 단점으로 분류해서 살펴보자.

5.3.1 장점

① 리스를 통해 자산을 사용하게 되면 자산구입에 수반되는 거래비용이 대폭 절감된다는 장점이 있다. 특히 고가의 장비, 대규모 설비투자 시에는 이러한 거래비용의 절감이 중요하게 된다.

② 리스료는 비용처리되기 때문에 이자와 마찬가지로 감세효과가 있다.

③ 운용리스의 경우에는 자산의 기술적 진부화에 따른 위험을 최소화할 수 있고, 중도해약옵션을 통해 최신 장비를 보다 쉽게 사용할 수 있다는 장점이 있다.

④ 운용리스의 경우에는 리스료만 지불하면 되기 때문에 부채를 발행해 자산을 구입한 경우와 달리 대차대조표에 부채로 계상되지 않게 된다. 이를 리스의 부외금융(off-balance-sheet financing)효과라고 하는데, 고부채비율 기업에 이러한 부외금융효과가 더 크다고 할 수 있겠다.

⑤ 리스를 하면 자산구입에 따른 초기 투자비용이 크지 않기 때문에 유동성을 확보할 수 있는 것도 장점이라고 할 수 있다.

5.3.2 단점

① 리스가 자산구입에 비해 거래비용은 절감되지만 자산의 유지 및 보수관리가 제대로 되지 않을 수 있다는 단점이 있다.

② 리스를 할 경우에는 일부 자산에 적용되는 투자세액공제(investment tax credit)를 100% 활용할 수 없는 경우가 발생한다.

③ 부채로 자본을 조달해 자산을 구입하는 경우에는 감세효과가 반영된 이자율이 자본비용이 되는데 일반적으로 리스료가 이자율보다 높다는 단점이 있다.

④ 운용리스의 경우 계약 종료 시 잔존가치에 대한 권리를 주장할 수 없는데 인플레이션이 심한 경우에는 잔존가치 포기에 따른 손실이 높을 수 있다.

E X E R C I S E

객관식 문제

01 다음 중 우선주와 관련해서 맞지 않는 것은 무엇인가?

① 우선주도 보통주와 마찬가지로 자기자본이다.
② 보통주에 비해 배당률이 높은 것이 일반적이다.
③ 우선주의 배당금에 대해서는 감세효과가 존재한다.
④ 의결권이 없는 대신에 보통주에 대한 배당 전에 배당이 지급된다.

02 다음 중 단기금융시장에서 거래되는 금융상품이 아닌 것은 무엇인가?

① RP ② CD ③ CB ④ CP

03 다음 중 리스의 장점으로 볼 수 없는 것은?

① 유동성이 확보될 수 있다. ② 일반적으로 리스료는 이자율보다 낮다.
③ 리스료는 비용처리된다. ④ 자산의 진부화에 따른 위험을 감소할 수 있다.

04 전환사채에 대한 다음 주장 중 맞지 않는 것은?

① 전환사채는 콜옵션의 성격을 갖고 있다.
② 전환사채는 수의상환조건부로 발행할 수 있다.
③ 주식으로 전환 시 채권에 대한 권리는 소멸된다.
④ 발행 당시 전환사채의 자본비용은 동일조건의 일반회사채에 비해 높다.

05 신주인수권의 가격에 영향을 미친다고 볼 수 없는 것은 다음 중 무엇인가?

① 주가 ② 변동성
③ 만기까지 남은 기간 ④ 발행주식수

06 채권투자 시 일반적으로 고려대상이 되지 않는 위험은?

① 지급불능위험 ② 인플레이션위험
③ 이자율위험 ④ 체계적 위험

07 사채소유자가 미리 정한 일정조건으로 해당기업에서 발행하는 보통주를 매입할 수 있는 권리가 있는 사채는?

① 쿠폰부사채 ② 의결권부사채
③ 감채기금사채 ④ 신주인수권부사채

연 | 습 | 문 | 제

08 기업에서 가장 장기간 이용할 수 있는 자본의 원천은?

① 회사채 ② 우선주
③ 보통주 ④ 장기차입금

09 다음 리스의 유형 중 특정 물건의 조달 희망자에 대하여 구입자금을 융자하여 주는 대신 자산 자체를 임차하는 형태는?

① 금융리스 ② 운용리스
③ 레버리지리스 ④ 판매후 재리스

10 다음 중 이자를 정기적으로 지급하는 채권을 나타내는 용어는?

① 할인채 ② 무담보부채
③ 담보부채 ④ 이표채

11 다음 중 틀린 주장은?

① 신주인수권부사채는 신주인수권이 분리되면 더 이상 채권으로 분류할 수 없다.
② 전환사채는 회사채로 발행되지만 추후 주식으로 전환할 수 있는 권리가 부여된 채권이다.
③ 감채기금조건이란 만기에 일시에 상환되는 원금을 매 기간 일정하게 적립하는 것을 말한다.
④ 수의상환조건은 일정기간 내에 일정가격으로 발행기업이 채권자로부터 채권을 회수할 수 있는 권리를 말한다.

12 다음 중 보통주의 특징이 아닌 것은?

① 잔여재산청구권 ② 1주1의결권
③ 신주인수권 ④ 전환권

13 다음 중 리스의 장점으로 보기 어려운 것은?

① 진부화 위험의 최소화 ② 유동성 확보
③ 대리비용의 감소 ④ 부외금융효과

14 다음 중 자본리스의 특징이 아닌 것은?

① 리스자산에 대한 재산세와 보험료는 리스사가 납부
② 계약 만기 후 리스자산에 대한 소유권 이전 옵션 부여

③ 리스자산의 유지 및 보수는 임차회사가 담당
④ 리스자산의 감가상가비는 임차회사에서 계상

15 다음 중 신주인권부사채(BW)의 신주인수권 가격에 영향을 미치는 요인이 아닌 것은?

① 행사가격 ② 만기
③ 주가의 변동성 ④ BW의 액면이자

16 다음 중 옳지 않은 주장은 무엇인가?

① 리스료는 비용처리된다.
② 자산을 리스할 경우에는 구입할 경우에 비해 유동성을 확보할 수 있다는 장점이 있다.
③ 자산을 리스할 때의 리스료가 부채로 자산을 구입할 때 이자율보다 낮은 것이 일반적이다.
④ 자산을 리스할 경우에는 인플레이션이 높을 경우 잔존가치를 포기해야 하는 위험이 있다.

■ 주관식 문제

01 (주)복대는 유상증자를 고려하고 있는데 현재 주가는 60,000원에 거래되고 있다. 유상증자를 위하여 이 회사는 신주를 30,000원에 발행하려고 하는데 기존의 주식의 2주당 1주를 배정하려고 한다.

(1) 신주의 권리락 주가는 얼마인가?
(2) 구주 1주에 부여된 신주인수권의 가치는 얼마인가?

02 (주)정현산업은 다음과 같은 조건으로 신주인수권부사채(BW)를 발행하려고 한다. 이 사채의 발행가격은 주당 1,100,000원이다. 한편 (주)경덕산업 사채의 적정할인율은 10%이며, 현재 주가는 10,000원이다.

사채의 발행조건 ⇒ 표면금리 : 연 5%, 액면가액 1,000,000원, 만기 3년
신주의 인수조건 ⇒ 주식인수비율 : 사채 1주당 보통주 50주, 행사가격 15,000원

(1) 신주인수권의 가치는 얼마인가?
(2) 이 BW를 구입하는 투자자는 주가가 얼마 이상 올라야 이익을 낼 수 있는가?

⟨⟨⟨ 연 | 습 | 문 | 제

03 직지인쇄는 100억원의 신주인수권부사채를 1주당 1,100,000원에 발행하려고 한다. 채권의 발행조건이 다음과 같을 경우 신주인수권의 가치는 얼마인가?

액면가 1,000,000원, 액면이자 연 6%, 만기 3년, 수익률 연 10%

04 분평정밀의 현재 주가는 10,000원이며 발행주식수는 10,000주이다. 동사는 8,000원에 2,000주를 추가로 발행하려고 한다. 추가 발행되는 신주는 모두 구주주에게 배정된다.

(1) 권리락 후 신주의 이론적 가치는 얼마인가?
(2) 신주인수권의 이론적 가치는 얼마인가?

05 (주)사직전자의 현재 주가는 20,000원이며 발행주식수는 1,000주이다. 동사는 500주를 유상증자할 계획에 있으며, 구주주에게 신주를 주당 15,000원에 인수할 수 있는 신주인수권을 부여하기로 했다. 이 신주인수권의 이론적 가치를 구하라.

06 (주)약수가 2016년 만기가 되는 전환사채를 발행하는데 만기일 이전에는 언제든지 이 전환사채(액면가 1,000,000원)를 보통주 40주로 전환할 수 있다고 하자. 이 회사의 현재 주가는 20,000원이다. 그리고 이 기업의 전환사채가 현재 960,000원에 거래되고 있다고 가정하자.

(1) 전환가격은 얼마인가?
(2) 전환가치는 얼마인가?
(3) 전환프리미엄은 얼마인가?

07 (주)동광건설의 현재 주가는 20,000원이며, 현재 다음과 같은 조건으로 전환사채(CB)를 발행하려고 한다.

액면가 1,000,000원, 표면금리 10%, 만기 10년, 전환가격 25,000원

(1) 현재 전환가치는 얼마인가?
(2) 만약 (주)동광건설의 전환사채가 현재 1,200,000원에 거래되고 있다면 이 전환사채를 구입하는 투자자는 어떤 예상을 하고 있는가?

08 현국닷컴은 3,000만원이 소요되는 서버시스템을 도입하려고 하는데, 이 서버시스템은 리스계약을 통해 사용할 수도 있다. 서버시스템의 내용연수는 3년이고 잔존가치는 없으며, 현국닷컴은 정액법을 사용하여 감가상각을 하고 있다. 현국닷컴에 적용되는 법인세율은 30%이며, 적정할인율은 10%라고 가정한다. 현재 리스회사는 이 서버시스템을 리스해 주는 대가로 매년 말 1,200만원의 리스료를 요구하고 있다. 이 리스

료를 지불할 때 리스가 자산구입에 비해 유리한지 아니면 불리한지를 판단하라.

09 (주)개신산업은 660억원을 들여 신장비를 도입하면 영업이익이 매년 850억원이 증가한다고 한다. 신장비의 내용연수는 3년이고 잔존가치는 없으며 감가상각은 정액법이 적용된다. 법인세율은 30%이며 적정할인율은 7%라고 가정한다. 한편 이 장비를 (주)청주리스로부터 리스할 경우에는 매년 말 리스료로 270억원을 지불해야 한다고 한다. 이 경우에 (주)개신산업은 자산을 구입해야 하는지 리스를 해야 하는지 결정하시오.

Fundamentals of Corporate Finance

CHAPTER 11

운전자본관리

Chapter 11

운전자본관리

제1절 운전자본관리의 개요

1.1 운전자본관리의 정의 및 중요성

[표 11-1]의 대차대조표 차변인 자산을 보면 유동자산과 비유동자산으로 구성되어 있는데, 운전자본(working capital)이란 단기적인 성격을 갖는 유동자산을 지칭하는 것이다. 그런데 운전자본관리에서는 운전자본이란 개념보다는 순운전자본(net working capital)이라는 개념이 더 많이 사용되는데, 이는 유동자산에서 유동부채를 차감한 값을 의미한다. 따라서 운전자본관리란 어떤 유동자산에 투자할 것인가 뿐만 아니라 유동자금을 어떻게 조달할 것인가를 동시에 포함하는 것이라 할 수 있다.

순운전자본이 높을수록 기업의 유동성은 높아지게 된다. 순운전자본은 유동자산과 유동부채를 포함하기 때문에 유동성 제고는 유동자산의 증가나 유동부채의 감소를 통해

표 11-1 대차대조표

자산	부채와자본
유동자산	부채
현금	유동부채
매출채권	매입채무
유가증권	미지급금
재고자산	단기은행대출
비유동자산	비유동부채
	자본
총자산	총자본

이루어질 수 있다.

실무적으로 재무관리자는 업무시간의 상당 부분을 운전자본관리에 할당하고 있다. 장기투자를 위한 장기자금조달은 빈번히 발생되는 일이 아닌 반면, 단기투자와 단기자금조달은 거의 매일 처리되어야 할 일이기 때문이다. 또한 이러한 운전자본관리의 중요성은 외부자금조달에 있어 제약이 있고, 사내유보가 적고, 신용도가 낮으며, 기업규모가 작은 기업에게 더 크다고 할 수 있다. 한편 오늘날에는 정보통신의 획기적인 발달로 전통적인 운전자본관리에 있어 상당한 변화가 진행되고 있다는 점도 유념할 필요가 있다. 운전자본관리에 있어 가장 중요한 점은 기업가치를 극대화하는 최적운전자본수준을 결정하는 것이라고 할 수 있다. 운전자본은 유동성확보와 원활한 영업 및 생산 활동 지원을 위해 필수적인 반면에, 운전자본을 유지하기 위해서는 각종 비용이 발생하기 때문에 적정수준을 결정하는 것이 요구된다고 하겠다.

순운전자본을 많이 보유하고 있으면 위험을 감소시켜 안정성을 높이고 유동성을 확보할 수 있다는 장점이 있다. 하지만 일반적으로 유동자산의 투자수익률이 실물자산의 투자수익률에 못 미치기 때문에 과도한 순운전자본의 보유는 기업의 수익성을 저하시킨다는 단점이 있다. 예를 들어, 외상매출을 늘린다고 가정해 보자. 그러면 기업의 판매량은 증가하고 고객관계도 개선될 것이다. 그렇지만 외상매출은 현금유입을 지연시키기 때문에 기업은 외상매출금액만큼 비용을 들여 자금을 조달해야 한다.

유동자금조달도 마찬가지이다. 기업이 비용을 줄이기 위해 필요한 만큼만 그때그때 단기자금을 조달한다고 하자. 이와 같이 공격적인 유동자금조달정책은 당장의 자금조달비용은 줄일 수는 있겠지만, 자금관리가 몹시 복잡해지고 재무관리자는 단기자금조달에 대부분의 업무시간을 할애하여야 할 것이다. 또한 유동자금이 적을수록 기업의 위험이 높아지기 때문에 이에 따라 투자자의 요구수익률도 올라가서 결국 자금조달비용도 상승한다는 문제점을 낳게 된다.

따라서 운전자본관리의 목적은 이와 같은 수익성과 위험의 상충관계(trade-off)를 따져보고 기업가치를 극대화할 수 있는 순운전자본의 적정수준을 유지해야 한다는 데 있다고 볼 수 있다. 이와 같은 적정수준을 결정하기 위해서 재무관리자는 우선 유동자산과 유동부채의 다양한 형태를 이해할 필요가 있다. 유동자산에는 현금, 유가증권, 매출채권, 재고자산 등이 포함되고, 유동부채에는 매입채무, 은행차입, 기업어음 등이 포함된다.

한편 기업의 유동성을 나타내는 비율로는 제2장에서 설명한 유동자산을 유동부채로 나눈 값인 유동비율(current ratio)과 유동자산에서 재고자산을 뺀 값을 유동부채로 나눈 값인 당좌비율(quick ratio)이 많이 사용된다. 또한 매출액을 유동자산으로 나눈 유동자산회전율도 사용하는데, 이 비율이 높을수록 적은 유동자산으로 매출활동을 하는 것이 되기 때문에 기업의 효율성이 높다는 의미가 된다. 비율은 아니지만 현금전환기간도 유동성을 나타내는 유용한 개념으로 사용할 수 있는 데 이를 먼저 소개하고 유동자산과 유동부채를 차례로 설명하기로 한다.

1.2 현금전환기간

현금전환기간(cash conversion cycle)이란 생산에서 판매에 이르는 일련의 과정을 거치는 동안 현금의 유입이 얼마나 지체되는가를 나타내는 개념이다. 따라서 기업은 이 기간만큼 현금성 자산을 확보해야 할 필요가 있고, 이 기간이 짧을수록 유동성 투자가 적어도 되는 것을 의미한다.

현금전환기간을 보다 구체적으로 설명해 보자. [그림 11-1]에 나타난 바와 같이 기업은 원재료를 구입해 제품을 만들고 이를 재고자산의 형태로 갖고 있다가 판매하는 과정을 거치고 있다. 이러한 과정이 진행되면서 현금유출입이 일어나는데, 구입(판매)과 현금지불(회수) 간에는 시간차이가 존재한다. 우선 기업은 생산활동을 위해 원재료를 그리고 영업활동을 위해 완제품을 재고자산으로 보유하고 있어야 한다. 이렇게 원재료 구입에서 완제품 판매까지의 기간 동안은 현금유입이 발생하지 않는데, 이 기간을 재고자산전환기간(1)이라고 한다. 또한 제품을 판매하더라도 매출채권을 받고 팔 경우에는 일정기간 동안은 현금유입이 지연되는데, 이를 매출채권회수기간(2)이라고 한다. 반면에 원재

■ 그림 11-1 | 현금전환기간

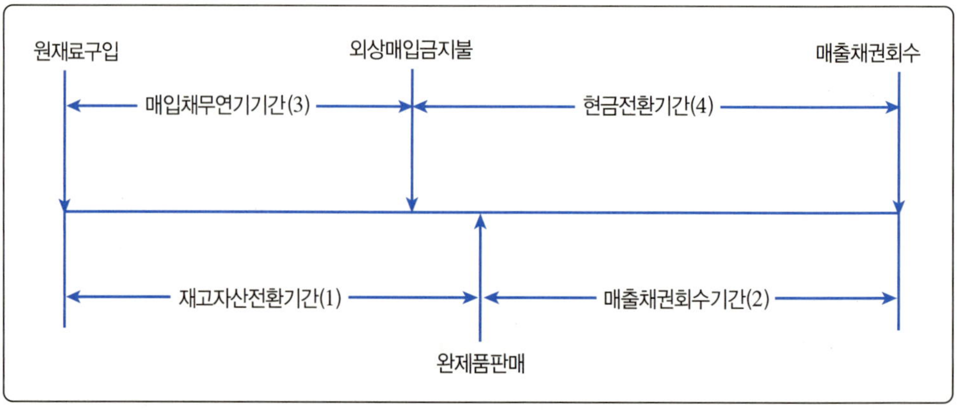

료를 구입할 때 외상으로 구입하게 되면 일정기간만큼은 현금유출이 지연되는데, 이를 매입채무연기기간(3)이라고 한다.

현금전환기간이란 현금유입이 지연되는 기간(재고자산전환기간+매출채권회수기간)과 현금유출이 지연되는 기간(매입채무연기기간)의 차이를 나타낸다. 기업의 입장에서는 현금유입은 될 수 있는 대로 빨리 발생하고, 현금유출은 될 수 있는 대로 늦게 발생하는 것이 화폐의 시간적 가치 면에서나 유동성 확보 면에서나 유리하다. 따라서 현금전환기간을 최소화하는 것이 순운전자본관리에 있어 재무관리자가 우선적으로 신경을 써야 할 일이다. 이를 위해서는 재무관리자는 즉각적인 현금유입과 현금유출로 나타나지 않는 기업활동을 철저히 현금유출입에 초점을 맞추어 계산할 수 있어야 한다. 여기서는 현금전환기간을 계산하는 방법과 이 기간을 최소화하는 방법에 대해서 알아보기로 한다.

1.2.1 현금전환기간 계산방법

현금전환기간을 계산하기 위해서는 현금유입과 현금유출이 각각 얼마만큼 지연되는가를 알아보아야 한다. 현금유입의 지연에는 재고자산전환기간과 매출채권회수기간이 포함된다. 기업은 완제품 제조 전과 상품판매 전에 재고자산을 비축하고 있어야 한다. 재고자산전환기간은 재고자산을 일평균매출액으로 나누어 계산한다. 예를 들어 한솔기업의 일평균재고액이 1천만원이고 연간매출액이 1억원이라면, 재고자산전환기간은 36.5일이 된다.

$$\text{재고자산전환기간} = \frac{\text{일평균재고자산}}{\text{일평균매출액}}$$
$$= \frac{1{,}000\text{만원}}{10{,}000\text{만원}/365\text{일}} = 36.5\text{일}$$

한편 기업의 매출을 보면 현금매출도 있지만 대부분의 경우에는 외상매출로 이루어진다. 외상매출은 현금 대신 매출채권을 받는데, 매출채권회수기간은 일평균매출채권액을 일평균매출액으로 나누어 계산한다. 예를 들어, 한솔기업의 일평균 매출채권액이 1,096만원이라면 매출채권회수기간은 40일이 된다.

$$\text{매출채권회수기간} = \frac{\text{일평균매출채권}}{\text{일평균매출액}}$$
$$= \frac{1{,}096\text{만원}}{10{,}000\text{만원}/365\text{일}} = 40\text{일}$$

이제 현금유출을 살펴보자. 매입의 경우에도 현금매입보다는 외상매입이 보다 일반적인 형태라고 하겠다. 또한 미지급비용도 원자재의 매입과 비슷하게 현금지급을 늦추는 효과가 있는데, 예를 들어 노동력의 대가에 대한 지급도 월급의 형태를 띠면 현금유출이 지연된다고 하겠다. 한솔기업의 원자재와 노동력에 대한 지불이 평균 30일 지연되고, 일평균매입채무액과 미지급비용의 합이 5,753,420원이고, 매출원가가 7,000만원이라고 가정하면 매입채무연기기간은 다음과 같이 30일로 계산이 된다.

$$\text{매입채무연기기간} = \frac{\text{일평균매입채무 및 미지급비용}}{\text{일평균매출원가}}$$
$$= \frac{5{,}753{,}420\text{원}}{7000\text{만원}/365\text{일}} = 30\text{일}$$

한편 현금전환기간은 다음 식(11.1)과 같이 현금유입지연기간과 현금유출지연기간의 차이를 나타낸다.

$$\text{현금전환기간} = \text{재고자산 전환기간} + \text{매출채권회수기간} - \text{매입채무연기기간} \tag{11.1}$$

따라서 한솔기업의 경우 현금전환기간은 다음과 같이 계산하여 46.5일이 된다.

$$\text{현금전환기간} = \text{재고자산 전환기간} + \text{매출채권회수기간} - \text{매입채무연기기간}$$
$$= 36.5\text{일} + 40\text{일} - 30\text{일} = 46.5\text{일}$$

1.2.2 현금전환기간 최소화 방법

앞서 한솔기업의 경우에는 현금전환기간이 46.5일로 계산되었는데, 이는 실제 현금유출과 현금유입 간의 차이가 46.5일간임을 의미한다. 46.5일 동안은 현금이 들어오지 않기 때문에 이 기간 동안에 정상적인 기업활동을 수행하기 위해서는 비용을 들여 현금을 보유하고 있어야 한다. 따라서 재무관리자는 자금조달비용의 감소를 위해 현금전환기간을 될 수 있는 대로 단축하고자 할 것이다. 예를 들어, 제품단위당 생산원가가 200만원이고 생산기간이 10일이라면 일평균 20만원의 생산비용이 소요된다. 이 경우 한솔기업은 930만원(=46.5일×20만원)의 순운전자본을 필요로 하게 된다. 만약 현금전환기간을 10일 단축할 수 있다면 200만원(=10일×20만원)만큼 현금보유액을 줄일 수 있다.

'순운전자본을 갖고 있다는 것' 은 '순운전자본에 투자한다는 것' 으로 다른 자본을 조달하는 것과 마찬가지로 비용이 소요된다. 기업이 순운전자본을 영(0)으로 줄이면 비용은 발생하지 않게 된다. 그러나 이러한 무(無)순운전자본(zero net working capital)은 기업의 위험을 증대시키거나, 매출액의 감소를 가져오기 때문에 무조건 순운전자본을 줄이는 것은 바람직하지 않다.

다시 말해 영업과 생산 활동에 있어 제약을 가져오지 않는 범위 내에서 현금전환기간의 단축이 이루어져야 한다는 것이다. 식(11.1)을 분해해 보면 현금전환기간을 줄이기 위해서는 재고자산전환기간 또는 매출채권회수기간을 줄이거나 아니면 매입채무연기기간을 늘려야 한다. 재고자산전환기간의 단축은 생산일정 차질을 가져오거나 급격한 수요변화에 대처하는 기업의 능력을 약화시킨다. 매출채권회수기간의 단축은 단골고객의 이탈을 가져올 수 있고, 판매량의 감소를 가져올 수 있다. 그리고 매입채무연기기간의 연장은 원재료의 안정적인 공급을 위협할 수 있고, 현금할인을 받을 수 있는 기회를 놓치게 할 수 있다. 따라서 비용감소를 위한 무조건적인 현금전환기간의 단축은 생산과 판매에 심각한 악영향을 가져올 수 있음을 명심하고, 순운전자본 보유에 따른 철저한 손익분석을 통해 단축여부를 결정하는 것이 필요하다.

1.3 순운전자본관리정책

순운전자본을 많이 보유한 기업은 변화에 즉각적으로 대응할 수 있는 장점이 있지만 순운전자본 보유에 따른 비용이 많이 든다는 단점이 있다. 반면에 순운전자본을 적게 보유한 기업은 비용 면에서는 유리하나 매출이나 위험관리 면에서는 불리하다. 즉, 순운전자본이 많으면 위험은 낮아지나 수익성이 악화되고, 반면에 순운전자본이 적으면 위험은 높아지나 수익성은 향상된다고 할 수 있다.

현금전환기간, 계절적 요인, 경기상황에 따른 매출액 변동성, 업계의 관행 등이 순운전자본의 크기를 결정하는 데 중요한 역할을 한다. 그런데 순운전자본의 수준은 기업의 특성뿐만 아니라 경영진의 성향에 따라서도 크게 차이를 보인다. 경영진이 순운전자본관리에 있어 공격적인 성향을 갖고 있을 때에는 안정성보다는 수익성을 우선하는 행동을 하게 된다. 이러한 기업은 현금전환기간의 단축에 보다 많이 노력하고, 자금이 필요한 경우에는 장기자금 대신 단기자금을 조달하여 순운전자본을 최소화하는 경향을 보이게 된다. 반면 기업이 보수적으로 순운전자본을 관리할 경우에는 안정성에 보다 많이 치중하게 된다. 이에 따라 유동성확보에 보다 많이 투자하기 때문에 위험은 낮아지는 반면에 수익성이 떨어지는 경향을 띠게 된다.

유동자산은 단기투자이고 그리고 유동부채는 단기자금조달이기 때문에 앞서 설명한 투자와 자금조달에 대한 이론들이 대부분 그대로 적용되지만 기간이 단기라는 점에 유의할 필요가 있다. 지금부터는 다양한 종류의 유동자산과 유동부채를 어떻게 관리하는가를 살펴보기로 하겠다. 유동자산 중 가장 중요한 것은 현금이므로 현금관리를 우선 설명하고, 그런 후에 유동자산관리 및 유동부채관리를 차례로 설명하기로 한다.

제2절 현금관리

기업은 현금을 풍부하게 보유함으로써 생산과 영업 활동을 원활하게 할 수 있으며, 구매 시 현금할인 혜택을 받을 수 있고, 또 은행이 요구하는 보상현금잔액을 유지하여 금융기관과 좋은 관계를 유지할 수도 있다. 이렇듯 현금을 보유하는 것은 다양한 이점을 제공하지만, 다른 한편으로는 현금보유에 따른 여러 비용을 수반한다. 우선 현금보유분만큼은 투자할 수 없기 때문에 기회비용이 발생한다. 안정적인 경영을 지나치게 추구하다 보면 투자는 하지 않고 현금만 축적하는 결과를 낳기 때문에 투자부진에 따른 미래수익의 감소를 가져 올 수도 있다. 이와는 반대로 과다한 현금보유는 무분별한 투자확대로 이어져 기업가치를 하락시키기도 한다. 따라서 재무관리자는 현금보유에 따른 손익을 철저히 분석해 볼 필요가 있다고 하겠다. 특히 최근에는 경기상황 및 이자율 변동에 따른 위험을 줄이기 위한 각종 리스크관리기법이 도입되고 있고, 실시간 온라인 거래가 활발해져서 현금관리에 대한 새로운 접근방법이 요구된다.

일반적으로 현금성자산은 현금 및 현금등가물에 단기금융상품을 더한 값으로 표시된다. 그렇지만 협의로 정의될 때는 현금 및 현금등가물만 포함되며, 광의로 정의될 때는 유가증권, 단기투자증권, 단기매출채권 등의 당좌자산까지 포함시켜 현금성자산으로 본다.

2.1 현금보유동기

케인즈(Keynes)는 기업이 현금을 보유하려는 동기로 거래적 동기, 예비적 동기, 투기적 동기 세 가지를 들고 있다.

첫째로, 거래적 동기(transactional motive)를 들 수 있다. 기업이 현금을 보유하고 있으면 각종 거래를 원활히 할 수 있다. 현금이 있으면 거래 시 현금할인을 받는 것도 가능하고, 현금거래가 관행인 경우에는 거래를 위해 현금보유는 필수적이다. 또 현금성 자산이 충분할 경우에는 외부에서 자금을 조달할 필요가 없기 때문에 자금조달에 따른 발행비용을 절감할 수 있다.

둘째로, 예비적 동기(precautionary motive)를 들 수 있다. 미래의 불확실성을 대비하기 위한 현금보유는 완충역할을 하게 된다. 특히 재무위험이나 영업위험이 높은 기업의 경우에는 예비적 동기에 따른 현금보유 필요성이 높아진다. 예를 들어 경기상황에 따라 기업의 매출액은 심한 변동을 보일 수 있는데, 부채비율이 높은 기업은 일정한 금융비용을 지불해야 하기 때문에 지급불능위험이 높아진다. 이러한 기업은 예비적인 현금을 비축함에 의해 매출액 변동에 따른 위험을 완화할 수 있게 된다.

셋째로, 투기적 동기(speculative motive)는 수익성 있는 투자안에 적시에 투자하기 위해 현금을 보유하는 것을 말한다. 외부적 자금조달이 여의치 않은 기업은 현금이 충분하지 않으면 투자안을 포기해야 하는 경우가 발생할 수 있는데 이를 미연에 방지하기 위해 충분한 현금을 비축해 두는 것이다. 따라서 성장성이 높은 기업, 재무적 제약이 높은 기업은 투기적 동기에 따른 현금보유 필요성이 높다고 할 것이다.

이 밖에도 기업은 보상잔액(compensating balance) 유지를 위해 현금을 보유하게 된다. 기업의 경우는 은행과의 친밀한 관계 유지가 절실한데, 그 이유는 은행은 다른 금융기관보다 저렴한 자금대출이 가능하고, 당좌차월 같이 대출에 있어 융통성을 부여하며, 또 특별한 변동사항이 없는 한 대출의 재연장(renewal)을 비교적 용이하게 해주기 때문이다. 그런데 은행은 일반적으로 기업에게 대출금 중 일부를 현금으로 보유할 것을 요구하는데 이를 보상잔액이라고 한다. 따라서 기업은 은행의 요구사항인 보상잔액을 맞추어 주기 위해 현금보유가 필요하게 된다.

2.2 현금관리정책

현금관리정책의 기본원칙은 화폐의 시간적 가치와 유동성을 극대화하기 위해 현금유입은 될 수 있는 대로 빨리 발생시키고, 현금유출은 될 수 있는 대로 늦게 이루어지게 하는 것으로 요약될 수 있다. 물론 이러한 기본원칙은 기업의 생산과 영업활동에 지장을 주지 않아야 한다는 제약조건하에서 적용되어야 한다. 효율적인 현금관리를 위해서는

'현금유출입의 동시화'와 '순플로트(net float)의 최대화'의 두 가지 방법을 생각해 볼 수 있다. 우선 현금유출입 동시화(cash flow synchronization)는 현금유입과 현금유출의 시점을 될 수 있는 대로 일치하도록 하여 현금보유를 최소화시키는 것을 말한다. 한편 플로트(float)란 회사의 장부잔액과 은행의 계정잔액의 차이를 말하는 것으로, 지급시점과 정산시점의 차이 때문에 발생한다. 플로트에는 다음과 같이 지급플로트, 회수플로트, 그리고 순플로트가 있다.

① 지급플로트(disbursement float) : 지불한 수표가 회사 장부에는 현금유출로 기록이 되어 있으나 은행계좌에는 아직 정산이 되지 않은 상태로 현금으로 남아 있는 액수

② 회수플로트(collections float) : 수취한 수표가 회사 장부에는 현금유입으로 기록이 되어 있으나 은행계좌에는 아직 정산이 되지 않은 상태로 현금으로 기록되지 않은 액수

③ 순플로트(net float) : 지급플로트에서 회수플로트를 감한 액수, 예를 들어 현재 지급플로트가 1천만원이고 회수플로트가 8백만원이라면 순플로트는 2백만원이 된다. 이 순플로트만큼 사용가능한 현금이 남아 있다고 보면 된다. 따라서 순플로트를 늘리면 기업은 추가적인 비용 없이 실질적으로 현금을 보유하는 효과를 얻게 된다.

현금유입의 가속화를 위해서는 다음과 같은 방법을 사용할 수 있다.

① 수취함(lockboxes) : 구매자가 위치한 지역에 수취함을 설치하고, 지역은행으로 하여금 매일 정기적으로 수취함에 있는 수표를 수거하게 한다. 수거 후에는 곧 바로 회사계좌에 입금하도록 하면 현금이 빨리 유입되게 할 수 있다.

② 온라인거래 : 컴퓨터와 정보통신의 발달로 온라인거래가 가능한 영역이 급속도로 늘고 있다. 온라인거래를 이용하면 곧바로 회사계좌에 입금이 되기 때문에 회수플로트를 줄일 수 있다.

③ 현금누출의 방지 : 고객이 지급한 현금이 누출 없이 정확하게 도착하는 제도적 장치를 마련하여 현금유입의 지연을 방지한다. 한편 현금유출의 지연 및 통제를 위해서는 내부통제제도를 이용하여 지급을 될 수 있는 대로 늦추고, 지급할 경우에는 수표나 어음을 이용하여 지급플로트를 늘리는 것을 고려할 수 있다. 또한 지급 전담부서를 설치하여 이 부서를 통해 모든 현금지급이 이루어지게 하는 것도 현금유출을 통제할 수 있는 한 방법이 될 수 있다.

2.3 적정 현금보유수준 결정

현금성자산의 증가는 위험을 완화시키는 반면 수익성 감소를 수반하는 것이 일반적이다. 보몰(Baumol)은 재고관리모형을 적용하여 적정 현금보유수준을 결정할 수 있음을 보여주고 있다. 현금보유비용은 기회비용과 거래비용의 합이 되는데, 현금보유액이 늘어나면 기회비용이 증가하나 거래비용이 감소하기 때문에 기회비용과 거래비용 간에는 상충(trade-off)관계가 존재한다. 현금이 필요한 경우에 보유한 단기금융상품 처분에 따른 손실이 발생하기 때문에 이자율이 현금보유에 따른 기회비용이 된다. 주문비용은 현금마련을 위해 소요되는 거래비용이 된다. 따라서 최적 현금조달액 또는 초기 적정 현금보유액 Q^*는 다음과 같이 나타낼 수 있다.

$$Q^* = \sqrt{\frac{2 \times ACA \times OCPO}{i}} \tag{11.2}$$

ACA : 연간현금필요액
$OCPO$: 주문비용(거래비용)
i : 이자율

만약 현금보유가 선형으로 감소한다면 적정평균 현금보유액은 $\frac{1}{2}Q^*$가 된다. 식(11.2)를 자세히 살펴보면 이자율이 높을수록 기회비용이 높아져 적정 현금보유액은 적어지게 되는 것을 알 수 있다. 이는 현금보유액만큼은 비용을 들여 조달해야 하는데 자금조달비용은 이자율이 높을수록 늘어나기 때문이다. 또한 식(11.2)를 보면 연간 현금필요액이 높을수록 그리고 거래비용이 높을수록 적정 현금보유액이 늘어나는 것을 알 수 있다.

예제 11-1 적정현금 보유수준의 계산

(주)강산컴은 1년에 10억원의 현금유출이 일어나는데 이를 전액 유가증권의 매도로 충당한다고 가정하자. 그리고 유가증권에 대한 연 이자율은 10%이고, 유가증권을 한 번 매도할 때마다 100만원의 거래비용이 발생한다고 가정하자. 보몰의 모형을 이용해 (주)강산컴의 평균현금보유액을 계산하라.

| 풀이 |

$$Q^* = \sqrt{\frac{2 \times 1{,}000{,}000{,}000 \times 1{,}000{,}000}{0.1}} = 141{,}421{,}356\text{원}$$

(주)강산컴의 최적 현금조달액은 141,421,356원이 되며, 1년에 7번씩 이 금액만큼 유가증권을 처분해 현금을 마련하는 것이 현금보유에 따른 비용이 최소가 된다. 한편 평균 현금보유액은 $\frac{1}{2}Q^*$이기 때문에 70,710,678원이 된다.

식(11.2)의 보몰모형은 적용하기는 쉽지만 현금유출입의 확실성을 가정하고 있으며 현실세계를 너무 단순화하였다는 문제가 있다. 유가증권의 처분을 위해서는 시간이 필요하기도 하고, 기업은 비상시를 대비해서 현금을 축적할 필요도 있기 때문이다. 그리고 현금보유비용의 최소화도 중요하지만 현금이 충분하지 않을 경우 좋은 투자안을 놓칠 수도 있기 때문에 이러한 기회비용도 반영해야 보다 현실적인 최적 현금보유수준을 결정할 수 있을 것이다.

2.4 현금관리의 실제

위에서 설명한 이자율, 연간현금유출액, 거래비용 외에도 현금보유수준에 영향을 주는 여러 요인들이 있다. 여기서는 현금관리에 영향을 주는 기업의 특성들에 대해서 살펴보기로 한다. 유의할 점은 다른 유동자산과 마찬가지로 현금자산 역시 기업특성 외에도 업계의 관행이나 경영진의 성향에 따라 보유수준이 달라질 수 있다는 점이다.

① 현금흐름

현금흐름 수준이 높고 일정한 기업은 현금을 많이 비축할 필요가 없다. 이런 기업은 현금비축에 따른 위험감소효과가 낮기 때문이다. 그렇지만 성장성이 낮은 동시에 배당성향도 낮은 기업은 현금이 축적되기 때문에 현금흐름 수준이 높을수록 현금보유 수준도 높아진다.

② 위험

앞서 언급했듯이 충분한 현금보유는 영업위험과 재무위험을 낮추는 역할을 한다. 따라서 위험이 높은 기업일수록 위험관리 차원에서 보다 많은 현금을 보유하려는 경향이 있게 된다.

③ 성장성

수익성 있는 투자안을 많이 갖고 있는 고성장 기업은 투자자금을 지속적으로 조달할 필요가 있는데, 내부자금과 달리 외부자금으로 투자에 필요한 재원을 마련할 경우에는 발행비용을 추가적으로 부담해야 하는 단점이 있다. 따라서 성장성이 높은 기업은 현금 비축의 필요성이 더 커지게 된다. 특히 중소기업의 경우에는 외부자금조달에 있어 여러 제약이 있기 때문에 미래투자기회를 놓치지 않기 위해서 충분한 현금성 자산을 보유할 필요가 있다.

④ 기업규모

기업규모가 큰 기업은 외부자금조달에 대한 제약이 상대적으로 낮고, 또 중소기업에 비해 분산효과가 크기 때문에 위험도 낮다고 볼 수 있다. 따라서 대기업은 중소기업에 비해 현금비축의 필요성이 더 적다고 할 수 있다. 그렇지만 외형적인 특성에 못지않게 경영진의 성향도 중요하기 때문에 반대의 현상이 목격될 수도 있다. 즉, 대기업이 중소기업에 비해 투자와 자금관리에 있어 보수적인 입장을 견지할 경우에는 대기업이 보다 많이 현금을 보유하게 된다.

⑤ 현금전환기간

앞서 언급한 현금전환기간이 높은 기업일수록 유동성 위험이 높아지기 때문에, 이런 기업은 보다 많은 현금을 보유함으로써 위험을 감소시키고자 할 것이다.

한편 운전자본은 현금과 보완관계 또는 대체관계에 있을 수 있다. 만약 운전자본이 많을수록 현금을 적게 보유하는 경향이 있다면, 이는 운전자본과 현금이 대체관계가 있다고 할 수 있다. 즉, 현금이 필요하면 운전자본을 현금으로 전환하여 사용하는 것이다. 이와는 달리 운전자본이 많은 기업이 현금을 더 많이 비축하는 경향이 있다면 이 기업의 경우에는 운전자본과 현금이 보완관계에 있다고 할 수 있다.

제3절 유동자산관리

유동자산에는 앞서 설명한 현금 외에도 유가증권, 매출채권, 재고자산 등이 포함된다.

유동자산의 확대는 기업의 안정성을 높이고 매출을 증대시키는 효과가 있지만 다른 한편으로는 기회비용과 자금조달비용이 수반된다는 단점이 있다.

3.1 유가증권관리

유가증권(marketable securities)은 단기간에 현금화할 수 있는 유동성이 높은 증권을 말한다. 일반적으로 유가증권의 수익률은 다른 장기증권에 비해서는 낮지만 현금에 비해서는 더 높은 수익률을 낸다. 따라서 재무관리자는 유가증권을 효율적으로 관리함으로써 유동성에 큰 영향을 주지 않으면서 현금보유에 따른 기회비용을 절감할 수 있다.

대표적인 유가증권에는 기업어음(CP), 양도성예금증서(CD), 환매조건부채권(RP) 등 단기금융상품과 유통시장에서 거래가 활발한 국공채, 우량기업의 회사채 등이 있다. 한편 유가증권을 선택할 때에는 유동성, 보유기간 및 만기, 그리고 단기수익률 등을 따져보아야 한다. 특히 유가증권관리의 일차적인 목표는 수익성이 아닌 안정성에 있기 때문에 해당 증권의 단기적 지급불능위험을 우선적으로 살펴보아야 하고, 위험감소를 위해 유가증권도 분산투자를 할 필요가 있다.

3.2 매출채권관리

매출채권(accounts receivable)을 발행하여 외상판매하면 현금유입은 지연되지만 매출이 촉진되고 재고자산이 감소되는 효과가 있다. 그렇지만 매출채권이 늘면 유동성 투자가 늘어나게 되고 회수비용이 증가하기 때문에 재무관리자는 상충관계를 고려해 매출채권을 관리할 필요가 있다.

3.2.1 평균회수기간과 매출채권 조달비용

일정한 유동성을 계속 유지하려면 매출채권액만큼의 자금조달이 필요하고 이 자금을 조달하기 위해서는 금융비용이 발생한다는 점을 재무관리자는 명심해야 한다. 금융비용을 이해하기 위해서는 평균회수기간(average collection period : ACP)이라는 개념을 이해하는 것이 필요하다. 매출채권관리에는 외상판매액도 중요하지만 매출과 실제 현금유입 사이의 기간도 중요하다. 왜냐하면 매출채권 총액이 같더라도 회수기간에 따라 실질적인 채권총액은 달라지기 때문이다. 특히 기간별로 금액의 가중치를 고려한 평균회수기간을 계산하는 것이 필요하다.

예를 들어 [표 11-2]의 *A*, *B* 두 기업을 고려하여 보자. 기업 *A*, *B* 모두 매출채권 총액은 8,000만원이지만 평균회수기간은 *A*기업이 1.25개월(=1개월×0.75+2개월×0.25)로 *B*기업의 2.5개월(=(1개월+2개월+3개월+4개월)×0.25)에 비해 짧다. 이에 따라 *A*기업의 경우에는 매출채권발행에 따라 필요한 자금이 1억원(=1.25개월×8,000만원)이지만, *B*기업은 2억원(=2.5개월×8,000만원)으로 *A*기업의 두 배나 된다.

| 표 11-2 | 평균회수기간

	기업 *A*		기업 *B*	
회수기간	금액	비중	금액	비중
1개월	6,000만원	0.75	2,000만원	0.25
2개월	2,000만원	0.25	2,000만원	0.25
3개월			2,000만원	0.25
4개월			2,000만원	0.25
합 계	8,000만원	1.0	8,000만원	1.0

기업은 평균회수기간을 단축함에 의해 매출채권액을 줄일 수 있다. 예를 들어, 한솔기업의 일평균신용판매액은 100만원이고 회수기간은 30일이라면 월매출채권액은 3천만원(=100만원×30일)이 된다. 그런데 이 3천만원만큼은 기업이 비용을 들여 조달해야 한다는 점을 명심할 필요가 있다. 이를 좀 더 자세히 설명하기 위해 다음과 같은 예를 들어 보자. 비유동자산 없이 유동자산으로 구성되어 있는 기업 *C*가 있다고 하자. 기업 *C*는 영업활동을 하기 위하여 1,000만원의 재고자산을 지속적으로 유지해야 한다고 가정하자. 이 경우 약식 대차대조표는 [표 11-3]과 같이 나타낼 수 있다.

| 표 11-3 | 약식 대차대조표 (단위 : 만원)

자산	부채 및 자본
재고자산 1,000	회 사 채 500 자기자본 500
총 자 산 1,000	자본총계 1,000

그런데 기업 *C*가 20%의 마진으로 재고자산을 외상으로 판매했을 경우에 대차대조표는 다음과 같이 변경된다.

❙ 표 11-4 ❙ 약식 대차대조표 (단위 : 만원)

차변	대변
매출채권 1,200	회 사 채 500 자기자본 500 잉 여 금 200
총 자 산 1,200	자본총계 1,200

아직 기업 *C*에 현금이 들어온 상태가 아니기 때문에 차변에는 매출채권 1,200만원으로 그리고 대변에는 200만원의 수익이 잉여금으로 표시된다. 그런데 앞서 이 기업은 지속적인 영업활동을 위해서 재고자산 1,000만원이 필요하다고 가정했다. 만약 기업 *C*가 필요한 재고자산을 은행차입금으로 조달한다면 대차대조표는 [표 11-5]와 같이 기록된다.

❙ 표 11-5 ❙ 약식 대차대조표 (단위 : 만원)

차변	대변
매출채권 1,200 재고자산 1,000	은행차입금 1,000 회 사 채 500 자 기 자 본 500 잉 여 금 200
총 자 산 2,200	자 본 총 계 2,200

[표 11-5]에서 살펴볼 수 있는 바와 같이, 여기서 중요한 점은 매출채권발행으로 인해 은행에서 차입한 금액 1,000만원과 잉여금에 대해서는 금융비용 내지는 자본비용이 발생한다는 점이다. 따라서 매출채권을 늘리면 매출이 증가되고 거기에 따라 회계적 이익은 증대하지만 외상매출금만큼의 추가적인 자금을 비용을 들여 조달해야 한다. 즉, 매출채권증대에 따라 이익과 비용이 함께 발생하는 것이다.

3.2.2 매출채권에 대한 신용정책

매출채권관리에 있어 기업은 신용정책(credit policy)을 수립해 객관적이고 정확한 기준을 가지고 외상매출을 할 필요가 있는데, 이에는 다음과 같은 세부정책들이 포함된다.

① 신용기간(credit period)

신용기간이 확대되면 매출액이 증가하고 고객확보가 용이해지겠지만, 이에 따라 여러 가지 비용도 발생된다. 우선 현금유입지연에 따른 추가자금 조달이 필요할 것이다. 그리고 신용기간이 연장됨에 따라 회수가 어려워지고 대손이 발생할 가능성도 높아진다. 따라서 다음과 같은 손익분석을 해서 신용기간의 변경에 따른 득실을 따져볼 필요가 있다.

$$\text{손익} = \Delta\text{영업이익} - \Delta\text{자금조달비용} - \Delta\text{회수비용} - \Delta\text{대손비용} \tag{11.3}$$

식(11.3)이 어떻게 사용되는가를 알기 위해 다음과 같은 예제를 풀어 보자.

예제 11-2 신용분석

대현기업은 공작기계를 제조 · 판매하여 100억원의 연매출을 올리고 있다. 대현기업의 정현국 사장은 매출액 증대를 위해 신용기간을 현재의 30일에서 60일로 연장하는 것을 고려하고 있다. 신용기간의 연장에 따른 손익분석을 위해 대현기업의 사장은 다음과 같은 정보를 수집하였다.

① 신용기간을 30일에서 60일로 연장하면 연매출이 50% 증가한 150억원으로 예상된다.

② 현재 신용기간하에서는 매출액의 5%가 회수비용으로 소요되며, 대손비용은 매출액의 1%이다.

③ 변동비와 고정비의 비율은 7:3이다. 매출액이 50%가 증대되어도 현재 고정비는 더 이상 늘어나지 않는다. 따라서 공헌이익률은 30%가 된다.

④ 한편 신용기간을 60일로 연장하면 회수비용은 전체 매출액의 7%로 그리고 대손비용은 전체 매출액의 3%로 증가한다.

⑤ 타인자본비용은 10%이다.

대현기업의 신용분석의 연장에 따른 손익을 분석하라.

| 풀이 |

수집된 정보를 바탕으로 다음과 같이 손익을 계산할 수 있다.

① Δ 영업이익 = 매출액증가분 × 공헌이익률 = 50억원 × 0.3 = 15억원

② 자금조달비용증가분을 계산하기 위해서는 우선 신용기간연장에 따른 매출채권증가분을 계산해야 한다.

$$\begin{aligned}\Delta\text{매출채권} &= \frac{S_1}{365\text{일}} \times (CP_2 - CP_1) + \frac{S_2 - S_1}{365\text{일}} \times CP_2 \times (1 - CM)\\ &= \frac{100\text{억원}}{365\text{일}} \times 30\text{일} + \frac{50\text{억원}}{365\text{일}} \times 60\text{일} \times 0.7\\ &= 8.22\text{억원} + 5.75\text{억원} = 13.97\text{억원}\end{aligned}$$

위 식에서 S_1은 신용기간연장 전 매출액, S_2는 연장 후 매출액을 각각 나타낸다. 또

CP_1은 연장 전 신용기간, CP_2는 연장 후 신용기간, 그리고 CM은 공헌이익률을 각각 표시한다. 따라서 위 식에서 첫 번째 항은 기존 매출채권에 대한 30일간의 기간연장에 따른 매출채권증가분을 나타낸다. 두 번째 항은 순수매출증가분 50억원에 대한 60일간의 신용판매에 대한 매출채권증가분을 나타낸다. 신용기간연장에 따른 매출증가분으로 8.22억원만큼 매출채권이 증가되었지만 변동비가 70%인 점을 감안하면 실제 매출채권에 투자한 액수는 5.75억원(=8.22억원×0.7)이 된다. 따라서 대현기업은 이 둘을 합친 13.97억원만큼 차입을 해야 하기 때문에 이자비용은 1.40억원(=13.97억원×0.10)이 된다. 따라서 자금조달비용증가분은 1.40억원이다.

Δ자금조달비용 = 13.97억원×10% = 1.40억원

③ Δ회수비용 = (150억원×7% − 100억원×5%) = 5.5억원

④ Δ대손비용 = (150억원×3% − 100억원×1%) = 3.5억원

⑤ 손익 = Δ영업이익 − Δ자금조달비용 − Δ회수비용 − Δ대손비용
= 15억원 − 1.4억원 − 5.5억원 − 3.5억원 = 4.6억원

위의 손익분석에 따르면 순이익이 4.6억원만큼 증가하는 것으로 나타나기 때문에 정현국 사장은 매출액 증대를 위해 신용기간 연장을 하는 것이 필요하다.

② 현금할인정책(cash discounts)

신용기간 못지않게 현금할인을 얼마만큼 제공할 것인가도 중요하다. 현금할인을 많이 해줄수록 현금유입은 빨라지겠지만 이익은 줄어들기 때문에 이 역시 손익분석을 통해 적정한 현금할인율을 정해야 한다. 현금할인정책을 예제를 들어 설명해 보자.

예제 11-3 현금할인정책

산성 PVC는 PVC 판매로 연간 300억원의 매출을 올리고 있다. 산성 PVC는 현재 외상판매에 대한 신용기간으로 30일을 주고 있지만 현금할인은 제공하지 않고 있다. 구매자는 지급마감일에 외상대금을 입금시키기 때문에 평균회수기간은 30일이 된다. 그런데 최근 경기가 좋지 않아 평균회수기간이 늘어날 것으로 예상되고 있다. 산성 PVC는 매출증대와 회수기간촉진을 위해 10일 내에 현금을 지급할 경우 5%의 현금할인을 해주는 것을 고려하고 있다. 이같은 현금할인을 할 경우 판매량 중 50%가 현금할인을 받는 대상이 되고, 평균회수기간은 30일에서 20일(=10일×0.5+30일×0.5)로 감소할 것으로 예상된다. 한편 산성 PVC의 이자율은 10%라고 한다. 산성 PVC의 현금할인정책의 실시 여부를 위하여 손익을 분석하라.

| 풀이 |

① 현재 매출채권액 = $\frac{300억원}{365일}$ × 30일 = 24.6억원

할인제공시 매출채권액 = $\frac{300억원}{365일}$ × 20일 = 16.4억원

매출채권감소액 = 24.6억원 − 16.4억원 = 8.2억원

자금조달비용감소분 = 8.2억원 × 10% = 0.82억원

② 현금할인에 따른 비용 = 300억원 × 0.5 × 0.05 = 7.5억원

③ 현금할인에 따른 손익 = 0.82억원 − 7.5억원 =−6.68억원

따라서 현금할인을 제공할 경우에는 이에 따른 이익이 비용에 훨씬 못 미치기 때문에 산성 PVC는 현금할인을 하지 않는 것이 유리하다.

한편 이번에는 구매자의 입장에서 현금할인을 제공받을 것인지 여부를 따져보자. 산성 PVC는 10일 안에 외상을 갚으면 5%의 할인을 해주는 것이 너무 높아 할인율을 0.5%로 제공하기로 결정하였다고 하자. 이 경우 월 단위로 계산하면 상응 할인율이 1.5%가 되는데, 만약 구매자가 월리 1.5% 이하로 자금을 차입할 수 없다면 이 할인율을 제공받는 것이 유리하게 된다. 그렇지만 차입금리가 월리 1.5% 미만일 경우에는 할인을 받지 않고 30일까지 지급기일을 연장하는 것이 유리하다.

③ 신용평가(credit evaluation)

구매자의 신용에 따라 신용기간과 현금할인율을 달리 하는 것도 필요하다. 단골고객 여부에 따라 신용정책을 달리 할 수도 있고, 구매자에 대한 신용평가를 바탕으로 신용정책을 차등해서 적용할 수도 있겠다. 신용평가 시에는 채무불이행위험에 초점을 맞춘 신용분석은 물론 경영자분석 및 산업분석 등과 같은 질적 분석까지 포함해 정확도를 높일 필요가 있다.

④ 회수정책(collection policy)

지급기일 내에 판매대금이 회수되지 않으면 기간연장, 독촉전화, 독촉장송부, 회수전문기관 고용 등의 방법을 사용하여 회수를 촉진해야 한다. 회수촉진이 필요한 때 경영자는 고객관계가 악화되지 않는 범위 내에서 회수정책을 강화하는 것이 중요하다. 대기업의 경우에는 전담부서를 두어 매출채권을 관리할 수 있을 것이다. 그렇지만 중소기업의

경우에는 규모의 경제를 살리기 어렵기 때문에, 외부의 채권회수 전담기관을 활용하거나, 매출채권을 제3자에게 매각하는 팩토링(factoring)을 이용할 수 있다. 한편 회수가능성이 낮은 매출채권에 대해서는 보험을 드는 방안을 모색하는 것도 한 방법이 될 것이다.

3.3 재고자산관리

재고자산(inventory)은 생산공정에 따라 원재료(raw materials), 재공품(work-in-process), 그리고 완제품(finished goods) 등으로 분류할 수 있다. 한편 재고자산 보유목적에 따라서는 기본적 재고, 안정적 재고, 그리고 전략적 재고로 나눌 수 있다. 기본적 재고는 정상적인 기업활동에 필요한 재고를 말하고, 안정적 재고는 급격한 수요 · 공급의 변화에 대비하기 위한 재고를 의미한다. 한편 전략적 재고는 당장의 필요는 없더라도 기업의 전략적 차원에서, 예를 들어 성장동력 구비나 새로운 사업진출을 위해서 재고를 비축하는 경우를 말한다.

일반적으로 재고자산보유에는 두 가지 비용이 발생한다. 우선 재고관리비용(carrying costs)으로, 재고보유에 따른 보관비용, 보험료, 마모 및 훼손비용 등이 이에 포함된다. 재고보유에 따르는 두 번째 비용은 주문비용(ordering costs)이다. 재고관리비용과 주문비용을 합한 총비용을 최소화하기 위한 최적주문량(economic order quantity : EOQ) Q^* 을 결정하는 재고관리모형을 식으로 나타내면 다음과 같다.

$$Q^* = \sqrt{\frac{2 \times S \times OCPO}{CCPU}} \tag{11.4}$$

S : 연간매출액
$OCPO$: 1회 주문비용
$CCPU$: 단위당 재고관리비용

또한 기업은 생산활동과 영업활동에 지장이 없을 정도의 재고자산을 유지하면서 재고자산보유에 따른 비용을 최소화하는 것이 필요하다. 그런데 재고자산보유에는 재고관리비용과 주문비용과 같은 명시적인 비용 외에도 비명시적인 기회비용과 이익이 수반된다. 따라서 재고자산이 원활한 기업활동을 지원하는 긍정적 기능과 재고자산 보유에 따른 비용부담의 다각적인 상충관계를 고려해야 할 필요가 있다.

그런데 재고자산은 매출채권과 비슷하게 보유량이 매출과 직결된다는 특징이 있다.

예제 11-4 최적주문량의 계산

(주)강산컴은 컴퓨터 완제품을 팔기 위해 CPU가 필요한데 CPU 1회 주문비용은 10만원이 소요된다. 재고관리비용은 개당 1,000원이고, 생산을 위해 연간 5,000개의 CPU가 필요하다. 최적주문량을 계산하라.

| 풀이 |

$$Q^* = \sqrt{\frac{2 \times 5{,}000 \times 100{,}000}{1{,}000}} = 1{,}000\text{개}$$

즉, (주)강산컴의 최적주문량 Q^*는 1,000개가 되고, 평균 500개의 재고를 유지하는 것이 그리고 1년에 1,000개씩 5번 주문하는 것이 재고비용을 최소화하는 것임을 알 수 있다.

단지 매출채권은 매출 후에 발생하기 때문에 예측이 쉬운 반면, 재고자산은 매출 전에 발생하기 때문에 예측이 어려워 더욱 신경을 써야 한다는 차이가 있다. 예를 들어, 매출이 증가할 것으로 예상하여 재고자산을 늘리기로 결정했다고 가정하자. 그런데 실제 매출이 예상을 밑돌 경우에는 재고처분을 위해 할인을 해야 하거나, 재고보유에 따른 비용부담을 안게 되어 손실이 발생하게 된다. 또한 급격한 수요증가로 예상보다 매출이 증가되어 재고가 부족할 경우에는 매출액의 감소에 따른 기회비용이 발행하게 된다.

예를 들어 설명해 보자. (주)무심인쇄는 크리스마스카드 및 연하장을 생산 · 판매하는 회사이다. 회사의 성격상 대부분의 매출은 성탄절을 전후해서 발생한다고 가정하자. 이 기업은 현재 재고자산을 1,000만원 정도를 보유하고 있는데 성탄절 수요를 위해 2,000만원의 은행차입금을 얻어 재고자산을 3,000만원으로 늘리려고 한다. 재고자산 판매에 따른 수익률이 은행이자율을 초과하는 한 이러한 재고자산 증대는 옳은 것이 된다. 그런데 만약 재고자산이 계획대로 처리가 되지 않는다면 (주)무심인쇄는 2,000만원에 대한 이자비용을 지불하기 위해 재고자산을 싼 값에 처분해야 한다. 때문에 이 회사는 매출에 대한 예측을 잘못하여 재고자산증대로 인한 손해를 보게 된다.

구체적으로 재고자산비용에는 재고유지비용(carrying costs), 주문비용(ordering costs), 그리고 기회비용(opportunity costs)이 포함된다.

① 재고유지비용 : 재고자산유지에 필요한 자본비용, 재고자산의 저장과 관리비용, 보험료 및 재산세, 재고자산의 진부화에 따른 손실

② 주문비용 : 발주비용, 선적비용, 운송비용 등

③ 기회비용 : 재고부족에 따른 생산차질, 매출감소, 고객만족감소

한편 기업은 재고자산을 담보로 하여 금융기관으로부터 융자를 받을 수 있다. 우선 총괄적 담보의 경우에는 재고자산 전부를 담보로 하여 차입하는 것이다. 차입기업이 재고자산변동에 대해 금융기관에 보고할 의무를 갖고 있으나, 차입기업의 창고에 재고자산이 보관되고 재고자산의 관리주체도 차입기업인 관계로 금융기관의 실질적인 통제가 어렵다. 따라서 이 방법으로는 융자를 받기 힘들다는 문제가 있다. 신탁금융의 경우에는 신탁증서에 명시된 재고자산만 따로 분리해 일정장소에 보관하되, 변동에 대해서는 신탁인이 금융기관에 보고하게 되어 있어 금융기관의 통제가 가능하다. 신탁금융의 경우에도 보관주체는 차입기업이 된다. 창고금융의 경우에는 재고자산에 대한 보관주체가 차입기업이 아닌 전문창고회사라는 점이 틀리다. 그런데 만약 재고자산의 보관장소가 독립적인 창고회사의 창고가 될 경우에는 공설창고금융이라 하고, 차입기업의 창고가 될 경우에는 현지창고금융이라 구분하고 있다. 재고자산금융의 유형을 정리하면 [표 11-6]과 같다.

❙ 표 11-6 ❙ 재고자산금융의 유형

<table>
<tr><th colspan="2">형 태</th><th>장 소</th><th>보관주체</th><th>통제주체</th></tr>
<tr><td colspan="2">총괄적 담보(blanket inventory lien)</td><td>차입기업창고</td><td>차입기업</td><td>차입기업/금융기관</td></tr>
<tr><td colspan="2">신탁금융(trust receipt financing)</td><td>신탁재산만
일정장소에 보관</td><td>차입기업</td><td>신탁증서/금융기관</td></tr>
<tr><td rowspan="2">창고금융
(warehouse
financing)</td><td>공설창고금융</td><td>독립적인 창고회사</td><td>창고회사</td><td>금융기관</td></tr>
<tr><td>현지창고금융</td><td>차입기업창고</td><td>창고회사</td><td>금융기관</td></tr>
</table>

제4절 유동부채관리

유동부채에는 외상매입으로 발생하는 매입채무, 은행대출, 그리고 기업어음 등이 포함된다. 유동부채는 장기자본에 비해 일반적으로 조달비용이 낮다는 특징이 있다. 우선 매입채무나 임금, 세금, 약속어음 등의 미지급비용은 유동부채이지만 이자가 없기 때문에 기회비용을 고려하지 않으면 조달비용이 영(0)이 된다. 그리고 채권의 경우 만기와

이자율의 관계를 나타내는 수익률 곡선을 보면 대부분 우상향하는 모양을 나타내고 있는데, 이는 장기부채가 단기부채에 비해 불확실성이 높고 또 인플레이션에 대한 보상이 필요하기 때문이다. 따라서 이자율의 기간구조 역시 장기부채의 이자율이 유동부채의 이자율에 비해 높음을 보여주고 있다.

반면에 유동부채로 필요자금을 조달하면 잦은 차입과 상환에 의해 자금관리가 복잡해진다는 단점이 있다. 또한 단기자금조달은 장기자금조달에 비해 기업의 위험을 높이게 된다. 장기차입의 경우 고정금리로 조달하면 차입기간 동안 이자율이 일정하여 안정적인 자금관리를 할 수 있다. 장기부채를 변동금리로 조달해도 자금사정에 따라 달라지는 기준금리는 변하지만 기업위험에 대한 스프레드 부분은 일정하다. 이에 비해 단기부채를 계속해서 발행하게 되면 기준금리는 물론 기업의 부도위험에 따라 달라지는 스프레드 역시 발행할 당시의 상황에 따라 달라진다.

예를 들어 100억원의 자금이 10년 동안 필요할 때 10년 만기의 장기부채를 발행하여 조달하는 경우와 6개월 만기의 유동부채로 조달하는 경우를 비교해 보자. 우선 장기부채는 10년 동안 이자율변동위험이 유동부채에 비해 낮다. 또한 유동부채의 경우에는 10년 동안 무려 20번의 상환과 재계약을 해야 하는 반면에, 장기부채의 경우에는 10년 동안 안정적으로 자금을 사용할 수 있다는 장점이 있다. 그렇지만 조달비용은 단기부채가 저렴하고, 또 기업의 신용도가 10년 동안 꾸준히 상승한다면 6개월마다 재발행 시 이자율이 낮아지는 효과가 있어 단기부채가 유리하다고 할 수 있다. 이렇듯 유동부채관리도 유동자산관리와 마찬가지로 수익성-위험 또는 비용-안정성의 상충관계를 분석하는 것이 필요하게 된다.

유동부채관리는 기업의 특성에 따라 달라지는데, 특히 계절적 요인과 경기상황에 따라 달라지는 필요자금을 어떤 기본정책을 갖고 차입하느냐가 중요하다. 만약 기업이 단기적(장기적)으로 필요한 자금을 될 수 있는 대로 단기부채(장기자본)로 조달한다고 하면 이 기업은 자산과 자금조달을 기간에 따라 매칭(matching)하고 있는 것이 된다. 한편 기업의 자산은 유동자산과 비유동자산으로 나눌 수 있고, 유동자산은 다시 항시유동자산(permanent current assets)과 임시유동자산(temporary current assets)으로 구분할 수 있다. 항시유동자산은 통상적인 기업활동을 위해 늘 필요한 유동자산인 반면에, 임시유동자산은 계절적인 수요에 대비하거나 특수한 상황발생 시 필요한 유동자산을 말한다.

[그림 11-2] (a)에 나타난 것과 같이 비유동자산과 항시유동자산의 일부를 장기자본으로, 그리고 임시유동자산은 단기부채로 조달하는 경향이 강하면 공격적 성향의 자금조달이라고 할 수 있다. 이렇게 하면 유휴자금 없이 자금관리를 하는 것이 되기 때문에

비용이 감소되어 수익성이 향상될 것이다. 그렇지만 예기치 못한 상황이 발생하면 급히 자금을 조달해야 하는 문제가 있고, 자금조달이 여의치 않을 경우에는 투자기회를 놓칠 가능성이 있으며 심각할 경우에는 지급불능위험에 빠질 수 있다.

한편 유동부채관리에 있어 보수적인 성향을 갖고 있다면 비유동자산과 항시유동자산은 물론 임시유동자산의 일부까지도 장기자본으로 조달하게 된다. 이렇게 하면 자금조달에 큰 신경을 쓸 필요가 없고, 또 풍부한 여유자금이 비상시에 완충역할을 하게 되어 기업의 위험을 낮추는 장점이 있다. 그러나 [그림 11-2]의 (b)에 컬러망으로 표시되는 유휴자금은 기회비용 또는 조달비용을 수반하기 때문에 기업의 수익성을 저하시킬 가능성이 높다. 따라서 기업은 자사의 특성과 함께 앞으로 자금시장에 대한 예측을 바탕으로 공격적 관리와 보수적 관리의 연속선상에서 적절한 위치를 선정하게 된다.

■ 그림 11-2 | 공격적 자금조달과 보수적 자금조달

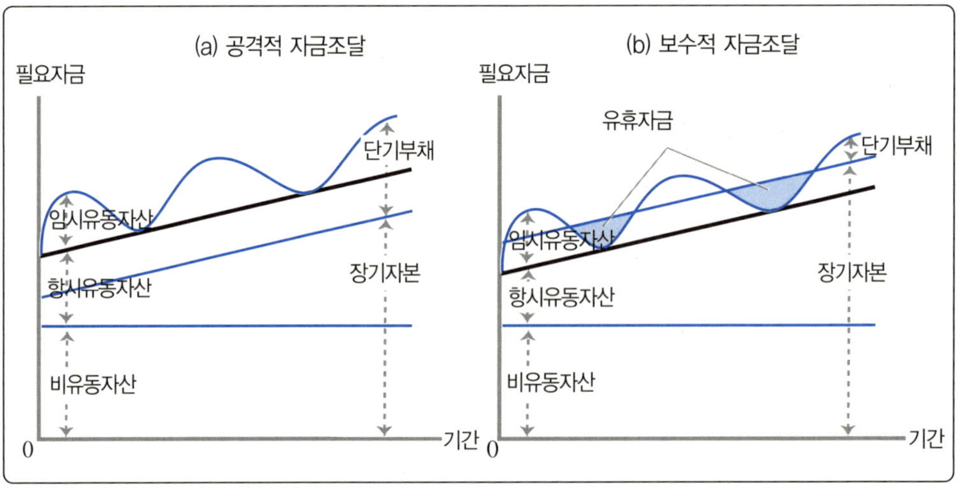

4.1 매입채무

매입채무(account payable)는 기업이 원재료나 부품을 구입할 때 현금 대신 외상거래를 함으로써 발생되는 유동부채이다. 매입채무는 전체 유동부채의 30~40%를 차지할 정도로 그 중요성이 높다. 매입채무를 늘리면 그만큼 현금유출이 지연되기 때문에 현금전환기간이 감소된다는 장점이 있다. 그런데 통상적으로 현금할인이 제공되기 때문에 구매자의 입장에서는 현금할인을 받는 것이 유리한가 아니면 신용기간까지 지급을 늦추는

것이 유리한가를 따져 보아야 한다. 이를 위하여 다음 예제를 고려하여 보자.

예제 11-5 매입채무의 평가

개신전자는 자동차 내비게이션을 제조 · 판매하는 업체이다. 이 내비게이션에는 7인치 TFT LCD가 중요한 부품인데, 개신전자는 S전자로부터 개당 100,000원씩 「1/10, net 30」이라는 신용판매조건에 1만개를 주문하기로 결정했다. 개신전자의 재무관리자는 (1) 1%의 현금할인을 받기 위해 10일째 대금을 지급하는 것이 유리한가 아니면 (2) 현금유출을 가능한 늦추기 위해 현금할인 없이 30일째 대금을 지급하는 것이 유리한가를 분석하라.

| 풀이 |

(1) 만약 현금할인을 받는다면 구입가격은 9억 9천만원(=99,000원×1만개)이 되고, 일평균구입액은 2,712,329원(=9억 9천만원/365일)이 된다. 따라서 10일 동안 매입채무는 27,123,290원으로 기록된다.

(2) 현금할인 대신 지급기일을 연기하면 구입가격은 10억원이 된다. 그런데 중요한 점은 현금할인과 지급기일연기를 비교하기 위해서는 현금할인과 동일하게 구입가격을 9억 9천만원으로 똑같이 놓고 시작을 해야 한다는 점이다. 따라서 30일 동안 매입채무는 81,369,870원(=2,712,329원×30일)이 된다.

현금할인과 지급기일연기의 매입채무액의 차이는 54,246,580원(=81,369,870원−27,123,290원)이 된다. 그런데 현금할인을 받지 않으면 10억원에 대한 1%의 할인을 포기한 것이기 때문에 현금할인포기에 따른 손실은 1,000만원이 된다. 그리고 추가적인 매입채무액은 54,246,580원이기 때문에 매입채무에 대한 실질 연평균이자율은 0%가 아닌 18.4%(=10,000,000원/54,246,580원)가 된다.

한편 다음 공식을 사용하면 현금할인과 지급기일연기 중 어느 것이 유리한가를 더 쉽게 구할 수 있다.

$$\text{연평균이자율} = \frac{\text{할인율}(\%)}{(100-\text{할인율})(\%)} \times \frac{365\text{일}}{\text{신용기간}-\text{할인기간}} \tag{11.5}$$

식(11.5)에 의하여 [예제 11-5]의 연평균이자율을 계산하면 다음과 같다.

$$\text{연평균이자율} = \frac{1}{99} \times \frac{365}{20} = 18.4\%$$

따라서 개신전자가 은행에서 매입채무만큼을 18.4% 이하로 빌릴 수 없다면 현금할인을 받는 것이 불리하다. 다시 말해 차입이자율이 18.4%를 넘으면 기업의 입장에서는 현금할인이 불리하다는 것이다.

그런데 앞의 제3장 화폐의 시간적 가치와 가치평가에서 설명했듯이 철저히 현금흐름을 중시한다면 이와 같은 명목이자율(nominal interest rate)보다는 실질이자율(effective interest rate)을 구하는 것이 더 정확하다고 할 수 있다. [예제 11-5]에서 개신전자는 신용기간과 할인기간의 차이인 20일간 현금유출을 늦출 수 있다. 따라서 연간 18.25(=365일/20일)번 현금유출을 늦출 수 있는 기회를 갖게 된다. 또한 20일간의 이자율은 0.0101(=1/99)이기 때문에 실질이자율은 다음과 같이 계산된다.

$$\text{연평균실질이자율} = (1 + 0.0101)^{18.25} - 1 = 20.13\%$$

따라서 개신전자의 경우 차입이자율이 20.13% 이상으로 올라가면 현금할인을 받는 것이 현금할인 없이 지급기일을 연기하는 것보다 유리하다고 할 수 있다.

참고로 매입채무 외에도 미지급임금, 미지급세금 등의 미지급비용(accrued liabilities)도 중요한 유동부채 중 하나이다. 그런데 지급기일연기와 현금할인 중 선택할 수 있는 매입채무와는 달리 미지급비용은 선택을 할 수 있는 여지가 극히 제한적이라는 차이가 있다.

4.2 은행대출

기업의 자금조달에 있어 은행은 중요한 역할을 하는데, 특히 단기대출에 있어서는 더욱 그러하다고 할 수 있다. 이는 은행이 단기대출에 있어 다른 금융기관에 비해 유리한 위치를 점하고 있기 때문이다. 보통 기업은 주거래은행을 지정하고 이 주거래은행을 통해 대부분의 거래를 한다. 이에 따라 주거래은행은 경영진을 제외한 그 누구보다 그 기업의 현금흐름 및 가치에 대해 우월한 정보를 갖게 된다. 이러한 정보우위 때문에 은행은 대출 시 신용평가, 이자율결정, 대출한도설정에 있어 타 금융기관에 비해 유리한 위치에 있게 된다.

또한 기업의 입장에서도 다수의 공공투자자(public investors)를 상대하기보다는 소수의 은행을 상대로 사업전망이나 투자기회를 설명하면서 자금을 조달하는 것이 유리한 때가 많다. 이러한 기업-은행 간의 긴밀한 협조관계는 기업이 어려움에 처해 있을 때, 급전이 필요할 때, 대출계약을 재갱신할 때, 혹은 대규모 자본이 필요할 때 등에 결정적인 역할을 하게 된다. 따라서 은행대출은 유동부채관리에 있어 다른 단기차입에 비해 중요성이 높다고 할 수 있다.

또한 기업은 거래은행에서 당좌차월(line of credit)을 개설해 일정한도 내에서는 필요할 때마다 별도의 계약 없이 대출받을 수 있다. 이러한 계약은 유동부채관리에 있어 유연성을 높여주게 된다. 또한 수출기업의 경우에는 수출지원금융을 은행에서 받을 수 있다. 은행에서 L/C라고 불리는 신용장(letter of credit)을 제출하면, 일정수수료를 지불하고 수출대금을 미리 은행에서 받아 현금화할 수 있다는 장점이 있다.

그런데 은행대출 역시 장점만 있는 것이 아니라 여러 비용이 수반된다는 문제가 있다. 우선 은행은 대출금의 안정적 상환을 위해 기업으로 하여금 대출금의 일정부분을 보상잔액으로 유지할 것을 요구한다. 예를 들어, 120억원이 필요한데 은행에서 대출금의 20%를 보상잔액으로 요구하면 실질적으로는 150억원을 대출해야 하기 때문에 기업의 금융비용부담이 증가한다는 단점이 있다.

또한 은행이 요구하는 이자지급방법에 따라 실질금리는 달라질 수 있기 때문에 이에 대한 주의도 요구된다고 하겠다. 다음 [예제 11-6]을 들어 실질금리의 차이를 설명해 보자.

예제 11-6 은행대출과 명목이자율

홍덕테크는 10억원이 필요하여 은행에서 연리 12%에 차입하려고 한다. 다음 각각의 경우 명목이자율 12%가 어떻게 변하는가를 살펴보자.

(1) 은행이 이자를 매월 납부하는 것을 요구할 경우
(2) 은행이 선이자지급을 요구할 경우
(3) 은행이 20%의 보상잔액을 유지할 것을 요구할 경우
(4) 은행이 이자와 함께 원금을 매월 분할해서 상환할 것을 요구할 경우

| 풀이 |

(1) 만약 은행이 이자를 매월 납부하는 것을 요구한다면 이자율은 다음과 같이 계산되어 12.68%로 올라간다. 즉, 이자지급횟수가 증가함에 따라 실질이자율은 상승하게 된다.

$$\left(1+\frac{0.12}{12}\right)^{12}-1=12.68\%$$

(2) 은행이 선이자지급을 원할 경우에는 대출금이 10억원이 아니라 1,136,363,636원이 되어 실질이자율은 11.64%가 된다.

$$X \times 0.12 = I \qquad \cdots ①$$
$$X - I = 10\text{억원} \qquad \cdots ②$$

여기서 X는 대출금액, I는 선이자금액이다. ①과 ②의 연립방정식을 풀면 X는 1,136,363,636원이고 I는 136,363,636원이 된다. 따라서 실질이자율은 다음과 같이 계산된다.

$$\frac{136,363,636\text{원}}{1,000,000,000\text{원}} = 13.64\%$$

(3) 은행이 20%의 보상잔액을 유지할 것을 요구하면 기업은 10억원이 아닌 12.5억원(=10억원/0.8)을 대출받아야 한다. 이에 따라 이자금액은 1억 5천만원(=12.5억원×12%)으로 상승하게 되어 실질이자율은 15%가 된다.

$$\frac{1\text{억}5\text{천만원}}{10\text{억원}} = 15\%$$

(4) 끝으로 은행이 이자와 함께 원금을 매월 분할해서 상환할 것을 요구할 경우에 실질이자율이 어떻게 변하는가를 살펴보자. 연간 원리금 총액은 11억 2천만원이다. 이를 12개월로 분할상환하면 매월 93,333,333원을 갚아야 한다. 원리금 총액은 11억 2천만원으로 연말에 일시상환하거나 매월 분할상환하거나 동일하다. 하지만 분할상환할 경우는 9천3백여 만원을 매달 납부하기 때문에 일시불 납부에 비해 현금유출이 빨리 일어나게 된다. 현금유출의 현가를 10억원으로 만들어 주는 월이자율은 다음과 같이 구할 수 있다.

$$\begin{aligned} 10\text{억원} &= 93,333,333 \times \left[\frac{1}{(1+x)^1} + \frac{1}{(1+x)^2} + \cdots + \frac{1}{(1+x)^{11}} + \frac{1}{(1+x)^{12}}\right] \\ &= 93,333,333 \times PVIF_a(i=x\%,\ n=12) \end{aligned}$$

따라서 월이자율은 1.788% 정도가 되고, 연이자율은 복리로 계산하면 23.7%가 되어 원리금 일시상환에 비해 약 두 배 정도가 높아진다.

$$\text{연이자율} = (1 + 0.01788)^{12} - 1 = 0.237$$

복리로 계산하지 않고 월평균이자율을 12개월로 곱한 금리는 연평균이자율(annual percentage rate : APR)이라 하여 다음과 같이 계산한다.

$$APR = \text{월이자율} \times \text{분할횟수} = 0.01788 \times 12\text{회} = 0.21456 = 21.46\%$$

한편 원리금 분할상환의 경우에는 정확하지는 않지만 다음과 같은 공식을 사용하여 대략적으로 실질이자율을 계산하는 방법도 있다.

$$\text{대략적 연간 실질이자율} = \frac{\text{이자금액}}{\text{대출금}/2} = \frac{1\text{억}2\text{천만원}}{5\text{억원}} = 24\%$$

이와 같이 실질이자율은 이자지급방법, 보상잔액유지, 분할납부 여부 등에 따라 큰 차이를 보이게 되므로 재무관리자는 대출조건을 면밀히 따져 볼 필요가 있다. 한편 일반투자자를 대상으로 자금을 조달할 경우에는 시장상황을 고려해야 하지만 투자자가 누구인지에까지 신경을 쓸 필요가 상대적으로 적다. 반면에 기업이 주거래은행을 선정할 때는 신중을 기해 결정해야 한다. 이는 주거래은행과의 긴밀한 협조관계는 운전자본관리뿐만 아니라 자금조달 전반에 걸쳐 영향을 미치기 때문이다. 그리고 한 번 선정한 주거래은행을 변경할 때는 비용이 많이 발생한다는 점도 염두에 두어야 한다.

4.3 기업어음

기업어음(commercial paper : CP)은 단기자금조달을 위해 일반투자자들을 대상으로 발행하는 어음이다. 만기는 일반적으로 1일에서 270일까지 다양하다. 보통 중개기관(dealer)이 개입하여 할인발행된 기업어음을 매입하여 이를 개인투자자나 기관투자자에게 재판매하여 매매차익을 얻고 있다. 판매가 안 된 만큼은 만기까지 중개기관이 보유한다. 담보배서어음의 경우에는 중개기관이 원리금에 대한 지급보증을 하고 판매하며, 무담보배서어음의 경우에는 보증 없이 판매한다는 차이가 있다. 어떤 형태를 취하든 중개기관이 발행기업에 대한 신용조사를 철저히 할 필요가 있다.

기업어음은 은행대출과 달리 일반투자자를 대상으로 대규모 단기자금을 조달한다는 특징을 보이고 있다. 따라서 신용도가 높고 규모가 큰 기업이 주로 기업어음을 발행하고 있으며, 중소기업은 현실적으로 이 기업어음시장에 진입하기가 어렵다. 또한 투자자의 수가 많기 때문에 은행과 같은 긴밀한 협조관계에 의한 대출조건 및 재계약에 대한 유연성도 기대하기 힘들다. 반면에 기업어음의 금융비용이 은행대출보다 저렴하다는 장점이 있다.

연 | 습 | 문 | 제

객관식 문제

01 다음 중 현금보유동기라고 볼 수 없는 것은?

① 비상시를 대비하여 현금을 보유
② 거래를 원활하게 하기 위해 현금을 보유
③ 유가증권에 투자하여 수익률을 제고하기 위해 현금을 보유
④ 수익성 있는 투자안에 즉각적으로 투자하기 위해 현금을 보유

02 다음 중 유동자산이 아닌 것은 무엇인가?

① 매입채무 ② 유가증권 ③ 현금 ④ 재고자산

03 다음 중 순운전자본관리에 대한 주장으로 맞지 않는 것은 무엇인가?

① 순플로트를 늘릴수록 유동성은 높아진다.
② 평균회수기간이 길수록 유동성은 낮아진다.
③ 현금전환기간을 늘릴수록 유동성은 높아진다.
④ 현금유출의 시점과 현금유입의 시점을 될 수 있는 대로 일치시키면 필요 현금보유량을 줄일 수 있다.

04 다음 중 유동자산관리를 위해 기업이 투자하는 유가증권에 포함되지 않는 것은?

① 국공채 ② 후순위채권
③ 기업어음 ④ 양도성예금증서

05 은행대출을 받을 때 이자율에 대한 다음 설명 중 틀린 것은?

① 보상잔액을 요구하면 실질이자율은 상승한다.
② 이자지급횟수가 늘어나면 실질이자율은 상승한다.
③ 원리금을 분할상환하게 되면 실질이자율은 감소한다.
④ 수익률곡선이 우상향하면 단기대출에 비해 장기대출의 실질이자율이 높게 된다.

06 다음 중 매출채권관리의 구성요인을 나타내고 있는 것은?

① 신용정책, 회수정책, 신용평가
② 회수정책, 신용정책, 이자율결정
③ 신용평가, 회수정책, 지급분석
④ 판매조건, 지급분석, 회수조건

EXERCISE

07 다음 중 신용정책에 대한 설명으로 옳지 않은 것은?

① 금액이 작을수록 정책상 신용정책이 길어지는 경향이 있다.
② 변질이 쉽게 되는 상품의 신용조건은 매우 엄격하게 적용된다.
③ 위험이 높은 고객의 경우 신용조건이 매우 까다롭게 적용된다.
④ 신용기간을 연장시켜 주는 것은 고객에게 가격을 할인해 주는 효과가 있다.

08 다음 설명 중 잘못된 것은?

① 신용기준을 강화하면 매출액이 감소한다.
② 신용기준을 강화하면 대손율이 낮아진다.
③ 신용기준을 완화하면 회수기간이 길어진다.
④ 장기적으로 신용기준은 기업의 수익성과 관련없다.

09 다음 중 적정운전자본의 기능에 대한 설명으로 부적절한 것은?

① 주주들에게 적정배당을 가능하게 한다.
② 적절한 가격수준으로 상품을 제공할 수 있게 한다.
③ 유동부채 상환이 가능하므로 현금할인의 기회를 갖게 한다.
④ 재무유동성을 향상시켜 기업의 지급불능위험을 감소시킨다.

10 다음 중 재고자산의 적정한 수준을 결정하는 요인으로 볼 수 없는 것은?

① 제품가격 ② 생산공정시간
③ 예상기대판매량 ④ 재고관리상의 비용

11 다음 중 금융부채가 아닌 것은 무엇인가?

① 매입채무 ② 은행차입
③ 기업어음(CP) ④ 무담보부채권

12 다음 중 옳지 않은 주장은 무엇인가?

① 유동부채가 많아지면 자금관리가 복잡해진다.
② 유동부채는 장기부채에 비해 조달비용이 높다.
③ 장기자금조달이 단기자금조달에 비해 안정적인 자금관리가 가능해진다.
④ 매입채무의 평가를 위해서는 현금할인을 받는 것이 유리한가 아니면 신용기간까지 현금지급을 늦추는 것이 유리한가를 비교해야 한다.

⋘ 연 | 습 | 문 | 제

13 다음 중 유동자산이 아닌 것은 무엇인가?

① 현금 ② 매출채권
③ 유가증권 ④ 영업권

14 다음 중 옳지 않은 주장은 무엇인가?

① 지급플로트가 길수록 현금유출이 늦어진다.
② 이자율이 높을수록 적정 현금보유액은 많아진다.
③ 유동성 투자가 많을수록 자금조달비용은 높아진다.
④ 현금전환기간이 길수록 보다 많은 유동성 투자가 필요하다.

■ 주관식 문제

01 매입채무의 신용조건이 「2/10, net 30」일 때 매입채무의 연평균이자율을 계산하라.

02 (주)가로수전자는 4월 15일에 자사의 제품을 판매하였는데 3일 후에 판매대금 1천만원이 입금되었다. 그리고 4월 20일에 원자재를 구입하고 5일 후에 2천만원을 지급하였다. 이 기업의 4월 순플로트를 계산하라.

03 (주)충호건설은 산암지구 아파트건설을 위해 120억원이 필요하다. 충호건설은 연리 7%로 차입할 수 있으나 대출은행은 보상예금잔액 20%를 요구하고 있다. 이 경우 충호건설의 실질이자율(effective interest rate)은 얼마인가?

04 윤명양행은 내년 매출액을 20억원 그리고 매출액영업이익률을 15%로 예상하고 있다. 이 회사는 부채비율을 50%로 유지하려고 하며, 타인자본의 차입이자율은 연 10%이다. 현재 비유동자산은 10억원이며 유동자산은 (1) 매출액의 10% 또는 (2) 매출액의 30%로 결정하려고 한다. 법인세율이 20%일 경우 각각의 자기자본 기대수익률을 구하라.

05 (주)영환교육은 100억원을 연리 20%로 은행에서 1년간 차입하려고 한다.

(1) 만약 은행이 이자를 매분기 말에 납부할 것을 요구한다면 실질이자율은 얼마인가?
(2) 만약 은행이 원금을 매반기 말에 균등분할 상환할 것을 요구한다면 실질이자율은 얼마인가?

EXERCISE

06 (주)문화의 1년간 필요한 현금은 50,000만원이며 현금차입 시 소요되는 1회수속비용은 차입액과 관련없이 50,000원이다. 그리고 시장이자율은 연 15%이다. (주)문화가 보몰의 모형을 이용하여 현금을 관리한다면 1회에 얼마씩 차입하여야 하는가?

07 (주)뉴컴은 개인용 PC를 전문적으로 생산하는 회사로서 연간 10,000개의 모니터를 외부로부터 주문하여 사용하고 있다. 1회 주문비용은 50,000원이며, 모니터 구입비용은 개당 250,000원이다. 또한 단위당 재고유지비용은 47,500원이다. (주)뉴컴의 (1) 경제적 주문량과 (2) 주문횟수를 계산하라.

08 (주)경민컴은 컴퓨터를 제조 · 판매하는 회사이다. 이 회사는 현재 PC 생산에 필요한 메모리카드를 「1/10, net 30」라는 신용매입 조건으로 S반도체로부터 개당 10만원에 1만개를 주문할 예정이다. 만약 (주)경민컴이 연리 15%로 차입할 수 있다면 현금할인을 받는 것이 유리한지 아니면 불리한지를 판단하라.

09 (주)수경종합의류의 2013년과 2014년의 요약손익계산서가 다음과 같을 경우에 이 기업의 현금전환사이클을 구하라.

(단위 : 만원)

	재고자산	외상매출금	외상매입금	매출액	매출원가
2013년	4,000	3,500	2,000	12,500	9,500
2014년	6,000	4,100	3,000	14,500	10,000

10 기존 사업확장으로 (주)종원산업은 80억원이 필요하며, 이를 연리 12%로 은행에서 1년간 차입하려고 한다.

(1) 만약 은행이 이자를 매월 말에 납부할 것을 요구한다면 연실질이자율은 얼마인가?

(2) 만약 은행이 원리금을 매분기 말에 균등분할 상환할 것을 요구한다면 연실질이자율은 얼마인가?

(3) 만약 은행이 보상예금잔액 20%를 요구하면 연실질이자율은 얼마인가? 이자지급은 매년 말 1회라고 가정한다.

11 (주)준혁전자는 PC를 제조 · 판매하는 기업이다. 현재 하루평균 매출액은 1,000만원인데, 현재의 신용기간을 30일에서 60일로 연장하면 하루평균 매출액이 1.5배인 1,500만원으로 증가할 것으로 예상하고 있다. 외상매출금 증가로 인한 필요자금은 월 2% 이자로 차입할 수 있고, 신용기간 연장으로 인해 늘어난 회수비용은 대손을

포함해 모두 5,000만원이다. (주)준혁전자가 신용기간을 연장하는 것이 유리(불리)한가를 판단하라. 단, 이 기업의 공헌이익률은 60%라고 가정한다.

12 (주)시영건설은 내년 매출액을 20억원 그리고 매출액영업이익률을 15%로 예상하고 있다. 이 회사는 부채비율(D/E)을 100%로 유지하려고 하며, 타인자본의 차입이자율은 연 10%이다. 현재 비유동자산 10억원이며 유동자산은 (1) 매출액의 10% 또는 (2) 매출액의 50%로 결정하려고 한다. 법인세율이 20%일 경우 각각의 자기자본 기대수익률을 구하고, 이를 운전자본관리에 대한 정책과 연계해 해석하라.

Fundamentals of Corporate Finance

CHAPTER 12

기업의 합병과 매수

Chapter 12

기업의 합병과 매수

제1절 M&A의 정의

M&A는 기업의 합병 및 매수를 뜻하는 용어로 독립적인 2개 혹은 그 이상의 기업이 하나의 기업으로 합해지는 경우를 일컫는 합병(merger)과 어떤 기업이 다른 기업을 매입하는 경우를 일컫는 매수(acquisition)를 포괄하는 의미이다. 합병과 매수는 형태는 다르지만 결과적으로 경영진이 새로운 경영진에 의해 교체되기 때문에 경영권을 거래한다는 의미가 있으며 그런 이유에서 M&A시장을 경영권시장이라고 한다.

한편 기업인수(takeovers)는 법적으로 경영권을 교체하기 위한 모든 거래를 의미한다. 따라서 [그림 12-1]에서 볼 수 있는 바와 같이 M&A는 기업인수의 한 형태이나 때로는

그림 12-1 | 기업인수의 분류

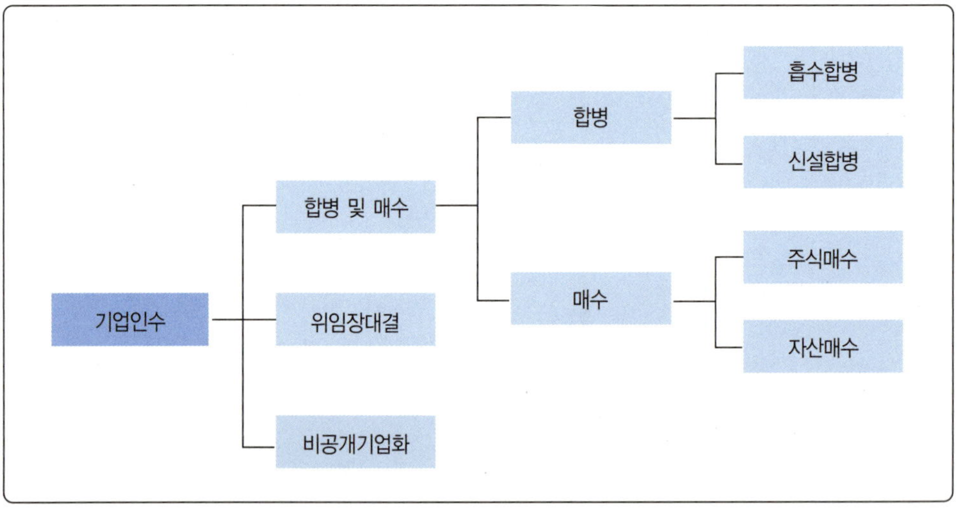

광의로 기업인수와 같은 뜻으로 사용되기도 한다.

1.1 합 병

합병은 흡수합병과 신설합병으로 분류할 수 있다. 흡수합병(merger)은 한 개 또는 그 이상의 기업이 다른 기업에 흡수되어 한 개의 기업이 되는 경우를 말한다. 즉, (주)두나가 (주)하나에 흡수되어 (주)하나라는 이름으로 한 개의 기업이 되는 경우이다. 이 경우 (주)두나가 보유하고 있는 모든 법률적인 의무 및 권리가 (주)하나에 이전되게 된다. 없어지는 기업인 (주)두나의 주주들은 (주)두나의 주식을 (주)하나의 주식으로 교환받게 된다.

신설합병(consolidation)은 2개 혹은 그 이상의 기업이 해체 후 새로운 한 개의 기업을 설립하는 경우를 말한다. 즉, (주)하나와 (주)두나가 각각의 기업을 해체하고 함께 (주)세나를 설립하는 경우이다. 이 경우 (주)세나는 (주)하나와 (주)두나의 법률적 의무 및 권리 중 원하는 것만을 선별적으로 보유하게 된다. 그러나 새로운 기업 이름인 (주)세나를 알리기 위해 많은 비용이 발생할 수 있다.

합병되는 기업들 간의 사업관계에 따라 합병은 수평적 합병(horizontal merger), 수직적 합병(vertical merger), 다각적 합병(conglomerate merger)으로 분류할 수 있다. 수평적 합병은 동일 사업을 하는 기업들이 합병을 하는 경우로 시장점유율을 높여 독점 및 과점이 될 가능성이 있기 때문에 법률에 의해 제한을 받는 것이 일반적이다. 수직적 합병은 원자재의 생산 및 공급, 제품의 생산, 유통 등 사업관계가 수직적인 기업들 간의 합병을 의미한다. 다각적 합병이란 사업상 관련이 없는 기업들 간의 합병을 의미하는데, 이 방법을 통해 현재의 사업과 다른 유망 사업분야로 진출하여 사업의 다각화를 이룩할 수 있다.

1.2 매 수

기업을 인수하기 위한 또 다른 방법은 해당회사의 의결권이 있는 주식을 매입하는 것인데, 이를 주식매수(acquisition of stock)라고 한다. 주식의 매수는 현재의 경영진과 우호적으로 협상하여 이루어질 수 있으나, 우호적인 인수협상이 가능하지 않을 때 해당 회사 주주들에게 공개적으로 해당 회사의 주식매입을 제의하는 공개매수(tender offer)에 의해 이루어질 수도 있다. 공개매수는 특정 유가증권을 균일한 조건으로 증권거래소 밖에서 불특정 다수인으로부터 대량으로 매수하는 행위를 말하는 것으로 한국, 미국, 일본 등 대부분의 나라에서는 공개매수의 성립 및 신고요건을 규정하여 엄격히 관리하고 있다.

공개매수를 할 때 대상기업 주식의 전량을 매수하는 전량공개매수와 일부만 매수하는 부분공개매수로 나눌 수 있다. 또 서로 다른 매수조건을 가진 두 기간으로 나누어 공개매수를 제의하는 2단계 공개매수(two-tiered tender offer)가 있다. 일반적으로 첫 번째 단계에서는 높은 가격을 제시하고 두 번째 단계에서는 낮은 가격을 제시한다. 이 형태는 주주에게 신속한 행동을 하지 않으면 보다 불리한 조건에 주식을 매각해야 된다는 것을 인식시켜 신속히 공개매수를 완료하고자 하는 의도가 있다.

자산매수(acquisition of assets)는 해당기업의 모든 자산을 매입하여 기업을 인수하는 경우를 말한다. 해당기업이 모든 보유자산을 인수자에 매각하기 위해서는 주주들의 공식적인 동의가 필요하다. 자산매수는 주식매수에서와 같이 소수의 주주가 주식을 계속해서 보유함으로써 인수에 저항하는 문제는 발생하지 않으나 자산의 소유권을 일일이 이전하여야 하기 때문에 많은 비용이 발생할 수 있다.

1.3 위임장대결

위임장대결(proxy fight)은 매수와는 달리 거대한 자금을 들이지 않고 기업을 인수할 수 있는 방법이다. 위임장은 의결권 대리를 입증하는 증서를 말하는데, 주주총회에서 의결권을 확보하기 위해 주주들에게 위임장 용지를 송부하여 자기 또는 특정 타인에게 의결권을 위임해 줄 것을 권유하게 된다. 보통 일정한 절차를 따라야만 위임장의 위임을 권유할 수 있다. 위임장대결은 주식을 직접 매입하지 않고 주주들의 위임장을 받아 경영권을 획득할 수 있다는 점에서 자금부담을 크게 줄일 수 있다는 장점이 있다. 위임장대결은 경영권인수의 목적뿐만 아니라 주주들이 소수의 이사를 이사회에 진출시키거나 경영정책을 반대하는데 이용되기도 한다.

위임장대결은 다음과 같은 상황에서 성공할 가능성이 높다. 첫째, 현재의 경영진을 지지하는 주주들이 적은 경우이다. 현 경영진의 지분율이 낮다면 위임장대결에서 이길 확률이 더욱 높을 것이다. 둘째, 최근 경영성과가 악화되고 있는 경우이다. 이 경우 주주들은 경영진을 교체하여 이익을 높이고 배당을 증가시키려고 할 가능성이 많다. 특히 현재의 경영진보다 훨씬 구체적이고 실현가능한 경영계획을 제시할 경우 효과적이다.

1.4 비공개기업화

비공개기업화(going private)는 소수의 투자자가 해당기업의 모든 주식을 매입하여 상장을 폐지하고 비공개기업이 되는 것을 말한다. 주로 현재의 일부 경영자와 외부의 소수 투자자에 의해 이루어지며 비공개기업으로 만든 다음 경영개선을 통해 높은 수익을 기대할 수 있다.

1.5 우호적 매수와 적대적 매수

기업인수는 인수 대상기업에게 접근하는 방법 및 대상기업 경영진의 태도에 따라 우호적 매수와 적대적 매수로 나눌 수 있다. 우호적 매수(friendly acquisition)는 말 그대로 우호적인 분위기에서 인수기업과 인수대상기업 경영진 간의 합의에 의해 이루어진다. 우호적 매수의 경우 대상기업에 대해 사적이고 비밀스런 접근에 의해 추진되는 것이 보통이다. 인수기업이 대상기업의 주식을 사전에 매입하면 적대적 의도로 비추어질 가능성이 있기 때문에, 우호적 매수에서는 통상 사전에 주식을 매집하지 않으며 협상이 결렬될 경우 아무런 적대적인 행동을 취하지 않을 것을 명백히 하는 것이 일반적이다.

우호적 매수는 대상기업의 중요한 미공개 정보를 제공받을 수 있다는 장점이 있다. 이러한 정보를 제공받기 전에 보통 비밀유지약정(confidentiality agreement)과 정지약정(standstill agreement)을 체결한다. 비밀유지약정은 제공된 정보를 유출하거나 이용하여 자사에 유리한 행동을 하지 않겠다는 약정이며, 정지약정은 대상기업의 허락 없이는 일정기간 동안 대상기업의 주식을 매집하는 적대적 행동을 하지 않겠다는 약정을 말한다.

적대적 매수(hostile acquisition)는 대상기업이 인수에 반발함에도 불구하고 공개매수, 주식매집, 위임장대결 등을 통해 경영권을 인수하는 경우를 말한다. 공개매수에 의한 적대적 매수의 경우 대상기업 경영진의 사전 동의 없이 대상기업의 주주들에게 시장가격보다 비싼 가격으로 주식을 매입하게 된다. 적대적 매수에서 대상기업의 경영진은 자신들의 지위를 상실하게 되기 때문에 당연히 반발하지만 주주들은 비싼 가격에 주식을 매도할 수 있으므로 제의를 수용하려는 태도를 보이게 된다. 공개매수가 진행되는 가운데 대상 기업이 방어적 차원에서 주식을 경쟁적으로 매입하거나 또 다른 제3자가 주식을 매입하여 인수에 참여하게 되면 주가가 크게 오르게 되기 때문에 적대적 매수에 실패하더라도 상당한 매매차익을 얻을 수도 있다.

적대적 매수는 대상기업의 미공개정보를 얻을 수 없고 종업원들의 반발을 불러 일으켜 인수 후에도 안정적인 경영에 어려움을 겪을 수 있다는 단점이 있다. 또한 대상기업의 방어조치로 인수가 불가능하게 되거나 인수하더라도 적정가격 이상의 비싼 가격을 지불하여야 할 수도 있다.

제2절 M&A로부터의 시너지효과

2.1 시너지효과

(주)하나가 (주)두나를 합병하였다고 하자. (주)하나의 기업가치를 V_A, (주)두나의 기업가치를 V_B, 두 회사가 합병된 기업의 가치를 V_{A+B}라고 하자. 그러면 합병된 회사의 기업가치에서 합병 전 2개 기업가치의 합을 차감한 가치를 시너지(synergy)라고 한다.

$$S = V_{A+B} - (V_A + V_B) \qquad (12.1)$$

S : 시너지

현실적으로 기업을 합병하거나 인수할 때 현재의 시장가치보다 높은 가격을 지불하는 경우가 있다. 즉, 현재의 주당가격이 시장에서 10,000원 할 때 그 보다 높은 가격인 12,000원을 지불하는 경우가 있다. 매도자의 입장에서 보면 현재의 가치보다 높은 가격에 주식을 매도할 수 있어야 보유주식을 당장 처분하려는 생각이 커지게 될 것이며, 매수자의 입장에서는 합병으로 얻게 되는 시너지가 있으므로 그 범위 내에서 약간의 프리미엄을 지불하여도 이익이기 때문이다. 따라서 인수협상을 하기 전에 매수자는 시너지의 크기를 측정하여야 한다.

시너지는 합병기업의 현금흐름에서 합병 전 2개 기업의 현금흐름의 합을 차감한 증분현금흐름을 적절한 할인율로 할인한 값이다.

$$S = \sum_{t=1}^{n} \frac{\Delta CF_t}{(1+r)^t} \qquad (12.2)$$

ΔCF_t : 합병으로 인한 증분현금흐름

r : 증분현금흐름을 얻기 위해 투입된 자본의 비용

증분현금흐름은 제4장 자본예산에서 살펴본 바와 같이 수익에서 비용 및 세금을 차감한 값에서 순운전자본의 증분과 자본적 지출의 증분을 차감한 값을 말한다.

2.2 시너지효과의 발생원인

합병으로 인한 시너지효과가 발생하는 원인은 식(12.2)에서 볼 수 있듯이 적정자본조달비용을 감안한 증분현금흐름이 커졌기 때문이다. 증분현금흐름이 커지려면, 첫째 효율성이 증대되어 들어오는 현금흐름이 커지거나, 둘째 나가는 현금흐름이 작아지거나, 셋째 들어오는 현금흐름이 커지고 동시에 나가는 현금흐름이 작아져야 한다. 증분현금흐름이 커지는 원인은 영업적 측면과 재무적 측면, 그리고 다각화의 측면에서 설명할 수 있다. 이들을 각각 영업시너지, 재무시너지, 다각화시너지라고 하는데 이들을 구체적으로 살펴보면 다음과 같다.

영업적 측면의 효율성이 증대되어 발생하는 시너지를 영업시너지라고 한다. 영업시너지는 주로 규모의 경제(economies of scale)와 범위의 경제(economies of scope)를 통하여 이루어진다. 규모의 경제란 생산요소의 투입량을 증가시킬 때 산출량이 투입량 증가 이상으로 증가하는 것을 의미한다. 즉 합병으로 인하여 증가된 비용 이상으로 마케팅적 이득, 전략적 이득, 시장의 지배력 등이 증가되어 이익이 증대되면 시너지가 발생하게 된다. 이러한 시너지는 보통 일정규모 이상의 수준에서만 가능하며 최적규모에 도달하기 위한 가장 효과적인 방법 중의 하나가 M&A이다.

■ 그림 12-2 | 규모의 경제

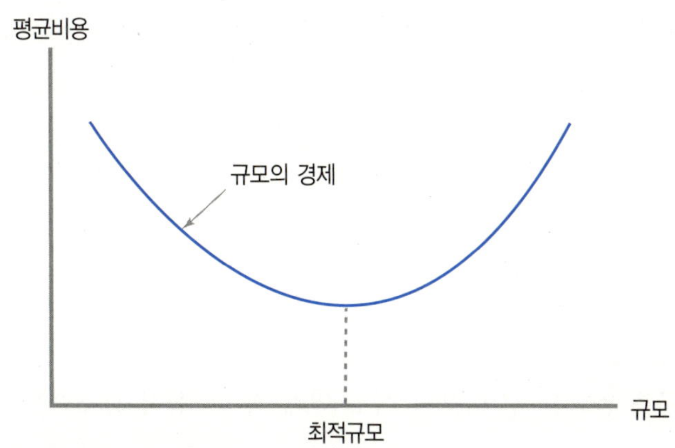

범위의 경제는 2개 이상의 제품을 생산할 때 생산시설, 유통망, 광고, 전산 등을 공유하여 비용을 절감하거나 2개 이상의 사업부가 자원을 공유하여 비용을 절감하는 것을 말한다. 즉, 합병으로 인해 제품의 범위나 영업의 범위가 늘어남에 따라 증가하는 비용에 비해 자원을 공유함으로써 얻는 이익이 커지면 시너지가 발생한다.

합병으로 인해 자금조달비용이 감소하거나 차입능력이 증대되어 발생하는 이익을 재무시너지라고 한다. 이러한 재무시너지는 다음과 같은 형태로 나타나게 된다.

첫째, 한 기업은 투자를 위한 자금을 조달하는 데 많은 비용을 지불하여야 할 입장에 있고, 다른 기업은 투자수요를 초과하는 현금흐름을 가졌을 때 두 기업이 합병을 하면 재무시너지가 발생하게 된다. 전자의 기업이 자금조달 시 발생하는 비용을 합병을 통해 회피할 수 있기 때문이다.

둘째, 합병을 통해 기업은 차입능력(debt capacity)을 증가시킬 수 있다. 차입능력이 증가되면 자본구조의 변화 없이도 파산위험을 낮추게 되어 자본비용을 낮출 수 있다. 또한 증가된 차입능력을 바탕으로 부채가 증가될 때 어느 범위까지는 자본비용을 감소시킬 수도 있다. 그 이유는 부채비용이 자기자본비용에 비해 상대적으로 낮기 때문이다.

셋째, 합병을 통한 기업 규모의 증가는 자본시장을 통한 자본조달 시 발행비용과 거래비용을 낮출 수 있다. 즉, 자본시장에서 채권을 발행하여 대규모의 자금을 조달하려고 할 때 소규모 다수의 자금조달에 비해 단위당 발행비용을 낮출 수 있다. 또 현재 우리나라의 주식시장을 보면 소규모 기업보다 대규모 기업의 주식거래가 활발한 편이어서 합병을 통해 유동성을 향상시킬 수 있으며 그로 인해 신규 증권발행이 용이해지는 편익을 얻을 수 있다.

넷째, 합병을 통해 세금을 절감하여 시너지를 얻을 수도 있다. 미국의 경우 누적된 영업손실로 인한 이월결손금을 갖고 있는 회사를 인수할 경우 그 액수만큼 법인세를 절감할 수 있다. 물론 우리나라와 같이 이월결손금을 승계하지 못하는 경우에는 이러한 이익을 얻을 수 없다. 또 앞에서 설명한 바와 같이 합병을 통해 차입능력이 증가될 수 있는데 실제로 합병된 기업이 이를 바탕으로 채무를 증가시킬 경우 부채사용에 대한 추가적인 세금절감효과(tax shield)를 얻을 수도 있다.

사업성격이 서로 다른 다각적 합병의 경우 공동보험(co-insurance)효과를 통해 시너지를 기대할 수도 있는데 이를 다각화시너지라고 한다. 즉, 경영다각화를 위한 합병의 경우 해당기업 간 현금흐름의 상관성이 적기 때문에 제품 및 산업라이프사이클로 인한 현금흐름의 굴곡을 완화할 수 있으며 이로 인해 경영위험이 감소되는 공동보험효과를 얻을 수 있다.

제3절 M&A의 순현가

기업을 매수 또는 합병할 것인가 여부를 결정하기 위한 기준으로 순현재가치법(net present value method)을 이용할 수 있다. 기업을 하나의 상품으로 보았을 때 M&A의 결정은 투자결정에 해당되기 때문이다. 즉, M&A로 인해 얻을 수 있는 증분이득의 현재가치가 지불하여야 하는 증분비용의 현재가치보다 커야 M&A가 일어나게 되며 이 차이를 합병의 NPV라고 한다. 증분이득, 즉 시너지효과는 합병된 기업의 가치와 합병 전 두 기업가치의 합의 차이를 말한다. 한편 증분비용은 인수대상기업에게 실제로 지급한 인수가격과 실제 기업가치의 차이인데 이를 프리미엄이라고 한다. 따라서 인수가격을 E라고 하면 프리미엄은 $(E-V_B)$로 나타낼 수 있다. 따라서 A가 B를 합병할 경우 M&A의 NPV는 다음과 같이 나타낼 수 있다.

$$
\begin{aligned}
NPV &= \text{시너지효과} - \text{프리미엄} \qquad (12.3)\\
&= V_{A+B} - (V_A + V_B) - P\\
&= V_{A+B} - (V_A + V_B) - (E - V_B)
\end{aligned}
$$

합병의 NPV를 계산하여 합병의 효과를 평가하는 일은 그리 간단하지 않다. 특히 현금을 지불하지 않고 주식을 지불하는 경우에는 더욱 그러하다. 이에 대하여 좀 더 자세히 살펴보기로 하자.

3.1 현금을 지불하는 합병

다음의 예를 살펴보자. (주)치나가 (주)파나를 합병하려고 한다. (주)치나와 (주)파나의 기업가치가 각각 300억원과 100억원이고 두 기업이 합병할 경우 합병된 기업의 가치가 450억원이 된다고 하자. 만약 (주)파나가 120억원의 인수가격을 요구한다면 (주)치나는 (주)파나를 합병할 것인가?

합병 후 (주)치나의 기업가치는 합병된 기업의 가치에서 지불한 현금을 차감한 값, 즉 330억원(=450−120)이 된다. 따라서 합병 전 300억원에 비해 30억원이 증가하였으므로 합병을 하는 것이 유리하다. [표 12-1]을 보자. 합병과정에서 주식을 추가로 발행하지 않는다면 합병 후 (주)치나의 주식수는 합병 전과 같은 10만주일 것이다. 그런데 기업가치가 합병 후 330억원으로 증가하였으므로 주가는 33,000원으로 상승하게 된다. 이것은 합병으로 인한 *NPV*가 주가에 반영된 결과이다.

| 표 12-1 | 현금지불 합병

	합병 전 (주)치나	합병 전 (주)파나	합병 후 (주)치나
기업가치	300억	100억	330억
주식수	10만주	5만주	10만주
주가	30,000원	20,000원	33,000원

식(12.3)을 이용하여 합병의 *NPV*를 계산하면 다음과 같다.

$$NPV = 450 - (300 + 100) - (120 - 100) = 30 \text{ 억원}$$

결국, 앞에서와 같이 30억원의 *NPV*가 발행하여 그만큼 (주)치나에 이득이 되므로 합병하는 것이 유리하다는 것을 알 수 있다.

3.2 주식을 교환하는 합병

합병을 하기 위해서 반드시 현금을 지불하여야 하는 것은 아니며 주식을 지불할 수도 있다. 이는 합병되는 회사의 주식을 받는 대가로 인수기업의 주식을 지불하는 것이기 때문에 실질적으로는 두 회사의 주식교환에 해당된다.

현금 대신에 주식을 지불할 경우 몇 주를 지불하여야 하는지 생각해 보자. 앞의 예에서 현금 120억원을 (주)파나에 지불하는 대신에 (주)치나의 신주 4만주를 발행하여 (주)파나의 주식 전량인 5만주와 교환한다고 하자. 이 경우 교환비율은 0.8 : 1(4만주 : 5만주)이 된다. 이때 합병 전 (주)치나의 주가가 30,000원이므로 4만주를 지불하면 120억원이 되므로 현금 120억원을 지불하는 것과 같다고 생각하기 쉽다. 그러나 그렇지 않다.

주식교환을 통해 합병을 한 후의 상황을 살펴보면 (주)치나의 발행주식수는 총 14만주(=10만주+4만주)가 된다. 따라서 (주)파나 주주들은 합병 후 (주)치나의 주식 가운데 28.57%(=4/14만주)를 보유하는 셈이다. 합병 후 (주)치나의 가치는 450억원이므로 결국 (주)파나의 주주들은 450억원의 28.57%인 128.6억원의 지분을 보유하게 되는데, 이

것은 현금을 지불받을 때 얻는 120억원보다 더 많은 액수이다.

이 같은 현상은 지불하는 주식수, 즉 교환비율을 합병 전의 주가를 기준으로 평가하였기 때문이다. 즉, (주)치나의 주가는 합병 전 30,000원에서 합병 후 33,000원으로 상승하였는데 이것을 반영하여야 올바른 교환비율을 결정할 수 있기 때문이다. 그럼 몇 주를 지불하여야 현금 120억원을 지불한 것과 같은가?

합병 후 (주)파나의 주주들이 보유하게 되는 주식의 비율을 α라고 하자. 그러면 합병 후 (주)치나의 가치가 450억원이므로 액수로 환산하면 450α억원이 된다. 이 액수가 120억원과 같아야 하므로 α는 26.67%가 된다. 그런데 이 비율은 이미 발행된 주식수에 새로 발행된 주식수를 합한 것 가운데 새로 발행된 주식의 수가 차지하는 비율을 의미한다. 따라서 다음과 같은 식이 성립한다.

$$\alpha = \frac{\text{발행된 신주수}}{\text{구주식수} + \text{발행된 신주수}}$$

위의 예에서 α가 0.2667, 구주식수가 10만주이므로 발행하여야 할 신주수는 다음 식과 같이 계산할 수 있다.

$$0.2667 = \frac{\text{발행된 신주수}}{\text{10만주} + \text{발행된 신주수}}$$

위의 식을 풀면 발행된 신주수는 36,369주이며, 따라서 교환비율은 0.7274 : 1(36,369주 : 5만주)이 된다. 즉 (주)파나 1주당 (주)치나 0.7274주를 교환하면 현금 120억원을 지불하는 것과 같다.

예제 12-1 합병 NPV의 계산

기업가치가 500억원인 (주)공일이 100억원 가치의 (주)이삼을 합병하려고 한다. 합병 후 (주)공일의 가치는 650억원이 될 것으로 판단된다. (주)공일과 (주)이삼의 현재 주가는 각각 50,000원, 20,000원이다.

(1) (주)이삼이 130억원의 현금지불을 원한다면 합병을 할 것인가?

(2) 26만주를 발행하여 (주)이삼을 합병할 경우 합병 *NPV*는 얼마인가?

| 풀이 |

(1) 현금 130억원을 지불할 경우 합병 NPV는 20억원이므로 합병을 하는 것이 유리하다.

$$NPV = 650 - (500 + 100) - (130 - 100) = 20\text{억원}$$

(2) 신주 26만주를 발행할 경우 합병의 NPV는 다음과 같이 15.87억원이 된다.

$$NPV = 650 - (500 + 100) - \left(650 \times \frac{26\text{만주}}{100\text{만주} + 26\text{만주}} - 100\right) = 15.87\text{억원}$$

이 액수는 현금 130억원을 지불할 때와 비교해서 작은 것이다. 이유는 합병 전 기업가치를 기준으로 너무 높은 교환비율로 주식을 교환하였기 때문이다.

제4절 기업재편

과거와는 달리 최근에는 경영환경이 매우 빠르게 변화함에 따라 특정 사업부문이 더 이상 전체의 사업방향과 일치하지 않거나, 일정수준 이상의 사업성과를 이루지 못하여 해당 사업부문을 정리 또는 축소할 필요가 빈번하게 생겨나게 되었다. 따라서 기업을 재편하기 위한 M&A도 빈번하게 일어나고 있다. 기업재편(restructuring)은 기업의 영업활동, 재무구조, 자산구조 등을 변경시키는 것을 총칭하는 것으로 구체적으로 규모를 늘리는 일반적인 합병과 매수는 물론이고 기업분할, 청산, 차입매수, 경영자매수, 종업원지주제도 등을 모두 포괄하는 의미이다.

근본적으로 기업재편은 기업경영의 효율성을 높이기 위한 것이다. 즉, 기업 전체 혹은 기업집단 전체로 볼 때 효율성을 높이기 위해 규모의 증대 또는 감소가 필요하거나 수익성이 낮은 사업부문의 정리 또는 반대로 사업성이 높은 부분의 집중지원을 위해 기업재편이 이루어지는 것이다. 여기서는 규모를 늘리는 일반적인 합병과 매수를 제외한 몇 가지 기업재편에 대해 살펴보기로 한다.

4.1 기업분할

기업분할(sell-offs)은 그 형태에 따라 분할과 매각으로 나누어 볼 수 있다. 먼저 분할을 살펴보면, 분리설립은 특정 사업부문을 분리하여 독자적인 법인으로 독립시키는 것을 말한다. 이때 독립된 법인은 새로운 주식을 발행하고 독자적인 경영진을 갖게 된다. 새로운 주식은 모기업 주주들에게 소유지분에 비례하여 분배되기 때문에 분리시점에는 모기업과 동일한 주주구성을 갖게 된다. 그러나 시간이 지남에 따라 자연스럽게 주주의 구성은 달라질 수 있다.

분리설립의 변형된 형태로 분할설립(split-offs)과 완전분할(split-ups)이 있다. 분할설립은 사업부문이 분리되어 새로운 독립적인 법인이 설립되고, 새로운 주식이 발행되어 분배될 때 특정 주주가 보유하고 있는 모기업 주식을 포기하는 대신에 독립법인의 주식 전부를 갖는 형태의 분리를 의미한다. 또 완전분할은 분리설립 혹은 분할설립이 계속되어 모기업과의 연관성이 완전히 없어지고 분리된 기업들만이 존재하게 되는 경우를 의미한다. 즉, 주주의 구성, 자산의 구성, 사업부문의 구성 등의 측면에서 볼 때 분리된 기업들과 원래의 모기업의 연관성을 찾아볼 수 없게 된다.

분리매각(divestitures)은 특정 사업부문을 분리하여 외부 투자자에게 매각하는 것을 말한다. 이때 매각대금이 현금이나 유가증권의 형태로 모기업에 유입되게 된다.

분리매각과 유사한 형태로 자회사매각(equity carve out)을 들 수 있다. 자회사의 일부를 일반 공모하여 시장에 상장시킴으로써 모기업에 현금을 유입시키는 것으로 모기업과는 다른 주주구성과 독립적인 경영진을 갖는다. 이때 자회사의 지배권은 계속 유지된다.

그림 12-3 | 기업분할의 유형

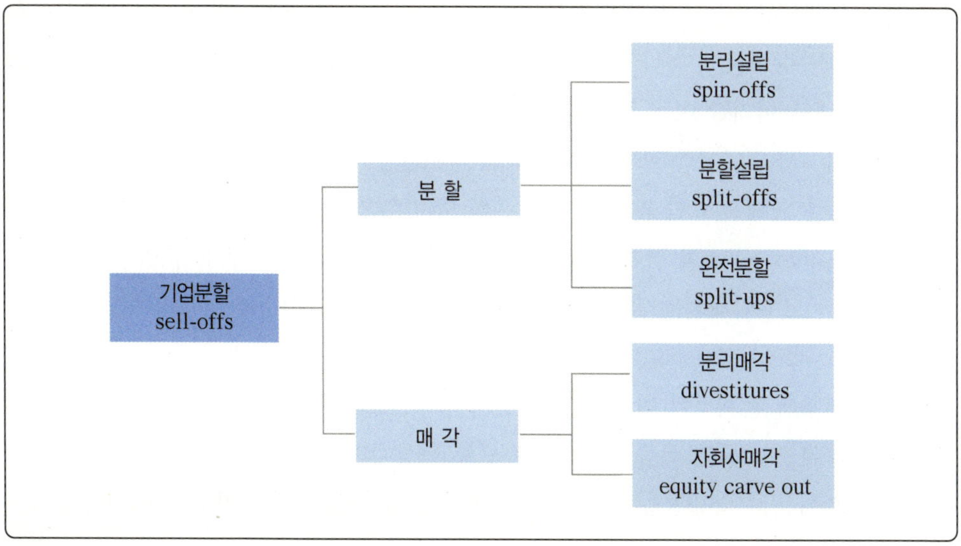

4.2 청 산

청산(liquidation)은 기업재편의 극단적인 형태로 기업이 영업활동을 정지하고 자산을 매각하여 얻는 수익금으로 부채를 변제한 후 잔여액을 출자자에게 분배하는 것을 말한다. 기업재편을 위한 청산은 기업의 모든 이해관계자들의 합의에 의해 자발적으로 이루어지기 때문에 자발적 파산(bust ups)이라고도 한다. 일반적으로 청산은 자산의 청산가치가 시장가치에 비해 월등히 높을 때 이루어진다. 즉, 회사가 영업을 중지하고 청산할 때 소유하고 있는 자산의 추정가치가 시장에서 평가받고 있는 계속기업의 가치보다 크다면 청산을 통해 이득을 얻을 수 있다.

경영자들은 청산보다는 기업을 분리하여 매각하는 것을 선호한다. 기업을 청산하면 경영자로서의 지위를 상실하기 때문이다. 따라서 청산가치가 시장가치보다 월등히 높아 주주들이 청산을 하려고 하여도 경영자들이 반대하는 경우가 발생하기도 한다. 특히 경영자들이 소액주주인 경우 청산을 둘러싸고 위임장대결이 일어나기도 한다.

4.3 차입매수와 경영자매수

차입매수(leveraged buyout : LBO)란 소수의 투자자들이 인수자금 대부분을 인수대상 기업의 자산이나 현금흐름을 담보로 대규모로 차입하여 대상기업의 전체 주식 또는 자산을 매입하여 기업을 인수하는 것을 말한다. 인수주체인 투자자의 자산을 담보로 하는 것이 아니라 인수대상 기업의 자산을 담보로 자금을 조달한다는 것이 무척이나 이채롭다. 차입매수는 자본구조나 자산구조의 변경을 통해 비교적 단기간 내에 큰 자본이득을 만들어 내고 이러한 이득 실현에 따른 혜택이 일반 주주가 아닌 거래 당사자에게 돌아간다는 점에서 일반적인 합병 및 매수와는 다르다.

차입매수를 위해 필요한 자금은 보통 은행, 투자은행, 보험회사 등으로부터 차입하거나 정크본드(junk bond)를 발행하여 조달된다. 정크본드란 수익률이 높은 반면에 신용도가 매우 낮은 고수익채권을 말한다. 보통 채권등급이 무디스사(Moody's)의 B_a 이하이거나 스탠다드 푸어사(Standard Poor's)의 BB 이하인 채권이 여기에 속한다. 정크본드는 과거 오래전부터 존재하여 왔으나 1980년대 이후 미국 투자은행들의 적극적인 노력에 힘입어 정크본드 시장의 유동성이 폭발적으로 향상되면서부터 활성화되었다. 정크본드 시장의 활성화는 기업재편을 위한 차입매수가 활성화되는데 큰 역할을 하였다. [그림

12-4]는 정크본드에 의한 인수합병과정을 보여주고 있다.

■ 그림 12-4 | 정크본드에 의한 인수합병과정

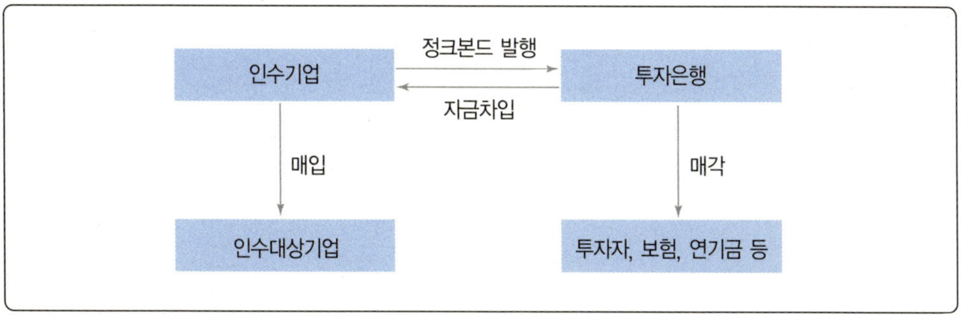

정크본드를 이용한 인수는 일반적으로 인수자가 자회사의 형태로 인수업무를 담당할 회사를 설립하면서 시작되는데 이 회사를 패각회사(shell corporation)라고 한다. 패각회사는 투자은행과 약정서를 채결하고 자금을 조달한다. 자금조달을 위해 패각회사는 정크본드를 발행하고, 투자은행은 이 채권을 일반투자자, 보험, 연기금 등의 투자자들에게 판매하는 역할을 한다. 만약 채권이 매각되기 전에 자금이 필요할 경우 투자은행이 자금을 먼저 지원하고 채권을 매각한 자금으로 상환받기도 하는데 이 자금을 교량자금(bridge financing)이라고 한다. 인수기업은 정크본드를 매각한 자금으로 인수대상기업을 인수한 후 사업부문의 매각이나 미래에 창출될 현금흐름으로 채권을 상환하게 된다.

한편 기업의 경영자가 차입매수를 통해 자신이 속해 있는 기업 또는 사업부를 인수한 후 상장을 폐지하는 경우를 경영자매수(management buyout : MBO)라고 한다. 원래 경영자매수는 경영위기에 있는 기업을 구제하기 위해 은행이 기업 내에 경영능력이 뛰어난 사람을 발굴하여 자금을 제공함으로써 기업의 재건을 도모하고자 하는 데서 시작되었다. 경영자매수가 성공하면 경영의 안정과 독립을 이룰 수 있으므로 외부의 매수공세에 대한 자연스러운 방어가 될 수 있으며 경영자의 소유지분이 증대되어 책임경영의 기반을 마련할 수도 있다.

일반적으로 경영자매수는 다음과 같은 상황에서 발생할 수 있다.

첫째, 현재의 경영진이 유능하고 기업의 재무구조가 건전하며 현금흐름이 안정적이고 성장성이 있다고 기대되는 상황이다. 이 경우 소수의 지분을 가지고 있는 현재의 경영자에게 자금을 제공하여 전체 지분을 매수하게 하고 기대한 대로 기업이 성장하면 주가가 크게 올라 높은 자본이득을 얻을 수 있다.

둘째, 기술, 유통망 등에서 수익과 성장을 이룰 수 있는 바탕이 있으나 일부 경영진의 능력이 부족하여 성과가 나지 않는 상황이다. 이 경우 능력이 없는 경영진을 퇴출시키고 경영자매수를 통해 유망한 경영자의 지분을 높여 책임경영을 할 수 있는 상황을 만들면 큰 이득을 기대할 수 있다.

셋째, 기업의 현재 소유경영자가 적절한 후계자를 물색하기 어려워 기업 전체를 매각하려고 하거나 회사를 사업부문별로 정리하여 매각하고자 하는 상황이다. 이 경우 소유경영자가 아닌 현재의 경영진이 매수자가 된다.

4.4 종업원지주제도

종업원지주제도(employee stock ownership plans : ESOP)는 일반적으로 기업이 종업원에게 자기회사나 자회사의 주식구입에 필요한 자금의 일부를 직접 지원하거나 외부차입 시 보증해 줌으로써, 종업원의 해당 회사 주식소유를 지원하는 제도이다. 종업원지주제도를 도입하는 이유는 다음과 같다.

첫째, 종업원들이 자기 회사의 주식을 보유함으로써 책임의식을 고취시켜 회사의 이익을 위해 더욱 노력하도록 하는 데 있다. 생산성 향상 등을 통해 이익이 증대될 경우 임금소득의 증가뿐만 아니라 주가상승을 통한 자본소득도 기대할 수 있다. 둘째, 종업원들이 경영진에 우호적인 입장을 갖도록 유도해 경영의 안정을 기할 수 있다. 셋째, 자본시장을 통해 주식발행이 여의치 않을 경우 안정된 자사 주식의 수요층을 확보할 수 있다.

종업원에 의한 기업의 인수는 주로 기업이 부실해지거나 대주주가 자주 바뀌어 경영의 안정성이 저해될 때 종업원이 주식인수를 통해 경영권을 인도받음으로써 일어나게 된다. 즉, 미국의 경우와 같이 종업원지주제도는 기업을 인수하는 데 필요한 자금을 조달하는 역할을 할 수 있다. 또한 종업원지주제도를 통하여 기업재편을 위해 사업부문 혹은 자산을 매각할 때 종업원들이 매수자의 역할을 할 수 있다. 뿐만 아니라 어려움을 겪고 있는 회사의 소생을 위해 우리사주조합에 회사를 매각하여 회생을 유도하는 데 종업원지주제도가 사용되기도 한다.

제5절 적대적 인수에 대한 방어전략

인수기업과 인수대상기업의 경영진 간의 합의가 이루어지지 않은 적대적 M&A의 경우 인수대상기업의 경영진은 당연히 반발하게 된다. 제시된 가격이 실제 기업가치보다 낮다고 판단될 때 경영진은 주주의 부를 지키기 위해 저항할 수 있다. 또한 단순히 자신의 지위가 상실되는 것을 염려해 저항을 할 수도 있다.

적대적 M&A에 대한 저항으로 인해 인수기업 혹은 제3의 기업으로부터 좀 더 높은 가격을 얻어낸다면 방어전략이 주주에게 유리할 것이다. 그러나 방어전략으로 인해 실제로 유능한 경영자에게 인수되어야 할 기업이 인수되지 못한다면 주주에게는 오히려 불리할 것이다. 다음에는 잘 알려진 적대적 M&A에 대한 몇 가지 방어전략을 살펴보기로 한다.

5.1 자사주취득 및 자사주펀드 가입

우리나라에서 가장 널리 활용되고 있는 전략 가운데 하나이다. 자사주취득은 대주주가 지분을 늘릴만한 자금이 없을 때 회사의 잉여금 등을 활용해 자사주를 매입하여 상대적으로 대주주의 지분율을 높이는 방법이다. 또한 금융기관의 자사주펀드에 가입하여 해당 기관이 자사주를 보유하게 하고, 우호적으로 의결권을 행사하도록 함으로써 우호적 지분을 늘려 적대적 인수에 대항할 수도 있다. 이 방법은 경영권 분쟁이 있을 때 대주주의 위치를 확고히 하기 위한 가장 손쉬운 방법이지만, 많은 자금이 소요된다는 점에서 비효율적이라고 할 수 있다.

5.2 그린메일

M&A를 하는 과정에서 인수자는 대상기업의 주식을 매집한 후 대상기업에게 이 사실을 알리고 인수의사를 표시할 수 있다. 이때 대상기업은 인수세력에 대해 매집한 주식을 매입가격보다 비싼 가격으로 다시 매입하겠다는 역 제의를 할 수 있다. 만약 인수세력이 이러한 역 제의를 받아들이면 대상기업은 인수세력에게 인수되는 것을 막을 수 있다. 이와 같은 주식 재매입 행위를 그린메일(greenmail)이라고 한다.

대상기업의 주식 재매입 제의를 인수세력이 받아들이는 이유는 크게 두 가지로 생각해 볼 수 있다. 첫째, 인수세력이 대상기업을 실제로 인수하려고 하였으나 역 제의를 받고 냉정하게 생각해보니 인수하는 것보다 주식을 되파는 것이 재정적으로 유리하다고 판단하는 경우이다. 이 경우 대상기업은 비싼 대가를 지불하기는 하였으나 타인의 인수의사를 꺾었으므로 그린메일 행위는 방어수단의 하나라고 할 수 있다. 둘째, 인수의사가 없이 특정기업의 주식을 매집한 후 경영에 개입하거나 압력을 넣어 비싼 가격에 주식을 매도하는 경우이다. 이 경우 그린메일을 통해 자발적으로 기업을 방어했다기보다는 상대방의 M&A전략에 의해 일방적으로 손실을 입은 결과가 된다.

인수세력에게 인수의사가 있었든 없었든 간에 그린메일을 통해 주식을 재매입하면 많은 자금이 필요하게 된다. 따라서 방어에 성공하더라도 기업은 자금부담을 많이 가질 수밖에 없다. 한편 그린메일은 인수 시도를 사전에 봉쇄하는 것과는 거리가 멀기 때문에 대단히 소극적인 방어책이라고 하지 않을 수 없다.

5.3 스톡옵션

스톡옵션(stock option)은 해당회사의 임직원들에게 일정기간이 지난 후 일정한 가격에 주식을 매입할 수 있는 권리를 부여하는 것이다. 경영의 성과를 임직원들과 함께 나눔으로써 동기를 유발하기 위한 것이 원래의 목적이다. 그런데 회사의 경영성과를 함께 나눌 수 있는 임직원은 일반적으로 회사에 우호적일 것이기 때문에 스톡옵션은 우호적 지분을 늘리는 효과를 기대할 수 있어 적대적 인수에 대한 방어책으로 이용될 수 있다.

경영권 방어를 위해 직접 시장에서 주식을 대량으로 매입하려면 많은 자금이 필요하다. 그러나 스톡옵션을 발행하면 이러한 부담 없이 우호적 지분을 늘리는 효과를 거둘 수 있다.

5.4 백기사

적대적 M&A의 대상이 된 기업이 더 이상의 방어수단이 없을 때 우호적인 제3의 인수희망자에게 매수를 제의할 수 있는데, 이때 제3의 매수자를 백기사(white knight)라고 한다. 보통 경영진은 매수결정에 필요한 정보 등을 제공해주는 대신에 백기사에게 그들의 현 지위를 유지한다거나 종업원을 해고하지 않는다는 협정을 맺음으로써 경영권을 보호 받게 된다. 그러나 우호적이던 백기사가 인수 후 태도를 언제든지 바꿀 수 있기 때문에 신중하게 결정하여야 한다.

5.5 정관개정

정관개정(corporate charter amendments)은 적대적 매수로부터 회사의 독립성을 유지하기 위해 정관을 변경하거나 부속정관을 작성하는 것을 말한다. 정관개정은 경영성과가 나빠 주주들의 큰 반발을 산 경우를 제외하고는 비교적 쉽게 할 수 있기 때문에 많은 기업들이 방어책으로 이용하고 있다.

시차이사회조항(staggered terms of the board of directors)은 이사들을 여러 그룹으로 나누어 한 그룹씩 매년 선임할 수 있도록 하는 제도이다. 가령 임기 2년의 8명의 이사가 있을 경우 매년 2명씩만을 교체할 수 있도록 하는 것이다. 그러면 경영권을 완전히 장악하기 위해 이사들을 모두 교체하는 데 4년이라는 시간이 필요하기 때문에 M&A를 지연시키는 효과를 얻을 수 있다.

특별다수의결조항(supermajority provision)은 합병, 자산양도 등을 위해 필요한 주주총회의 의결요건을 강화하는 조항을 말한다. 즉 기업의 정관에는 정관의 개정, 합병 등 중요 사안의 승인을 위해 필요한 투표수를 명시하고 있는데, 이 수를 늘려 승인을 받기 어렵게 만드는 것이다. 합병의 경우 보통 3분의 2의 찬성을 얻도록 하고 있는데 이를 80%, 심지어는 95%의 찬성을 받도록 수정한다.

공정가격조항(fair price provision)은 해당기업을 인수하려는 인수자가 공개매수에 응한 모든 주주들에게 최소한의 공정가격 이상을 지불하도록 하는 조항을 말한다. 공정가격으로 특정 가격을 제시하거나 주당순이익비율(PER)의 일정 배수를 제시하는 것이 일반적이다. 이 규정은 2단계 공개매수전략을 막기 위한 것이다. 즉, 우선적으로 경영권을 획득하는 데 필요한 최소한의 주식을 공개매수하여 경영권을 획득한 후 이보다 나쁜 조건에 나머지 주식을 인수하는 것을 막기 위한 것이다.

황금낙하산(golden parachutes)은 기업의 최고 경영진이 해임될 경우 거액의 퇴직금을 지불하는 조항을 고용계약에 명시하는 것을 말한다. 적대적 인수자는 현재의 경영진을 해임할 때 이 액수를 지불하여야 하기 때문에 매수비용이 상승하는 부담을 갖게 된다. 그러나 규모가 큰 인수합병의 경우에는 전체 매수비용 가운데 황금낙하산비용이 차지하는 비중이 낮을 수밖에 없기 때문에 실질적인 방어효과가 없을 수도 있다.

5.6 독약계획

독약계획(poison pills)은 주주에게 보통주로 전환이 가능한 우선주나 특정 권리를 행사할 수 있는 일종의 증서를 무상으로 배부하고 일정한 조건을 만족시키는 상황이 발생하면 권리를 행사할 수 있도록 하는 방어수단을 말한다. 독약계획은 적대적 매수에 대한 방어수단 가운데 가장 강력하고 적극적인 수단으로 인식되고 있다. 권리의 행사는 다양한 형태로 나타날 수 있지만 형태에 관계없이 인수자에게 치명적인 타격을 주어 인수를 어렵게 만드는 역할을 한다.

일반적으로 권리를 보유한 사람은 해당회사가 공개매수에 의해 실질적으로 경영권을 위협받거나, 현재는 심각하게 위협을 받지 않더라도 일정 수준 이상의 주식을 특정인이 매집하여 경영권이 위협받을 가능성이 있을 때 권리를 행사할 수 있다.

EXERCISE

객관식 문제

01 (주)두나는 (주)하나에 부품을 납품하는 회사이다. (주)두나와 (주)하나가 합병하여 (주)세나가 되었다면 다음 중 이 합병의 형태를 설명하는 것은?

① 흡수합병+수직적 합병 ② 흡수합병+다각화 합병
③ 신설합병+수직적 합병 ④ 신설합병+다각화 합병

02 인수 및 합병에 관한 다음 설명 중 사실이 아닌 것은?

① 매수자의 합병비용은 매도자의 합병이익과 같다.
② 매도기업은 매도로 인해 거의 대부분 이득을 얻는다.
③ 공개매수는 인수대상기업의 경영자의 동의를 받아야 한다.
④ 일반적으로 많은 이익을 내는 기업은 합병과 매수의 대상이 된다.

03 다음 중 합병의 목적으로 적합하지 않은 것은?

① 규모의 경제를 얻기 위해
② 세금절감효과를 얻기 위해
③ 차입능력을 증가시키기 위해
④ 분산투자로 위험을 줄이기 위해

04 다음 중 사업부문이 분리되어 새로운 독립적인 법인이 설립되고 새로운 주식이 발행되어 분배될 때 특정 주주가 보유하고 있는 모기업의 주식을 포기하는 대신에 독립법인의 주식 전부를 갖는 형태의 기업재편을 의미하는 것은?

① 분할설립 ② 완전분할
③ 분리매각 ④ 자회사매각

05 차입매수와 경영자매수에 관한 다음 설명 중 틀린 것은?

① 차입매수를 위해 필요한 자금은 보통 정크본드를 발행하여 조달된다.
② 차입매수는 인수대상기업의 자산이나 현금흐름을 담보로 차입이 이루어진다.
③ 기업의 경영자가 차입매수를 통해 자신이 속해 있는 기업 또는 사업부를 인수한 후 상장을 폐지하는 경우를 경영자매수라고 한다.
④ 차입매수는 자본구조나 자산구조의 변경을 통해 비교적 단기간 내에 큰 자본이득을 만들어 내며 이러한 이득 실현의 혜택은 일반 주주에게 돌아가게 된다.

연 | 습 | 문 | 제

06 다음 중 M&A 과정에서 인수대상기업이 인수세력이 매집한 주식을 매입가격보다 비싼 가격으로 재매입하여 인수를 막는 행위를 의미하는 것은?

① 독약계획 ② 그린메일
③ 백기사 ④ 황금낙하산

07 다음 중 정관개정을 통한 적대적 M&A에 대한 방어책이 아닌 것은?

① 스톡옵션조항 ② 황금낙하산조항
③ 특별다수의결조항 ④ 공정가격조항

08 다음 설명 중 틀린 것은?

① P/E비율이 상대적으로 떨어지는 기업을 합병하면 주당이익이 증가하여 기업가치가 증대된다.
② M&A로부터 얻을 수 있는 증분이득의 현재가치와 지불하여야 하는 증분비용의 현재가치의 차이를 합병의 *NPV*라고 한다.
③ 제품의 범위나 영업의 범위가 늘어남에 따라 증가하는 비용에 비해 자원을 공유함으로써 얻는 이익이 커지는 것을 범위의 경제라고 한다.
④ 현금흐름의 상관성이 적은 기업들이 합병하면 현금흐름의 굴곡을 완화하여 경영위험이 감소되는 효과를 얻을 수 있는데 이를 공동보험효과라고 한다.

09 (주)수원은 (주)인천을 합병하려고 한다. (주)수원은 매년 100억원의 순현금흐름을 영구히 창출할 것으로 예상되며 자본비용은 10%이다. (주)인천의 기업가치가 500억원이고 합병 후 기업가치가 1,800억원이라면 합병으로 인한 시너지는 얼마인가?

① 200억원 ② 300억원
③ 400억원 ④ 500억원

10 (주)경기와 (주)수원의 기업가치가 각각 200억원, 100억원이고 합병 후 기업가치가 350억원이다. (주)수원에게 120억원의 현금을 지불하고 합병을 할 경우 합병 후 (주)경기의 주가는 얼마인가? 합병 전 (주)경기의 발행주식수는 100만주이다.

① 21,000원 ② 22,000원
③ 23,000원 ④ 24,000원

11 (주)서울과 (주)경기는 각각 매년 50억원의 순현금흐름을 영구히 창출할 수 있을 것으로 예상하고 있으며 자본비용은 10%와 15%로 추정되었다. (주)서울이 (주)경기를 합병할 경우 (주)경기의 유통망을 이용해 연간 5억원의 추가적인 순현금흐름을 영구

EXERCISE

히 얻을 수 있을 것으로 기대된다. 합병 후 기업가치를 계산하라.

① 833억원 ② 850억원
③ 867억원 ④ 900억원

12 (주)하나는 (주)두나를 합병하려고 한다. 현재 두 회사의 가치는 각각 200억원과 100억원이며 두 회사가 합병할 경우 판매 및 일반관리비를 매년 5억원씩 영구히 줄일 수 있을 것으로 예상된다. 자본비용은 10%이다.

(1) 현금 140억원을 지불할 때 합병으로 인한 이득은 얼마인가?
① 5억원 ② 10억원
③ 15억원 ④ 20억원

(2) (주)두나에게 합병회사의 지분 50%를 제공할 때 (주)하나의 합병으로 인한 이득은 얼마인가?
① −50억원 ② −25억원
③ 25억원 ④ 50억원

주관식 문제

01 (주)전남은 (주)전북을 합병하려고 한다. 두 회사의 자료는 다음과 같다.

	㈜전남	㈜전북
주당가격	10,000원	2,500원
발행주식수	1억주	2억주
주당이익(EPS)	2,000원	500원

(1) 현재의 주가를 기준으로 주식을 지급하고 인수한다면 (주)전남은 몇 주를 지급하여야 하는가?
(2) 합병 후 EPS는 얼마인가?

02 (주)경북은 (주)경남을 합병하려고 한다. 두 회사의 가치가 각각 100억원과 50억원이며 합병 후 기업가치는 180억원이다. 주식을 추가로 발행하지 않고 현금을 지급하려고 한다.

(1) (주)경북이 지불할 수 있는 최대 금액은 얼마인가?
(2) (주)경북의 합병 전 발행주식수가 10만주이고 합병을 위해 70억원을 지불하였다면 합병 후 주가는 얼마가 되는가?

연 | 습 | 문 | 제

03 (주)서울이 (주)수원을 합병하려고 한다. 두 기업의 가치는 각각 200억원과 20억원이며 합병 후 기업의 가치는 250억원으로 추정된다. 또 총주식수는 각각 50만주와 10만주이다. (주)서울이 추가적으로 신주 10만주를 발행하여 지급한다면 합병의 *NPV*는 얼마인가?

04 (주)충북이 (주)충남을 흡수합병하려고 한다. 두 회사의 자료는 다음과 같다.

	㈜충북	㈜충남
주당가격	10,000원	5,000원
발행주식수	50만주	25만주
총이익	10억원	5억원

(1) 합병 두 기업의 EPS가 변하지 않는 주식교환비율은 얼마인가?

(2) 시장가격을 기준으로 주식을 교환하였다면 합병 후 EPS는 얼마인가?

05 (주)하나와 (주)두나는 각각 매년 100억원과 50억원의 순현금흐름을 영구히 창출할 수 있을 것으로 예상하고 있으며 자본비용은 각각 10%와 15%로 추정되었다. 두 회사가 합병을 한다면 (주)두나의 여유 생산시설을 이용하여 영구히 매년 5억원의 생산비를 절감할 것으로 예상되며 (주)하나의 마케팅 능력을 이용해 영구히 매년 3억원의 판매증대가 있을 것으로 예상된다. 합병 후 회사의 가치는 얼마인가?

Fundamentals of
Corporate Finance

CHAPTER 13

국제재무관리

Chapter 13

국제재무관리

제1절 금융환경의 변화

최근 금융환경의 가장 큰 특징은 국제화일 것이다. 과거와는 달리 상품, 자본, 사람이 규제 없이 전 세계 어떤 곳으로도 신속하게 움직일 수 있게 된 것이다. 이러한 현상으로 인해 여러 조각으로 분리되어 있던 상품시장, 금융시장, 인적자원시장이 각각 통합된 하나의 거대한 시장이 되었으며 그 결과 기업 간, 금융기관 간, 인적자원 간 경쟁이 각각의 시장에서 우위를 점하기 위해 더욱 치열해 지고 있다.

자금을 제공하는 투자자 및 금융기관과 자금을 조달하려는 기업 및 금융기관 등이 만나는 국제금융시장은 이러한 환경변화로 인해 크게 변화하고 있다. 국제금융시장이 어떠한 방향으로 변화하고 있는지, 그 결과 국제적으로 영업활동을 하고 있는 기업들은 어떠한 영향을 받고 있는지 살펴보기로 하자.

1.1 금융자산가격의 변동성 증대

과거 브레튼우즈(Bretton Woods) 체제하에서 각국의 통화는 미국 달러와의 교환비율이 정해져 있었다. 이 교환비율이 시장에서 장기적으로 유지되기 위해서 각국은 자국통화가치를 유지하여야만 했기 때문에 자유로운 통화정책을 할 수 없었다. 그러나 브레튼우즈체제가 붕괴되고 변동환율제도를 채택하게 되자 각국은 일제히 자국중심의 통화정책을 실시하였으며 그 결과 환율의 변동성이 증대되게 되었다. 또 1980년에 들어서면서 미국이 금리중심의 통화정책에서 통화량조절을 중시하는 정책으로 전환하자 이자율의 변동성도 과거에 비해 증대되었다.

이처럼 환율과 이자율의 변동성이 커지자 투자자들은 큰 변동성을 이용하여 고수익을 올리려는 새로운 투자전략을 도입하였으며 그 결과 단기적으로 급작스런 환율 및 이자율의 변동이 자주 발생하게 되었다. 이자율과 환율의 변동성 증대는 이들 요인으로부터 직접적으로 영향을 받는 금융자산 가격의 변동성을 확대시키는 결과를 초래하였다. 최근 주가 변동성이 증가한 이유 중의 하나가 바로 이것이다.

1.2 금융규제완화 및 자율화

각종 규제가 완화되거나 철폐되고 자율화가 이루어지고 있다. 미국, 영국, 일본 등 금융선진국들은 각종 규제로 인해 경쟁이 제한되거나, 경영의 비효율성이 초래되거나, 금융시장이 분리되어 효율적인 자금이동이나 투자가 이루어지지 못하는 것을 막기 위해 앞을 다투어 규제를 완화하거나, 아예 규제를 철폐하여 자율에 맡기는 금융자율화를 진행하고 있다. 즉 금융시장에 시장주의 원칙이 충실히 작동하도록 하여 자유로운 경쟁과 발전이 이루어질 수 있도록 하고 있다. 이러한 움직임은 금융선진국에게만 있는 것이 아니다. 그 이유가 무엇이든 간에 이제는 전 세계 모든 나라들이 이러한 움직임에 동참하고 있다.

금융자율화로 인해 세계 금융시장의 통합화(global integration)가 급속히 이루어지고 있다. 이제 기업들은 그들이 속해 있는 국가에서만 자금을 조달하거나 투자하는 것이 아니라 자금조달비용이 낮고 투자수익률이 높은 시장이면 어디든지 진출하고 있다.

금융규제 완화 및 철폐로 인해 금융기관의 업무영역이 넓어지고 있다. 은행, 보험사, 증권사들은 과거 각자의 업무영역 내에서만 경쟁하였으나 이제는 서로의 업무영역에서까지 경쟁을 하게 되어 금융기관 간 경쟁이 치열해지고 있다. 뿐만 아니라 국제금융시장이 통합됨에 따라 외국의 유수한 금융기관들이 자국에 진출하게 되고 또 반대로 자국의 금융기관들이 보다 나은 조건의 자금조달과 투자를 위해 외국에 진출하게 됨에 따라 국경을 초월한 경쟁이 이루어져 금융기관 간 경쟁이 더욱 가속화되고 있다.

1.3 기술혁신과 금융혁신

IT기술 등 정보통신기술의 발전은 금융에 많은 변화를 초래하고 있다. 기술의 발달로 금융거래의 속도가 증가하고 있으며 거래비용이 감소하고 금융거래의 광역화 현상이 일어나고 있다. 이로 인해 전통적인 상품의 결합을 통한 통합상품의 개발은 물론이고 새로운 금융기법을 활용한 신상품들이 속속 개발되고 있다.

1.4 증권화

그동안 기업이나 국가가 자금을 조달하는 보편적인 방식은 금융기관, 특히 은행에서 자금을 차입하는 것이었다. 그러나 이러한 방식에 변화가 생기고 있다. 환경의 변화가 가속화되자 은행들이 지원하였던 많은 기업들이 새로운 환경에 적응하지 못하여 부실화되고, 그 결과 은행의 경영을 압박하는 사례가 빈번히 일어나게 되었다. 그러자 금융기관들의 건전성을 확보하기 위해 당국의 규제가 강화되었다. 국제결제은행(The Bank of International Settlement : BIS)에 의한 자기자본비율의 규제가 한 예이다. 그러다 보니 은행들은 대규모 대출, 특히 신용도가 낮은 기업에 대한 대출을 꺼리게 되었다. 은행으로부터 자금을 조달하기 어렵게 된 기업들은 투자자에게 직접 증권을 발행하여 자금을 조달하는 직접금융방식에 의해 자금을 조달하게 되었다.

신용도가 낮은 기업들만 직접금융방식을 택한 것은 아니다. 은행을 통하는 간접금융방식은 투자자와 자금조달자 사이에 중개인이 있는 형태인데, 투자자와 자금조달자 입장에서는 이 중개인을 없애면 경제적인 이득을 얻을 수 있기 때문에 신용이 높은 기업도 이 방식을 선호하게 되었다. 이처럼 간접금융방식에서 직접금융방식으로 전환되면서 대출 대신 증권이 발행되는 증권화(securitization)가 가속화되고 있다.

제2절 외환시장과 국제금융시장

[그림 13-1]에서 보듯이, 국제금융시장은 지급수단과 관련된 외환시장과 신용공여와 관련된 국제단기금융시장 및 국제자본시장으로 분류해 볼 수 있다.

▬ 그림 13-1 | 국제금융시장

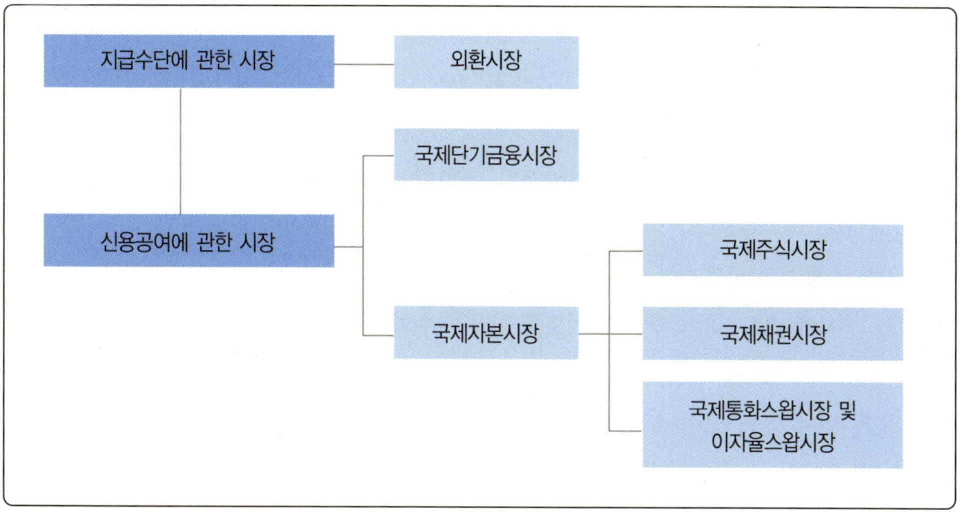

2.1 외환시장

외환시장(foreign exchange market)은 한 국가의 화폐가 다른 국가의 화폐로 교환되는 시장이다. 일반적으로 금융시장은 자금의 차입과 대여에 관련된 시장을 말하는데, 외환시장은 단순히 화폐가 교환되는 시장이므로 엄밀히 말해 금융시장이라고 할 수 없다. 그러나 국제금융시장의 거래는 필연적으로 통화의 교환을 수반하기 때문에, 많은 사람들이 외환시장을 포함한 광의의 개념으로 국제금융시장을 이해하고 있다.

외환시장은 세계 각국의 은행이나 외환브로커들 간의 네트워크로 형성되어 있는 시장이다. 개인 및 기업 등 실수요자보다 금융기관의 거래비중이 높다. 따라서 실수요자는 보통 금융기관이나 브로커를 통해 거래를 하게 된다. 거래 단위당 규모가 큰 도매시장이며 24시간 거래가 이루어지는 시장이다. 주요 통화로는 미국 달러, 일본 엔, 유럽 단일통화국의 유로, 스위스 프랑, 캐나다 달러, 뉴질랜드 달러, 호주 달러 등이 거래된다.

2.1.1 환 율

통화와 통화가 교환될 때의 교환비율을 환율(exchange rate)이라고 한다. 일반적인 물리적 상품을 거래할 때 상품의 가치를 화폐의 양으로 표시하고 이를 상품의 가격이라고 한다. 이와 마찬가지로 통화의 교환이란 결국 임의의 통화로 다른 통화를 매입하는 것과 같으므로 통화를 교환할 때 적용되는 환율을 해당 통화의 가격이라고 할 수 있다.

외환시장에서 환율은 보통 2개의 비율로, 소수 4째자리까지 고시된다. 예를 들어, EUR(유로화)/미국 $의 환율이 1.1275/1.1279로 고시되었다고 하자. 이때 앞의 환율을 매수환율(bid rate)이라고 하는데 딜러가 미국 달러를 구입할 때 적용되는 환율이다. 즉, 딜러가 1달러를 1.1275유로에 매입하겠다는 의미이다. 반면에 뒤의 환율은 딜러가 1달러를 매도할 때 적용되는 매도환율(ask rate or offer rate)인데 딜러가 미국 달러를 1.1279유로에 매도하겠다는 의미이다. 딜러의 입장에서 보면 미국 달러를 싼 가격에 사서 비싼 가격에 파는 셈이 되므로 매도환율과 매수환율의 차이는 곧 딜러의 수익이 된다. 이 차이를 스프레드(spread)라고 한다.

환율은 두 통화의 교환에 적용되는 교환비율이기 때문에 어떤 통화를 기준으로 하느냐에 따라 2가지 표시방법이 있다. 먼저 타국통화를 기준으로 자국통화의 가치를 표시하는 방법이다. 우리나라를 기준으로 볼 때 ₩/$ 환율이 이에 해당되며 이와 같은 표시방법을 직접표시(direct quotation)환율이라고 한다. 직접표시와는 반대로 자국통화를 기준으로 타국통화의 가치를 표시하는 방법이 있는데, 이를 간접표시(indirect quotation)환율이라고 한다. $/₩이 여기에 해당된다. 우리나라의 경우 직접표시환율을 사용하기 때문에 1,000원/$에서 900원/$가 되면 환율이 하락하였다고 하는데, 이는 원화의 가치가 달러에 비해 상승하였다는 것을 의미한다.

세계적으로 수많은 통화가 존재하기 때문에 각 통화 간의 환율을 모두 공시하기가 어렵다. 따라서 일부 주요 통화 간의 환율들만 공시하는 경우가 있다. 이런 이유로 알고 싶은 통화 간 환율이 공시되지 않았을 경우 2개의 공시된 환율을 이용해 해당 환율을 유추해 볼 수 있다. 예를 들어, ¥/$ 환율과 ₩/$ 환율을 알면 두 환율을 나누어 ¥/₩ 환율을 계산할 수 있다. 이렇게 계산된 환율을 교차환율(cross rate quotation)이라고 한다.

2.1.2 외환거래의 종류

외환거래는 거래의 종류에 따라 현물환거래, 선물환거래(외환스왑 : F/X swap 포함), 통화선물 및 통화옵션 등으로 구분할 수 있다. 현물환거래(spot transaction)는 거래가 이루어진 후 영업일 기준 2일 이내에 결제가 이루어지는 거래를 말하며, 이때의 환율을 현물환율(spot exchange rate)이라고 한다. 우리가 흔히 환율이라고 말하는 것은 현물환율이다.

선물환거래(forward transaction)는 거래의 합의가 이루어진 시점으로부터 일정기간 후인 미리 정해진 미래의 일정시점에 외환을 교환하는 거래를 말한다. 물론 미래의 시점에 외환을 교환할 때 적용되는 환율은 거래의 합의가 이루어지는 현재시점에 정해지며, 이 환율을 선물환율(forward exchange rate)이라고 한다.

외환스왑은 특정 외환을 서로 다른 두 시점에서 매입, 매도하도록 하는 2개의 거래를 묶은 하나의 계약을 말한다. 예를 들어 [그림 13-2]와 같이 현재시점에서 *A*가 *B*로부터 원화를 주고 미국 달러를 매입하고, 일정시점 후 다시 만나 이번에는 반대로 *A*가 *B*에게 미국 달러를 주고 원화를 매입하는 두 개의 계약을 한꺼번에 묶은 것을 말한다.

그림 13-2 | 외환스왑

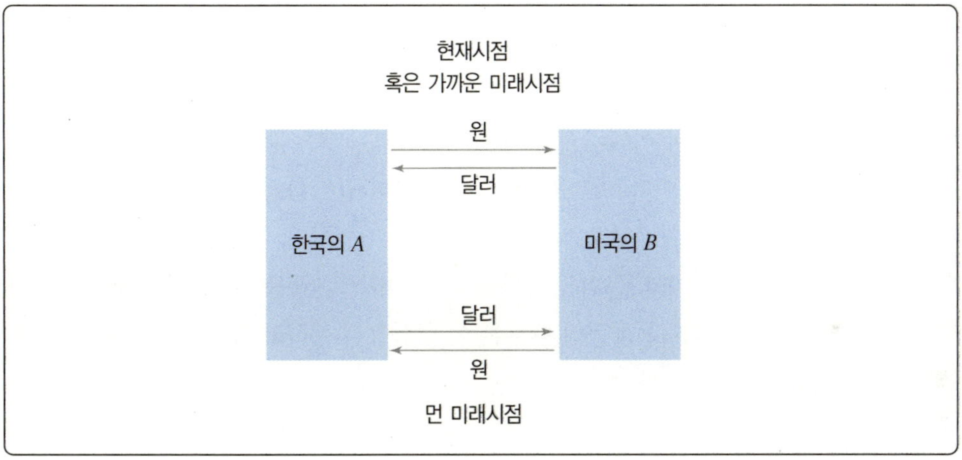

선물환거래는 당사자들의 합의만 있으면 교환금액, 시기, 장소 등을 마음대로 정할 수 있다. 이와는 달리 미래의 일정시점에 거래가 이루어진다는 내용은 같지만 거래소가 존재하고 교환금액, 시기 등이 미리 정해져 표준화되어 있는 거래를 통화선물거래(foreign currency future)라고 한다. 통화선물은 시카고 상업거래소의 국제금융시장에서 주로 거래되며 주요 거래 종목으로는 미국 달러화, 유로화, 캐나다 달러, 영국 파운드 등을 들 수 있다.

통화옵션은 특정 외환을 미래의 일정시점에 미리 정해진 환율로 살 수 있는 권리(콜옵션)와 팔 수 있는 권리(풋옵션)를 말한다. 통화선물과 같이 거래소에서 표준화된 형태로 거래된다. 그러나 통화선물은 계약을 맺으면 반드시 계약을 이행하여야 하지만 통화옵션은 권리이기 때문에 자신에게 유리할 때에만 옵션이 행사된다는 점이 다르다.

2.2 국제단기금융시장

국제단기금융시장(international money market)은 말 그대로 단기적 신용공여에 관한 시장으로 유로달러시장(Euro dollar market)과 그 밖의 통화에 대한 유로커런시시장(Euro currency market)으로 구성되어 있다. 유로커런시란 어떤 통화가 표시통화국 이외의 지역에서 은행의 정기예금이나 대출의 형태로 거래되는 자금을 말한다. 미국의 달러가 유럽의 은행에 정기예금의 형태로 예치되어 있다면 유로달러가 되며 일본의 엔화가 미국의 은행에 정기예금의 형태로 예치되어 있으면 유로 엔이 된다.

유로달러는 유로커런시의 한 종류이다. 따라서 유로커런시시장에 유로달러시장이 포함되어야 하지만 국제금융거래에서 미국 달러가 차지하는 비중이 크다보니 단기금융시장을 유로달러시장과 그 밖의 유로커런시시장으로 나누기도 한다. 유로커런시시장이 성장한 큰 이유는 표시통화국 이외의 지역에서 신용공여가 발생하기 때문에 표시통화국의 규제를 피할 수 있기 때문이다. 즉, 유로달러는 미국의 규제를 받지 않고 자유로운 신용공여 및 투자가 가능하며 자유로운 지역적 이동 또한 가능하다.

유로커런시의 예금 및 대출 등의 금융활동을 수행하는 은행을 유로은행(Euro bank)이라고 하며 세계 각국의 대형은행들이 대부분 이 역할을 수행하고 있다.

2.3 국제자본시장

국제자본시장(international capital market)은 장기적인 자금조달이 이루어지는 시장으로 국제주식시장, 국제채권시장, 국제통화스왑시장 및 이자율스왑시장으로 나누어진다.

국제주식시장은 미국, 영국, 일본 등 규모가 큰 주식시장에서 자기자본을 조달하는 시장을 총칭하는 것이다. 각국의 주식시장은 초기에는 국내거래가 주류를 이루게 된다. 그러나 점차로 국제화에 대한 장애요소가 제거되면 국경을 넘어선 매매가 증가하게 되며, 이러한 과정을 거쳐 국제주식시장이라고 부를 수 있을 만큼 국제적 연계성을 갖게 된다.

국제채권시장은 유로채시장(Euro-bond market), 외국채시장(foreign bond market) 그리고 국제화된 선진국의 채권시장으로 나누어 볼 수 있다. 유로채란 일국의 차입자가 표시통화국 이외 지역의 국가에서 자국통화 표시로 발행된 채권을 말한다. 즉, 미국의 차입자가 미국 이외의 지역인 일본에서 달러표시 채권을 발행할 때 이 채권을 유로채라고 한다. 한편 외국채는 일국의 차입자가 표시통화국 이외의 국가에서 해당국 통화표시로 발행한 채권을 말한다. 즉, 미국의 차입자가 미국 이외의 지역인 일본에서 엔화표시 채권을 발행할 때 이 채권을 외국채라고 한다.

국제통화스왑시장에서 거래되는 통화스왑(foreign currency swaps)은 특정 통화의 이자 및 원금을 다른 통화의 이자 및 원금과 상호 교환하는 계약을 말한다. 즉, 2개의 회사가 각자 상대적으로 이점이 있는 통화로 차입한 후 차입에 따른 의무를 교환함으로써 차입비용을 낮출 수 있는 거래이다. 예를 들어, [그림 13-3]에서 보듯이 미국 회사가 프랑스에서 유로화를 차입하려고 한다. 그러나 미국 회사는 프랑스 금융시장에 잘 알려지지 않아 상대적으로 높은 이자를 지불하여야 한다. 이와는 정반대의 상황에 있는 프랑스 회사가 있다. 미국에서 달러를 조달하려고 하는데 미국 금융시장에 잘 알려지지 않아 높은 이자를 지불하여야 한다. 이때 미국의 회사는 상대적으로 강점이 있는 미국 금융시장에서 낮은 비용으로 달러를 조달하고 프랑스 회사는 프랑스에서 낮은 비용으로 유로화를 조달하여 서로 교환하면 낮은 비용으로 필요한 자금을 조달할 수 있다.

이자율스왑(interest rate swaps)은 두 기업이 각각의 채무에 대한 이자지급 의무를 일정기간 동안 상호 교환하기로 약정한 거래를 말한다. 이자율스왑의 기본 형태는 고정금리채무와 변동금리채무의 교환이다. 즉, 어떤 기업은 고정금리채무를 다른 기업보다 낮은 비용으로 조달할 수 있지만 사정상 변동금리채무를 보유하기 원하고, 반면에 다른 기업은 변동금리채무를 상대적으로 낮은 비용으로 조달할 수 있지만 고정금리채무를 보유하기 원한다면 서로 강점이 있는 채무를 조달한 후 서로 교환하면 양측 모두 이득을 얻을 수 있다.

그림 13-3 | 통화스왑

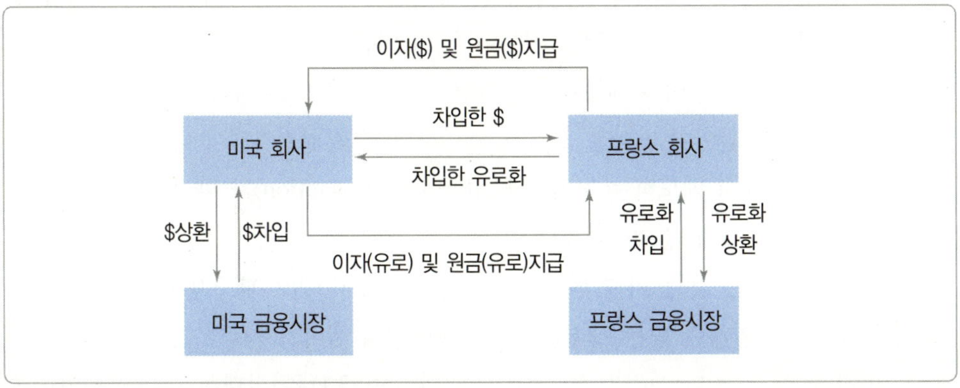

제3절 국제금융시장의 균형

[그림 13-4]에서 보듯이, 현물환율과 선물환율의 결정에 중요한 영향을 미치는 요인으로 상대적 이자율과 상대적 물가를 들 수 있다. 여기에서는 이들 요인이 환율에 어떤 영향을 미치며 이자율과 물가는 어떤 관련이 있는지, 또 현물환율과 선물환율은 어떤 관계가 있는지 살펴보기로 한다.

그림 13-4 | 금융시장의 균형

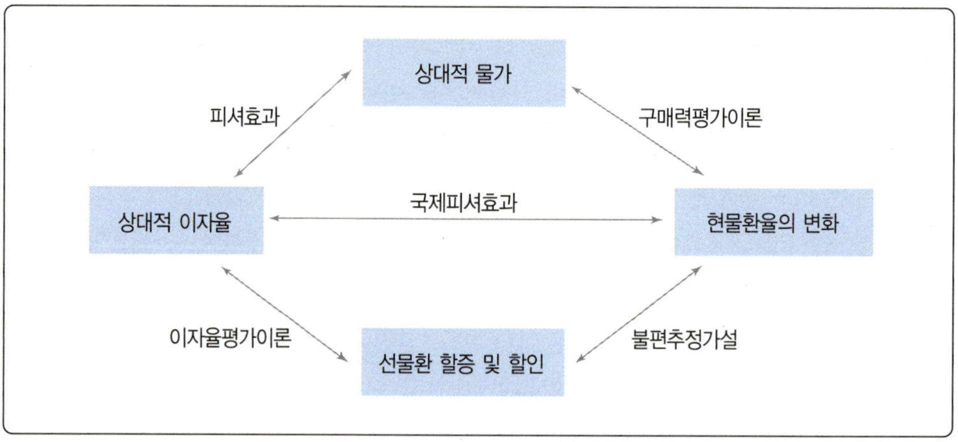

3.1 구매력평가이론

구매력평가이론(purchasing power parity : PPP)은 각국 통화의 구매력이 변화할 때 환율이 어떻게 변동하는가를 설명한 이론이다. 이 이론은 일물일가의 법칙에서 출발한다. 즉 관세, 운반비용 등이 존재하지 않는다면 동일제품은 다른 나라에서도 물가수준을 감안한 실질가격이 같아야 한다는 것이다. 왜냐하면 만약 실질가격이 다르면 싼 곳에서 매입하여 비싼 곳에서 매도하는 차익거래(arbitrage transaction)가 발생하며 이로 인해 결국은 실질가격이 같게 될 것이기 때문이다.

실질가격이 같다는 것은, 가령 햄버거가 한국에서 3,000원일 때 3,000원을 현물환율에 미국 달러로 교환하여 받는 달러금액이 미국에서의 햄버거가격과 같다는 것을 의미한다. 이것을 식으로 나타내면 식(13.1)과 같다. 식(13.1)은 절대적 구매력평가이론(absolute version of PPP)을 나타내고 있다.

$$S_t = \frac{P_t}{P_t^*} \tag{13.1}$$

S_t : 명목 현물환율(자국통화/타국통화)
P_t : 자국 물가수준
P_t^* : 외국 물가수준

절대적 구매력평가이론은 보통 한 상품을 기준으로 하는 것이 아니라 여러 종류의 상품을 포함하는 바스켓을 기준으로 한다. 임의의 상품 바스켓을 정하여 사용할 경우 여러 국가의 바스켓 평균가격을 계산하는 것이 그리 쉬운 일이 아니기 때문에 보통 각국이 발표하는 물가수준을 사용하게 된다. 이러한 이유로 인해 발생하는 문제점 가운데 하나는 국가마다 바스켓의 평균가격, 즉 물가수준을 계산할 때 포함되는 상품의 종류가 다르다는 것이다. 따라서 일물일가의 법칙이 성립한다 하더라도 위의 식은 성립하지 않을 수 있다.

이러한 문제를 해결하기 위한 것이 상대적 구매력평가이론(relative version of PPP)이다. 이 이론에 따르면 일정기간 동안 환율의 변화는 그 기간 동안 두 국가의 인플레이션의 차이와 같다. 식(13.2)는 상대적 구매력평가이론을 나타내고 있다.

$$\frac{e_1}{e_0} = \frac{1 + i_h}{1 + i_f} \tag{13.2}$$

e_0 : 시점 0에서의 환율
e_1 : 시점 1에서의 환율
i_h : 자국의 인플레이션
i_f : 외국의 인플레이션

미국과 한국의 향후 1년 동안 예상 인플레이션이 5%와 6%라고 하고, 현재 환율이 1달러당 950원일 때 1년 후 환율을 예측해 보자. PPP가 성립한다면 환율은 아래와 같이 959원이 되어 물가상승률의 차이만큼 상승하게 된다.

$$e_1 = 950 \times \frac{1 + 0.06}{1 + 0.05} = 959\text{원}$$

3.2 피셔효과

피셔(Fisher)에 의하면 실질이자율, 명목이자율, 인플레이션은 다음과 같은 관계를 갖는다.

$$1 + R_h = \frac{1 + r_h}{1 + i_h} \qquad (13.3)$$

R_h : 자국의 실질이자율
r_h : 자국의 명목이자율
i_h : 자국의 인플레이션

이런 관계는 외국의 경우에도 물론 성립한다. 그런데 피셔는 국가간 명목이자율은 다를 수 있어도 실질이자율은 같아야 한다고 주장하였다. 그렇지 않다면 실질이자율의 차이만큼 초과이익을 얻으려는 차익거래가 발생하며 그로 인해 결국 실질이자율은 같아야 한다는 것이다. 그러면 다음 식(13.4)가 성립한다.

$$\frac{1 + r_h}{1 + i_h} = \frac{1 + r_f}{1 + i_f} \qquad (13.4)$$

r_f : 외국의 명목이자율

식(13.4)를 정리하면 다음과 같은 식을 얻을 수 있는데 이를 피셔효과(Fisher effect)라고 한다.

$$\frac{1 + r_h}{1 + r_f} = \frac{1 + i_h}{1 + i_f} \qquad (13.5)$$

3.3 국제피셔효과

피셔효과가 성립하여 각국의 실질이자율이 같다하더라도 명목이자율은 다를 수 있다. 명목이자율의 차이는 물가상승률의 차이에 의해 발생한다. 그런데 물가상승률의 차이는 해당 기간 동안의 환율변화에 영향을 미친다. 즉 피셔효과와 구매력평가이론이 성립하면 명목이자율의 차이가 해당 기간 동안의 환율변화에 영향을 미친다는 것을 알 수 있다. 이것을 식으로 나타내면 식(13.6)과 같은데 이를 국제피셔효과라고 한다.

$$\frac{e_1}{e_0} = \frac{1 + r_h}{1 + r_f} \tag{13.6}$$

3.4 이자율평가이론

이자율의 상대적 차이는 현물시장의 환율변화에 영향을 미칠 뿐만 아니라 선물환율에도 영향을 미친다. 이자율평가이론(interest rate parity)은 이자율과 선물환율의 관계를 설명하고 있다.

이자율평가이론을 설명하기 위하여 다음 2개의 투자안을 고려해 보자. 투자안 A는 현물환율에 원화를 미국 달러로 바꾸고 미국에서 투자한 후, 그 수익을 선물환율에 원화로 바꾸는 것이다. 투자안 B는 한국에서 원화로 투자하는 것이다. [그림 13–5]는 투자안 A와 B를 그림으로 나타낸 것이다.

[그림 13–5]에서 투자안 A를 살펴보자. 1원을 현물환율에 달러로 바꾸면 $\$\frac{1}{e_0}$이 된다. 이것을 미국에 투자하면 일정기간 후 $\$\frac{1+r_f}{e_0}$가 된다. 이 액수를 미래 정해진 선물환율($f$)에 원화로 바꾸면 $\frac{1+r_f}{e_0}f$가 된다. 그런데 이 액수는 투자안 B의 수익인 $1+r_h$와 같아야 한다. 그렇지 않으면 차익거래가 발생하게 되고 결국 수익이 같아지게 될 것이기 때문이다.

그림 13–5 | 이자율평가이론

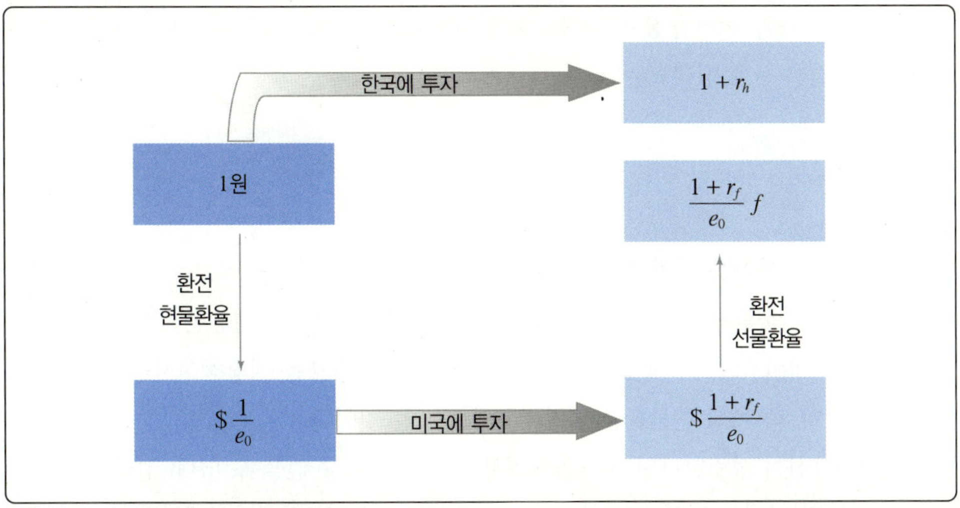

따라서 다음과 같은 식이 성립한다.

$$\frac{1+r_f}{e_0}f=1+r_h \tag{13.7}$$

이 식을 정리하면 다음과 같은 식을 얻을 수 있는데, 이를 이자율평가이론이라고 한다.

$$\frac{1+r_h}{1+r_f}=\frac{f}{e_0} \tag{13.8}$$

이 이론에 의하면 이자율이 높은 국가의 통화는 해당기간 후에 만기가 되는 선물환율이 할증되어야 한다. 미국과 한국의 이자율이 각각 4%와 5%이고 현물환율이 1달러당 950원이라면 선물환율은 아래의 식에서와 같이 959원이 되어, 현물환율 950원에 비해 9원 할증된다는 것을 알 수 있다.

$$f=950\times\frac{1+0.05}{1+0.04}=959\text{원}$$

3.5 불편추정가설

국제피셔효과와 이자율평가이론을 종합하면, 그리고 국제자본시장이 효율적이라면 식(13.9)와 같은 관계가 성립한다.

$$f=E(e_1) \tag{13.9}$$

식(13.9)는 선물환율이 미래의 환율과 관련되어 시장에 나와 있는 모든 정보를 반영하고 있으므로, 선물환율이 시장참여자들의 선물환계약 만기일의 예상현물환율과 같아야 한다는 것을 의미한다. 즉 90일 후에 만기가 되는 선물환율은 시장참여자들의 90일 후의 불편추정치, 즉 예상 현물환율의 기대치와 같다는 것이다.

만약 이 가설이 성립한다면 선물환율로부터 값진 정보를 얻을 수 있다. 선물환율이 할증되어 있다면 실제로 그렇게 실현될지는 모르지만, 최소한 현재시점에서는 시장참여자들이 환율이 올라갈 것으로 예측한다는 것을 의미하기 때문이다. 그러나 많은 연구들은 선물환율이 예상 현물환율의 불편추정치가 아닐 수 있다는 결론을 제시하고 있다. 거래자들은 항상 미래에 발생할 수 있는 위험을 걱정하기 때문에 선물환율은 예상환율과 위험에 대한 보상인 프리미엄의 합일 수 있다는 것이다. 위험에 대한 보상이 존재하여 불편추정가설이 성립하지 않는다면 불행히도 선물환율로부터 시장의 현물환율에 대한 예측정보를 얻을 수 없다.

제4절 국제투자

국제화가 진행되면서 국제투자도 활발하게 이루어지고 있다. 외국인에 의한 국내투자는 물론이고 내국인에 의한 외국투자도 크게 증가하고 있다. 상품, 자본, 인적자원이 아무런 규제 없이 이동할 수 있게 된 환경에서 높은 투자수익을 얻기 위한 필연적인 현상이라고 할 수 있다.

4.1 국제직접투자

국제투자는 크게 직접투자와 간접투자로 분류할 수 있다. 국제직접투자는 기업운영에 대한 경영권과 관련된 자본이동으로서 투자자가 해외기업의 경영에 직접 참여하여 이윤을 획득하기 위해 생산요소를 해외로 이전하는 것을 말한다. 신규로 새로운 기업을 설립할 수도 있으며 기존의 기업을 매수 또는 합병할 수도 있다.

4.1.1 국제직접투자의 목적

국제직접투자의 목적은 여러 가지가 있으나 중요한 몇 가지를 살펴보면 다음과 같다.

첫째, 해외의 현지시장 개척에 있다. 즉, 현지에 공장을 설립할 경우 자연스럽게 회사 및 제품을 홍보할 수 있으며 현지인을 고용함으로써 회사에 우호적인 세력을 넓일 수 있다. 또 제품수출에서 발생할 수 있는 각종 규제 및 불이익을 피할 수 있다는 장점도 있다.

둘째, 원자재의 안정적 확보에 있다. 원자재의 원활한 공급과 안정적인 가격유지는 매우 중요하다. 원자재를 생산하는 기업에 직접 투자를 하여 경영권을 획득한다면 원자재를 안정된 가격에 원활하게 공급받을 수 있는 가능성이 높을 것이다.

셋째, 기술의 확보에 있다. 21세기 들어서면서 핵심기술의 개발이 기업의 성패에 중요한 요인이 되고 있다. 기술 없이는 장기적으로 부가가치를 창출할 수 없다고 해도 과언이 아닐 것이다. 그러나 기술개발은 많은 비용을 수반하며 많은 시간이 소요된다. 또한 많은 비용과 시간을 투자하고도 반드시 기술을 개발할 수 있다고 말하기도 어렵다. 이러한 위험을 줄이고 단기간에 기술을 확보할 수 있는 길은 기술을 보유하고 있는 기업을 인수하는 것이다.

넷째, 글로벌 네트워크의 구축에 있다. 앞서 지적한 대로 분리되어 있던 세계시장이 점차로 거대한 하나의 시장으로 변하고 있다. 따라서 더욱 넓어진 하나의 시장에 대응하는 기업의 전략도 바뀌어야 한다. 국제직접투자를 통해 과거에 진출하기 어려웠던 지역을 보강하고 과도한 투자가 이루어졌던 지역의 영업을 축소하여 전체적인 균형을 이룰 수 있다.

4.1.2 국제직접투자의 장 · 단점

국내직접투자 대신에 국제직접투자가 증가하면서 국내 산업의 공동화 현상을 우려하는 목소리가 높다. 과연 국제직접투자의 단점은 무엇이고 장점은 무엇인지 살펴보자.

① 국제수지 측면

국내에 투자하는 대신에 해외에 직접투자하여 제품을 생산하면 본국의 수출감소 및 역수입에 따른 부정적인 효과가 있다. 그러나 국내 기자재, 부품 등의 유발수출 증가로 무역수지가 개선될 여지도 있다. 또 보호장벽 등으로 인해 직접투자를 하지 않고는 수출을 할 수 없는 곳에서 이익을 얻을 수 있는 기회를 얻을 수도 있다.

② 기술적 측면

기술을 보유하고 있는 선진기업을 인수함으로써 선진기술을 습득할 수 있는 기회를 얻을 수 있다. 또 개도국에 대해 투자하여 기술을 이전하고 이에 따른 부메랑효과를 얻을 수도 있다. 부메랑효과란 이전받은 기술로 생산된 제품의 수요가 증가함으로써 이와 관련된 또 다른 기술이 필요한 새로운 제품의 수요가 증대되어 결과적으로 해당 상품의 수출에 긍정적인 영향을 미치는 현상을 말한다.

③ 산업구조 측면

노동집약적인 산업을 해외에 이전하고 첨단기술을 도입하는 등 국내산업의 구조조정을 촉진하는 역할을 할 수 있다. 그러나 국내생산의 위축속도가 산업구조 고도화의 속도를 능가할 경우 산업공동화를 야기할 수 있으므로 적절한 속도 조절이 필요하다.

④ 고용측면

국내투자의 감소와 역수입 및 수입대체가 나타나는 산업부분에서는 고용이 감소한다. 그러나 유발수출이 일어나는 부문에서는 오히려 고용이 증대될 수 있다.

4.1.3 국제단독투자와 합작투자

국제합작투자는 둘 혹은 그 이상의 투자자들이 특정기업의 소유와 경영에 공동으로 참여하는 것이다. 단독으로 투자하면 경영권을 원하는 방향으로 마음껏 행사할 수 있음에도 불구하고 합작투자를 하는 이유는 무엇일까?

경제적 측면에서 보면, 첫째 외국인이 투자할 수 없는 특정산업이나 자산에 해당국가의 투자자와 합작으로 투자하면 가능할 수 있다. 둘째, 상당한 비용과 시간을 들이지 않고도 현지의 판매 및 공급망을 쉽게 구축할 수 있다. 아무래도 해당국가의 투자자들이 외국인들보다 현지의 사정을 잘 파악하고 있기 때문이다. 셋째, 상대적으로 적은 자본과 경영자원이 요구되기 때문에 규모가 작은 기업이나 투자자도 참여가 가능하다.

정치사회적 관점에서 볼 때 현지 국민들의 외국기업에 대한 사회적인 거부감을 줄일 수 있다. 현지 투자자와 합작투자를 하면 현지기업으로 인식될 수 있기 때문이다. 또한 현지국가의 정부로부터 차별적인 행위나 여러 규제조치로부터 보호를 받을 수도 있다.

그러나 국제합작투자의 단점도 있다. 가장 중요한 것 중의 하나가 참여한 투자자들의 경영문화상의 차이로 인해 경영에 심각한 애로를 겪을 수 있다는 것이다. 즉, 사회문화가 다른 지역의 투자자와 함께 경영을 하여야 할 경우 서로 다른 경영전략을 고집하고, 다른 관리방법과 수단을 주장하는 등 의견의 불일치로 인해 경영상의 애로가 발생할 수 있다.

4.2 국제간접투자

국제간접투자란 투자이익을 얻기 위해 다양한 외국의 증권 또는 금융상품에 분산하여 투자하는 것을 의미한다. 즉 경영에 직접 참여하지 않고 이자, 배당 등을 통한 자본이득을 목적으로 하는 투자이다.

국제간접투자를 하는 가장 큰 목적은 [그림 13-6]에서 보듯이, 각국의 투자여건 및 시장상황의 차이를 이용하여 체계적 위험을 축소할 수 있기 때문이다. 체계적 위험을 축소한다는 것은 같은 수익률을 얻기 위해 부담하여야 하는 위험을 줄인다는 것을 의미한다. 즉, 수익률을 희생하지 않고도 위험을 낮출 수 있는 포트폴리오효과를 얻을 수 있다.

한 가지 주의하여야 할 것은 수익률을 측정할 때 환율변동을 고려하여야 한다는 것이다. 투자대상인 주식이나 채권의 표시통화가 자국통화보다 가치가 상승하거나 하락하면, 즉 환율이 변동하면 자국투자자의 수익률이 상승 또는 하락하기 때문이다. 따라서 환율을 반영한 다음과 같은 실효수익률을 기준으로 투자 여부를 판단하여야 한다.

$$1 + r_{fj}^{*} = (1 + r_{fj})(1 + \Delta e) \qquad (13.10)$$

r_{fj}^{*} : 자국투자자가 외국의 증권 j에 투자할 때 실효수익률
r_{fj} : 외국증권 j의 수익률
Δe : (자국통화/외국통화) 환율의 변동률

■ 그림 13-6 | 국제 포트폴리오효과

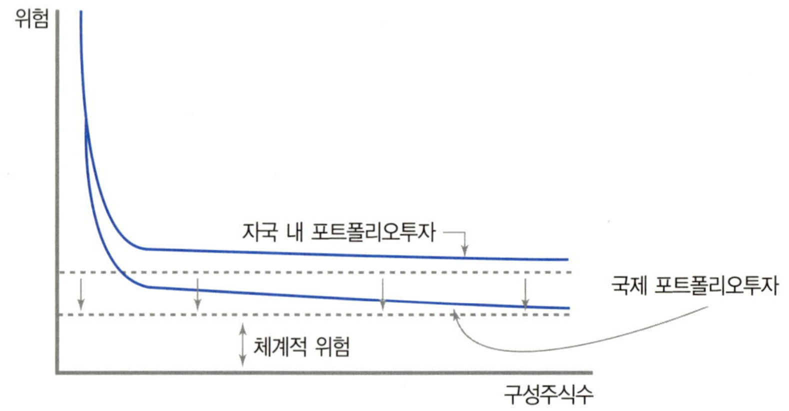

제5절 환위험관리

5.1 환노출

외국에서 경영활동을 하는 기업은 여러 가지 위험에 노출되게 되는데 환위험이 그 중의 하나이다. 환위험이란 환율이 변동함에 따라 외화로 표시된 자산, 부채, 손익 및 미래 현금흐름의 자국통화가치가 변하여 이득이나 손실이 발생할 수 있는 가능성을 말한다. 환위험에 노출된 정도를 환노출(foreign exchange exposure)이라고 하는데 보통 다음과 같이 금액으로 측정된다.

$$\text{환이득(손실)} = (e_{t+n} - e_t) \times (\text{외화표시 자산, 부채, 손익 또는 현금흐름}) \qquad (13.11)$$

환율은 직접표시환율(₩/$)로 측정된다. 따라서 최종 환노출은 자국통화, 즉 원화로 측정된다.

5.2 환위험관리

환위험의 종류와 크기를 측정하였다면 기업은 해당 위험을 감소시키거나 제거시키려고 노력할 것이다. 환위험을 관리하는 방법은 크게 경영전략적 측면의 관리방법과 파생상품 등 금융상품을 이용한 관리방법으로 나누어 볼 수 있다. 경영전략적 측면의 관리방법은 각종 대금의 지급시기를 인위적으로 앞당기는 리딩(leading), 지연시키는 래깅(lagging) 등 여러 가지 방법이 있으나 환위험에 적극적으로 대처하기에는 한계가 있다. 여기서는 금융상품을 이용한 환위험 관리방법을 살펴보기로 한다.

5.2.1 선물환을 이용한 환위험 헤지

선물환계약은 거래의 합의는 현재시점, 통화의 교환은 미래의 정해진 일정시점에 이루어지는 계약이다. 따라서 미래의 일정시점에 현금유입이나 현금유출이 예상될 때 선물환계약을 통해 환위험을 헤지할 수 있다.

미래의 일정시점에 100만 달러의 현금유입이 예상된다고 하자. 그러면 현금유입이 발생하는 시점의 현물환율에 따라 원화 기준의 현금유입액이 달라진다. 이때 현금유입이 발생하는 시점에 만기가 되는 선물환계약을 통해 100만 달러를 매도(선물환율=1,000원/달러)하면 10억원의 확정 현금흐름을 얻을 수 있다.

물론 이 경우와는 반대로 미래의 일정시점에 현금유출이 예상될 경우 선물환 매수포지션을 취하면 환위험을 헤지하여 확정된 원화 현금흐름을 얻을 수 있다.

5.2.2 금융시장을 이용한 헤지

환위험은 파생상품뿐만 아니라 국제금융시장에서 적절한 자금조달과 운용을 통해 헤지를 할 수도 있다. 미래의 일정시점에 100만 달러의 수출대금 유입이 예상된다고 하자. 이때 현금이 유입되는 시점까지 기다리지 않고 100만 달러의 현재가치에 해당하는 액수를 차입하여 현물환율로 현재의 시점에서 환전하고, 국내에 확정금리로 예금하면 환율변동의 영향을 받지 않고 확정 원화금액을 얻을 수 있다. 물론 차입의 만기시점에 갚아야 하는 100만 달러는 유입되는 수출대금 100만 달러로 갚으면 된다.

이처럼 반드시 파생상품을 이용하지 않더라도 적절한 자금의 차입과 운용을 통해 환위험을 관리할 수 있다.

5.2.3 통화선물을 이용한 헤지

통화선물은 선물환과 본질적으로 동일한 거래이지만 다음과 같은 점에서 다르다. 첫째, 선도거래인 선물환계약은 은행 간 연결된 네트워크를 통해 거래되나 선물거래인 통화선물계약은 공식적인 거래소에서 거래된다. 둘째, 통화선물계약은 거래소에 의해 계약단위, 계약이행시점 등이 정해져 있으나 선물환계약은 당사자 간의 협상이 가능하다. 셋째, 선물환계약은 만기일에 한 번 정산이 이루어지나 통화선물계약은 일일정산제도에 의해 매일 정산이 이루어진다.

이와 같은 차이에도 불구하고 선물환계약과 통화선물계약은 거래의 합의는 현재의 시점에서 이루어지고 통화의 교환은 미래의 일정시점에 이루어진다는 본질은 같다. 따라서 현금유입이나 현금유출의 시기와 동일한 만기를 가진 통화선물계약을 매도 혹은 매수하면 선물환계약을 이용한 헤지와 동일한 결과를 얻을 수 있다. 다만 현금유입 및 유출의 시기와 만기가 정확히 일치하지 않거나 유입액 및 유출액과 선물계약 단위가 일치하지 않을 경우 헤지의 효과가 떨어질 수밖에 없다.

5.2.4 통화옵션을 이용한 헤지

통화옵션은 거래의 합의는 현재시점에 이루어지나 계약의 이행은 미래의 일정시점에 이루어진다는 면에서 선물환 및 통화선물과 동일하다. 따라서 현금유입 및 유출의 시기와 금액이 통화옵션의 만기 및 계약단위와 일치한다면 통화옵션을 이용하여도 선물환과 통화선물을 이용한 헤지와 동일한 효과를 얻을 수 있다.

선물환과 통화선물은 계약을 맺으면 반드시 이행하여야 하는 의무이다. 그러나 옵션은 권리이기 때문에 다음과 같은 상황에서 통화옵션을 이용하면 더욱 효과적일 수 있다. 첫째, 아직 확정되지는 않았으나 성사 가능성이 있는 거래에 대한 헤지이다. 성사가 되지 않더라도 옵션을 행사하지 않으면 더 이상의 손실을 줄일 수 있기 때문이다. 둘째, 매입 혹은 매도는 확정되었으나 수량이 확정되지 않는 거래에 대한 헤지이다. 마찬가지로 필요 이상의 수량에 대해서는 옵션을 행사하지 않으면 되기 때문이다.

5.2.5 통화스왑을 이용한 헤지

통화스왑(foreign currency swap)은 특정 통화의 이자 및 원금을 다른 통화의 이자 및 원금과 상호 교환하는 계약이다. 프랑스에서 영업을 하고 있는 미국의 American사가 유로화를 조달하려고 한다고 하자. 반면에 미국에서 영업을 하는 프랑스의 France사는 달러화를 조달하려고 한다. 이때 American사와 France사는 각각 비교우위에 있는 금융시장에서 달러와 유로화를 조달하고 이자 및 원금을 서로 교환하면 이득을 얻을 수 있다.

[표 13-1]에서와 같이 현물환율이 €0.8/$일 때 American사가 100만달러를 조달하고 France사가 80만유로를 조달하여 교환한다. 그 후 매년 지불하여야 하는 6%의 달러표시 이자와 5%의 유로화표시 이자도 서로 교환하며 만기 때 원금도 교환하게 된다. 이러한 통화스왑으로 두 회사는 싼 값에 원하는 통화자금을 조달한 셈이므로 모두에게 이득이 된다.

통화스왑계약은 여러 번의 통화교환을 발생시킨다. 그런데 통화교환 하나 하나는 선물환계약의 성격을 지닌다. 즉, 1년 후의 통화교환은 현재시점에서 1년 후 €0.6667/$(= €4/$6)의 선물환율에 달러와 유로화를 교환하는 선물환계약으로 볼 수 있다. 결국 통화스왑은 여러 개의 선물환계약을 한꺼번에 하는 것과 같다고 볼 수 있다. 따라서 미래에 연속적이고 규칙적인 외국통화의 유입 혹은 유출이 발생한다면 통화스왑을 이용해 환위험을 관리할 수 있다.

| 표 13-1 | 통합스왑

(단위 : 10,000)

년도	American	France
0	$100	€80
1	$6	€4
2	$6	€4
3	$6	€4
…	…	…
10	$100+$6	€80+€4

* 현물환율 : €0.8/$

EXERCISE

객관식 문제

01 환율은 두 통화 교환에 적용되는 교환비율이기 때문에 어떤 통화를 기준으로 하느냐에 따라 표시 방법이 달라진다. 다음 중 타국통화를 기준으로 자국통화의 가치를 표시하는 방법은?

① 직접표시환율 ② 간접표시환율
③ 미국식 표시환율 ④ 유럽식 표시환율

02 미국의 차입자가 미국 이외의 지역인 일본에서 발행한 엔화표시 채권을 무엇이라고 하는가?

① 유로채 ② 외국채
③ 국제채 ④ 국제통화채

03 각국의 상대적 명목이자율의 차이와 해당기간 동안 환율변화의 관계를 설명하는 이론은 무엇인가?

① 국제피셔효과 ② 이자율평가이론
③ 구매력평가이론 ④ 불편추정가설

04 국제직접투자의 목적에 대한 다음 설명 중 틀린 것은?

① 선진기술을 확보할 수 있다.
② 해외의 현지시장을 개척할 수 있다.
③ 원자재를 안정적으로 확보할 수 있다.
④ 각국의 투자여건 및 시장상황의 차이를 이용하여 체계적 위험을 줄일 수 있다

05 국제직접투자의 장 · 단점에 관한 다음 설명 중 틀린 것은?

① 기술을 보유하고 있는 선진기업을 인수함으로써 선진기술을 습득할 수 있는 기회를 얻을 수 있다.
② 개도국에 투자하여 기술을 이전하면 부메랑효과로 인해 제품판매에 부정적인 영향이 있을 수 있다.
③ 국내에 투자하는 대신에 해외에 직접투자하면 본국의 수출 감소 및 역수입에 따른 부정적인 효과가 있다.
④ 국제직접투자를 통해 노동집약적인 산업을 이전하고 첨단산업을 도입하는 등 국내산업의 구조조정을 촉진할 수 있다.

⋘ 연 | 습 | 문 | 제

06 다음 중 신용공여에 관한 시장이 아닌 것은?

① 국제 주식시장 ② 국제 단기금융시장
③ 외환시장 ④ 국제 스왑시장

07 다음 중 두 기업의 채무에 대한 이자지급 의무를 일정기간 동안 상호 교환하기로 약정 한 계약?

① 외환스왑 ② 이자율스왑
③ 통화스왑 ④ 채무스왑

08 현재 미국 달러에 대한 원화환율이 957.6₩/$이다. 이 수준은 정확히 1년 전에 비해 원화가치가 5% 평가절상된 것이다. 1년 전 환율은 얼마인가?

① 1,006원 ② 1,007원
③ 1,008원 ④ 1,009원

09 현재 외환시장에서 유로화와 미국 달러의 환율이 €0.8/$이고 원화와 달러의 환율이 980₩/$이다. 유로화에 대한 원화의 교차환율은 얼마인가?

① 1,225원 ② 1,230원
③ 1,235원 ④ 1,240원

10 앞으로 1년 동안 미국과 한국의 물가상승률이 각각 3%와 4%일 것으로 예상된다. 현물환율이 960₩/$일 때 1년 후 달러에 대한 원화환율은 얼마가 되겠는가?

① 956원 ② 958원
③ 960원 ④ 969원

11 미국 달러에 대한 원화의 현물환율이 1,100₩/$이고 앞으로 1년 동안 미국과 한국의 예상이자율이 각각 4%와 3%일 것으로 예상된다. 차익거래가 발생하지 않기 위한 적정 1년 만기 선물환율은 얼마인가?

① 1,089.4원 ② 1,089.6원
③ 1,089.9원 ④ 1,091.4원

EXERCISE

주관식 문제

01 미국 달러에 대한 원화의 현물환율이 960₩/$이고 1년 만기 선물환율이 970₩/$이다. 미국과 한국의 예상이자율이 각각 4%와 5%이며 홍길동이 차입할 수 있는 최대 액수는 1억원이다. 차익거래비용이 없다면 홍길동이 차익거래로 얻을 수 있는 최대 이익은 얼마인가?

02 한국과 미국의 연간 명목이자율이 각각 4%와 3%일 것으로 예상된다. 원화에 대한 미국 달러의 현물환율이 960₩/$일 때 1년 후 현물환율은 얼마가 될 것으로 예상하는가?

03 한국과 미국의 연간이자율이 각각 4%와 3%일 것으로 예상된다. 한국의 연간 예상 물가상승률이 5%일 때 피셔효과가 성립하려면 미국의 물가상승률은 얼마이어야 하는가?

04 미국의 채권수익률이 연간 5%이고 미국 달러에 대한 원화 현물환율이 960₩/$이다. 1년 후 예상 현물환율이 980원/$이라면 한국의 투자자가 미국 채권에 투자할 때 예상 수익률은 얼마인가?

05 (주)하나는 1년 후 100만 달러의 현금유입을 기대하고 있다. 환위험을 없애기 위해 미국에서 100만 달러의 현재가치만큼 차입하고 현물환율에 원화로 교환한 후 1년 동안 한국의 은행에 예금하려고 한다. 미국과 한국의 이자율이 각각 5%와 4%이고 현물환율이 960₩/$일 때 (주)하나가 1년 후 얻을 수 있는 원화는 얼마인가?

06 한국의 투자자가 미국에 투자하여 1년 후 5%의 수익을 기대하고 있다. 현재의 환율이 1,000₩/$이고 1년 후 예상환율이 1,100₩/$라면 원화를 기준으로 한 예상수익률은 얼마인가?

부 록

[수표 1] 복리가치요소(*CVIF*)

$CVIF = (1+i)^n$ (i = 기간당 이자율, n = 기간)

이자율(i) 기간(n)	1%	2%	3%	4%	5%	6%	7%	8%	9%	10%
1	1.0100	1.0200	1.0300	1.0400	1.0500	1.0600	1.0700	1.0800	1.0900	1.1000
2	1.0201	1.0404	1.0609	1.0816	1.1025	1.1236	1.1449	1.1664	1.1881	1.2100
3	1.0303	1.0612	1.0927	1.1249	1.1576	1.1910	1.2250	1.2597	1.2950	1.3310
4	1.0406	1.0824	1.1255	1.1699	1.2155	1.2625	1.3108	1.3605	1.4116	1.4641
5	1.0510	1.1041	1.1593	1.2167	1.2763	1.3382	1.4026	1.4693	1.5386	1.6105
6	1.0615	1.1262	1.1941	1.2653	1.3401	1.4185	1.5007	1.5869	1.6771	1.7716
7	1.0721	1.1487	1.2299	1.3159	1.4071	1.5036	1.6058	1.7138	1.8280	1.9487
8	1.0829	1.1717	1.2668	1.3686	1.4775	1.5938	1.7182	1.8509	1.9926	2.1436
9	1.0937	1.1951	1.3048	1.4233	1.5513	1.6895	1.8385	1.9990	2.1719	2.3579
10	1.1046	1.2190	1.3439	1.4802	1.6289	1.7908	1.9672	2.1589	2.3674	2.5937
11	1.1157	1.2434	1.3842	1.5395	1.7103	1.8983	2.1049	2.3316	2.5804	2.8531
12	1.1268	1.2682	1.4258	1.6010	1.7959	2.0122	2.2522	2.5182	2.8127	3.1384
13	1.1381	1.2936	1.4685	1.6651	1.8856	2.1329	2.4098	2.7196	3.0658	3.4523
14	1.1495	1.3195	1.5126	1.7317	1.9799	2.2609	2.5785	2.9372	3.3417	3.7975
15	1.1610	1.3459	1.5580	1.8009	2.0789	2.3966	2.7590	3.1722	3.6425	4.1772
16	1.1726	1.3728	1.6047	1.8730	2.1829	2.5404	2.9522	3.4259	3.9703	4.5950
17	1.1843	1.4002	1.6528	1.9479	2.2920	2.6928	3.1588	3.7000	4.3276	5.0545
18	1.1961	1.4282	1.7024	2.0258	2.4066	2.8543	3.3799	3.9960	4.7171	5.5599
19	1.2081	1.4568	1.7535	2.1068	2.5270	3.0256	3.6165	4.3157	5.1417	6.1159
20	1.2202	1.4859	1.8061	2.1911	2.6533	3.2071	3.8697	4.6610	5.6044	6.7275
21	1.2324	1.5157	1.8603	2.2788	2.7860	3.3996	4.1406	5.0338	6.1088	7.4002
22	1.2447	1.5460	1.9161	2.3699	2.9253	3.6035	4.4304	5.4365	6.6586	8.1403
23	1.2572	1.5769	1.9736	2.4647	3.0715	3.8197	4.7405	5.8715	7.2579	8.9543
24	1.2697	1.6084	2.0328	2.5633	3.2251	4.0489	5.0724	6.3412	7.9111	9.8497
25	1.2824	1.6406	2.0938	2.6658	3.3864	4.2919	5.4274	6.8485	8.6231	10.835
26	1.2953	1.6734	2.1566	2.7725	3.5557	4.5494	5.8074	7.3964	9.3992	11.918
27	1.3082	1.7069	2.2213	2.8834	3.7335	4.8223	6.2139	7.9881	10.245	13.110
28	1.3213	1.7410	2.2879	2.9987	3.9201	5.1117	6.6488	8.6271	11.167	14.421
29	1.3345	1.7758	2.3566	3.1187	4.1161	5.4184	7.1143	9.3173	12.172	15.863
30	1.3478	1.8114	2.4273	3.2434	4.3219	5.7435	7.6123	10.063	13.268	17.449
35	1.4166	1.9999	2.8139	3.9461	5.5160	7.6861	10.676	14.785	20.414	28.102
40	1.4889	2.2080	3.2620	4.8010	7.0400	10.286	14.974	21.725	31.409	45.259
45	1.5648	2.4379	3.7816	5.8412	8.9850	13.765	21.002	31.920	48.327	72.891
50	1.6446	2.6916	4.3839	7.1067	11.467	18.420	29.457	46.902	74.358	117.39

이자율(i) 기간(n)	11%	12%	13%	14%	15%	16%	17%	18%	19%	20%
1	1.1100	1.1200	1.1300	1.1400	1.1500	1.1600	1.1700	1.1800	1.1900	1.2000
2	1.2321	1.2544	1.2769	1.2996	1.3225	1.3456	1.3689	1.3924	1.4161	1.4400
3	1.3676	1.4049	1.4429	1.4815	1.5209	1.5609	1.6016	1.6430	1.6852	1.7280
4	1.5180	1.5735	1.6305	1.6890	1.7490	1.8106	1.8739	1.9388	2.0053	2.0736
5	1.6851	1.7623	1.8424	1.9254	2.0114	2.1003	2.1924	2.2878	2.3864	2.4883
6	1.8704	1.9738	2.0820	2.1950	2.3131	2.4364	2.5652	2.6996	3.8398	2.9860
7	2.0762	2.2107	2.3526	2.5023	2.6600	2.8262	3.0012	3.1855	3.3793	3.5832
8	2.3045	2.4760	2.6584	2.8526	3.0590	3.2784	3.5115	3.7589	4.0214	4.2998
9	2.5580	2.7731	3.0040	3.2519	3.5179	3.8030	4.1084	4.4355	4.7854	5.1598
10	2.8394	3.1058	3.3946	3.7072	4.0456	4.4114	4.8068	5.2338	5.6947	6.1917
11	3.1518	3.4785	3.8359	4.2262	4.6524	5.1173	5.6240	6.1759	6.7767	7.4301
12	3.4985	3.8960	4.3345	4.8179	5.3503	5.9360	6.5801	7.2876	8.0642	8.9161
13	3.8833	4.3635	4.8980	5.4924	6.1528	6.8858	7.6987	8.5994	9.5964	10.699
14	4.3104	4.8871	5.5348	6.2613	7.0757	7.9875	9.0075	10.147	11.420	12.839
15	4.7846	5.4736	6.2543	7.1379	8.1371	9.2655	10.539	11.974	13.589	15.407
16	5.3109	6.1304	7.0673	8.1372	9.3576	10.748	12.330	14.129	16.172	18.488
17	5.8951	6.8660	7.9861	9.2765	10.761	12.468	14.427	16.672	19.244	22.186
18	6.5436	7.6900	9.0243	10.575	12.375	14.463	16.879	19.673	22.901	26.623
19	7.2633	8.6128	10.197	12.056	14.232	16.777	19.748	23.214	27.252	31.948
20	8.0623	9.6463	11.523	13.743	16.367	19.461	23.106	27.393	32.429	38.338
21	8.9492	10.804	13.021	15.668	18.822	22.574	27.034	32.324	38.591	46.005
22	9.9336	12.100	14.714	17.861	21.645	26.186	31.629	38.142	45.923	55.206
23	11.026	13.552	16.626	20.362	24.891	30.376	37.006	45.008	54.648	66.247
24	12.239	15.179	18.788	23.212	28.625	35.236	43.297	53.109	65.032	79.497
25	13.586	17.000	21.231	26.462	32.919	40.874	50.658	62.669	77.388	95.396
26	15.080	19.040	23.991	30.167	37.857	47.414	59.270	73.949	92.092	114.48
27	16.738	21.325	27.109	34.390	34.535	55.000	69.345	87.260	109.59	137.37
28	18.580	23.884	30.634	39.204	50.066	63.800	81.134	102.97	130.41	164.84
29	20.624	26.750	34.617	44.693	57.575	74.009	94.927	121.50	155.19	197.81
30	22.892	29.960	39.116	50.950	66.212	85.850	111.06	143.37	184.67	237.38
35	38.575	52.800	72.068	98.100	133.18	180.31	243.56	327.99	440.70	590.67
40	65.001	93.051	132.78	188.88	267.86	378.72	533.86	750.38	1051.6	1469.8
45	109.53	163.99	244.64	363.68	538.77	795.44	1170.5	1716.7	2509.6	3657.3
50	184.56	289.00	450.74	700.23	1083.7	1670.7	2566.2	3927.4	5988.9	9100.4

[수표 2] 연금의 복리이자요소($CVIF_a$)

$$CVIF_a = \frac{(1+i)^n - 1}{i} \quad (i = \text{기간당 할인율},\ n = \text{기간})$$

이자율(i) 기간(n)	1%	2%	3%	4%	5%	6%	7%	8%	9%	10%
1	1.0000	1.0000	1.0000	1.0000	1.0000	1.0000	1.0000	1.0000	1.0000	1.0000
2	2.0100	2.0200	2.0300	2.0400	2.0500	2.0600	2.0700	2.0800	2.0900	2.1000
3	3.0301	3.0604	3.0909	3.1216	3.1525	3.1836	3.2149	3.2464	3.2781	3.3100
4	4.0604	4.1216	4.1836	4.2465	4.3101	4.3746	4.4399	4.5061	4.5731	4.6410
5	5.1010	5.2040	5.3091	5.4163	5.5256	5.6371	5.7507	5.8666	5.9847	6.1051
6	6.1520	6.3081	6.4684	6.6330	6.8019	6.9753	7.1533	7.3359	7.5233	7.7156
7	7.2135	7.4343	7.6625	7.8983	8.1420	8.3938	8.6540	8.9228	9.2004	9.4872
8	8.2857	8.5830	8.8923	9.2142	9.5491	9.8975	10.260	10.637	11.028	11.436
9	9.3685	9.7546	10.159	10.583	11.027	11.491	11.978	12.488	13.021	13.579
10	10.462	10.950	11.464	12.006	12.578	13.181	13.816	14.487	15.193	15.937
11	11.567	12.169	12.808	13.486	14.207	14.972	15.784	16.645	17.560	18.531
12	12.683	13.412	14.192	15.026	14.917	16.870	17.888	18.977	20.141	21.384
13	13.809	14.680	15.618	16.627	17.713	18.882	20.141	21.495	22.953	24.523
14	14.947	15.974	17.086	18.292	19.599	21.015	22.550	24.215	26.019	27.975
15	16.097	17.293	18.599	20.024	21.579	23.276	25.129	27.152	29.361	31.772
16	17.258	18.639	20.157	21.825	23.657	25.673	27.888	30.324	33.003	35.950
17	18.430	20.012	21.762	23.698	25.840	28.213	30.840	33.750	36.974	40.545
18	19.615	21.412	23.414	25.645	28.132	30.906	33.999	37.450	41.301	45.599
19	20.811	22.841	25.117	27.671	30.539	33.760	37.379	41.446	46.018	51.159
20	22.019	24.297	26.870	29.778	33.066	36.786	40.995	45.762	51.160	57.275
21	23.239	25.783	28.676	31.969	35.719	39.993	44.865	50.423	56.765	64.002
22	24.472	27.299	30.537	34.248	38.505	43.392	49.006	55.457	62.873	71.403
23	25.716	28.845	32.453	36.618	41.430	46.996	53.436	60.893	69.532	79.543
24	26.973	30.422	34.426	39.083	44.502	50.816	58.177	66.765	76.790	88.497
25	28.243	32.030	36.459	41.646	47.727	54.865	63.249	73.106	84.701	98.347
26	29.526	33.671	38.553	44.312	51.113	59.156	68.676	79.954	93.324	109.18
27	30.821	35.344	40.710	47.084	54.669	63.706	74.484	87.351	102.72	121.10
28	32.129	37.051	42.931	49.968	58.403	68.528	80.698	95.339	112.97	134.21
29	33.450	38.792	45.219	52.966	62.323	73.640	87.347	103.97	124.14	148.63
30	34.785	40.568	47.575	56.085	66.439	79.058	94.461	113.28	136.31	164.49
35	41.660	49.994	60.462	73.652	90.320	111.43	138.24	172.32	215.71	271.02
40	48.886	60.402	75.401	95.026	120.80	154.76	199.64	269.06	337.88	442.59
45	56.481	71.893	92.720	121.03	159.70	212.74	285.75	386.51	525.86	718.90
50	64.463	84.579	112.80	152.67	209.35	290.34	406.53	573.77	815.08	1163.9

이자율(*i*) 기간(*n*)	11%	12%	13%	14%	15%	16%	17%	18%	19%	20%
1	1.0000	1.0000	1.0000	1.0000	1.0000	1.0000	1.0000	1.0000	1.0000	1.0000
2	2.1100	2.1200	2.1300	2.1400	2.1500	2.1600	2.1700	2.1800	2.1900	2.2000
3	3.3421	3.3744	3.4069	3.4396	3.4725	3.5056	3.5389	3.5724	3.6061	3.6400
4	4.7097	4.7793	4.8498	4.9211	4.9934	5.0665	5.1405	5.2154	5.2913	5.3680
5	6.2278	6.3528	6.4803	6.6101	6.7424	6.8771	7.0144	7.1542	7.2966	7.4416
6	7.9130	8.1152	8.3230	8.5355	8.7537	8.9775	9.2068	9.4420	9.6830	9.9299
7	9.7830	10.089	10.405	10.703	11.067	11.414	11.772	12.142	12.523	12.916
8	11.859	12.300	12.757	13.233	13.727	14.240	14.773	15.327	15.920	16.499
9	14.163	14.776	15.416	16.085	16.786	17.519	18.285	19.086	19.923	20.799
10	16.722	17.549	18.419	19.337	20.304	21.321	22.393	23.521	24.709	25.959
11	19.561	20.655	21.814	23.045	24.349	25.733	27.199	28.755	30.404	32.150
12	22.713	24.133	25.650	27.271	29.002	30.850	32.823	34.931	37.180	39.581
13	26.211	28.029	29.984	32.089	34.352	36.786	39.404	42.219	45.244	48.497
14	30.095	32.393	34.883	37.581	40.505	43.672	47.103	50.818	54.841	59.196
15	34.405	37.280	40.418	43.842	47.580	51.660	56.110	60.965	66.261	72.035
16	39.199	42.753	46.672	50.980	55.717	60.925	66.649	72.939	79.850	87.442
17	44.501	48.884	53.739	59.118	65.075	71.673	78.979	87.068	96.022	105.93
18	50.396	55.750	61.725	68.394	75.836	84.141	93.406	103.74	115.26	128.12
19	56.939	63.440	70.749	78.969	88.212	98.603	110.29	123.41	138.16	154.74
20	64.203	72.052	80.947	91.025	102.44	115.38	130.03	146.63	165.42	186.69
21	72.265	81.699	92.469	104.77	118.81	134.84	153.14	174.02	197.85	225.03
22	81.214	95.503	105.49	120.44	137.63	157.41	180.17	206.34	236.44	271.03
23	91.148	104.60	120.20	138.30	159.28	183.60	211.80	244.49	282.36	326.24
24	102.17	118.16	136.83	158.66	184.17	213.98	248.81	289.49	337.01	392.48
25	114.41	133.33	155.62	181.87	212.79	249.21	292.10	342.60	402.04	471.98
26	127.99	150.33	176.85	208.33	245.71	290.09	342.76	405.27	479.43	567.38
27	143.08	169.37	200.84	238.50	283.57	337.50	402.03	479.22	571.52	681.85
28	159.82	190.70	227.95	272.89	327.10	392.50	471.38	566.48	681.11	819.22
29	178.39	214.58	258.58	312.09	377.17	456.30	552.51	669.45	811.52	984.07
30	199.02	241.33	293.19	356.79	434.75	530.31	647.44	790.95	966.71	1181.9
35	341.59	431.66	546.68	693.57	881.17	1120.7	1426.4	1816.7	2314.2	2948.3
40	581.83	767.09	1013.7	1342.0	1779.1	2360.8	3134.5	4163.2	5529.8	7343.9
45	986.64	1358.3	1874.2	2590.6	3585.1	4965.3	6879.2	9531.6	13203.	18281.
50	1668.7	2400.0	3459.5	4994.5	7217.7	10436.	15089.	21813.	31515.	45497.

[수표 3] 현가이자요소($PVIF$)

$$PVIF = \frac{1}{(1+i)^n} \quad (i = \text{기간당 할인율},\ n = \text{기간})$$

이자율(i) 기간(n)	1%	2%	3%	4%	5%	6%	7%	8%	9%	10%
1	.9901	.9804	.9709	.9615	.9524	.9434	.9346	.9259	.9174	.9091
2	.9803	.9612	.9426	.9266	.9070	.8900	.8734	.8573	.8417	.8264
3	.9706	.9423	.9151	.8890	.8638	.8396	.8163	.7938	.7722	.7513
4	.9610	.9238	.8885	.8548	.8227	.7921	.7629	.7350	.7084	.6830
5	.9515	.9057	.8626	.8219	.7835	.7473	.7130	.6806	.6499	.6209
6	.9420	.8880	.8375	.7903	.7462	.7050	.6663	.6302	.5963	.5655
7	.9327	.8706	.8131	.7599	.7107	.6651	.6227	.5835	.5470	.5132
8	.9235	.8535	.7894	.7307	.6768	.6274	.5820	.5403	.5019	.4665
9	.9143	.8368	.7664	.7026	.6446	.5919	.5439	.5002	.4604	.4241
10	.9053	.8203	.7441	.6756	.6139	.5584	.5083	.4632	.4224	.3855
11	.8963	.8043	.7224	.6496	.5847	.5268	.4751	.4289	.3875	.3505
12	.8874	.7885	.7014	.6246	.5568	.4970	.4440	.3971	.3555	.3186
13	.8787	.7730	.6810	.6006	.5303	.4688	.4150	.3677	.3262	.2897
14	.8700	.7579	.6611	.5775	.5051	.4423	.3878	.3405	.2992	.2633
15	.8613	.7430	.6419	.5553	.4810	.4173	.3624	.3152	.2745	.2394
16	.8528	.7284	.6232	.5339	.4581	.3936	.3387	.2919	.2519	.2176
17	.8444	.7142	.6050	.5134	.4363	.3714	.3166	.2703	.2311	.1978
18	.8360	.7002	.5874	.4936	.4155	.3503	.2959	.2502	.2120	.1799
19	.8277	.6864	.5703	.4746	.3957	.3305	.2765	.2317	.1945	.1635
20	.8195	.6730	.5537	.4564	.3769	.3118	.2584	.2145	.1784	.1486
21	.8114	.6598	.5375	.4388	.3589	.2942	.2415	.1987	.1637	.1351
22	.8034	.6468	.5219	.4220	.3418	.2775	.2257	.1839	.1502	.1228
23	.7954	.6342	.5067	.4057	.3256	.2618	.2109	.1703	.1378	.1117
24	.7876	.6217	.4919	.3901	.3101	.2470	.1971	.1577	.1264	.1015
25	.7798	.6095	.4776	.3751	.2953	.2330	.1842	.1460	.1160	.0923
26	.7720	.5976	.4637	.3607	.2812	.2198	.1722	.1352	.1064	.0839
27	.7644	.5859	.4502	.3468	.2678	.2074	.1609	.1252	.0976	.0763
28	.7568	.5744	.4371	.3335	.2551	.1956	.1504	.1159	.0895	.0693
29	.7493	.5631	.4243	.3207	.2429	.1846	.1406	.1073	.0822	.0630
30	.7419	.5521	.4120	.3083	.2314	.1741	.1314	.0994	.0754	.0573
35	.7059	.5000	.3554	.2534	.1813	.1301	.0937	.0676	.0490	.0356
40	.6717	.4529	.3066	.2083	.1420	.0972	.0668	.0460	.0318	.0221
45	.6391	.4102	.2644	.1712	.1113	.0727	.0476	.0313	.0207	.0137
50	.6080	.3715	.2281	.1407	.0872	.0543	.0339	.0213	.0134	.0085

이자율(*i*) 기간(*n*)	11%	12%	13%	14%	15%	16%	17%	18%	19%	20%
1	.9009	.8929	.8850	.8772	.8696	.8621	.8547	.8475	.8403	.8333
2	.8116	.7972	.7831	.7695	.7561	.7432	.7305	.7182	.7062	.6944
3	.7312	.7118	.6931	.6750	.6575	.6407	.6244	.6086	.5934	.5787
4	.6587	.6355	.6133	.5921	.5718	.5523	.5337	.5158	.4987	.4823
5	.5935	.5674	.5428	.5194	.4972	.4761	.4561	.4371	.4190	.4019
6	.5346	.5066	.4803	.4556	.4323	.4104	.3898	.3704	.3521	.3349
7	.4817	.4523	.4251	.3996	.3759	.3538	.3332	.3139	.2959	.2791
8	.4339	.4039	.3762	.3506	.3269	.3050	.2848	.2660	.2487	.2326
9	.3909	.3606	.3329	.3075	.2843	.2630	.2434	.2255	.2090	.1938
10	.3522	.3220	.2946	.2697	.2472	.2267	.2080	.1911	.1756	.1615
11	.3173	.2875	.2607	.2366	.2149	.1954	.1778	.1619	.1476	.1346
12	.2858	.2567	.2307	.2076	.1869	.1685	.1520	.1372	.1240	.1122
13	.2575	.2292	.2042	.1821	.1625	.1452	.1299	.1163	.1042	.0935
14	.2320	.2046	.1807	.1597	.1413	.1252	.1110	.0985	.0876	.0779
15	.2090	.1827	.1599	.1401	.1229	.1079	.0949	.0835	.0736	.0649
16	.1883	.1631	.1415	.1229	.1069	.0930	.0811	.0708	.0618	.0541
17	.1696	.1456	.1252	.1078	.0929	.0802	.0693	.0600	.0520	.0451
18	.1528	.1300	.1108	.0946	.0808	.0691	.0592	.0508	.0437	.0376
19	.1377	.1161	.0981	.0829	.0703	.0596	.0506	.0431	.0367	.0313
20	.1240	.1037	.0868	.0728	.0611	.0514	.0433	.0365	.0308	.0261
21	.1117	.0926	.0768	.0638	.0531	.0443	.0370	.0309	.0259	.0217
22	.1007	.0326	.0680	.0560	.0462	.0382	.0316	.0262	.0218	.0181
23	.0907	.0738	.0601	.0491	.0402	.0329	.0270	.0222	.0183	.0151
24	.0817	.0659	.0532	.0431	.0349	.0284	.0231	.0188	.0154	.0126
25	.0736	.0588	.0471	.0378	.0304	.0245	.0197	.0160	.0129	.0105
26	.0663	.0525	.0417	.0331	.0264	.0211	.0169	.0135	.0109	.0087
27	.0597	.0469	.0369	.0291	.0230	.0182	.0144	.0115	.0091	.0073
28	.0538	.0419	.0326	.0255	.0200	.0157	.0123	.0097	.0077	.0061
29	.0485	.0374	.0289	.0224	.0174	.0135	.0105	.0082	.0064	.0051
30	.0437	.0334	.0256	.0196	.0151	.0116	.0090	.0070	.0054	.0042
35	.0259	.0189	.0139	.0102	.0075	.0055	.0041	.0030	.0023	.0017
40	.0154	.0107	.0075	.0053	.0037	.0026	.0019	.0013	.0010	.0007
45	.0091	.0061	.0041	.0027	.0019	.0013	.0009	.0006	.0004	.0003
50	.0054	.0035	.0022	.0014	.0009	.0006	.0004	.0003	.0002	.0001

[수표 4] 연금의 현가이자요소($PVIF_a$)

$$PVIF_a = \frac{1 - \frac{1}{(1+r)^n}}{i}$$ (i = 기간당 할인율, n = 기간)

이자율(i) 기간(n)	1%	2%	3%	4%	5%	6%	7%	8%	9%	10%
1	0.9901	0.9804	0.9709	0.9615	0.9524	0.9434	0.9346	0.9259	0.9174	0.9091
2	1.9704	1.9416	1.9135	1.8861	1.8594	1.8334	1.8080	1.7833	1.7591	1.7355
3	2.9410	2.8839	2.8286	2.7751	2.7232	2.6730	2.6243	2.5771	2.5313	2.4869
4	3.9020	3.8077	3.7171	3.6299	3.5460	3.4651	3.3872	3.3121	3.2397	3.1699
5	4.8534	4.7135	4.5797	4.4518	4.3295	4.2124	4.1002	3.9927	3.8897	3.7908
6	5.7955	5.6014	5.4172	5.2421	5.0757	4.9173	4.7665	4.6229	4.4859	4.3553
7	6.7282	6.4720	6.2303	6.0021	5.7864	5.5824	5.3893	5.2064	5.0330	4.8684
8	7.6517	7.3255	7.0197	6.7327	6.4632	6.2098	5.9713	5.7466	5.5348	5.3349
9	8.5660	8.1622	7.7861	7.4353	7.1078	6.8017	6.5152	6.2469	5.9952	5.7590
10	9.4713	8.9826	8.5302	8.1109	7.7217	7.3601	7.0236	6.7101	6.4177	6.1446
11	10.368	9.7868	9.2526	8.7605	8.3064	7.8869	7.4987	7.1390	6.8052	6.4951
12	11.255	10.575	9.9540	9.3851	8.8633	8.3838	7.9427	7.5361	7.1607	6.8137
13	12.134	11.348	10.635	9.9856	9.3936	8.8527	8.3577	7.9038	7.4869	7.1034
14	13.004	12.106	11.296	10.563	9.8986	9.2950	8.7455	8.2442	7.7862	7.3667
15	13.865	12.849	11.938	11.118	10.380	9.7122	9.1079	8.5595	8.0607	7.6061
16	14.718	13.578	12.561	11.652	10.838	10.106	9.4466	8.8514	8.3126	7.8237
17	15.562	14.292	13.166	12.166	11.274	10.477	9.7632	9.1216	8.5436	8.0216
18	16.398	14.992	13.756	12.659	11.690	10.828	10.059	9.3719	8.7556	8.2014
19	17.226	15.679	14.324	13.134	12.085	11.158	10.336	9.6036	8.9501	8.3649
20	18.046	16.351	14.877	13.590	12.462	11.470	10.594	9.8181	9.1285	8.5136
21	18.857	17.011	15.415	14.029	12.821	11.764	10.835	10.017	9.2922	8.6487
22	19.660	17.658	15.937	14.451	13.163	12.042	11.061	10.201	9.4424	8.7715
23	20.456	18.292	16.444	14.857	13.489	12.303	11.272	10.371	9.5802	8.8832
24	21.243	18.914	16.935	15.247	13.799	12.550	11.469	10.529	9.7066	8.9847
25	22.023	19.524	17.413	15.622	14.094	12.783	11.654	10.675	9.8226	9.0770
26	22.795	20.121	17.877	15.983	14.375	13.003	11.826	10.810	9.9290	9.1609
27	23.560	20.707	18.327	16.330	14.643	13.210	11.987	10.935	10.027	9.2372
28	24.316	21.281	17.764	16.663	14.898	13.406	12.137	11.051	10.116	9.3066
29	25.066	21.844	19.188	16.984	15.141	13.591	12.278	11.158	10.198	9.3696
30	25.808	22.397	19.600	17.292	15.373	13.765	12.409	11.258	10.274	9.4269
35	29.409	24.999	21.487	18.665	16.374	14.498	12.948	11.655	10.567	9.6442
40	32.835	27.356	23.115	19.793	17.159	15.046	13.332	11.925	10.757	9.7791
45	36.095	29.490	24.519	20.720	17.774	15.456	13.605	12.108	10.881	9.8628
50	39.196	31.424	25.730	21.482	18.256	15.762	13.801	12.233	10.962	9.9148

이자율(i) 기간(n)	11%	12%	13%	14%	15%	16%	17%	18%	19%	20%
1	0.9009	0.8929	0.8850	0.8772	0.8696	0.8621	0.8547	0.8475	0.8403	0.8333
2	1.7125	1.6901	1.6681	1.6467	1.6257	1.6052	1.5852	2.5656	1.5465	1.5278
3	2.4437	2.4018	2.3612	2.3216	2.2832	2.2459	2.2096	2.1743	2.1399	2.1065
4	3.1024	3.0373	2.9745	2.9137	2.8550	2.7982	2.7432	2.6901	2.6386	2.5887
5	3.6959	3.6048	3.5172	3.4331	3.3522	3.2743	3.1993	3.1272	3.0576	2.9906
6	4.2305	4.1114	3.9975	3.8887	3.7845	3.6847	3.5892	3.4976	3.4098	3.3255
7	4.7122	4.5638	4.4226	4.2883	4.1604	4.0386	3.9224	3.8115	3.7057	3.6046
8	5.1461	4.9676	4.7988	4.6389	4.4873	4.3436	4.2072	4.0776	3.9544	3.8372
9	5.5370	5.3282	5.1317	4.9464	4.7716	4.6065	4.4506	4.3030	4.1633	4.0310
10	5.8892	5.6502	5.4262	5.2161	5.0188	4.8332	4.6586	4.4941	4.3389	4.1925
11	6.2065	5.9377	5.6869	5.4527	5.2337	5.0286	4.8364	4.6560	4.4865	4.3271
12	6.4924	6.1944	5.9176	5.6603	5.4206	5.1971	4.9884	4.7932	4.6105	4.4392
13	6.7499	6.4235	6.1218	5.8424	5.5831	5.3423	5.1183	4.9095	4.7147	4.5327
14	6.9819	6.6282	6.3025	6.0021	5.7245	5.4675	5.2293	5.0081	4.8023	4.6106
15	7.1909	6.8109	6.4624	6.1422	5.8474	5.5755	5.3242	5.0916	4.8759	4.6755
16	7.3792	6.9740	6.6039	6.2651	5.9542	5.6685	5.4053	5.1624	4.9377	4.7296
17	7.5488	7.1196	6.7291	6.3729	6.0472	5.7487	5.4746	5.2223	4.9897	4.7746
18	7.7016	7.2497	6.8399	6.4674	6.1280	5.8178	5.5339	5.2732	5.0333	4.8122
19	7.8393	7.3658	6.9380	6.5504	6.1982	5.8775	5.5845	5.3162	5.0700	4.8435
20	7.9633	7.4694	7.0248	6.6231	6.2593	5.9288	5.6278	5.3527	5.1009	4.8696
21	8.0751	7.5620	7.1015	6.6870	6.3125	5.9731	5.6648	5.3837	5.1268	4.8913
22	8.1757	7.6446	7.1695	6.7429	6.3587	6.0113	5.6964	5.4099	5.1486	4.9094
23	8.2664	7.7184	7.2297	6.7921	6.3988	6.0442	5.7234	5.4321	5.1668	4.9245
24	8.3481	7.7843	7.2829	6.8351	6.4338	6.0726	5.7465	5.4509	5.1822	4.9371
25	8.4217	7.8431	7.3300	6.8729	6.4641	6.0971	5.7662	5.4669	5.1951	4.9476
26	8.4881	7.8957	7.3717	6.9061	6.4906	6.1182	5.7831	5.4804	5.2060	4.9563
27	8.5478	7.9426	7.4086	6.9352	6.5135	6.1364	5.7975	5.4919	5.2151	4.9636
28	8.6016	7.9844	7.4412	6.9607	6.5335	6.1520	5.8099	5.5016	5.2228	4.9697
29	8.6501	8.0218	7.4701	6.9830	6.5509	6.1656	5.8204	5.5098	5.2292	4.9747
30	8.6938	8.0552	7.4957	7.0027	6.5660	6.1772	5.8294	5.5168	5.2347	4.9789
35	8.8552	8.1755	7.5856	7.0700	6.6166	6.2153	5.8582	5.5386	5.2512	4.9915
40	8.9511	8.2433	7.6344	7.1050	6.6418	6.2335	5.8713	5.5482	5.2582	4.9966
45	9.0079	8.2825	7.6609	7.1232	6.6543	6.2421	5.8773	5.5523	5.2611	4.9986
50	9.0417	8.3045	7.6752	7.1327	6.6605	6.2463	5.8801	5.5541	5.2623	4.9995

연습문제 해답

제 1 장 재무관리란?

〈객관식 정답〉

1. ④ 2. ④ 3. ① 4. ① 5. ② 6. ① 7. ② 8. ① 9. ④ 10. ③

제 2 장 재무제표와 재무분석

〈객관식 정답〉

1. ① 2. ① 3. ① 4. ③ 5. ① 6. ② 7. ① 8. ④ 9. ③ 10. ④
11. ① 12. ③ 13. ② 14. ② 15. ④

〈주관식 정답〉

1. (1) 10% (2) 1.5회 (3) 100% (4) 30%
2. 2회 20%
3. (1) 5 66.7% (2) 8,000 (3) 2,000 (4) 200%
4. 4,000,000(원)
5. (1) 9.5% (2) 1.2회 (3) 42.9% (4) 16.3%
6. 50만원
7. 0.5회
8. (6) 2,000,000 (2) 400,000 (3) 250,000 (1) 350,000
   (4) 500,000 (5) 400,000 (7) 100%
9. 5만원
10. 500만원
11. (1) 125% (2) 75% (3) 0.75 (4) 3.75% (5) 25배

12. 2배

13. (1) 122%　92%

제3장 화폐의 시간적 가치와 가치평가

〈객관식 정답〉

1. ②　2. ②　3. ③　4. ①　5. ③　6. ①　7. ②　8. ①　9. ②　10. ③
11. ②　12. ②　13. ①　14. ②　15. ④　16. ①　17. ③　18. ④　19. ③　20. ②
21. ②　22. ②　23. ③

〈주관식 정답〉

1. 9,234.8원
2. 8,204.5원
3. 464.6만원
4. 9.07억원
5. 대안 2가 100만원으로 가장 크다.
6. A가 유리
7. 옵션 2 선택
8. ①이 가장 유리
9. 1,038.765만원
10. 3,513만원
11. 0.458억원
12. 1,590만원
13. 1,085.7만원
14. 92.3만원
15. 89.2만원
16. 저평가된 채권 B가 가장 유리
17. 41,200원

제4장 자본예산 : 투자안의 평가방법

〈객관식 정답〉

1. ③ 2. ③ 3. ③ 4. ③ 5. ② 6. ③ 7. ① 8. ② 9. ② 10. ①
11. ② 12. ① 13. ③ 14. ② 15. ③ 16. ③ 17. ④

〈주관식 정답〉

1. 현금흐름 4,900만원
2. 3,700만원
3. 7,800만원
4. 2,800만원
5. 83,600만원

따라서 0~5년의 현금흐름은 다음과 같다.

6. (1) 투자안 2의 순현가가 투자안 1의 순현가보다 크므로 투자안 2가 선택된다.

(단위 : 만원)

0	1	2	3	4	5
−160,000	83,000	83,000	83,000	83,000	93,000

(2) $IRR_1 = 200\%$ $IRR_2 = 183\%$

(3) $PI_1 = 2.73$ $PI_2 = 2.58$

7. (1) $NPV = 2,313.298$(만원) (2) $PI = 1.257$ (3) $IRR = 23.24\%$

8. (1) −1,720

(단위 : 만원)

0	1	2	3	4
−1,720	460	460	460	1,060

(2) $NPV = 147.9$ 만원

∴ 투자한다.

제5장 포트폴리오이론과 자본자산가격결정모형

〈객관식 정답〉

1. ④ 2. ① 3. ② 4. ② 5. ② 6. ③ 7. ② 8. ① 9. ② 10. ④
11. ② 12. ③ 13. ② 14. ② 15. ③ 16. ③ 17. ① 18. ① 19. ④ 20. ①
21. ① 22. ③ 23. ② 24. ④

〈주관식 정답〉

1. (1) $E(R_A)=5\%$ $E(R_B)=-0.2\%$ $\sigma_A=8.66\%$ $\sigma_B=3.4\%$ $\rho_{AB}=0.8491$

(2)

R_{PC}	R_{PD}
0.0750	0.0250
0.0425	0.0275
−0.1750	−0.1250

(3) $E(R_{PC})=3.7\%$ $E(R_{PD})=1.1\%$ $\sigma_{PC}=7.23\%$ $\sigma_{PD}=4.53\%$

$COV(R_{PC}, R_{PD})=0.32\%$

(4) $\sigma_{PE}=5.84\%$

2. (1) 1.0

(2) ①의 경우 : $E(R_P)=17.5\%$

$\sigma_P=7.5\%$

②의 경우 : $E(R_P)=32.5\%$

$\sigma_P=22.5\%$

(3) $\frac{1}{3}$은 무위험자산에, $\frac{2}{3}$는 시장 포트폴리오에 투자

$\sigma_P=10\%$

3. $\rho_{AB}=0.665$

4. (1) $W_1^M=0.6$ $W_2^M=0.4$ (2) $E(R_M)=13\%$ $\therefore \sigma_M=0.1557$

5. (1) $\beta_A=0$ $\beta_B=1$ (2) 0.5

6. (1) $E(R_i)=0.04+0.11\beta_i$ (2) 21.6%

(3) 자금의 절반만큼을 무위험이자율로 차입, 가지고 있는 자금과 차입금을 합한 금액을 모두 증권 C에 투자하여 포트폴리오를 구성

7. 과소평가

8. 23.5%

9. 0.5

10. (1) $E(R_p) = 0.05 + 0.7\sigma_P$ (2) $E(R_k) = 0.05 + 0.05\beta_k$
11. 기각
12. 11%
13. $E(R_p) = 15.5\%$ $\sigma_P = 0.27$
14. $E(R_p) = 16\%$ $\sigma_P \fallingdotseq 0.16$
15. $E(R_Z) = 13\%$ $\sigma_Z = 0.11$
16. (1) $E(R_p) = 0.05 + 0.23\sigma_P$ (2) $E(R_p) = 8\%$ $\sigma_P = 0.088$

제6장 불확실성하의 투자결정

〈객관식 정답〉

1. ③ 2. ① 3. ② 4. ① 5. ① 6. ③ 7. ④ 8. ② 9. ④ 10. ④
11. ① 12. ③

〈주관식 정답〉

1. $NPV(A) = 50$ 억원 $NPV(B) = 150$ 억원
2. (1) 15.51억원 (2) $\alpha_1 = 0.9$ $\alpha_2 = 0.81$ $\alpha_3 = 0.729$
3. 2,100(만원)
4. 7,205만원
5. (1) 기술개발이 성공할 경우 : 공장을 지음
   (2) 기술개발이 실패할 경우 : 공장을 포기
   (3) 0년의 선택 : 기술개발을 포기하여야 한다.

제7장 자본비용

〈객관식 정답〉

1. ② 2. ① 3. ① 4. ④ 5. ③ 6. ④ 7. ③ 8. ① 9. ② 10. ①
11. ④ 12. ① 13. ④ 14. ④ 15. ① 16. ② 17. ② 18. ① 19. ③

〈주관식 정답〉

1. (1) 10.72% (2) 10.21%

2. (1) 6,720(만원) (2) 8.64(%)

3. (1) 7(%) (2) 11(%) (3) 9.4% (4) 기각

4. 0.75

5. 12%

6. 0.1004

7. (1) ① 4.5% ② 9% ③ 18%
   (2) ① 9.5% ② 9% ③ 8%

8. 9.8%

9. 9.2%

10. 10%

11. 투자하지 않음

12. 투자하지 않음

13. 5%

14. 4(억원)

15. 8.44%

제8장 자본구조

〈객관식 정답〉

1. ④ 2. ④ 3. ① 4. ① 5. ③ 6. ③ 7. ① 8. ③ 9. ② 10. ①
11. ④ 12. ④ 13. ② 14. ① 15. ② 16. ① 17. ①

〈주관식 정답〉

1. 타인자본의존도가 40%일 때

2. (1) 10,000,000원 (2) 11,500,000원

3. 투자한다.

4. (1)

경기상황		호황	보통	불황
영업이익		15억원	10억원	5억원
변경 전	순이익	1,500,000,000	1,000,000,000	500,000,000
	EPS	1,500	1,000	500
	ROE	15%	10%	5%
변경 후	이자비용(i=10%)	500,000,000	500,000,000	500,000,000
	순이익	1,000,000,000	500,000,000	0
	EPS	2,000	1,000	0
	ROE	20%	10%	0%

(2)

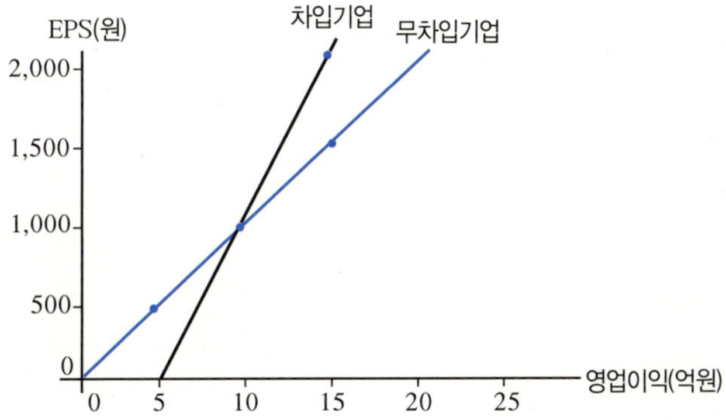

5. 528,571,429원
6. 10,000(만원)
7. 17,200원
8. 2(억원)
9. Case 3
10. 1,100(억원)
11. 8억원

제9장 배당과 배당정책

〈객관식 정답〉

1. ③ 2. ④ 3. ② 4. ① 5. ③ 6. ③ 7. ③ 8. ① 9. ③ 10. ③
11. ④ 12. ④ 13. ② 14. ④ 15. ②

〈주관식 정답〉

1. 400,000주, 20억원
2. (1) 주식발행자본금 : 55,000,000원
   자본잉여금 : 20,000,000원
   이익잉여금 : 5,000,000원
   (2) 주식발행자본금 : 66,000,000원
   자본잉여금 : 9,000,000원
   이익잉여금 : 5,000,000원
   (3) 주식발행자본금 : 66,000,000원
   자본잉여금 : 9,000,000원
   이익잉여금 : 5,000,000원
3. 21,500(원)
4. 11,111.1(원)
5. (1) 29,000원, 290,000,000원
   (2) 30,000원, 300,000,000원
   (3) ① 지급 시 300,000원
   ② 미지급 시 300,000원
6.

	전액 배당 시	50% 배당 시	무배당 시
세후 배당소득 총액	1,000×(1−0.15)=850	500×(1−0.15)=425	0
세후 자본이득 총액	0	500	1,000
합 계	850	925	1,000

7. (1) 주식발행자본금 60,000,000원
   자본잉여금 20,000,000원
   이익잉여금 10,000,000원
   (2) 주식발행자본금 60,000,000원
   자본잉여금 20,000,000원
   이익잉여금 10,000,000원
8. 25%

제 10 장 장기자본조달

〈객관식 정답〉

1. ④ 2. ① 3. ③ 4. ④ 5. ② 6. ④ 7. ④ 8. ③ 9. ② 10. ④
11. ① 12. ④ 13. ③ 14. ① 15. ④ 16. ③

〈주관식 정답〉

1. (1) 50,000(원) (2) 10,000(원)
2. (1) 224,355원 (2) 19,487.1원 이상
3. 199,479(원)
4. (1) 9,667원 (2) 333.4(원)
5. 1,667(원)
6. (1) 25,000(원) (2) 800,000(원) (3) 4,000(원)
7. (1) 800,000원 (2) 주가가 3만원(1,200,000÷40주) 이상으로 상승
8. 리스가 자산구입에 비해 유리
9. 구입이 리스보다 유리

제 11 장 운전자본관리

〈객관식 정답〉

1. ③ 2. ① 3. ③ 4. ② 5. ③ 6. ① 7. ① 8. ④ 9. ① 10. ①
11. ① 12. ② 13. ④ 14. ②

〈주관식 정답〉

1. 37.24(%)
2. 7,000만원
3. 8.75(%)
4. (1) 32% (2) 22%
5. (1) 21.55% (2) 25.44%
6. 18,257,419원
7. (1) 145개 (2) 69회
8. 지급기일 연기가 불리(또는 현금할인이 유리)

9. 186.8(일)

10. (1) 12.68% (2) 20.17% (3) 15%

11. 신용기간 연장이 유리

제 12 장 기업의 합병과 매수

〈객관식 정답〉

1. ③ 2. ③ 3. ④ 4. ① 5. ④ 6. ② 7. ① 8. ① 9. ② 10. ③
11. ③ 12. (1) ② (2) ②

〈주관식 정답〉

1. (1) 5천만주 (2) 2,000원
2. (1) 80억원 (2) 11,000원
3. 8.33억원
4. (1) 주식교환비율은 1:1이다. (2) EPS=2,400원
5. 1,397억원

제 13 장 국제재무관리

〈객관식 정답〉

1. ① 2. ② 3. ① 4. ④ 5. ② 6. ③ 7. ② 8. ③ 9. ① 10. ④
11. ①

〈주관식 정답〉

1. 차익거래이익=8만원
2. $e_1 = 969.32$ 원
3. 0.0399(3.99%)
4. $r = 7.19\%$
5. 9.5억원
6. $r = 15.5\%$

찾아보기

국문

영문

[A]

[B]

[C]

[D]

[E]

[F]

[G]

[H]

[I]

— 저자약력 —

이해영(李海永)

약 력 : 성균관대학교 경영학과 졸업
성균관대학교 경영학 석사, 경영학 박사
청주대학교 경영학과 부교수
University of Delaware 연구교수
공인회계사 시험위원
현, 강남대학교 경영학부 교수

저 서 : 증권투자(2인 공저), 2012.
현대투자론(2인 공저), 2003.
계량경영의 이해(2인 공저), 2001 외 다수

김병기(金炳綺)

약 력 : 성균관대학교 사회학과 졸업
오레곤주립대학교 경영학석사
콜로라도대학교 경영학박사
현, 충북대학교 경영학부 교수

저 서 : 경영학의 이해(2인 공저), 2005.
경영분석론(2인 공저), 1998 외 다수

김성우(金成雨)

약 력 : 성균관대학교 경제학과 졸업
보스턴대학교 경영학석사, 경영학박사
University of Michigan Visiting Scholar
공인회계사 시험위원
금융감독위원회 보험사구조조정위원회 위원
현, 경기대학교 경영학과 교수

저 서 : 증권투자(2인 공저), 2012.
선물거래와 옵션거래, 1999 외 다수

기업재무의 이해

2015년 6월 25일 1판 1쇄 인쇄
2022년 8월 10일 1판 4쇄 발행

저 자 | 이해영 · 김병기 · 김성우
발 행 인 | 이수영
발 행 처 | 도서출판 청람
서울시 마포구 독막로 288(대흥동, 세양상가 109호)
전 화 | 02)3272-2601~2
팩 스 | 02)3272-2603
이 메 일 | crbooks@daum.net
홈페이지 | www.crbooks.co.kr

등 록 | 2000. 8. 26 제6-0509호

ISBN 978-89-5972-463-5 93320 [정가 26,000원]